Das vierbändige Sammelwerk ›Deutschland erzählt‹ enthält eine Auswahl von mehr als hundert deutschsprachigen Erzählungen aus den letzten zweihundert Jahren. Der Herausgeber, Benno von Wiese, hatte selbstverständlich nicht die Absicht, einen für alle Zeit geltenden Kanon aufzustellen, seine Auswahl lädt vielmehr ein zur Diskussion. Mancher wird Namen vermissen, die ihm lieb geworden sind; oft muß ein Autor mit seiner Darstellungsweise stellvertretend für andere stehen. Andererseits wird wohl jeder Leser in diesem Buch Gelegenheit zu überraschenden Wiederbegegnungen und beglückenden Entdeckungen finden.
Der Herausgeber hat mit seiner Auswahl zwei Absichten verfolgt: Er wollte seine Leser unterhalten und ihnen zugleich Zugang verschaffen zu den nicht immer leicht erreichbaren Schätzen der deutschen erzählenden Literatur.
Der vorliegende Band *Deutschland erzählt · Von Goethe bis Tieck* enthält fünfzehn Erzählungen aus den Jahren 1785–1840.
Im Fischer Taschenbuch Verlag wurden außerdem von Benno von Wiese herausgegeben: ›Deutschland erzählt. Von Georg Büchner bis Gerhart Hauptmann‹ (Bd. 10983), ›Deutschland erzählt. Von Arthur Schnitzler bis Uwe Johnson‹ (Bd. 10984) und ›Deutschland erzählt. Von Rainer Maria Rilke bis Peter Handke‹ (Bd. 10985).

Benno von Wiese, der Herausgeber dieser Sammlung, der 1903 in Frankfurt am Main geboren wurde und lange Jahre ordentlicher Professor in Bonn war, zählt zu den bedeutendsten deutschen Literaturwissenschaftlern der Nachkriegszeit. Er starb 1987 in München.

Deutschland erzählt

Von Johann Wolfgang von Goethe bis Ludwig Tieck

Ausgewählt und eingeleitet
von Benno von Wiese

Fischer Taschenbuch Verlag

Originalausgabe
Veröffentlicht im Fischer Taschenbuch Verlag GmbH,
Frankfurt am Main, Dezember 1991
Erstveröffentlichung Juni 1966

Umschlaggestaltung: Buchholz / Hinsch / Hensinger
unter Verwendung der Abbildung
›Tafelrunde der Anna Amalia‹, 1795 von G. M. Kraus
Gesamtherstellung: Clausen & Bosse, Leck
Printed in Germany
ISBN 3-596-10982-5

Inhalt

Einleitung

Die in diesem Bande zusammengefaßten fünfzehn Erzählungen gehören alle in die Wende vom 18. zum 19. Jahrhundert hinein. Zeitlich am frühesten liegt Schillers »wahre Geschichte« ›Der Verbrecher aus verlorener Ehre‹ (1786); die späteste, die bereits zur Prosa des Realismus überleitet, ist die Novelle von Ludwig Tieck ›Des Lebens Überfluß‹ (1838). Für diese Epoche, die in die Blütezeit romantischer Poesie hineinführt, ist in den Kleinformen des Erzählens charakteristisch, daß in ihnen das Kunstmärchen, die eigentliche Domäne der deutschen Romantik, überwiegt. Jedoch verbindet sich Märchenhaftes oft mit novellistisch Psychologischem, oder gesellschaftliche Vorgänge werden mit dem Wunderbaren verschmolzen wie in den Texten von Goethe, Kleist, Arnim, Chamisso. Das Kunstmärchen als reine unverwechselbare Gattung finden wir in unserem Band nur bei Novalis, Brentano und Eichendorff, alle drei bezeichnenderweise Höhepunkte romantischer Poesie. So ist die Skala unserer Erzählungen mannigfaltiger, als es auf den ersten Blick erscheinen könnte. Wohl ist der Umkreis des Wunderbaren, zuweilen bis ins Groteske und Gespenstische verschärft, wie bei Musäus und Kleist, fast überall beträchtlich groß, aber der Erzähler nimmt dieses Wunderbare nur selten ganz ernst, oft spielt er in diesem Element mit Witz und Ironie; gerne vermischt er es mit dem Wirklichen, ja, er persifliert es mit aufgeklärtem Verstand wie Musäus, der mit seinen ›Volksmärchen der Deutschen‹ als erster den Zugang zum Märchenland eröffnet hat, in seiner amüsant makabren Gespensteranekdote ›Die Entführung‹. Auch er, der noch ganz im Rationalismus des 18. Jahrhunderts verwurzelt ist, verteidigt jedoch das launige Spiel der Einbildungskraft: »Die Phantasie, ob sie gleich mit zu den unteren Seelenfähigkeiten gehöret, herrscht wie eine hübsche Magd gar oft über den Herrn im Hause, über den Verstand.«

An den Eingang unseres Bandes haben wir Goethe gestellt, weil er

überlieferte Märchenmotive bereits mit moderner gesellschaftlicher Thematik verknüpft und so vieles vorwegnimmt, was auch für das spätere Erzählen im 19. Jahrhundert charakteristisch bleibt. Am Schluß des 10. Buches von ›Dichtung und Wahrheit‹ berichtet Goethe, daß ihn das Märchen ›Die neue Melusine‹ bereits in seiner Straßburger Zeit beschäftigt habe, als eine jener Produktionen, die imstande sind, »die Neugierde zu erregen, die Aufmerksamkeit zu fesseln, zu voreiliger Auflösung undurchdringlicher Rätsel zu reizen, die Erwartungen zu täuschen, durch das Seltsamere, das an die Stelle des Seltsamen tritt, zu verwirren« und schließlich »der Einbildungskraft Stoff zu neuen Bildern und dem Verstande zu fernerm Nachdenken zu hinterlassen«. Im Briefwechsel mit Schiller taucht ›Die neue Melusine‹ erneut auf. Der Brief vom 4. Februar 1797 spricht vom »Ozean der Imagination« und der vom 12. August von dem skeptischen Realismus, der einem Reisenden zieme. Goethe fügt jedoch hinzu: was aber »noch idealistisch an mir ist, wird in einem Schatullchen, wohl verschlossen, mitgeführt wie jenes undenische Pygmäenweibchen«. Diese auf die liebenswürdige Zwergin hindeutende Stelle ist bereits ein Schlüssel zu einer möglichen Deutung der erst 1807 diktierten, 1812 in Reinschrift vollendeten kleinen Dichtung. Später wurde sie dann in den Roman ›Wilhelm Meisters Wanderjahre‹ (1821) mit aufgenommen.
Das bezaubernde Spiel der Goetheschen Phantasie sei hier nicht zergliedert. Der naiv unbekümmerte, fahrende Held dieser Erzählung, der unzuverlässige Vagabund, der das Wunderbare so hinnimmt, als ob es eigens für ihn und zu seinem Vorteil auf der Landstraße läge, vermag auch die einfachsten Prüfungen wie Maßhalten in Trunk und Spiel, Widerstand gegen die Versuchungen anderer Frauen und Bändigung des Jähzorns, nicht zu bestehen. Vorerst ist er wenig geeignet, dem hohen Orden der »Entsagenden« anzugehören, von dem der Goethesche Roman erzählt. Ein »Ritter« von einst, wie seine neue Melusine ihn verklärend sieht, ist er gewiß nicht mehr. Die »Idealität«, die im Kästchen und damit noch im »Kleinen« steckt, bleibt ihm selbst dort verborgen, wo das Kleine groß wird und sich in Musik und Liebe verschwendet. Er vermag es weder zu halten noch zu verstehen. Erst als er das kostbare Geschenk bereits verloren hat, willigt er unbesonnen, nur aus der Wal-

lung des Augenblicks heraus, in das Unmögliche ein, es dennoch weiterhin als Zwerg unter Zwergen zu besitzen. Im Märchen freilich ist alles möglich, das Wunder geschieht. Jedoch selbst in dieser Lage muß der freizügige Vagabund noch zur Ehe gezwungen werden. Auch dies hilft nicht weiter. Den »Maßstab voriger Größe« vermag er dabei nicht zu vergessen, und sein früheres, so unidealisches Dasein wird nunmehr für ihn zum »Ideal«, so daß er sich »manchmal im Traum wie ein Riese« erscheint. Da hilft nur die gewaltsame Befreiung aus dem Zauberbann. Aber nunmehr allein gelassen muß er sich »auch um vieles dümmer und unbehülflicher« vorkommen.

Das alles wird zierlich, mit schalkhafter Ironie und der Gemessenheit des Goetheschen Altersstils erzählt, noch als Gleichnis für Maß und Maßlosigkeit des Menschen in der wirklichen Welt, aber zugleich auch mit einer Phantasie, die Wunderbares durch noch Wunderbareres anmutig zu verwirren versteht.

Schillers sehr viel frühere Erzählung ›Der Verbrecher aus verlorener Ehre‹ ist gänzlich anderer Art. Sie gehört in die Tradition der »moralischen Erzählungen« des 18. Jahrhunderts hinein und hat daher noch durchaus vorromantischen Charakter. Hier wird der psychologisch interessante Sonderfall analysiert und auf spannende Weise von der überlieferten Lebensgeschichte des Mörders Schwan berichtet, der zum Verbrecher wurde, weil ihm unglückselige Schicksalsverkettungen und gesellschaftliche Vorurteile und Härten eine Rolle aufdrängten, die er dann fast zwanghaft übernimmt. Da die Welt den ehemaligen Wilddieb, der schon im Gefängnis gesessen hat, wie einen Verbrecher ansieht und behandelt, will er nunmehr, und zwar aus eigenem Entschluß, auch einer sein. Paradoxerweise wird der Verlust der Ehre zur Quelle des Verbrechens, nicht etwa umgekehrt die verlorene Ehre zu einer Folge des bösen Tuns. Den Erzähler und auch den Leser fesselt das Ungewöhnliche dieser Begebenheit: das Erzählte ist dabei Anekdote, moralisches Exempel und psychologische Studie zugleich. Als Modellform dient die Kriminalgeschichte, die auch weiterhin, oft in der Abwandlung zur Detektivgeschichte, ein unerschöpfliches Reservoir für das Erzählen im 19. Jahrhundert bleibt bis zu E. T. A. Hoffmann, der Droste und Fontane.

In abgewandelter Form kehrt ihre Motivik in unserem Band noch einmal in Mörikes Skizze ›Lucie Gelmeroth‹ wieder. Aber hier steht nicht mehr eine spannende, dramatisch pointierte Begebenheit im Mittelpunkt, sondern nur noch die behutsame Analyse eines ebenso schönen und zauberhaften wie unheimlichen Charakters. Das Selbstquälerische der Heldin grenzt an Hysterie, das Romantische geht in das Medizinische über; aber nicht nur der Icherzähler, auch Mörike selbst wird von dieser merkwürdigen Gefühlsverwirrung und dem ins Mystische stilisierten Selbstbetrug der Heldin geheimnisvoll angezogen, so wie ihn bereits in seiner Jugend eine so abenteuerliche Gestalt wie Maria Meyer, das Schankmädchen in einer Tübinger Studentenkneipe, die später im Lande herumvagabundierte, die ›Peregrina‹ seiner Lieder, in einen geradezu magischen Bann hineingezogen hatte.
Wie sehr das Interesse am mehr oder weniger pathologischen Charakter, der mit den Kategorien von Gut und Böse nicht angemessen zu fassen ist, sich mit der Vorliebe für rätselhafte, dämonische Vorgänge verbinden kann, verraten Erzählungen wie die von Arnim und Hoffmann. Achim von Arnims Novelle ›Der tolle Invalide‹ wählt dafür die Form der humoristischen Groteske, wenn sie auf spielerische, ja kuriose Weise Phantasie und Wirklichkeit, Romantik und Realismus, poetisch übersinnliche und dinglich faßbare Welt ineinander übergehen läßt. Die Erzählung berichtet von dem tollkühnen Invaliden – ist er vom Teufel besessen? ist er wahnsinnig? –, dem es auf einem einsamen Fort in der Nähe von Marseille gelingt, drei Tage lang eine ganze Stadt in Furcht und Schrecken zu halten, und der am Ende dennoch durch das gnadenhafte Wunder der Liebe gerettet wird. So gut gelaunt und humoristisch der Erzähler beginnt, so sehr das Leitmotiv der Erzählung, das Feuerwerk, seinen fröhlichen, abenteuerlichen Glanz behält, am Ende gerät das Erzählte ins Legendäre und Religiöse und vermag so das in dieser Geschichte auch angelegte Tragische wiederum aufzulösen. Wunder und Wirklichkeit sind hier kaum mehr zu trennen; denn das Wunderbare ist noch ein Element des Lebens selbst. Arnim liebt diesen Umschlag vom Alltäglichen ins Märchenhafte, vom Märchenhaften ins Alltägliche; eben darin erfährt er das poetische Geheimnis der Welt, aus solchem naiven, dem Volkstümlichen geöff-

neten Glauben entfaltet er seine so verspielte und doch so ernste Geschichte wie eine aufsteigende Rakete, die ihr Bukett leuchtend entfaltet und dann erlischt. Das kleine Gebilde wird für immer ein Meisterstück deutscher Prosa bleiben.

Humor besitzt in seiner Weise auch Hoffmann, sogar, wenn er eine tragische Geschichte erzählt wie im ›Rat Krespel‹. Aber es ist ein skurriler, ein unheimlicher Humor. Die Geschichte wird in der Runde der trinkfreudigen ›Serapionsbrüder‹ als Icherzählung mitgeteilt, und ihre komplizierte Hauptfigur, deren Wesen zunächst undurchdringlich scheint, erweist sich als ein bizarrer Charakter, bei dem das Idealische, wie so oft bei Hoffmann, durch die Verzerrung ins Fratzenhafte bedroht ist. Jedoch die Erzählung von dem barocken Rat und seiner engelhaft schönen, hochmusikalischen Tochter ist nicht eine bloße Charakterstudie; sie baut eine seltsame Begebenheit wie eine Kriminalgeschichte auf, die es zu enträtseln gilt, so wie es noch nachdrücklicher in Hoffmanns Novelle ›Das Fräulein von Scuderi‹ geschieht. Hier, im ›Rat Krespel‹, enthüllt sich das verborgene Geheimnis am Ende als eines ganz anderer Art, und auch diese Enthüllung mündet in ein neues Rätsel, das jedoch nicht so sehr Rätsel, sondern weit mehr Mysterium bedeutet und damit den Umkreis der vom Erzähler so prägnant beobachteten Wirklichkeit nach dem Wunderbaren, Okkulten und Unausdeutbaren hin überschreitet.

Ausgesprochen humoristisch hingegen erzählt Jean Paul in seinem ersten Kapitel der ›Flegeljahre‹, in jener witzigen und amüsanten Geschichte von dem merkwürdigen Testament, das den Erben die Träne, wenn auch, bis auf einen Fall, vergeblich, aufzwingen will, uns aber ohne jede Mühe mit einem schmunzelnden Lächeln über den heiter-grotesken Vorfall beschenkt. Die Jean Paulsche Freude an der Verschnörkelung muß man freilich dabei in Kauf nehmen.

Phantasie und Wirklichkeit geraten in dieser Art von Erzählung oft in Konflikt miteinander. Nur das reine Märchen kann sich vom Gegenstand ganz frei machen und wird dann von der Einbildungskraft auf eigenen Flügeln getragen. Erst am Ende der Romantik bei Hoffmann steht die Phantasie des Märchens im bewußt herausgearbeiteten Kontrast zur Prosa des alltäglichen, philiströsen, uneingeweihten Daseins. Zum poetischen Reich Atlantis, in dem am Ende

Serpentina, das goldne Schlänglein, und der reine Tor Anselmus im Märchen vom ›Goldnen Topf‹ wohnen, haben die Philister keinen Zugang. Das Märchen war für die Romantik die eigentliche Heimat des Dichters; es steht stellvertretend für eine höhere Realität, die von der Prosa der Wirklichkeit aus nicht zu ergreifen ist. Das Märchen hat nicht nur symbolische Bildkraft, es hat jenen transzendierenden Zug der Sehnsucht, der über die Grenzen unseres irdischen Daseins hinausführt. Daß die Einbildungskraft als das wahre Bildungsvermögen erst die eigentliche, die mythische Welt zu erschließen vermag, darin sind sich Novalis, Brentano, Eichendorff und Hoffmann noch durchaus einig. Für keinen von ihnen hat das Märchen jedoch so viel bedeutet wie für Novalis. Das Märchen ist nach seiner Lehre ein »Universaltropus des Geistes«, und selbst die universale Form des Romans muß am Ende im Märchen enden. Denn das Märchen ist hier die höchste Form der Poesie, philosophisch-spekulativ und anschaulich-poetisch zugleich, eine Deutung der Natur und ihrer Geschichte im Spiegel einer Selbstbewegung der sich selbst reflektierenden Phantasie. Daher geht Allegorisches in Symbolisches, Symbolisches wieder in Allegorisches über, wenn Novalis am Ende des ersten Teiles seines Romans ›Heinrich von Ofterdingen‹ den Dichter Klingsohr ein Märchen erzählen läßt, das nicht nur Deutung und Weiterführung des ganzen Romans ist, sondern zugleich auch poetische Darstellung des Weltgeheimnisses überhaupt.
Fabulierender, naiver geht Brentano mit dem Märchen um, so auch in dem vielleicht schönsten seiner italienischen Märchen, dem ›Myrtenfräulein‹. Hier hat das Märchen noch etwas von dem Kindlichen seines Ursprungs, verständlich für jedermann, aber diese scheinbare Einfalt ist in Wahrheit höchst kunstvoll und wird nur dadurch erreicht, daß Brentano seine Märchenwelt nirgends reflektiert. Hingegen hat sie überall die Nähe zum Lyrischen und zur Musik, so daß Brentanosche Strophen wie ungewollt in seinen Zaubergarten mit hinein gehören, zugleich aber verhindert sein Instinkt für das Komische und seine unerschöpfliche Freude am Wortwitz jede Aufweichung ins nur Empfindsame und Rührende.
In Eichendorffs Erzählung ›Das Marmorbild‹ wiederum hat das märchenhafte Erzählen zugleich einen symbolisierenden Zug, und

hinter dem einfachen, überschaubaren Vorgang steht noch der welthistorische Gegensatz von heidnisch-antiker, aber dämonisch unbeseelter Schönheit und schlichter, ganz in das Innere des Menschen hineingenommener christlicher Frömmigkeit, die im rettenden Lied den Zauberbann der Frau Venus zu durchbrechen vermag.
Zum bleibenden Erbe deutscher Prosa gehört auch Chamissos Geschichte von ›Peter Schlemihl‹ und seinem verlorenen Schatten. Mit Unrecht wird sie oft als ein bloßes Kindermärchen mißverstanden. Weit eher könnte man sie ein Novellen-Märchen oder – mit Thomas Mann – eine phantastische Novelle nennen. Trotz der Verwendung zahlreicher, überlieferter Märchenmotive fehlt bei Chamisso jeder Bezug zur magischen Realität einer Märchenwelt, der für Novalis noch selbstverständlich war. Statt dessen wird die bürgerliche Wirklichkeit der Kleinstadt breit ausgemalt, die soziale Funktion des Geldes ausführlich beschrieben. Viele Stilzüge des späteren poetischen Realismus sind hier bereits vorweggenommen. Der Mensch steht durchaus im Geflecht der sozialen Beziehungen und Bedingungen. Gegenstände des alltäglichen Daseins werden genau benannt und beschrieben. Ja, das märchenhafte Thema vom verlorenen Schatten, das nicht mit dem Verlust der Seele verwechselt werden darf, soll gerade verdeutlichen, welches Leid es für den Menschen bedeutet, wenn er nicht mehr in einer mitmenschlichen Welt zu Hause ist. So wird der verkaufte Schatten zum dichterischen Gleichnis für das quälend glücklose Dasein des Einzelnen ohne bürgerliche Solidität und ohne menschliche Zusammengehörigkeit. Chamissos Erzählung, die sich manchmal etwas trocken, manchmal aber auch fast elegant in dem Bereich zwischen dem Grotesken und dem Tragischen anzusiedeln weiß und die am Ende für den Schattenlosen den Trost der Siebenmeilenstiefel erfindet und ihm mit ihrer Hilfe die Eingliederung in den überpersönlichen Bereich der Naturwissenschaften ermöglicht, steht schon an der Wende der Romantik zum Realismus: ein Zeugnis für die beginnende Verbürgerlichung des 19. Jahrhunderts, aber ebenso eines für die bis zum Exzentrischen gehende Phantastik des romantischen Erzählens. Nur der Dichter, der zwei Vaterländern, Frankreich und Deutschland, angehörte und damit lange Zeit keinem richtig, konnte sie ersinnen.

Zu den transzendierenden Bereichen, auf die die romantische Sehnsucht gerichtet ist, gehört nicht nur das Märchen, sondern ebenso, und oft in unmittelbarer Nachbarschaft zum Märchen, die Musik. Wackenroder berichtet in den ›Herzensergießungen eines kunstliebenden Klosterbruders‹ von dem merkwürdigen Leben des Tonkünstlers Joseph Berglinger. Die erzählte Lebensgeschichte nimmt Motive der Empfindsamkeit des 18. Jahrhunderts wieder auf, wenn sie den Widerspruch von idealischer Innen- und beschränkend erniedrigender Außenwelt beschreibt und den zum überirdischen Mysterium der Musik Berufenen dann dennoch an den gesellschaftlichen Bedingungen des Lebens scheitern läßt. In Heinrich von Kleists bisher viel zu wenig gewürdigter, legendärer Erzählung ›Die heilige Cäcilie oder die Gewalt der Musik‹ wird Musik zum Ewigen und Schrecklichen zugleich, das nach göttlichem Willen die Macht des Bösen nicht nur zu brechen, sondern sogar noch zu bestrafen vermag. Wie bei Hoffmann im ›Rat Krespel‹ grenzt die ebenso heilige wie dämonische Macht der Musik an das Tragische. Kleists Erzählung steht zwischen Novelle, Märchen und Legende und gelangt eben dadurch zu der ihr eigentümlichen Stilform. Vielleicht überrascht es den Leser, daß wir von diesem wohl größten Novellendichter der Deutschen keine bekanntere Erzählung gewählt haben. Aber ›Michael Kohlhaas‹ wäre zu umfangreich gewesen, und ›Das Erdbeben in Chili‹, ein novellistisches Kabinettstück von höchstem Rang, findet sich bereits – und sicher mit Recht – in sehr vielen Sammlungen. Der Herausgeber hat sich jedoch überall bemüht, in seiner Auswahl das Bekannte und längst Erprobte mit dem weniger Bekannten zu mischen. Der Leser soll und darf manches Stück wiederfinden, das ihm längst vertraut und lieb geworden ist – dazu gehört wohl auch eine so ›klassisch‹ gewordene Kurzgeschichte wie Hebels ›Unverhofftes Wiedersehen‹ –, aber er wird ebenso zur Entdeckungsreise aufgefordert in dem nahezu unerschöpflichen Reichtum der Kleinformen unserer erzählenden Dichtung. Vielleicht ist manchen Lesern sogar Tiecks meisterhafte Novelle ›Des Lebens Überfluß‹, die diesen Band beschließt, noch unbekannt. In dieser so amüsanten Begebenheit von der verschwundenen Treppe triumphiert in den dreißiger Jahren des 19. Jahrhunderts noch einmal die Lebensstimmung romantischer Poesie, vielleicht zum letzten Male, gleichsam schon am Abend, da die Sonne sinkt, mit graziöser Heiterkeit, ausgelassener Phantasie und geistvoller Ironie über alles Beladene und Erdrückende unseres irdischen Daseins.

Was die Prosa unseres Zeitraumes auszeichnet, ist der neue Zugang zum Ursprünglichen und Archaischen, der hier inmitten einer bereits reflektierten und ironischen Bildungswelt, trotz aller Spätzeit, gelingt. Dingliches wird als Symbol einer höheren seelischen Realität dargestellt, das Seelische wiederum durch Phantasie nach außen projiziert und damit versinnlicht. Manchmal, wie besonders bei Kleist, nähert sich das Erzählen bereits einem ›magischen Realismus‹, der auch das Übersinnliche noch ganz konkret im Sinnlichen sichtbar zu machen versteht, wie es in unserem Jahrhundert nur Franz Kafka gelang. Der Mensch sieht sich in verhängnisvolle Wirkungsreihen, in das Spiel der Zufälle oder in das Walten des Schicksals verstrickt. Oft verlockt die Freude an der Arabeske den Erzähler dabei zu manchen Neben- und Seitenwegen. Oft aber behält er auch seine geheime, wenn auch nirgends direkt mitgeteilte Übersicht über das Ganze. Auch das Märchen hat noch seine eigne Logik, wenn es den reinen, unverfälschten Raum des Poetischen bewahren will. Vielleicht ist in keiner literarischen Epoche so deutlich geworden wie in dieser, daß Erzählen eine Freiheit braucht, die es nur im Element des Spieles gewinnen kann.

Benno von Wiese

JOHANN WOLFGANG VON GOETHE

Die neue Melusine

Als ein lebhafter Bursche hatte ich von jeher die Gewohnheit, sobald ich in ein Wirtshaus kam, mich nach der Wirtin oder auch nach der Köchin umzusehen und mich schmeichlerisch gegen sie zu bezeigen, wodurch denn meine Zeche meistens vermindert wurde.
Eines Abends, als ich in das Posthaus eines kleinen Städtchens trat und eben nach meiner hergebrachten Weise verfahren wollte, rasselte gleich hinter mir ein schöner zweisitziger Wagen, mit vier Pferden bespannt, an der Türe vor. Ich wendete mich um und sah ein Frauenzimmer allein, ohne Kammerfrau, ohne Bedienten. Ich eilte sogleich, ihr den Schlag zu öffnen und zu fragen, ob sie etwas zu befehlen habe. Beim Aussteigen zeigte sich eine schöne Gestalt, und ihr liebenswürdiges Gesicht war, wenn man es näher betrachtete, mit einem kleinen Zug von Traurigkeit geschmückt. Ich fragte nochmals, ob ich ihr in etwas dienen könne. – »O ja!« sagte sie, »wenn Sie mir mit Sorgfalt das Kästchen, das auf dem Sitze steht, herausheben und hinauftragen wollen; aber ich bitte gar sehr, es recht stät zu tragen und im mindesten nicht zu bewegen oder zu rütteln.« Ich nahm das Kästchen mit Sorgfalt, sie verschloß den Kutschenschlag, wir stiegen zusammen die Treppe hinauf, und sie sagte dem Gesinde, daß sie diese Nacht hier bleiben würde.
Nun waren wir allein in dem Zimmer, sie hieß mich das Kästchen auf den Tisch setzen, der an der Wand stand, und als ich an einigen ihrer Bewegungen merkte, daß sie allein zu sein wünschte, empfahl ich mich, indem ich ihr ehrerbietig, aber feurig die Hand küßte.
»Bestellen Sie das Abendessen für uns beide«, sagte sie darauf; und es läßt sich denken, mit welchem Vergnügen ich diesen Auftrag ausrichtete, wobei ich denn zugleich in meinem Übermut Wirt, Wirtin und Gesinde kaum über die Achsel ansah. Mit Ungeduld erwartete ich den Augenblick, der mich endlich wieder zu ihr führen sollte. Es war aufgetragen, wir setzten uns gegen einander über, ich labte mich zum erstenmal seit geraumer Zeit an einem guten

Essen und zugleich an einem so erwünschten Anblick; ja mir kam es vor, als wenn sie mit jeder Minute schöner würde.

Ihre Unterhaltung war angenehm, doch suchte sie alles abzulehnen, was sich auf Neigung und Liebe bezog. Es ward abgeräumt; ich zauderte, ich suchte allerlei Kunstgriffe, mich ihr zu nähern, aber vergebens: sie hielt mich durch eine gewisse Würde zurück, der ich nicht widerstehen konnte, ja ich mußte wider meinen Willen zeitig genug von ihr scheiden.

Nach einer meist durchwachten und unruhig durchträumten Nacht war ich früh auf, erkundigte mich, ob sie Pferde bestellt habe; ich hörte nein und ging in den Garten, sah sie angekleidet am Fenster stehen und eilte zu ihr hinauf. Als sie mir so schön und schöner als gestern entgegenkam, regt sich auf einmal in mir Neigung, Schalkheit und Verwegenheit; ich stürzte auf sie zu und faßte sie in meine Arme. »Englisches, unwiderstehliches Wesen!« rief ich aus: »verzeih, aber es ist unmöglich!« Mit unglaublicher Gewandtheit entzog sie sich meinen Armen, und ich hatte ihr nicht einmal einen Kuß auf die Wange drücken können. – »Halten Sie solche Ausbrüche einer plötzlichen leidenschaftlichen Neigung zurück, wenn Sie ein Glück nicht verscherzen wollen, das Ihnen sehr nahe liegt, das aber erst nach einigen Prüfungen ergriffen werden kann.«

»Fordere, was du willst, englischer Geist!« rief ich aus, »aber bringe mich nicht zur Verzweiflung.« Sie versetzte lächelnd: »Wollen Sie sich meinem Dienste widmen, so hören Sie die Bedingungen! Ich komme hierher, eine Freundin zu besuchen, bei der ich einige Tage zu verweilen gedenke; indessen wünsche ich, daß mein Wagen und dies Kästchen weitergebracht werden. Wollen Sie es übernehmen? Sie haben dabei nichts zu tun, als das Kästchen mit Behutsamkeit in und aus dem Wagen zu heben; wenn es darin steht, sich daneben zu setzen und jede Sorge dafür zu tragen. Kommen Sie in ein Wirtshaus, so wird es auf einen Tisch gestellt, in eine besondere Stube, in der Sie weder wohnen noch schlafen dürfen. Sie verschließen die Zimmer jedesmal mit diesem Schlüssel, der alle Schlösser auf- und zuschließt und dem Schlosse die besondere Eigenschaft gibt, daß es niemand in der Zwischenzeit zu eröffnen imstande ist.«

Ich sah sie an, mir ward sonderbar zumute; ich versprach, alles zu tun, wenn ich hoffen könnte, sie bald wieder zu sehen, und wenn sie mir diese Hoffnung mit einem Kuß besiegelte. Sie tat es, und von dem Augenblick an war ich ihr ganz leibeigen geworden. Ich sollte nun die Pferde bestellen, sagte sie. Wir besprachen den Weg, den ich nehmen, die Orte, wo ich mich aufhalten und sie erwarten sollte. Sie drückte mir zuletzt einen Beutel mit Gold in die Hand, und ich meine Lippen auf ihre Hände. Sie schien gerührt beim Abschied, und ich wußte schon nicht mehr, was ich tat oder tun sollte.

Als ich von meiner Bestellung zurückkam, fand ich die Stubentür verschlossen. Ich versuchte gleich meinen Hauptschlüssel, und er machte sein Probestück vollkommen. Die Türe sprang auf, ich fand das Zimmer leer, nur das Kästchen stand auf dem Tische, wo ich es hingestellt hatte.

Der Wagen war vorgefahren, ich trug das Kästchen sorgfältig hinunter und setzte es neben mich. Die Wirtin fragte: »Wo ist denn die Dame?« Ein Kind antwortete: »Sie ist in die Stadt gegangen.« Ich begrüßte die Leute und fuhr wie im Triumph von hinnen, der ich gestern abend mit bestaubten Gamaschen hier angekommen war. Daß ich nun bei guter Muße diese Geschichte hin und her überlegte, das Geld zählte, mancherlei Entwürfe machte und immer gelegentlich nach dem Kästchen schielte, können Sie leicht denken. Ich fuhr nun stracks vor mich hin, stieg mehrere Stationen nicht aus und rastete nicht, bis ich zu einer ansehnlichen Stadt gelangt war, wohin sie mich beschieden hatte. Ihre Befehle wurden sorgfältig beobachtet, das Kästchen in ein besonderes Zimmer gestellt und ein paar Wachslichter daneben, unangezündet, wie sie auch verordnet hatte. Ich verschloß das Zimmer, richtete mich in dem meinigen ein und tat mir etwas zugute.

Eine Weile konnte ich mich mit dem Andenken an sie beschäftigen, aber gar bald wurde mir die Zeit lang. Ich war nicht gewohnt, ohne Gesellschaft zu leben; diese fand ich bald an Wirtstafeln und an öffentlichen Orten nach meinem Sinne. Mein Geld fing bei dieser Gelegenheit an zu schmelzen und verlor sich eines Abends völlig aus meinem Beutel, als ich mich unvorsichtig einem leidenschaftlichen Spiel überlassen hatte. Auf meinem Zimmer angekommen, war ich außer mir. Von Geld entblößt, mit dem Ansehen eines reichen Mannes eine tüchtige Zeche erwartend, ungewiß, ob und wann meine Schöne sich wieder zeigen würde, war ich in der größten Verlegenheit. Doppelt sehnte ich mich nach ihr und glaubte nun gar nicht mehr ohne sie und ohne ihr Geld leben zu können.

Nach dem Abendessen, das mir gar nicht geschmeckt hatte, weil ich es diesmal einsam zu genießen genötigt worden, ging ich in dem Zimmer lebhaft auf und ab, sprach mit mir selbst, verwünschte mich, warf mich auf den Boden, zerraufte mir die Haare und erzeigte mich ganz ungebärdig. Auf einmal hörte ich in dem verschlossenen Zimmer nebenan eine leise Bewegung und kurz nachher an der wohlverwahrten Türe pochen. Ich raffe mich zusammen, greife nach dem Hauptschlüssel, aber die Flügeltüren springen von selbst auf, und im Schein jener brennenden Wachslichter kommt mir meine Schöne entgegen. Ich werfe mich ihr zu Füßen, küsse ihr Kleid, ihre Hände, sie hebt mich auf, ich wage nicht, sie zu umarmen, kaum sie anzusehen; doch gestehe ich ihr aufrichtig und reuig meinen Fehler. – »Er ist zu verzeihen«, sagte sie, »nur verspätet Ihr leider Euer Glück und meines. Ihr müßt nun abermals eine Strecke in die Welt hineinfahren, ehe wir uns wieder sehen. Hier ist noch mehr Gold«, sagte sie, »und hinreichend, wenn Ihr einigermaßen haushalten wollt. Hat Euch aber diesmal Wein und Spiel in Verlegenheit gesetzt, so hütet Euch nun vor Wein und Weibern und laßt mich auf ein fröhlicheres Wiedersehen hoffen.«

Sie trat über die Schwelle zurück, die Flügel schlugen zusammen, ich pochte, ich bat, aber nichts ließ sich weiter hören. Als ich den andern Morgen die Zeche verlangte, lächelte der Kellner und sagte: »So wissen wir doch, warum Ihr Eure Türen auf eine so künstliche und unbegreifliche Weise verschließt, daß kein Hauptschlüssel sie öffnen kann. Wir vermuteten bei Euch viel Geld und Kostbarkeiten; nun aber haben wir den Schatz die Treppe hinuntergehen sehen, und auf alle Weise schien er würdig, wohl verwahrt zu werden.«

Ich erwiderte nichts dagegen, zahlte meine Rechnung und stieg mit meinem Kästchen in den Wagen. Ich fuhr nun wieder in die Welt hinein mit dem festesten Vorsatz, auf die Warnung meiner geheimnisvollen Freundin künftig zu achten. Doch ich war kaum abermals in einer großen Stadt angelangt, so ward ich bald mit liebenswürdigen Frauenzimmern bekannt, von denen ich mich durchaus nicht losreißen konnte. Sie schienen mir ihre Gunst teuer anrechnen zu wollen; denn indem sie mich immer in einiger Entfernung hielten, verleiteten sie mich zu einer Ausgabe nach der andern, und da ich nur suchte, ihr Vergnügen zu befördern, dachte ich abermals nicht an meinen Beutel, sondern zahlte und spendete immerfort, so wie es eben vorkam. Wie groß war daher meine Verwunderung und mein Vergnügen, als ich nach einigen Wochen bemerkte, daß die Fülle des Beutels noch nicht abgenommen hatte, sondern daß er noch so rund und strotzend war wie anfangs. Ich wollte mich dieser schönen Eigenschaft näher versichern, setzte mich hin zu zählen, merkte mir die Summe genau und fing nun an, mit meiner Gesellschaft lustig zu leben wie vorher. Da fehlte es nicht an Land- und Wasserfahrten, an Tanz, Gesang und andern Vergnügungen. Nun bedurfte es aber keiner großen Aufmerksamkeit, um gewahr zu werden, daß der Beutel wirklich abnahm, eben als wenn ich ihm durch mein verwünschtes Zählen die Tugend, unzählbar zu sein, entwendet hätte. Indessen war das Freudenleben einmal im Gange, ich konnte nicht zurück, und doch war ich mit meiner Barschaft bald am Ende. Ich verwünschte meine Lage, schalt auf meine Freundin, die mich so in Versuchung geführt hatte, nahm es ihr übel auf, daß sie sich nicht wieder sehen lassen, sagte mich im Ärger von allen Pflichten gegen sie los und nahm mir vor, das Kästchen zu öffnen, ob vielleicht in demselben einige Hülfe zu finden sei. Denn war es gleich nicht schwer genug, um Geld zu enthalten, so konnten doch Juwelen darin sein, und auch diese wären mir sehr willkommen gewesen. Ich war im Begriff, den Vorsatz auszuführen, doch verschob ich ihn auf die Nacht, um die Operation recht ruhig vorzunehmen, und eilte zu einem Bankett, das eben angesagt war. Da ging es denn wieder hoch her, und wir waren durch Wein und Trompetenschall mächtig aufgeregt, als mir der unangenehme Streich passierte, daß beim Nachtische ein älterer Freund meiner liebsten Schönheit, von Reisen kommend, unvermutet hereintrat, sich zu ihr setzte und ohne große Umstände seine alten Rechte geltend zu machen suchte. Daraus entstand nun bald Unwille, Hader und Streit; wir zogen vom Leder, und ich ward mit mehreren Wunden halbtot nach Hause getragen.

Der Chirurgus hatte mich verbunden und verlassen, es war schon tief in der Nacht, mein Wärter eingeschlafen; die Tür des Seitenzimmers ging auf, meine geheimnisvolle Freundin trat herein und setzte sich zu mir ans Bette. Sie fragte nach meinem Befinden; ich antwortete nicht, denn ich war matt und verdrießlich. Sie fuhr fort, mit vielem Anteil zu sprechen, rieb mir die Schläfe mit einem gewissen Balsam, so daß ich mich geschwind und entschieden gestärkt fühlte, so gestärkt, daß ich mich erzürnen und sie ausschelten konnte. In einer heftigen Rede warf ich alle Schuld meines Unglücks auf sie, auf die Leidenschaft, die sie mir eingeflößt, auf ihr Erscheinen, ihr Verschwinden, auf die Langeweile, auf die Sehnsucht, die ich empfinden mußte. Ich ward immer heftiger und heftiger, als wenn mich ein Fieber anfiele, und ich schwur ihr zuletzt, daß, wenn sie nicht die Meinige sein, mir diesmal nicht angehören und sich mit mir verbinden wolle, so verlange ich nicht länger zu leben; worauf ich entschiedene Antwort forderte. Als sie zaudernd mit einer Erklärung zurückhielt, geriet ich ganz außer mir, riß den doppelten und dreifachen Verband von den Wunden, mit der entschiedenen Absicht, mich zu verbluten. Aber wie erstaunte ich, als ich meine Wunden alle geheilt, meinen Körper schmuck und glänzend und sie in meinen Armen fand.
Nun waren wir das glücklichste Paar von der Welt. Wir baten einander wechselseitig um Verzeihung und wußten selbst nicht recht warum. Sie versprach nun, mit mir weiterzureisen, und bald saßen wir nebeneinander im Wagen, das Kästchen gegen uns über, am Platze der dritten Person. Ich hatte desselben niemals gegen sie erwähnt; auch jetzt fiel mir's nicht ein, davon zu reden, ob es uns gleich vor den Augen stand und wir durch eine stillschweigende Übereinkunft beide dafür sorgten, wie es etwa die Gelegenheit geben mochte; nur daß ich es immer in und aus dem Wagen hob und mich wie vormals mit dem Verschluß der Türen beschäftigte.
Solange noch etwas im Beutel war, hatte ich immer fortbezahlt; als es mit meiner Barschaft zu Ende ging, ließ ich sie es merken. – »Dafür ist leicht Rat geschafft«, sagte sie und deutete auf ein Paar kleine Taschen, oben an der Seite des Wagens angebracht, die ich früher wohl bemerkt, aber nicht gebraucht hatte. Sie griff in die eine und zog einige Goldstücke heraus, sowie aus der andern einige

Silbermünzen, und zeigte mir dadurch die Möglichkeit, jeden Aufwand, wie es uns beliebte, fortzusetzen. So reisten wir von Stadt zu Stadt, von Land zu Land, waren unter uns und mit andern froh, und ich dachte nicht daran, daß sie mich wieder verlassen könnte, um so weniger, als sie sich seit einiger Zeit entschieden guter Hoffnung befand, wodurch unsere Heiterkeit und unsere Liebe nur noch vermehrt wurde. Aber eines Morgens fand ich sie leider nicht mehr, und weil mir der Aufenthalt ohne sie verdrießlich war, machte ich mich mit meinem Kästchen wieder auf den Weg, versuchte die Kraft der beiden Taschen und fand sie noch immer bewährt.

Die Reise ging glücklich vonstatten, und wenn ich bisher über mein Abenteuer weiter nicht nachdenken mögen, weil ich eine ganz natürliche Entwickelung der wundersamen Begebenheiten erwartete, so ereignete sich doch gegenwärtig etwas, wodurch ich in Erstaunen, in Sorgen, ja in Furcht gesetzt wurde. Weil ich, um von der Stelle zu kommen, Tag und Nacht zu reisen gewohnt war, so geschah es, daß ich oft im Finstern fuhr und es in meinem Wagen, wenn die Laternen zufällig ausgingen, ganz dunkel war. Einmal bei so finsterer Nacht war ich eingeschlafen, und als ich erwachte, sah ich den Schein eines Lichtes an der Decke meines Wagens. Ich beobachtete denselben und fand, daß er aus dem Kästchen hervorbrach, das einen Riß zu haben schien, eben als wäre es durch die heiße und trockene Witterung der eingetretenen Sommerzeit gesprungen. Meine Gedanken an die Juwelen wurden wieder rege, ich vermutete, daß ein Karfunkel im Kästchen liege, und wünschte darüber Gewißheit zu haben. Ich rückte mich, so gut ich konnte, zurecht, so daß ich mit dem Auge unmittelbar den Riß berührte. Aber wie groß war mein Erstaunen als ich in ein von Lichtern wohl erhelltes, mit viel Geschmack, ja Kostbarkeit möbliertes Zimmer hineinsah, gerade so als hätte ich durch die Öffnung eines Gewölbes in einen königlichen Saal hinabgesehn. Zwar konnte ich nur einen Teil des Raums beobachten, der mich auf das übrige schließen ließ. Ein Kaminfeuer schien zu brennen, neben welchem ein Lehnsessel stand. Ich hielt den Atem an mich und fuhr fort zu beobachten. Indem kam von der andern Seite des Saals ein Frauenzimmer mit einem Buch in den Händen, die ich sogleich für meine Frau erkannte, obschon ihr Bild nach dem allerkleinsten Maßstabe zusammengezogen war. Die

Schöne setzte sich in den Sessel ans Kamin, um zu lesen, legte die Brände mit der niedlichsten Feuerzange zurecht, wobei ich deutlich bemerken konnte, das allerliebste kleine Wesen sei ebenfalls guter Hoffnung. Nun fand ich mich aber genötigt, meine unbequeme Stellung einigermaßen zu verrücken, und bald darauf, als ich wieder hineinsehen und mich überzeugen wollte, daß es kein Traum gewesen, war das Licht verschwunden, und ich blickte in eine leere Finsternis.

Wie erstaunt, ja erschrocken ich war, läßt sich begreifen. Ich machte mir tausend Gedanken über diese Entdeckung und konnte doch eigentlich nichts denken. Darüber schlief ich ein; und als ich erwachte, glaubte ich eben nur geträumt zu haben; doch fühlte ich mich von meiner Schönen einigermaßen entfremdet, und indem ich das Kästchen nur desto sorgfältiger trug, wußte ich nicht, ob ich ihre Wiedererscheinung in völliger Menschengröße wünschen oder fürchten sollte.

Nach einiger Zeit trat denn wirklich meine Schöne gegen Abend in weißem Kleide herein, und da es eben im Zimmer dämmerte, so kam sie mir länger vor, als ich sie sonst zu sehen gewohnt war, und ich erinnerte mich, gehört zu haben, daß alle vom Geschlecht der Nixen und Gnomen bei einbrechender Nacht an Länge gar merklich zunähmen. Sie flog wie gewöhnlich in meine Arme, aber ich konnte sie nicht recht frohmütig an meine beklemmte Brust drükken.

»Mein Liebster«, sagte sie, »ich fühle nun wohl an deinem Empfang, was ich leider schon weiß. Du hast mich in der Zwischenzeit gesehn; du bist von dem Zustand unterrichtet, in dem ich mich zu gewissen Zeiten befinde; dein Glück und das meinige ist hiedurch unterbrochen, ja es steht auf dem Punkte, ganz vernichtet zu werden. Ich muß dich verlassen und weiß nicht, ob ich dich jemals wiedersehen werde.« Ihre Gegenwart, die Anmut, mit der sie sprach, entfernte sogleich fast jede Erinnerung jenes Gesichtes, das mir schon bisher nur als ein Traum vorgeschwebt hatte. Ich umfing sie mit Lebhaftigkeit, überzeugte sie von meiner Leidenschaft, versicherte ihr meine Unschuld, erzählte ihr das Zufällige der Entdekkung, genug, ich tat so viel, daß sie selbst beruhigt schien und mich zu beruhigen suchte.

»Prüfe dich genau«, sagte sie, »ob diese Entdeckung deiner Liebe nicht geschadet habe, ob du vergessen kannst, daß ich in zweierlei Gestalten mich neben dir befinde, ob die Verringerung meines Wesens nicht auch deine Neigung vermindern werde.«
Ich sah sie an; schöner war sie als jemals, und ich dachte bei mir selbst: »Ist es denn ein so großes Unglück, eine Frau zu besitzen, die von Zeit zu Zeit eine Zwergin wird, so daß man sie im Kästchen herumtragen kann? Wäre es nicht viel schlimmer, wenn sie zur Riesin würde und ihren Mann in den Kasten steckte?« Meine Heiterkeit war zurückgekehrt. Ich hätte sie um alles in der Welt nicht fahren lassen. – »Bestes Herz«, versetzte ich, »laß uns bleiben und sein, wie wir gewesen sind. Könnten wir's beide denn herrlicher finden! Bediene dich deiner Bequemlichkeit, und ich verspreche dir, das Kästchen nur desto sorgfältiger zu tragen. Wie sollte das Niedlichste, was ich in meinem Leben gesehn, einen schlimmen Eindruck auf mich machen? Wie glücklich würden die Liebhaber sein, wenn sie solche Miniaturbilder besitzen könnten! Und am Ende war es auch nur ein solches Bild, eine kleine Taschenspielerei! Du prüfst und neckst mich; du sollst aber sehen, wie ich mich halten werden.«
»Die Sache ist ernsthafter, als du denkst«, sagte die Schöne; »indessen bin ich recht wohl zufrieden, daß du sie leicht nimmst: denn für uns beide kann noch immer die heiterste Folge werden. Ich will dir vertrauen und von meiner Seite das Mögliche tun, nur versprich mir, dieser Entdeckung niemals vorwurfsweise zu gedenken. Dazu füg' ich noch eine Bitte recht inständig: nimm dich vor Wein und Zorn mehr als jemals in acht.«
Ich versprach, was sie begehrte, ich hätte zu und immer zu versprochen; doch sie wendete selbst das Gespräch, und alles war im vorigen Gleise. Wir hatten nicht Ursache, den Ort unseres Aufenthaltes zu verändern; die Stadt war groß, die Gesellschaft vielfach, die Jahreszeit veranlaßte manches Landes- und Gartenfest.
Bei allen solchen Freuden war meine Frau sehr gern gesehen, ja von Männern und Frauen lebhaft verlangt. Ein gutes, einschmeichelndes Betragen, mit einer gewissen Hoheit verknüpft, machte sie jedermann lieb und ehrenwert. Überdies spielte sie herrlich die Laute und sang dazu, und alle geselligen Nächte mußten durch ihr Talent gekrönt werden.

Ich will nur gestehen, daß ich mir aus der Musik niemals viel habe machen können, ja sie hatte vielmehr auf mich eine unangenehme Wirkung. Meine Schöne, die mir das bald abgemerkt hatte, suchte mich daher niemals, wenn wir allein waren, auf diese Weise zu unterhalten; dagegen schien sie sich in Gesellschaft zu entschädigen, wo sie denn gewöhnlich eine Menge Bewunderer fand.

Und nun, warum sollte ich es leugnen, unsere letzte Unterredung, ungeachtet meines besten Willens, war doch nicht vermögend gewesen, die Sache ganz bei mir abzutun; vielmehr hatte sich meine Empfindungsweise gar seltsam gestimmt, ohne daß ich es mir vollkommen bewußt gewesen wäre. Da brach eines Abends in großer Gesellschaft der verhaltene Unmut los, und mir entsprang daraus der allergrößte Nachteil.

Wenn ich es jetzt recht bedenke, so liebte ich nach jener unglücklichen Entdeckung meine Schönheit viel weniger, und nun ward ich eifersüchtig auf sie, was mir vorher gar nicht eingefallen war. Abends bei Tafel, wo wir schräg gegen einander über in ziemlicher Entfernung saßen, befand ich mich sehr wohl mit meinen beiden Nachbarinnen, ein paar Frauenzimmern, die mir seit einiger Zeit reizend geschienen hatten. Unter Scherz- und Liebesreden sparte man des Weines nicht, indessen von der andern Seite ein paar Musikfreunde sich meiner Frau bemächtigt hatten und die Gesellschaft zu Gesängen, einzelnen und chormäßigen, aufzumuntern und anzuführen wußten. Darüber fiel ich in böse Laune; die beiden Kunstliebhaber schienen zudringlich; der Gesang machte mich ärgerlich, und als man gar von mir auch eine Solostrophe begehrte, so wurde ich wirklich aufgebracht, leerte den Becher und setzte ihn sehr unsanft nieder.

Durch die Anmut meiner Nachbarinnen fühlte ich mich sogleich zwar wieder gemildert, aber es ist eine böse Sache um den Ärger, wenn er einmal auf dem Wege ist. Er kochte heimlich fort, obgleich alles mich hätte sollen zur Freude, zur Nachgiebigkeit stimmen. Im Gegenteil wurde ich nur noch tückischer, als man eine Laute brachte und meine Schöne ihren Gesang zur Bewunderung aller übrigen begleitete. Unglücklicherweise erbat man sich eine allgemeine Stille. Also auch schwatzen sollte ich nicht mehr, und die

Töne taten mir in den Zähnen weh. War es nun ein Wunder, daß endlich der kleinste Funke die Mine zündete?

Eben hatte die Sängerin ein Lied unter dem größten Beifall geendigt, als sie nach mir, und wahrlich recht liebevoll, herübersah. Leider drangen die Blicke nicht bei mir ein. Sie bemerkte, daß ich einen Becher Wein hinunterschlang und einen neu anfüllte. Mit dem rechten Zeigefinger winkte sie mir lieblich drohend. »Bedenken Sie, daß es Wein ist!« sagte sie, nicht lauter, als daß ich es hören konnte. – »Wasser ist für die Nixen!« rief ich aus. – »Meine Damen«, sagte sie zu meinen Nachbarinnen, »kränzen Sie den Becher mit aller Anmut, daß er nicht zu oft leer werde.« – »Sie werden sich doch nicht meistern lassen!« zischelte mir die eine ins Ohr. – »Was will der Zwerg?« rief ich aus, mich heftiger gebärdend, wodurch ich den Becher umstieß. – »Hier ist viel verschüttet!« rief die Wunderschöne, tat einen Griff in die Saiten, als wolle sie die Aufmerksamkeit der Gesellschaft aus dieser Störung wieder auf sich heranziehen. Es gelang ihr wirklich, um so mehr, als sie aufstand, aber nur, als wenn sie sich das Spiel bequemer machen wollte, und zu präludieren fortfuhr.

Als ich den roten Wein über das Tischtuch fließen sah, kam ich wieder zu mir selbst. Ich erkannte den großen Fehler, den ich begangen hatte, und war recht innerlich zerknirscht. Zum erstenmal sprach die Musik mich an. Die erste Strophe, die sie sang, war ein freundlicher Abschied an die Gesellschaft, wie sie sich noch zusammen fühlen konnte. Bei der folgenden Strophe floß die Sozietät gleichsam auseinander, jeder fühlte sich einzeln, abgesondert, niemand glaubte sich mehr gegenwärtig. Aber was soll ich denn von der letzten Strophe sagen? Sie war allein an mich gerichtet, die Stimme der gekränkten Liebe, die von Unmut und Übermut Abschied nimmt.

Stumm führte ich sie nach Hause und erwartete mir nichts Gutes. Doch kaum waren wir in unserm Zimmer angelangt, als sie sich höchst freundlich und anmutig, ja sogar schalkhaft erwies und mich zum glücklichsten aller Menschen machte.

Des andern Morgens sagte ich ganz getrost und liebvoll: »Du hast so manchmal, durch gute Gesellschaft aufgefordert, gesungen, so zum Beispiel gestern abend das rührende Abschiedslied; singe nun auch einmal mir zuliebe ein hübsches, fröhliches Willkommen in dieser Morgenstunde, damit es uns werde, als wenn wir uns zum erstenmal kennen lernten.«

»Das vermag ich nicht, mein Freund«, versetzte sie mit Ernst. »Das Lied von gestern abend bezog sich auf unsere Scheidung, die nun sogleich vor sich gehen muß: denn ich kann dir nur sagen, die Beleidigung gegen Versprechen und Schwur hat für uns beide die schlimmsten Folgen; du verscherzest ein großes Glück, und auch ich muß meinen liebsten Wünschen entsagen.«

Als ich nun hierauf in sie drang und bat, sie möchte sich näher erklären, versetzte sie: »Das kann ich leider wohl, denn es ist doch um mein Bleiben bei dir getan. Vernimm also, was ich dir lieber bis in die spätesten Zeiten verborgen hätte. Die Gestalt, in der du mich im Kästchen erblicktest, ist mir wirklich angeboren und natürlich; denn ich bin aus dem Stamm des Königs Eckwald, des mächtigen Fürsten der Zwerge, von dem die wahrhafte Geschichte so vieles meldet. Unser Volk ist noch immer wie vor alters tätig und geschäftig und auch daher leicht zu regieren. Du mußt dir aber nicht vorstellen, daß die Zwerge in ihren Arbeiten zurückgeblieben sind. Sonst waren Schwerter, die den Feind verfolgten, wenn man sie ihm nachwarf, unsichtbar und geheimnisvoll bindende Ketten, undurchdringliche Schilder und dergleichen ihre berühmtesten Arbeiten. Jetzt aber beschäftigen sie sich hauptsächlich mit Sachen der Bequemlichkeit und des Putzes und übertreffen darin alle andern Völker der Erde. Du würdest erstaunen, wenn du unsere Werkstätten und Warenlager hindurchgehen solltest. Dies wäre nun alles gut, wenn nicht bei der ganzen Nation überhaupt, vorzüglich aber bei der königlichen Familie, ein besonderer Umstand einträte.«

Da sie einen Augenblick innehielt, ersuchte ich sie um fernere Eröffnung dieser wundersamen Geheimnisse, worin sie mir denn auch sogleich willfahrte.

»Es ist bekannt«, sagte sie, »daß Gott, sobald er die Welt erschaffen hatte, so daß alles Erdreich trocken war und das Gebirg mächtig und herrlich dastand, daß Gott, sage ich, sogleich vor allen Dingen die Zwerglein erschuf, damit auch vernünftige Wesen wären, welche seine Wunder im Innern der Erde auf Gängen und Klüften anstaunen und verehren könnten. Ferner ist bekannt, daß dieses kleine Geschlecht sich nachmals erhoben und sich die Herrschaft der Erde anzumaßen gedacht, weshalb denn Gott die Drachen erschaffen, um das Gezwerge ins Gebirg zurückzudrängen. Weil aber die Drachen sich in den großen Höhlen und Spalten selbst einzunisten und dort zu wohnen pflegten, auch viele derselben Feuer spieen und manch anderes Wüste begingen, so wurde dadurch den Zwerglein gar große Not und Kummer bereitet, dergestalt, daß sie nicht mehr wußten, wo aus noch ein, und sich daher zu Gott dem Herrn gar demütiglich und flehentlich wendeten, auch ihn im Gebet anriefen, er möchte doch dieses unsaubere Drachenvolk wieder vertilgen. Ob er nun aber gleich nach seiner Weisheit sein Geschöpf zu zerstören nicht beschließen mochte, so ging ihm doch der armen Zwerglein große Not dermaßen zu Herzen, daß er alsobald die Riesen erschuf, welche die Drachen bekämpfen und, wo nicht ausrotten, doch wenigstens vermindern sollten.

Als nun aber die Riesen so ziemlich mit den Drachen fertig geworden, stieg ihnen gleichfalls der Mut und Dünkel, weswegen sie gar manches Frevele, besonders auch gegen die guten Zwerglein, verübten, welche denn abermals in ihrer Not sich zu dem Herrn wandten, der sodann aus seiner Machtgewalt die Ritter schuf, welche die Riesen und Drachen bekämpfen und mit den Zwerglein in guter Eintracht leben sollten. Damit war denn das Schöpfungswerk von dieser Seite beschlossen, und es findet sich, daß nachher Riesen und Drachen sowie die Ritter und Zwerge immer zusammengehalten haben. Daraus kannst du nun ersehen, mein Freund, daß wir von dem ältesten Geschlecht der Welt sind, welches uns zwar zu Ehren gereicht, doch aber auch großen Nachteil mit sich führt.

Da nämlich auf der Welt nichts ewig bestehen kann, sondern alles, was einmal groß gewesen, klein werden und abnehmen muß, so sind auch wir in dem Falle, daß wir seit Erschaffung der Welt immer abnehmen und kleiner werden, vor allen andern aber die königliche Familie, welche wegen ihres reinen Blutes diesem Schicksal am ersten unterworfen ist. Deshalb haben unsere weisen Meister schon vor vielen Jahren den Ausweg erdacht, daß von Zeit zu Zeit eine Prinzessin aus dem königlichen Hause heraus ins Land gesendet werde, um sich mit einem ehrsamen Ritter zu vermählen, damit das Zwergengeschlecht wieder angefrischt und vom gänzlichen Verfall gerettet sei.«

Indessen meine Schöne diese Worte ganz treuherzig vorbrachte, sah ich sie bedenklich an, weil es schien, als ob sie Lust habe, mir etwas aufzubinden. Was ihre niedliche Herkunft betraf, daran hatte ich weiter keinen Zweifel; aber daß sie mich anstatt eines Ritters ergriffen hatte, das machte mir einiges Mißtrauen, indem ich mich denn doch zu wohl kannte, als daß ich hätte glauben sollen, meine Vorfahren seien von Gott unmittelbar erschaffen worden.

Ich verbarg Verwunderung und Zweifel und fragte sie freundlich: »Aber sage mir, mein liebes Kind, wie kommst du zu dieser großen und ansehnlichen Gestalt? denn ich kenne wenig Frauen, die sich dir an prächtiger Bildung vergleichen können.« – »Das sollst du erfahren«, versetzte meine Schöne. »Es ist von jeher im Rat der Zwergenkönige hergebracht, daß man sich so lange als möglich vor jedem außerordentlichen Schritt in acht nehme, welches ich denn auch ganz natürlich und billig finde. Man hätte vielleicht noch lange gezaudert, eine Prinzessin wieder einmal in das Land zu senden, wenn nicht mein nachgeborner Bruder so klein ausgefallen wäre, daß ihn die Wärterinnen sogar aus den Windeln verloren haben und man nicht weiß, wo er hingekommen ist. Bei diesem in den Jahrbüchern des Zwergenreichs ganz unerhörten Falle versammelte man die Weisen, und kurz und gut, der Entschluß ward gefaßt, mich auf die Freite zu schicken!«

»Der Entschluß!« rief ich aus; »das ist wohl alles schön und gut. Man kann sich entschließen, man kann etwas beschließen; aber einem Zwerglein diese Göttergestalt zu geben, wie haben eure Weisen dies zustande gebracht?«

»Es war auch schon«, sagte sie, »von unsern Ahnherren vorgesehen. In dem königlichen Schatze lag ein ungeheurer goldner Fingerring. Ich spreche jetzt von ihm, wie er mir vorkam, da er mir, als einem Kinde, ehemals an seinem Orte gezeigt wurde: denn es ist derselbe, den ich hier am Finger habe; und nun ging man folgendergestalt zu Werke. Man unterrichtete mich von allem, was bevorstehe, und belehrte mich, was ich zu tun und zu lassen habe.

Ein köstlicher Palast, nach dem Muster des liebsten Sommeraufenthalts meiner Eltern, wurde verfertigt: ein Hauptgebäude, Seitenflügel und was man nur wünschen kann. Er stand am Eingang einer großen Felskluft und verzierte sie aufs beste. An dem bestimmten Tage zog der Hof dorthin und meine Eltern mit mir. Die Armee paradierte, und vierundzwanzig Priester trugen auf einer köstlichen Bahre, nicht ohne Beschwerlichkeit, den wundervollen Ring. Er ward an die Schwelle des Gebäudes gelegt, gleich innerhalb, wo man über sie hinübertritt. Manche Zeremonien wurden begangen, und nach einem herzlichen Abschiede schritt ich zum Werke. Ich trat hinzu, legte die Hand an den Ring und fing sogleich merklich zu wachsen an. In wenig Augenblicken war ich zu meiner gegenwärtigen Größe gelangt, worauf ich den Ring sogleich an den Finger steckte. Nun im Nu verschlossen sich Fenster, Türen und Tore, die Seitenflügel zogen sich ins Hauptgebäude zurück, statt des Palastes stand ein Kästchen neben mir, das ich sogleich aufhob und mit mir forttrug, nicht ohne ein angenehmes Gefühl, so groß und so stark zu sein, zwar immer noch ein Zwerg gegen Bäume und Berge, gegen Ströme wie gegen Landstrecken, aber doch immer schon ein Riese gegen Gras und Kräuter, besonders aber gegen die Ameisen, mit denen wir Zwerge nicht immer in gutem Verhältnis stehen und deswegen oft gewaltig von ihnen geplagt werden.
Wie es mir auf meiner Wallfahrt erging, ehe ich dich fand, davon hätte ich viel zu erzählen. Genug, ich prüfte manchen, aber niemand als du schien mir wert, den Stamm des herrlichen Eckwald zu erneuern und zu verewigen.«
Bei allen diesen Erzählungen wackelte mir mitunter der Kopf, ohne daß ich ihn gerade geschüttelt hätte. Ich tat verschiedene Fragen, worauf ich aber keine sonderlichen Antworten erhielt, vielmehr zu meiner größten Betrübnis erfuhr, daß sie nach dem, was begegnet, notwendig zu ihren Eltern zurückkehren müsse. Sie hoffe zwar, wieder zu mir zu kommen, doch jetzt habe sie sich unvermeidlich zu stellen, weil sonst für sie so wie für mich alles verloren wäre. Die Beutel würden bald aufhören zu zahlen, und was sonst noch alles daraus entstehen könnte.
Da ich hörte, daß uns das Geld ausgehen dürfte, fragte ich nicht

weiter, was sonst noch geschehen möchte. Ich zuckte die Achseln, ich schwieg, und sie schien mich zu verstehen.
Wir packten zusammen und setzten uns in den Wagen, das Kästchen gegen uns über, dem ich aber noch nichts von einem Palast ansehen konnte. So ging es mehrere Stationen fort. Postgeld und Trinkgeld wurden aus den Täschchen rechts und links bequem und reichlich bezahlt, bis wir endlich in eine gebirgige Gegend gelangten und kaum abgestiegen waren, als meine Schöne vorausging und ich auf ihr Geheiß mit dem Kästchen folgte. Sie führte mich auf ziemlich steilen Pfaden zu einem engen Wiesengrund, durch welchen sich eine klare Quelle bald stürzte, bald ruhig laufend schlängelte. Da zeigte sie mir eine erhöhte Fläche, hieß mich das Kästchen niedersetzen und sagte: »Lebe wohl: du findest den Weg gar leicht zurück; gedenke mein, ich hoffe, dich wiederzusehen.«
In diesem Augenblick war mir's, als wenn ich sie nicht verlassen könnte. Sie hatte gerade wieder ihren schönen Tag oder, wenn ihr wollt, ihre schöne Stunde. Mit einem so lieblichen Wesen allein, auf grüner Matte, zwischen Gras und Blumen, von Felsen beschränkt, von Wasser umrauscht, welches Herz wäre da wohl fühllos geblieben! Ich wollte sie bei der Hand fassen, sie umarmen, aber sie stieß mich zurück und bedrohte mich, obwohl noch immer liebreich genug, mit großer Gefahr, wenn ich mich nicht sogleich entfernte.
»Ist denn gar keine Möglichkeit«, rief ich aus, »daß ich bei dir bleibe, daß du mich bei dir behalten könntest?« Ich begleitete diese Worte mit so jämmerlichen Gebärden und Tönen, daß sie gerührt schien und nach einigem Bedenken mir gestand, eine Fortdauer unserer Verbindung sei nicht ganz unmöglich. Wer war glücklicher als ich! Meine Zudringlichkeit, die immer lebhafter ward, nötigte sie endlich, mit der Sprache herauszurücken und mir zu entdecken, daß, wenn ich mich entschlösse, mit ihr so klein zu werden, als ich sie schon gesehen, so könnte ich auch jetzt bei ihr bleiben, in ihre Wohnung, in ihr Reich, zu ihrer Familie mit übertreten. Dieser Vorschlag gefiel mir nicht ganz, doch konnte ich mich einmal in diesem Augenblick nicht von ihr losreißen, und ans Wunderbare seit geraumer Zeit schon gewöhnt, zu raschen Entschlüssen aufgelegt, schlug ich ein und sagte, sie möchte mit mir machen, was sie wolle.

Sogleich mußte ich den kleinen Finger meiner rechten Hand ausstrecken, sie stützte den ihrigen dagegen, zog mit der linken Hand den goldnen Ring ganz leise sich ab und ließ ihn herüber an meinen Finger laufen. Kaum war dies geschehen, so fühlte ich einen gewaltigen Schmerz am Finger, der Ring zog sich zusammen und folterte mich entsetzlich. Ich tat einen gewaltigen Schrei und griff unwillkürlich um mich her nach meiner Schönen, die aber verschwunden war. Wie mir indessen zumute gewesen, dafür wüßte ich keinen Ausdruck zu finden, auch bleibt mir nichts übrig zu sagen, als daß ich mich sehr bald in kleiner, niedriger Person neben meiner Schönen in einem Walde von Grashalmen befand. Die Freude des Wiedersehens nach einer kurzen und doch so seltsamen Trennung, oder, wenn ihr wollt, einer Wiedervereinigung ohne Trennung, übersteigt alle Begriffe. Ich fiel ihr um den Hals, sie erwiderte meine Liebkosungen, und das kleine Paar fühlte sich so glücklich als das große.

Mit einiger Unbequemlichkeit stiegen wir nunmehr an einem Hügel hinauf; denn die Matte war für uns beinah ein undurchdringlicher Wald geworden. Doch gelangten wir endlich auf eine Blöße, und wie erstaunt war ich, dort eine große, geregelte Masse zu sehen, die ich doch bald für das Kästchen, in dem Zustand, wie ich es hingesetzt hatte, wieder erkennen mußte.

»Gehe hin, mein Freund, und klopfe mit dem Ringe nur an, du wirst Wunder sehen«, sagte meine Geliebte. Ich trat hinzu und hatte kaum angepocht, so erlebte ich wirklich das größte Wunder. Zwei Seitenflügel bewegten sich hervor, und zugleich fielen wie Schuppen und Späne verschiedene Teile herunter, da mir denn Türen, Fenster, Säulengänge und alles, was zu einem vollständigen Palaste gehört, auf einmal zu Gesichte kamen.

Wer einen künstlichen Schreibtisch von Röntgen gesehen hat, wo mit *einem* Zug viele Federn und Ressorts in Bewegung kommen, Pult und Schreibzeug, Brief- und Geldfächer sich auf einmal oder kurz nacheinander entwickeln, der wird sich eine Vorstellung machen können, wie sich jener Palast entfaltete, in welchen mich meine süße Begleiterin nunmehr hineinzog. In dem Hauptsaal erkannte ich sogleich das Kamin, das ich ehemals von oben gesehen, und den Sessel, worauf sie gesessen. Und als ich über mich blickte,

glaubte ich wirklich noch etwas von dem Sprunge in der Kuppel zu bemerken, durch den ich hereingeschaut hatte. Ich verschone euch mit Beschreibung des übrigen; genug, alles war geräumig, köstlich und geschmackvoll. Kaum hatte ich mich von meiner Verwunderung erholt, als ich von fern eine militärische Musik vernahm. Meine schöne Hälfte sprang vor Freuden auf und verkündigte mir mit Entzücken die Ankunft ihres Herrn Vaters. Hier traten wir unter die Türe und schauten, wie aus einer ansehnlichen Felskluft ein glänzender Zug sich bewegte. Soldaten, Bediente, Hausoffizianten und ein glänzender Hofstaat folgten hintereinander. Endlich erblickte man ein goldnes Gedränge und in demselben den König selbst. Als der ganze Zug vor dem Palast aufgestellt war, trat der König mit seiner nächsten Umgebung heran. Seine zärtliche Tochter eilte ihm entgegen, sie riß mich mit sich fort, wir warfen uns ihm zu Füßen, er hob mich sehr gnädig auf, und als ich vor ihn zu stehen kam, bemerkte ich erst, daß ich freilich in dieser kleinen Welt die ansehnlichste Statur hatte. Wir gingen zusammen nach dem Palaste, da mich der König in Gegenwart seines ganzen Hofes mit einer wohlstudierten Rede, worin er seine Überraschung, uns hier zu finden, ausdrückte, zu bewillkommnen geruhte, mich als seinen Schwiegersohn erkannte und die Trauungszeremonie auf morgen ansetzte.
Wie schrecklich ward mir auf einmal zumute, als ich von Heirat reden hörte: denn ich fürchtete mich bisher davor fast mehr als vor der Musik selbst, die mir doch sonst das Verhaßteste auf Erden schien. Diejenigen, die Musik machen, pflegte ich zu sagen, stehen doch wenigstens in der Einbildung, untereinander einig zu sein und in Überstimmung zu wirken: denn wenn sie lange genug gestimmt und uns die Ohren mit allerlei Mißtönen zerrissen haben, so glauben sie steif und fest, die Sache sei nunmehr aufs reine gebracht und ein Instrument passe genau zum andern. Der Kapellmeister selbst ist in diesem glücklichen Wahn, und nun geht es freudig los, unterdes uns andern immerfort die Ohren gellen. Bei dem Ehestand hingegen ist dies nicht einmal der Fall: denn ob er gleich nur ein Duett ist und man doch denken sollte, zwei Stimmen, ja zwei Instrumente müßten einigermaßen überein gestimmt werden können, so trifft es doch selten zu; denn wenn der Mann einen Ton angibt, so nimmt ihn die Frau gleich höher und der Mann wieder höher; da geht es denn aus

dem Kammer- in den Chorton und immer so weiter hinauf, daß zuletzt die blasenden Instrumente selbst nicht folgen können. Und also, da mir die harmonische Musik zuwider bleibt, so ist mir noch weniger zu verdenken, daß ich die disharmonische gar nicht leiden kann.

Von allen Festlichkeiten, worunter der Tag hinging, mag und kann ich nicht erzählen: denn ich achtete gar wenig darauf. Das kostbare Essen, der köstliche Wein, nichts wollte mir schmecken. Ich sann und überlegte, was ich zu tun hätte. Doch da war nicht viel auszusinnen. Ich entschloß mich, als es Nacht wurde, kurz und gut, auf und davon zu gehen und mich irgendwo zu verbergen. Auch gelangte ich glücklich zu einer Steinritze, in die ich mich hineinzwängte und so gut als möglich verbarg. Mein erstes Bemühen darauf war, den unglücklichen Ring vom Finger zu schaffen, welches jedoch mir keineswegs gelingen wollte, vielmehr mußte ich fühlen, daß er immer enger ward, sobald ich ihn abzuziehen gedachte, worüber ich heftige Schmerzen litt, die aber sogleich nachließen, sobald ich von meinem Vorhaben abstand.

Frühmorgens wach' ich auf – denn meine kleine Person hatte sehr gut geschlafen – und wollte mich eben weiter umsehen, als es über mir wie zu regnen anfing. Es fiel nämlich durch Gras, Blätter und Blumen wie Sand und Grus in Menge herunter; allein wie entsetzte ich mich, als alles um mich her lebendig ward und ein unendliches Ameisenheer über mich niederstürzte. Kaum wurden sie mich gewahr, als sie mich von allen Seiten angriffen und, ob ich mich gleich wacker und mutig genug verteidigte, doch zuletzt auf solche Weise zudeckten, kneipten und peinigten, daß ich froh war, als ich mir zurufen hörte, ich solle mich ergeben. Ich ergab mich wirklich und gleich, worauf denn eine Ameise von ansehnlicher Statur sich mit Höflichkeit, ja mit Ehrfurcht näherte und sich sogar meiner Gunst empfahl. Ich vernahm, daß die Ameisen Alliierte meines Schwiegervaters geworden und daß er sie im gegenwärtigen Fall aufgerufen und verpflichtet, mich herbeizuschaffen. Nun war ich Kleiner in den Händen von noch Kleinern. Ich sah der Trauung entgegen und mußte noch Gott danken, wenn mein Schwiegervater nicht zürnte, wenn meine Schöne nicht verdrießlich geworden.

Laßt mich nun von allen Zeremonien schweigen; genug, wir waren verheiratet. So lustig und munter es jedoch bei uns herging, so fanden sich dessenungeachtet einsame Stunden, in denen man zum Nachdenken verleitet wird, und mir begegnete, was mir noch niemals begegnet war; was aber und wie, das sollt ihr vernehmen.

Alles um mich herum war meiner gegenwärtigen Gestalt und meinen Bedürfnissen völlig gemäß, die Flaschen und Becher einem kleinen Trinker wohl proportioniert, ja, wenn man will, verhältnismäßig besseres Maß als bei uns. Meinem kleinen Gaumen schmeckten die zarten Bissen vortrefflich, ein Kuß von dem Mündchen meiner Gattin war gar zu reizend, und ich leugne nicht, die Neuheit machte mir alle diese Verhältnisse höchst angenehm. Dabei hatte ich jedoch leider meinen vorigen Zustand nicht vergessen. Ich empfand in mir einen Maßstab voriger Größe, welches mich unruhig und unglücklich machte. Nun begriff ich zum erstenmal, was die Philosophen unter ihren Idealen verstehen möchten, wodurch die Menschen so gequält sein sollen. Ich hatte ein Ideal von mir selbst und erschien mir manchmal im Traum wie ein Riese. Genug, die Frau, der Ring, die Zwergenfigur, so viele andere Bande machten mich ganz und gar unglücklich, daß ich auf meine Befreiung im Ernst zu denken begann.

Weil ich überzeugt war, daß der ganze Zauber in dem Ring verborgen liege, so beschloß ich, ihn abzufeilen. Ich entwendete deshalb dem Hofjuwelier einige Feilen. Glücklicherweise war ich links, und ich hatte in meinem Leben niemals etwas rechts gemacht. Ich hielt mich tapfer an die Arbeit; sie war nicht gering: denn das goldne Reifchen, so dünn es aussah, war in dem Verhältnis dichter geworden, als es sich aus seiner ersten Größe zusammengezogen hatte. Alle freien Stunden wendete ich unbeobachtet an dieses Geschäft und war klug genug, als das Metall bald durchgefeilt war, vor die Türe zu treten. Das war mir geraten: denn auf einmal sprang der goldne Reif mit Gewalt vom Finger, und meine Figur schoß mit solcher Heftigkeit in die Höhe, daß ich wirklich an den Himmel zu stoßen glaubte und auf alle Fälle die Kuppel unseres Sommerpalastes durchgestoßen, ja das ganze Sommergebäude durch meine frische Unbehülflichkeit zerstört haben würde.

Da stand ich nun wieder, freilich um so vieles größer, allein, wie mir vorkam, auch um vieles dümmer und unbehülflicher. Und als ich mich aus meiner Betäubung erholt, sah ich die Schatulle neben mir stehen, die ich ziemlich schwer fand, als ich sie aufhob und den Fußpfad hinunter nach der Station trug, wo ich denn gleich einspannen und fortfahren ließ. Unterwegs machte ich sogleich den Versuch, mit den Täschchen an beiden Seiten. An der Stelle des Geldes, welches ausgegangen schien, fand ich ein Schlüsselchen; es gehörte zur Schatulle, in welcher ich einen ziemlichen Ersatz fand. Solange das vorhielt, bediente ich mich des Wagens; nachher wurde dieser verkauft, um mich auf dem Postwagen fortzubringen. Die Schatulle schlug ich zuletzt los, weil ich immer dachte, sie sollte sich noch einmal füllen, und so kam ich denn endlich, obgleich durch einen ziemlichen Umweg, wieder an den Herd zur Köchin, wo ihr mich zuerst habt kennen lernen.

FRIEDRICH VON SCHILLER

Der Verbrecher aus verlorener Ehre

Eine wahre Geschichte

In der ganzen Geschichte des Menschen ist kein Kapitel unterrichtender für Herz und Geist als die Annalen seiner Verirrungen. Bei jedem großen Verbrechen war eine verhältnismäßig große Kraft in Bewegung. Wenn sich das geheime Spiel der Begehrungskraft bei dem matteren Licht gewöhnlicher Affekte versteckt, so wird es im Zustand gewaltsamer Leidenschaft desto hervorspringender, kolossalischer, lauter; der feinere Menschenforscher, welcher weiß, wie viel man auf die Mechanik der gewöhnlichen Willensfreiheit eigentlich rechnen darf und wie weit es erlaubt ist, analogisch zu schließen, wird manche Erfahrung aus diesem Gebiete in seine Seelenlehre herübertragen und für das sittliche Leben verarbeiten.
Es ist etwas so Einförmiges und doch wieder so Zusammengesetztes, das menschliche Herz. Eine und eben dieselbe Fertigkeit oder Begierde kann in tausenderlei Formen und Richtungen spielen, kann tausend widersprechende Phänomene bewirken, kann in tausend Charakteren anders gemischt erscheinen, und tausend ungleiche Charaktere und Handlungen können wieder aus einerlei Neigung gesponnen sein, wenn auch der Mensch, von welchem die Rede ist, nichts weniger denn eine solche Verwandtschaft ahnet. Stünde einmal, wie für die übrigen Reiche der Natur, auch für das Menschengeschlecht ein Linnäus auf, welcher nach Trieben und Neigungen klassifizierte, wie sehr würde man erstaunen, wenn man so manchen, dessen Laster in einer engen bürgerlichen Sphäre und in der schmalen Umzäunung der Gesetze jetzt ersticken muß, mit dem Ungeheuer Borgia in *einer* Ordnung beisammen fände.
Von dieser Seite betrachtet, läßt sich manches gegen die gewöhnliche Behandlung der Geschichte einwenden, und hier, vermute ich, liegt auch die Schwierigkeit, warum das Studium derselben für das bürgerliche Leben noch immer so fruchtlos geblieben. Zwi-

schen der heftigen Gemütsbewegung des handelnden Menschen und der ruhigen Stimmung des Lesers, welchem diese Handlung vorgelegt wird, herrscht ein so widriger Kontrast, liegt ein so breiter Zwischenraum, daß es dem letztern schwer, ja unmöglich wird, einen Zusammenhang nur zu ahnen. Es bleibt eine Lücke zwischen dem historischen Subjekt und dem Leser, die alle Möglichkeit einer Vergleichung oder Anwendung abschneidet und statt jenes heilsamen Schreckens, der die stolze Gesundheit warnet, ein Kopfschütteln der Befremdung erweckt. Wir sehen den Unglücklichen, der doch in eben der Stunde, wo er die Tat beging, so wie in der, wo er dafür büßet, Mensch war wie wir, für ein Geschöpf fremder Gattung an, dessen Blut anders umläuft als das unsrige, dessen Willen andern Regeln gehorcht als der unsrige; seine Schicksale rühren uns wenig, denn Rührung gründet sich ja nur auf ein dunkles Bewußtsein ähnlicher Gefahr, und wir sind weit entfernt, eine solche Ähnlichkeit auch nur zu träumen. Die Belehrung geht mit der Beziehung verloren, und die Geschichte, anstatt eine Schule der Bildung zu sein, muß sich mit einem armseligen Verdienste um unsre Neugier begnügen. Soll sie uns mehr sein und ihren großen Endzweck erreichen, so muß sie notwendig unter diesen beiden Methoden wählen – entweder der Leser muß warm werden wie der Held, oder der Held wie der Leser erkalten.

Ich weiß, daß von den besten Geschichtschreibern neuerer Zeit und des Altertums manche sich an die erste Methode gehalten und das Herz ihres Lesers durch hinreißenden Vortrag bestochen haben. Aber diese Manier ist eine Usurpation des Schriftstellers und beleidigt die republikanische Freiheit des lesenden Publikums, dem es zukömmt, selbst zu Gericht zu sitzen; sie ist zugleich eine Verletzung der Grenzengerechtigkeit, denn diese Methode gehört ausschließend und eigentümlich dem Redner und Dichter. Dem Geschichtschreiber bleibt nur die letztere übrig.

Der Held muß kalt werden wie der Leser, oder, was hier ebenso viel sagt, wir müssen mit ihm bekannt werden, *eh'* er handelt; wir müssen ihn seine Handlung nicht bloß *vollbringen*, sondern auch *wollen* sehen. An seinen Gedanken liegt uns unendlich mehr als an seinen Taten, und noch weit mehr an den Quellen dieser Gedanken als an den Folgen jener Taten. Man hat das Erdreich des Vesuvs untersucht, sich die Entstehung seines Brandes zu erklären; warum schenkt man einer moralischen Erscheinung weniger Aufmerksamkeit als einer physischen? Warum achtet man nicht in eben dem Grade auf die Beschaffenheit und Stellung der Dinge, welche einen solchen Menschen umgaben, bis der gesammelte Zunder in seinem Inwendigen Feuer fing? Den Träumer, der das Wunderbare liebt, reizt eben das Seltsame und Abenteuerliche einer solchen Erscheinung; der Freund der Wahrheit sucht eine Mutter zu diesen verlorenen Kindern. Er sucht sie in der *unveränderlichen* Struktur der menschlichen Seele und in den *veränderlichen* Bedingungen, welche sie von außen bestimmten, und in diesen beiden findet er sie gewiß. Ihn überrascht es nun nicht mehr, in dem nämlichen Beete, wo sonst überall heilsame Kräuter blühen, auch den giftigen Schierling gedeihen zu sehen, Weisheit und Torheit, Laster und Tugend in *einer* Wiege beisammen zu finden.

Wenn ich auch keinen der Vorteile hier in Anschlag bringe, welche die Seelenkunde aus einer solchen Behandlungsart der Geschichte zieht, so behält sie schon allein darum den Vorzug, weil sie den grausamen Hohn und die stolze Sicherheit ausrottet, womit gemeiniglich die ungeprüfte aufrechtstehende Tugend auf die gefallne herunter blickt; weil sie den sanften Geist der Duldung verbreitet, ohne welchen kein Flüchtling zurückkehrt, keine Aussöhnung des Gesetzes mit seinem Beleidiger stattfindet, kein angestecktes Glied der Gesellschaft von dem gänzlichen Brande gerettet wird.

Ob der Verbrecher, von dem ich jetzt sprechen werde, auch noch ein Recht gehabt hätte, an jenen Geist der Duldung zu appellieren? ob er wirklich ohne Rettung für den Körper des Staats verloren war? – Ich will dem Ausspruch des Lesers nicht vorgreifen. Unsre Gelindigkeit fruchtet ihm nichts mehr, denn er starb durch des Henkers Hand – aber die Leichenöffnung seines Lasters unterrichtet vielleicht die Menschheit und – es ist möglich, auch die Gerechtigkeit.

Christian Wolf war der Sohn eines Gastwirts in einer ... schen Landstadt (deren Namen man aus Gründen, die sich in der Folge aufklären, verschweigen muß) und half seiner Mutter, denn der Vater war tot, bis in sein zwanzigstes Jahr die Wirtschaft zu besorgen. Die Wirtschaft war schlecht, und Wolf hatte müßige Stunden.

Schon von der Schule her war er für einen losen Buben bekannt. Erwachsene Mädchen führten Klage über seine Frechheit, und die Jungen des Städtchens huldigten seinem erfindrischen Kopfe. Die Natur hatte seinen Körper verabsäumt. Eine kleine unscheinbare Figur, krauses Haar von einer unangenehmen Schwärze, eine plattgedrückte Nase und eine geschwollene Oberlippe, welche noch überdies durch den Schlag eines Pferdes aus ihrer Richtung gewichen war, gaben seinem Anblick eine Widrigkeit, welche alle Weiber von ihm zurückscheuchte und dem Witz seiner Kameraden eine reichliche Nahrung darbot.

Er wollte ertrotzen, was ihm verweigert war; weil er mißfiel, setzte er sich vor, zu gefallen. Er war sinnlich und beredete sich, daß er liebe. Das Mädchen, das er wählte, mißhandelte ihn; er hatte Ursache, zu fürchten, daß seine Nebenbuhler glücklicher wären; doch das Mädchen war arm. Ein Herz, das seinen Beteurungen verschlossen blieb, öffnete sich vielleicht seinen Geschenken; aber ihn selbst drückte Mangel, und der eitle Versuch, seine Außenseite geltend zu machen, verschlang noch das Wenige, was er durch eine schlechte Wirtschaft erwarb. Zu bequem und zu unwissend, seinem zerrütteten Hauswesen durch Spekulation aufzuhelfen, zu stolz, auch zu weichlich, den Herrn, der er bisher gewesen war, mit dem Bauer zu vertauschen und seiner angebeteten Freiheit zu entsagen, sah er nur einen Ausweg vor sich – den Tausende vor ihm und nach ihm mit besserem Glücke ergriffen haben – den Ausweg, *honett* zu *stehlen*. Seine Vaterstadt grenzte an eine landesherrliche Waldung, er wurde Wilddieb, und der Ertrag seines Raubes wanderte treulich in die Hände seiner Geliebten.

Unter den Liebhabern Hannchens war Robert, ein Jägerpursche des Försters. Frühzeitig merkte dieser den Vorteil, den die Freigebigkeit seines Nebenbuhlers über ihn gewonnen hatte, und mit Scheelsucht forschte er nach den Quellen dieser Veränderung. Er zeigte sich fleißiger in der Sonne – dies war das Schild zu dem Wirtshaus – sein lauerndes Auge, von Eifersucht und Neide geschärft, entdeckte ihm bald, woher dieses Geld floß. Nicht lange vorher war ein strenges Edikt gegen die Wildschützen erneuert worden, welches den Übertreter zum Zuchthaus verdammte. Robert war unermüdet, die geheimen Gänge seines Feinds zu beschleichen; endlich gelang

es ihm auch, den Unbesonnenen über der Tat zu ergreifen. Wolf wurde eingezogen, und nur mit Aufopferung seines ganzen kleinen Vermögens brachte er es mühsam dahin, die zuerkannte Strafe durch eine Geldbuße abzuwenden.
Robert triumphierte. Sein Nebenbuhler war aus dem Felde geschlagen und Hannchens Gunst für den Bettler verloren. Wolf kannte seinen Feind, und dieser Feind war der glückliche Besitzer seiner Johanne. Drückendes Gefühl des Mangels gesellte sich zu beleidigtem Stolze, Not und Eifersucht stürmen vereinigt auf seine Empfindlichkeit ein, der Hunger treibt ihn hinaus in die weite Welt, Rache und Leidenschaft halten ihn fest. Er wird zum zweitenmal Wilddieb; aber Roberts verdoppelte Wachsamkeit überlistet ihn zum zweitenmal wieder. Jetzt erfährt er die ganze Schärfe des Gesetzes: denn er hat nichts mehr zu geben, und in wenigen Wochen wird er in das Zuchthaus der Residenz abgeliefert.
Das Strafjahr war überstanden, seine Leidenschaft durch die Entfernung gewachsen und sein Trotz unter dem Gewicht des Unglücks gestiegen. Kaum erlangt er die Freiheit, so eilt er nach seinem Geburtsort, sich seiner Johanne zu zeigen. Er erscheint: man flieht ihn. Die dringende Not hat endlich seinen Hochmut gebeugt und seine Weichlichkeit überwunden – er bietet sich den Reichen des Orts an und will für den Taglohn dienen. Der Bauer zuckt über den schwachen Zärtling die Achsel; der derbe Knochenbau seines handfesten Mitbewerbers sticht ihn bei diesem fühllosen Gönner aus. Er wagt einen letzten Versuch. *Ein* Amt ist noch ledig, der äußerste verlorne Posten des ehrlichen Namens – er meldet sich zum Hirten des Städtchens, aber der Bauer will seine Schweine keinem Taugenichts anvertrauen. In allen Entwürfen getäuscht, an allen Orten zurückgewiesen, wird er zum drittenmal Wilddieb, und zum drittenmal trifft ihn das Unglück, seinem wachsamen Feind in die Hände zu fallen.
Der doppelte Rückfall hatte seine Verschuldung erschwert. Die Richter sahen in das Buch der Gesetze, aber nicht *einer* in die Gemütsfassung des Beklagten. Das Mandat gegen die Wilddiebe bedurfte einer solennen und exemplarischen Genugtuung, und Wolf ward verurteilt, das Zeichen des Galgens auf den Rücken gebrannt, drei Jahre auf der Festung zu arbeiten.

Auch diese Periode verlief, und er ging von der Festung – aber ganz anders, als er dahin gekommen war. Hier fängt eine neue Epoche in seinem Leben an; man höre ihn selbst, wie er nachher gegen seinen geistlichen Beistand und vor Gerichte bekannt hat. »Ich betrat die Festung«, sagte er, »als ein Verirrter und verließ sie als ein Lotterbube. Ich hatte noch etwas in der Welt gehabt, das mir teuer war, und mein Stolz krümmte sich unter der Schande. Wie ich auf die Festung gebracht war, sperrte man mich zu dreiundzwanzig Gefangenen ein, unter denen zwei Mörder und die übrigen alle berüchtigte Diebe und Vagabunden waren. Man verhöhnte mich, wenn ich von Gott sprach, und setzte mir zu, schändliche Lästerungen gegen den Erlöser zu sagen. Man sang mir Hurenlieder vor, die ich, ein lüderlicher Bube, nicht ohne Ekel und Entsetzen hörte; aber was ich ausüben sah, empörte meine Schamhaftigkeit noch mehr. Kein Tag verging, wo nicht irgend ein schändlicher Lebenslauf wiederholt, irgend ein schlimmer Anschlag geschmiedet ward. Anfangs floh ich dieses Volk und verkroch mich vor ihren Gesprächen, so gut mir's möglich war; aber ich brauchte ein Geschöpf, und die Barbarei meiner Wächter hatte mir auch meinen Hund abgeschlagen. Die Arbeit war hart und tyrannisch, mein Körper kränklich; ich brauchte Beistand, und wenn ich's aufrichtig sagen soll, ich brauchte Bedaurung, und diese mußte ich mit dem letzten Überrest meines Gewissens erkaufen. So gewöhnte ich mich endlich an das Abscheulichste, und im letzten Vierteljahr hatte ich meine Lehrmeister übertroffen.

Von jetzt an lechzte ich nach dem Tag meiner Freiheit, wie ich nach Rache lechzte. Alle Menschen hatten mich beleidigt, denn alle waren besser und glücklicher als ich. Ich betrachtete mich als den Märtyrer des natürlichen Rechts und als ein Schlachtopfer der Gesetze. Zähneknirschend rieb ich meine Ketten, wenn die Sonne hinter meinem Festungsberg heraufkam; eine weite Aussicht ist zwiefache Hölle für einen Gefangenen. Der freie Zugwind, der durch die Luftlöcher meines Turmes pfeifte, und die Schwalbe, die sich auf dem eisernen Stab meines Gitters niederließ, schienen mich mit ihrer Freiheit zu necken und machten mir meine Gefangenschaft desto gräßlicher. Damals gelobte ich unversöhnlichen glühenden Haß allem, was dem Menschen gleicht, und was ich gelobte, hab' ich redlich gehalten.

Mein erster Gedanke, sobald ich mich frei sah, war meine Vaterstadt.

So wenig auch für meinen künftigen Unterhalt da zu hoffen war, so viel versprach sich mein Hunger nach Rache. Mein Herz klopfte wilder, als der Kirchturm von weitem aus dem Gehölze stieg. Es war nicht mehr das herzliche Wohlbehagen, wie ich's bei meiner ersten Wallfahrt empfunden hatte – Das Andenken alles Ungemachs, aller Verfolgungen, die ich dort einst erlitten hatte, erwachte mit einemmal aus einem schrecklichen Todesschlaf, alle Wunden bluteten wieder, alle Narben gingen auf. Ich verdoppelte meine Schritte, denn es erquickte mich im voraus, meine Feinde durch meinen plötzlichen Anblick in Schrecken zu setzen, und ich dürstete jetzt ebenso sehr nach neuer Erniedrigung, als ich ehmals davor gezittert hatte.
Die Glocken läuteten zur Vesper, als ich mitten auf dem Markte stand. Die Gemeinde wimmelte zur Kirche. Man erkannte mich schnell, jedermann, der mir aufstieß, trat scheu zurück. Ich hatte von jeher die kleinen Kinder sehr lieb gehabt, und auch jetzt übermannte mich's unwillkürlich, daß ich einem Knaben, der neben mir vorbei hüpfte, einen Groschen bot. Der Knabe sah mich einen Augenblick starr an und warf mir den Groschen ins Gesichte. Wäre mein Blut nur etwas ruhiger gewesen, so hätte ich mich erinnert, daß der Bart, den ich noch von der Festung mitbrachte, meine Gesichtszüge bis zum Gräßlichen entstellte – aber mein böses Herz hatte meine Vernunft angesteckt. Tränen, wie ich sie nie geweint hatte, liefen über meine Backen.
›Der Knabe weiß nicht, wer ich bin, noch woher ich komme‹, sagte ich halblaut zu mir selbst, ›und doch meidet er mich wie ein schändliches Tier. Bin ich denn irgendwo auf der Stirne gezeichnet, oder habe ich aufgehört, einem Menschen ähnlich zu sehen, weil ich fühle, daß ich keinen mehr lieben kann?‹ – Die Verachtung dieses Knaben schmerzte mich bitterer als dreijähriger Galliotendienst, denn ich hatte ihm Gutes getan und konnte *ihn* keines persönlichen Hasses beschuldigen.
Ich setzte mich auf einen Zimmerplatz, der Kirche gegenüber; was ich eigentlich wollte, weiß ich nicht; doch ich weiß noch, daß ich mit Erbitterung aufstand, als von allen meinen vorübergehenden Bekannten keiner mich nur eines Grußes gewürdigt hatte, auch nicht einer. Unwillig verließ ich meinen Standort, eine Herberge

aufzusuchen; als ich an der Ecke einer Gasse umlenkte, rannte ich gegen meine Johanne. ›Sonnenwirt!‹ schrie sie laut auf und machte eine Bewegung, mich zu umarmen. ›Du wieder da, lieber Sonnenwirt! Gott sei Dank, daß du wiederkömmst!‹ Hunger und Elend sprach aus ihrer Bedeckung, eine schändliche Krankheit aus ihrem Gesichte; ihr Anblick verkündigte die verworfenste Kreatur, zu der sie erniedrigt war. Ich ahnete schnell, was hier geschehen sein möchte; einige fürstliche Dragoner, die mir eben begegnet waren, ließen mich erraten, daß Garnison in dem Städtchen lag. ›Soldatendirne!‹ rief ich und drehte ihr lachend den Rücken zu. Es tat mir wohl, daß noch *ein* Geschöpf *unter* mir war im Rang der Lebendigen. Ich hatte sie niemals geliebt.

Meine Mutter war tot. Mit meinem kleinen Hause hatten sich meine Kreditoren bezahlt gemacht. Ich hatte niemand und nichts mehr. Alle Welt floh mich wie einen Giftigen, aber ich hatte endlich verlernt, mich zu schämen. Vorher hatte ich mich dem Anblick der Menschen entzogen, weil Verachtung mir unerträglich war. Jetzt drang ich mich auf und ergötzte mich, sie zu verscheuchen. Es war mir wohl, weil ich nichts mehr zu verlieren und nichts mehr zu hüten hatte. Ich brauchte keine gute Eigenschaft mehr, weil man keine mehr bei mir vermutete.

Die ganze Welt stand mir offen, ich hätte vielleicht in einer fremden Provinz für einen ehrlichen Mann gegolten, aber ich hatte den Mut verloren, es auch nur zu scheinen. Verzweiflung und Schande hatten mir endlich diese Sinnesart aufgezwungen. Es war die letzte Ausflucht, die mir übrig war, die *Ehre* entbehren zu lernen, weil ich an keine mehr Anspruch machen durfte. Hätten meine Eitelkeit und mein Stolz meine Erniedrigung erlebt, so hätte ich mich selber entleiben müssen.

Was ich nunmehr eigentlich beschlossen hatte, war mir selber noch unbekannt. Ich wollte Böses tun, soviel erinnere ich mich noch dunkel. Ich wollte mein Schicksal verdienen. Die Gesetze, meinte ich, wären Wohltaten für die Welt, also faßte ich den Vorsatz, sie zu verletzen; ehemals hatte ich aus *Notwendigkeit* und *Leichtsinn* gesündigt, jetzt tat ich's aus freier Wahl zu meinem Vergnügen.

Mein Erstes war, daß ich mein Wildschießen fortsetzte. Die Jagd überhaupt war mir nach und nach zur Leidenschaft geworden, und

außerdem mußte ich ja leben. Aber dies war es nicht allein; es kitzelte mich, das fürstliche Edikt zu verhöhnen und meinem Landesherrn nach allen Kräften zu schaden. Ergriffen zu werden, besorgte ich nicht mehr, denn jetzt hatte ich eine Kugel für meinen Entdekker bereit, und das wußte ich, daß mein Schuß seinen Mann nicht fehlte. Ich erlegte alles Wild, das mir aufstieß, nur weniges machte ich auf der Grenze zu Gelde, das meiste ließ ich verwesen. Ich lebte kümmerlich, um nur den Aufwand an Blei und Pulver zu bestreiten. Meine Verheerungen in der großen Jagd wurden ruchtbar, aber mich drückte kein Verdacht mehr. Mein Anblick löschte ihn aus. Mein Name war vergessen.
Diese Lebensart trieb ich mehrere Monate. Eines Morgens hatte ich nach meiner Gewohnheit das Holz durchstrichen, die Fährte eines Hirsches zu verfolgen. Zwei Stunden hatte ich mich vergeblich ermüdet, und schon fing ich an, meine Beute verloren zu geben, als ich sie auf einmal in schußgerechter Entfernung entdecke. Ich will anschlagen und abdrücken – aber plötzlich erschreckt mich der Anblick eines Hutes, der wenige Schritte vor mir auf der Erde liegt. Ich forsche genauer und erkenne den Jäger Robert, der hinter dem dikken Stamm einer Eiche auf eben das Wild anschlägt, dem ich den Schuß bestimmt hatte. Eine tödliche Kälte fährt bei diesem Anblick durch meine Gebeine. Just das war der Mensch, den ich unter allen lebendigen Dingen am gräßlichsten haßte, und dieser Mensch war in die Gewalt meiner Kugel gegeben. In diesem Augenblick dünkte mich's, als ob die ganze Welt in meinem Flintenschuß läge und der Haß meines ganzen Lebens in die einzige Fingerspitze sich zusammendrängte, womit ich den mördrischen Druck tun sollte. Eine unsichtbare fürchterliche Hand schwebte über mir, der Stundenweiser meines Schicksals zeigte unwiderruflich auf diese schwarze Minute. Der Arm zitterte mir, da ich meiner Flinte die schreckliche Wahl erlaubte – meine Zähne schlugen zusammen wie im Fieberfrost, und der Odem sperrte sich erstickend in meiner Lunge. Eine Minute lang blieb der Lauf meiner Flinte ungewiß zwischen dem Menschen und dem Hirsch mitten inne schwanken – eine Minute – und noch eine – und wieder eine. Rache und Gewissen rangen hartnäckig und zweifelhaft, aber die Rache gewann's, und der Jäger lag tot am Boden.

Mein Gewehr fiel mit dem Schusse... ›Mörder‹... stammelte ich langsam – der Wald war still wie ein Kirchhof – ich hörte deutlich, daß ich ›Mörder‹ sagte. Als ich näher schlich, starb der Mann. Lange stand ich sprachlos vor dem Toten, ein helles Gelächter endlich machte mir Luft. ›Wirst du jetzt reinen Mund halten, guter Freund!‹ sagte ich und trat keck hin, indem ich zugleich das Gesicht des Ermordeten auswärts kehrte. Die Augen standen ihm weit auf. Ich wurde ernsthaft und schwieg plötzlich wieder stille. Es fing mir an seltsam zu werden.

Bis hieher hatte ich auf Rechnung meiner Schande gefrevelt; jetzt war etwas geschehen, wofür ich noch nicht gebüßt hatte. Eine Stunde vorher, glaube ich, hätte mich kein Mensch überredet, daß es noch etwas Schlechteres als mich unter dem Himmel gebe; jetzt fing ich an, zu mutmaßen, daß ich vor einer Stunde wohl gar zu beneiden war.

Gottes Gerichte fielen mir nicht ein – wohl aber eine, ich weiß nicht welche? verwirrte Erinnerung an Strang und Schwert und die Exekution einer Kindermörderin, die ich als Schuljunge mit angesehen hatte. Etwas ganz besonders Schreckbares lag für mich in dem Gedanken, daß von jetzt an mein Leben verwirkt sei. Auf mehreres besinne ich mich nicht mehr. Ich wünschte gleich darauf, daß er noch lebte. Ich tat mir Gewalt an, mich lebhaft an alles Böse zu erinnern, das mir der Tote im Leben zugefügt hatte, aber sonderbar! mein Gedächtnis war wie ausgestorben. Ich konnte nichts mehr von alle dem hervorrufen, was mich vor einer Viertelstunde zum Rasen gebracht hatte. Ich begriff gar nicht, wie ich zu dieser Mordtat gekommen war.

Noch stand ich vor der Leiche, noch immer. Das Knallen einiger Peitschen und das Geknarre von Frachtwagen, die durchs Holz fuhren, brachte mich zu mir selbst. Es war kaum eine Viertelmeile abseits der Heerstraße, wo die Tat geschehen war. Ich mußte auf meine Sicherheit denken.

Unwillkürlich verlor ich mich tiefer in den Wald. Auf dem Wege fiel mir ein, daß der Entleibte sonst eine Taschenuhr besessen hätte. Ich brauchte Geld, um die Grenze zu erreichen – und doch fehlte mir der Mut, nach dem Platz umzuwenden, wo der Tote lag. Hier erschreckte mich ein Gedanke an den Teufel und eine Allgegenwart Gottes. Ich raffte meine ganze Kühnheit zusammen; entschlossen, es mit der ganzen Hölle aufzunehmen, ging ich nach der Stelle zurück. Ich fand, was ich erwartet hatte, und in einer grünen Börse noch etwas weniges über einen Taler an Gelde. Eben da ich beides zu mir stecken wollte, hielt ich plötzlich inne und überlegte. Es war keine Anwandlung von Scham, auch nicht Furcht, mein Verbrechen durch Plünderung zu vergrößern – Trotz, glaube ich, war es, daß ich die Uhr wieder von mir warf und von dem Gelde nur die Hälfte behielt. Ich wollte für einen persönlichen Feind des Erschossenen, aber nicht für seinen Räuber gehalten sein.

Jetzt floh ich waldeinwärts. Ich wußte, daß das Holz sich vier deutsche Meilen nordwärts erstreckte und dort an die Grenzen des Landes stieß. Bis zum hohen Mittage lief ich atemlos. Die Eilfertigkeit meiner Flucht hatte meine Gewissensangst zerstreut, aber sie kam schrecklicher zurück, wie meine Kräfte mehr und mehr ermatteten. Tausend gräßliche Gestalten gingen an mir vorüber und schlugen wie schneidende Messer in meine Brust. Zwischen einem Leben voll rastloser Todesfurcht und einer gewaltsamen Entleibung war mir jetzt eine schreckliche Wahl gelassen, und ich *mußte* wählen. Ich hatte das Herz nicht, durch Selbstmord aus der Welt zu gehen, und entsetzte mich vor der Aussicht, darin zu bleiben. Geklemmt zwischen die gewissen Qualen des Lebens und die ungewissen Schrekken der Ewigkeit, gleich unfähig, zu leben und zu sterben, brachte ich die sechste Stunde meiner Flucht dahin, eine Stunde, voll gepreßt von Qualen, wovon noch kein lebendiger Mensch zu erzählen weiß.

In mich gekehrt und langsam, ohne mein Wissen den Hut tief ins Gesicht gedrückt, als ob mich dies vor dem Auge der leblosen Natur hätte unkenntlich machen können, hatte ich unvermerkt einen schmalen Fußsteig verfolgt, der mich durch das dunkelste Dickicht führte – als plötzlich eine rauhe befehlende Stimme vor mir her: ›Halt!‹ rufte. Die Stimme war ganz nahe, meine Zerstreuung und der heruntergedrückte Hut hatten mich verhindert, um mich herum zu schauen. Ich schlug die Augen auf und sah einen wilden Mann auf mich zukommen, der eine große knotigte Keule trug. Seine Figur ging ins Riesenmäßige – meine erste Bestürzung wenigstens hatte mich dies glauben gemacht – und die Farbe seiner

Haut war von einer gelben Mulattenschwärze, woraus das Weiße eines schielenden Auges bis zum Grassen hervortrat. Er hatte statt eines Gurts ein dickes Seil zwiefach um einen grünen wollenen Rock geschlagen, worin ein breites Schlachtmesser bei einer Pistole stak. Der Ruf wurde wiederholt, und ein kräftiger Arm hielt mich fest. Der Laut eines Menschen hatte mich in Schrecken gejagt, aber der Anblick eines Bösewichts gab mir Herz. In der Lage, worin ich jetzt war, hatte ich Ursache, vor jedem redlichen Mann, aber keine mehr, vor einem Räuber zu zittern.

›Wer da?‹ sagte diese Erscheinung.

›Deinesgleichen‹, war meine Antwort, ›wenn du der wirklich bist, dem du gleich siehst!‹

›Dahinaus geht der Weg nicht. Was hast du hier zu suchen?‹

›Was hast du hier zu fragen?‹ versetzte ich trotzig.

Der Mann betrachtete mich zweimal vom Fuß bis zum Wirbel. Es schien, als ob er meine Figur gegen die seinige und meine Antwort gegen meine Figur halten wollte – ›Du sprichst brutal wie ein Bettler‹, sagte er endlich.

›Das mag sein. Ich bin's noch gestern gewesen.‹

Der Mann lachte. ›Man sollte drauf schwören‹, rief er, ›du wolltest auch noch jetzt für nichts Bessers gelten.‹

›Für etwas Schlechteres also‹ – Ich wollte weiter.

›Sachte, Freund! Was jagt dich denn so? Was hast du für Zeit zu verlieren?‹

Ich besann mich einen Augenblick. Ich weiß nicht, wie mir das Wort auf die Zunge kam: ›Das Leben ist kurz‹, sagte ich langsam, ›und die Hölle währt ewig.‹

Er sah mich stier an. ›Ich will verdammt sein‹, sagte er endlich, ›oder du bist irgend an einem Galgen hart vorbeigestreift.‹

›Das mag wohl noch kommen. Also auf *Wiedersehen*, Kamerade!‹

›Topp, *Kamerade!*‹ – schrie er, indem er eine zinnerne Flasche aus seiner Jagdtasche hervorlangte, einen kräftigen Schluck daraus tat und mir sie reichte. Flucht und Beängstigung hatten meine Kräfte aufgezehrt, und diesen ganzen entsetzlichen Tag war noch nichts über meine Lippen gekommen. Schon fürchtete ich in dieser Waldgegend zu verschmachten, wo auf drei Meilen in der Runde kein Labsal für mich zu hoffen war. Man urteile, wie froh ich auf diese angebotne Gesundheit Bescheid tat. Neue Kraft floß mit diesem Erquicktrunk in meine Gebeine und frischer Mut in mein Herz, und Hoffnung und Liebe zum Leben. Ich fing an, zu glauben, daß ich doch wohl nicht ganz elend wäre; so viel konnte dieser willkommene Trank. Ja ich bekenne es, mein Zustand grenzte wieder an einen glücklichen, denn endlich, nach tausend fehlgeschlagenen Hoffnungen, hatte ich eine Kreatur gefunden, die mir ähnlich schien. In dem Zustande, worein ich versunken war, hätte ich mit dem höllischen Geiste Kameradschaft getrunken, um einen Vertrauten zu haben.

Der Mann hatte sich aufs Gras hingestreckt, ich tat ein gleiches.

›Dein Trunk hat mir wohlgetan!‹ sagte ich. ›Wir müssen bekannter werden.‹

Er schlug Feuer, seine Pfeife zu zünden.

›Treibst du das Handwerk schon lange?‹

Er sah mich fest an. ›Was willst du damit sagen?‹

›War *das* schon oft blutig?‹ Ich zog das Messer aus seinem Gürtel.

›Wer bist du?‹ sagte er schrecklich und legte die Pfeife von sich.

›Ein Mörder wie du – aber nur erst ein Anfänger.‹

Der Mann sah mich steif an und nahm seine Pfeife wieder.

›Du bist nicht hier zu Hause?‹ sagte er endlich.

›Drei Meilen von hier. Der Sonnenwirt in L... wenn du von mir gehört hast.‹

Der Mann sprang auf wie ein Beseßner. ›Der Wildschütze Wolf?‹ schrie er hastig.

›Der nämliche.‹

›Willkommen, Kamerad! Willkommen!‹ rief er und schüttelte mir kräftig die Hände. ›Das ist brav, daß ich dich endlich habe, Sonnenwirt. Jahr und Tag schon sinn' ich darauf, dich zu kriegen. Ich kenne dich recht gut. Ich weiß um alles. Ich habe lange auf dich gerechnet.‹

›Auf mich gerechnet? Wozu denn?‹

›Die ganze Gegend ist voll von dir. Du hast Feinde, ein Amtmann hat dich gedrückt, Wolf. Man hat dich zu Grunde gerichtet, himmelschreiend ist man mir dir umgegangen.‹

Der Mann wurde hitzig – ›Weil du ein paar Schweine geschossen hast, die der Fürst auf unsern Äckern und Feldern füttert, haben sie dich Jahre lang im Zuchthaus und auf der Festung herumgezogen, haben sie dich um Haus und Wirtschaft bestohlen, haben sie dich zum Bettler gemacht. Ist es dahin gekommen, Bruder, daß der Mensch nicht mehr gelten soll als ein Hase? Sind wir nicht besser als das Vieh auf dem Felde? – Und ein Kerl wie du konnte das dulden?‹

›Konnt' ich's ändern?‹

›Das werden wir ja wohl sehen. Aber sage mir doch, woher kömmst du denn jetzt, und was führst du im Schilde?‹

Ich erzählte ihm meine ganze Geschichte. Der Mann, ohne abzuwarten, bis ich zu Ende war, sprang mit froher Ungeduld auf, und mich zog er nach. ›Komm, Bruder Sonnenwirt‹, sagte er, ›jetzt bist du reif, jetzt hab' ich dich, wo ich dich brauchte. Ich werde Ehre mit dir einlegen. Folge mir.‹

›Wo willst du mich hinführen?‹

›Frage nicht lange. Folge!‹ – Er schleppte mich mit Gewalt fort.

Wir waren eine kleine Viertelmeile gegangen. Der Wald wurde immer abschüssiger, unwegsamer und wilder, keiner von uns sprach ein Wort, bis mich endlich die Pfeife meines Führers aus meinen Betrachtungen aufschreckte. Ich schlug die Augen auf, wir standen am schroffen Absturz eines Felsens, der sich in eine tiefe Kluft hinunterbückte. Eine zwote Pfeife antwortete aus dem innersten Bauche des Felsens, und eine Leiter kam, wie von sich selbst, langsam aus der Tiefe gestiegen. Mein Führer kletterte zuerst hinunter, mich hieß er warten, bis er wiederkäme. ›Erst muß ich den Hund an Ketten legen lassen‹, setzte er hinzu, ›du bist hier fremd, die Bestie würde dich zerreißen.‹ Damit ging er.

Jetzt stand ich allein vor dem Abgrund, und ich wußte recht gut, daß ich allein war. Die Unvorsichtigkeit meines Führers entging meiner Aufmerksamkeit nicht. Es hätte mich nur einen beherzten Entschluß gekostet, die Leiter heraufzuziehen, so war ich frei, und meine Flucht war gesichert. Ich gestehe, daß ich das einsah. Ich sah in den Schlund hinab, der mich jetzt aufnehmen sollte; es erinnerte mich dunkel an den Abgrund der Hölle, woraus keine Erlösung mehr ist. Mir fing an vor der Laufbahn zu schaudern, die ich nunmehr betreten wollte; nur eine schnelle Flucht konnte mich retten. Ich beschließe diese Flucht – schon strecke ich den Arm nach der

Leiter aus – aber auf einmal donnert's in meinen Ohren, es umhallt mich wie Hohngelächter der Hölle: ›*Was hat ein Mörder zu wagen?*‹ – und mein Arm fällt gelähmt zurück. Meine Rechnung war völlig, die Zeit der Reue war dahin, mein begangener Mord lag hinter mir aufgetürmt wie ein Fels und sperrte meine Rückkehr auf ewig. Zugleich erschien auch mein Führer wieder und kündigte mir an, daß ich kommen sollte. Jetzt war ohnehin keine Wahl mehr. Ich kletterte hinunter.

Wir waren wenige Schritte unter der Felsmauer weggegangen, so erweiterte sich der Grund, und einige Hütten wurden sichtbar. Mitten zwischen diesen öffnete sich ein runder Rasenplatz, auf welchem sich eine Anzahl von achtzehn bis zwanzig Menschen um ein Kohlfeuer gelagert hatte. ›Hier, Kameraden‹, sagte mein Führer und stellte mich mitten in den Kreis; ›unser Sonnenwirt! heißt ihn willkommen!‹

›Sonnenwirt!‹ schrie alles zugleich, und alles fuhr auf und drängte sich um mich her, Männer und Weiber. Soll ich's gestehn? Die Freude war ungeheuchelt und herzlich, Vertrauen, Achtung sogar erschien auf jedem Gesichte, dieser drückte mir die Hand, jener schüttelte mich vertraulich am Kleide, der ganze Auftritt war wie das Wiedersehen eines alten Bekannten, der einem wert ist. Meine Ankunft hatte den Schmaus unterbrochen, der eben anfangen sollte. Man setzte ihn sogleich fort und nötigte mich, den Willkomm zu trinken. Wildpret aller Art war die Mahlzeit, und die Weinflasche wanderte unermüdet von Nachbar zu Nachbar. Wohlleben und Einigkeit schien die ganze Bande zu beseelen, und alles wetteiferte, seine Freude über mich zügelloser an den Tag zu legen.

Man hatte mich zwischen zwo Weibspersonen sitzen lassen, welches der Ehrenplatz an der Tafel war. Ich erwartete den Auswurf ihres Geschlechts, aber wie groß war meine Verwunderung, als ich unter dieser schändlichen Rotte die schönsten weiblichen Gestalten entdeckte, die mir jemals vor Augen gekommen. Margarete, die älteste und schönste von beiden, ließ sich Jungfer nennen und konnte kaum fünfundzwanzig sein. Sie sprach sehr frech, und ihre Gebärden sagten noch mehr. Marie, die jüngere, war verheuratet, aber einem Manne entlaufen, der sie mißhandelt hatte. Sie war feiner gebildet, sah aber blaß aus und schmächtig und fiel weniger ins Auge als ihre feurige Nachbarin. Beide Weiber eiferten auf einander, meine Begierden zu entzünden; die schöne Margarete kam meiner Blödigkeit durch freche Scherze zuvor, aber das ganze Weib war mir zuwider, und mein Herz hatte die schüchterne Marie auf immer gefangen.

›Du siehst, Bruder Sonnenwirt‹, fing der Mann jetzt an, der mich hergebracht hatte, ›du siehst, wie wir unter einander leben, und jeder Tag ist dem heutigen gleich. Nicht wahr, Kameraden?‹

›Jeder Tag wie der heutige!‹ wiederholte die ganze Bande.

›Kannst du dich also entschließen, an unserer Lebensart Gefallen zu finden, so schlag ein und sei unser Anführer. Bis jetzt bin *ich* es gewesen, aber *dir* will ich weichen. Seid ihr's zufrieden, Kameraden?‹

Ein fröhliches ›Ja!‹ antwortete aus allen Kehlen.

Mein Kopf glühte, mein Gehirne war betäubt, von Wein und Begierden siedete mein Blut. Die Welt hatte mich ausgeworfen wie einen Verpesteten – hier fand ich brüderliche Aufnahme, Wohlleben und Ehre. Welche Wahl ich auch treffen wollte, so erwartete mich Tod; hier aber konnte ich wenigstens mein Leben für einen höheren Preis verkaufen. Wollust war meine wütendste Neigung; das andere Geschlecht hatte mir bis jetzt nur Verachtung bewiesen, hier erwarteten mich Gunst und zügellose Vergnügungen. Mein Entschluß kostete mich wenig. ›Ich bleibe bei euch, Kameraden‹, rief ich laut mit Entschlossenheit und trat mitten unter die Bande; ›ich bleibe bei euch‹, rief ich nochmals, ›wenn ihr mir meine schöne Nachbarin abtretet!‹ – Alle kamen überein, mein Verlangen zu bewilligen, ich war erklärter Eigentümer einer H... und das Haupt einer Diebesbande.«

Den folgenden Teil der Geschichte übergehe ich ganz; das bloß Abscheuliche hat nichts Unterrichtendes für den Leser. Ein Unglücklicher, der bis zu dieser Tiefe herunter sank, mußte sich endlich alles erlauben, was die Menschheit empört – aber einen zweiten Mord beging er nicht mehr, wie er selbst auf der Folter bezeugte.

Der Ruf dieses Menschen verbreitete sich in kurzem durch die ganze Provinz. Die Landstraßen wurden unsicher, nächtliche Einbrüche beunruhigten den Bürger, der Name des Sonnenwirts wurde der Schrecken des Landvolks, die Gerechtigkeit suchte ihn auf, und eine Prämie wurde auf seinen Kopf gesetzt. Er war so glücklich, jeden Anschlag auf seine Freiheit zu vereiteln, und verschlagen genug, den Aberglauben des wundersüchtigen Bauern zu seiner Sicherheit zu benutzen. Seine Gehilfen mußten aussprengen, er habe einen Bund mit dem Teufel gemacht und könne hexen. Der Distrikt, auf welchem er seine Rolle spielte, gehörte damals noch weniger als jetzt zu den aufgeklärten Deutschlands; man glaubte diesem Gerüchte, und seine Person war gesichert. Niemand zeigte Lust, mit dem gefährlichen Kerl anzubinden, dem der Teufel zu Diensten stünde.

Ein Jahr schon hatte er das traurige Handwerk getrieben, als es anfing, ihm unerträglich zu werden. Die Rotte, an deren Spitze er sich gestellt hatte, erfüllte seine glänzenden Erwartungen nicht. Eine verführerische Außenseite hatte ihn damals im Taumel des Weines geblendet; jetzt wurde er mit Schrecken gewahr, wie abscheulich er hintergangen worden. Hunger und Mangel traten an die Stelle des Überflusses, womit man ihn eingewiegt hatte; sehr oft mußte er sein Leben an eine Mahlzeit wagen, die kaum hinreichte, ihn vor dem Verhungern zu schützen. Das Schattenbild jener brüderlichen Eintracht verschwand; Neid, Argwohn und Eifersucht wüteten im Innern dieser verworfenen Bande. Die Gerechtigkeit hatte demjenigen, der ihn lebendig ausliefern würde, Belohnung und, wenn es ein Mitschuldiger wäre, noch eine feierliche Begnadigung zugesagt – eine mächtige Versuchung für den Auswurf der Erde! Der Unglückliche kannte seine Gefahr. Die Redlichkeit derjenigen, die Menschen und Gott verrieten, war ein schlechtes Unterpfand seines Lebens. Sein Schlaf war von jetzt an dahin, ewige Todesangst zerfraß seine Ruhe, das gräßliche Gespenst des Argwohns rasselte hinter ihm, wo er hinfloh, peinigte ihn, wenn er wachte, bettete sich neben ihm, wenn er schlafen ging, und schreckte ihn in entsetzlichen Träumen. Das verstummte Gewissen gewann zugleich seine Sprache wieder, und die schlafende Natter der Reue wachte bei diesem allgemeinen Sturm seines Busens auf. Sein ganzer Haß wandte sich jetzt von der Menschheit und kehrte seine schreckliche Schneide gegen ihn selber. Er vergab jetzt der ganzen Natur und fand niemand als sich allein zu verfluchen.

Das Laster hatte seinen Unterricht an dem Unglücklichen vollendet, sein natürlich guter Verstand siegte endlich über die traurige Täuschung. Jetzt fühlte er, wie tief er gefallen war, ruhigere Schwermut trat an die Stelle knirschender Verzweiflung. Er wünschte mit Tränen die Vergangenheit zurück; jetzt wußte er gewiß, daß er sie ganz anders wiederholen würde. Er fing an, zu hoffen, daß er noch rechtschaffen werden dürfe, weil er bei sich empfand, daß er es könne. Auf dem höchsten Gipfel seiner Verschlimmerung war er dem Guten näher, als er vielleicht vor seinem ersten Fehltritt gewesen war.

Um eben diese Zeit war der Siebenjährige Krieg ausgebrochen, und die Werbungen gingen stark. Der Unglückliche schöpfte Hoffnung von diesem Umstand und schrieb einen Brief an seinen Landesherrn, den ich auszugsweise hier einrücke:

»Wenn Ihre fürstliche Huld sich nicht ekelt, bis zu *mir* herunter zu steigen, wenn Verbrecher *meiner* Art nicht außerhalb Ihrer Erbarmung liegen, so gönnen *Sie* mir Gehör, durchlauchtigster Oberherr. Ich bin Mörder und Dieb, das Gesetz verdammt mich zum Tode, die Gerichte suchen mich auf – und ich biete mich an, mich freiwillig zu stellen. Aber ich bringe zugleich eine seltsame Bitte vor Ihren Thron. Ich verabscheue mein Leben und fürchte den Tod nicht, aber schrecklich ist mir's, zu sterben, ohne gelebt zu haben. Ich möchte leben, um einen Teil des Vergangenen gut zu machen; ich möchte leben, um den Staat zu versöhnen, den ich beleidigt habe. Meine Hinrichtung wird ein Beispiel sein für die Welt, aber kein Ersatz meiner Taten. Ich hasse das Laster und sehne mich feurig nach Rechtschaffenheit und Tugend. Ich habe Fähigkeiten gezeigt, meinem Vaterland furchtbar zu werden; ich hoffe, daß mir noch einige übrig geblieben sind, ihm zu nützen.

Ich weiß, daß ich etwas Unerhörtes begehre. Mein Leben ist verwirkt, mir steht es nicht an, mit der Gerechtigkeit Unterhandlung zu pflegen. Aber ich erscheine nicht in Ketten und Banden vor Ihnen – noch bin ich frei – und meine Furcht hat den kleinsten Anteil an meiner Bitte.

Es ist Gnade, um was ich flehe. Einen Anspruch auf Gerechtigkeit, wenn ich auch einen hätte, wage ich nicht mehr geltend zu machen. – Doch an etwas darf ich meinen Richter erinnern. Die Zeitrechnung meiner Verbrechen fängt mit dem Urteilsspruch an, der mich auf immer um meine Ehre brachte. Wäre mir damals die Billigkeit minder versagt worden, so würde ich jetzt vielleicht keiner Gnade bedürfen.

Lassen Sie Gnade vor Recht ergehen, mein Fürst! Wenn es in Ihrer fürstlichen Macht steht, das Gesetz für mich zu erbitten, so schenken Sie mir das Leben. Es soll Ihrem Dienste von nun an gewidmet sein. Wenn Sie es können, so lassen Sie mich Ihren gnädigsten Willen aus öffentlichen Blättern vernehmen, und ich werde mich auf Ihr fürstliches Wort in der Hauptstadt stellen. Haben Sie es anders mit mir beschlossen, so tue die Gerechtigkeit denn das Ihrige, ich muß das Meinige tun.«

Diese Bittschrift blieb ohne Antwort, wie auch eine zwote und dritte, worin der Supplikant um eine Reuterstelle im Dienste des Fürsten bat. Seine Hoffnung zu einem Pardon erlosch gänzlich, er faßte also den Entschluß, aus dem Land zu fliehen und im Dienste des Königs von Preußen als ein braver Soldat zu sterben.

Er entwischte glücklich seiner Bande und trat diese Reise an. Der Weg führte ihn durch eine kleine Landstadt, wo er übernachten wollte. Kurze Zeit vorher waren durch das ganze Land geschärftere Mandate zu strenger Untersuchung der Reisenden ergangen, weil der Landesherr, ein Reichsfürst, im Kriege Partei genommen hatte. Einen solchen Befehl hatte auch der Torschreiber dieses Städtchens, der auf einer Bank vor dem Schlage saß, als der Sonnenwirt geritten kam. Der Aufzug dieses Mannes hatte etwas Possierliches und zugleich etwas Schreckliches und Wildes. Der hagre Klepper, den er ritt, und die burleske Wahl seiner Kleidungsstücke, wobei wahrscheinlich weniger sein Geschmack als die Chronologie seiner Entwendungen zu Rat gezogen war, kontrastierte seltsam genug mit einem Gesicht, worauf so viele wütende Affekte, gleich den verstümmelten Leichen auf einem Walplatz, verbreitet lagen. Der Torschreiber stutzte beim Anblick dieses seltsamen Wanderers. Er war am Schlagbaum grau geworden, und eine vierzigjährige Amtsführung hatte in ihm einen unfehlbaren Physiognomen aller Landstreicher erzogen. Der Falkenblick dieses Spürers verfehlte auch hier seinen Mann nicht. Er sperrte sogleich das Stadttor und forderte dem Reuter den Paß ab, indem er sich seines Zügels versicherte.

Wolf war auf Fälle dieser Art vorbereitet und führte auch wirklich einen Paß bei sich, den er ohnlängst von einem geplünderten Kaufmann erbeutet hatte. Aber dieses einzelne Zeugnis war nicht genug, eine vierzigjährige Observanz umzustoßen und das Orakel am Schlagbaum zu einem Widerruf zu bewegen. Der Torschreiber glaubte seinen Augen mehr als diesem Papiere, und Wolf war genötigt, ihm nach dem Amtshaus zu folgen.

Der Oberamtmann des Orts untersuchte den Paß und erklärte ihn für richtig. Er war ein starker Anbeter der Neuigkeit und liebte besonders, bei einer Bouteille über die Zeitung zu plaudern. Der Paß sagte ihm, daß der Besitzer geradewegs aus den feindlichen Ländern käme, wo der Schauplatz des Krieges war. Er hoffte Privatnachrichten aus dem Fremden herauszulocken und schickte einen Sekretär mit dem Paß zurück, ihn auf eine Flasche Wein einzuladen.

Unterdessen hält der Sonnenwirt vor dem Amtshaus; das lächerliche Schauspiel hat den Janhagel des Städtchens scharenweise um ihn her versammelt. Man murmelt sich in die Ohren, deutet wechselweis auf das Roß und den Reuter; der Mutwille des Pöbels steigt endlich bis zu einem lauten Tumult. Unglücklicherweise war das Pferd, worauf jetzt alles mit Fingern wies, ein geraubtes; er bildet sich ein, das Pferd sei in Steckbriefen beschrieben und erkannt. Die unerwartete Gastfreundlichkeit des Oberamtmanns vollendet seinen Verdacht. Jetzt hält er's für ausgemacht, daß die Betrügerei seines Passes verraten und diese Einladung nur die Schlinge sei, ihn lebendig und ohne Widersetzung zu fangen. Böses Gewissen macht ihn zum Dummkopf, er gibt seinem Pferde die Sporen und rennt davon, ohne Antwort zu geben.

Diese plötzliche Flucht ist die Losung zum Aufstand.

»Ein Spitzbube!« ruft alles, und alles stürzt hinter ihm her. Dem Reuter gilt es um Leben und Tod, er hat schon den Vorsprung, seine Verfolger keuchen atemlos nach, er ist seiner Rettung nahe – aber eine schwere Hand drückt unsichtbar gegen ihn, die Uhr seines Schicksals ist abgelaufen, die unerbittliche Nemesis hält ihren Schuldner an. Die Gasse, der er sich anvertraute, endigt in einem Sack, er muß rückwärts gegen seine Verfolger umwenden.

Der Lärm dieser Begebenheit hat unterdessen das ganze Städtchen in Aufruhr gebracht, Haufen sammeln sich zu Haufen, alle Gassen sind gesperrt, ein Heer von Feinden kömmt im Anmarsch gegen ihn her. Er zeigt eine Pistole, das Volk weicht, er will sich mit Macht einen Weg durchs Gedränge bahnen. »Dieser Schuß«, ruft er, »soll dem Tollkühnen, der mich halten will« – Die Furcht gebietet eine allgemeine Pause – ein beherzter Schlossergeselle endlich fällt ihm von hinten her in den Arm und faßt den Finger, womit der Rasende eben losdrücken will, und drückt ihn aus dem Gelenke. Die Pistole fällt, der wehrlose Mann wird vom Pferde herabgerissen und im Triumphe nach dem Amthaus zurück geschleppt.

»Wer seid Ihr?« frägt der Richter mit ziemlich brutalem Ton.

»Ein Mann, der entschlossen ist, auf keine Frage zu antworten, bis man sie höflicher einrichtet.«

»Wer sind Sie?«

»Für was ich mich ausgab. Ich habe ganz Deutschland durchreist und die Unverschämtheit nirgends als hier zu Hause gefunden.«

»Ihre schnelle Flucht macht Sie sehr verdächtig. Warum flohen Sie?«

»Weil ich's müde war, der Spott Ihres Pöbels zu sein.«

»Sie drohten, Feuer zu geben.«

»Meine Pistole war nicht geladen.« Man untersuchte das Gewehr, es war keine Kugel darin.

»Warum führen Sie heimliche Waffen bei sich?«

»Weil ich Sachen von Wert bei mir trage, und weil man mich vor einem gewissen Sonnenwirt gewarnt hat, der in diesen Gegenden streifen soll.«

»Ihre Antworten beweisen sehr viel für Ihre Dreistigkeit, aber nichts für Ihre gute Sache. Ich gebe Ihnen Zeit bis morgen, ob Sie mir die Wahrheit entdecken wollen.«

»Ich werde bei meiner Aussage bleiben.«

»Man führe ihn nach dem Turm.«

»Nach dem Turm? – Herr Oberamtmann, ich hoffe, es gibt noch Gerechtigkeit in diesem Lande. Ich werde Genugtuung fordern.«

»Ich werde Sie Ihnen geben, sobald Sie gerechtfertigt sind.«

Den Morgen darauf überlegte der Oberamtmann, der Fremde möchte doch wohl unschuldig sein; die befehlshaberische Sprache würde nichts über seinen Starrsinn vermögen, es wäre vielleicht besser getan, ihm mit Anstand und Mäßigung zu begegnen. Er versammelte die Geschwornen des Orts und ließ den Gefangenen vorführen.

»Verzeihen Sie es der ersten Aufwallung, mein Herr, wenn ich Sie gestern etwas hart anließ.«

»Sehr gern, wenn Sie mich so fassen.«

»Unsere Gesetze sind strenge, und Ihre Begebenheit machte Lärm. Ich kann Sie nicht freigeben, ohne meine Pflicht zu verletzen. Der Schein ist gegen Sie. Ich wünschte, Sie sagten mir etwas, wodurch es widerlegt werden könnte.«

»Wenn ich nun nichts wüßte?«

»So muß ich den Vorfall an die Regierung berichten, und Sie bleiben so lang' in fester Verwahrung.«

»Und dann?«

»Dann laufen Sie Gefahr, als ein Landstreicher über die Grenze gepeitscht zu werden oder, wenn's gnädig geht, unter die Werber zu fallen.«

Er schwieg einige Minuten und schien einen heftigen Kampf zu kämpfen; dann drehte er sich rasch zu dem Richter.

»Kann ich auf eine Viertelstunde mit Ihnen allein sein?«

Die Geschworenen sahen sich zweideutig an, entfernten sich aber auf einen gebietenden Wink ihres Herrn.

»Nun, was verlangen Sie?«

»Ihr gestriges Betragen, Herr Oberamtmann, hätte mich nimmermehr zu einem Geständnis gebracht, denn ich trotze der Gewalt. Die Bescheidenheit, womit Sie mich heute behandeln, hat mir Vertrauen und Achtung gegen Sie gegeben. Ich glaube, daß Sie ein edler Mann sind.«

»Was haben Sie mir zu sagen?«

»Ich sehe, daß Sie ein edler Mann sind. Ich habe mir längst einen Mann gewünscht wie Sie. Erlauben Sie mir Ihre rechte Hand.«

»Wo will das hinaus?«

»Dieser Kopf ist grau und ehrwürdig. Sie sind lang' in der Welt gewesen – haben der Leiden wohl viele gehabt – Nicht wahr? und sind menschlicher geworden?«

»Mein Herr – wozu soll das?«

»Sie stehen noch einen Schritt von der Ewigkeit, bald – bald brauchen Sie Barmherzigkeit bei Gott. Sie werden sie Menschen nicht versagen – – Ahnen Sie nichts? Mit wem glauben Sie, daß Sie reden?«

»Was ist das? Sie erschrecken mich.«

»Ahnen Sie noch nicht? – Schreiben Sie es Ihrem Fürsten, wie Sie mich fanden und daß ich selbst aus freier Wahl mein Verräter war – daß *ihm* Gott einmal gnädig sein werde, wie *er* jetzt mir es sein wird – bitten Sie für mich, alter Mann, und lassen Sie dann auf Ihren Bericht eine Träne fallen: Ich bin der Sonnenwirt.«

JOHANN KARL AUGUST MUSÄUS

Die Entführung

Eine Anekdote

Am Wässerlein Lockwitz im Vogtlande, auf der thüringischen Grenze, ist gelegen das Schloß Lauenstein*, welches vorzeiten ein Nonnenkloster war, das im Hussitenkriege zerstöret wurde. Die geistliche Domäne ging, als ein verlassenes Eigentum, in der Folge wieder an den weltlichen Arm über und wurde von dem Grafen von Orlamünda, als damaligen Grundherrn, an einen Lehnsmann ausgetan, der auf den Ruinen des Klosters sich ein Schloß erbauete und dem wohlerworbenen Eigentum entweder seinen Namen gab, oder diesen davon bekam: er hieß der Junker von Lauenstein. Es veroffenbarte sich aber gar bald, daß geistliches Gut in der profanen Hand der Laien nicht gedeihet, und daß ein solcher stiller Kirchenraub auf eine oder die andere Art geahndet wird.

Die Gebeine der heiligen Nonnen, die schon Jahrhunderte lang in dem düstern Begräbnisgewölbe im stillen Frieden ruheten, konnten die Entweihung ihres Heiligtums nicht gleichgültig ertragen. Die morschen Totenknochen wurden rege, rasselten und rauschten zur Nachtzeit aus der Tiefe herauf und erhoben ein furchtbares Getöse und Gepolter im Kreuzgange, der noch unversehrt geblieben war. Oft zog eine Prozession von Nonnen mit feierlichem Gepränge im Schloßhof herum, sie wallfahrteten durch die Gemächer, schlugen Türen auf und Türen zu, wodurch der Eigentümer in seinen vier Pfählen verunruhiget und aus dem Schlafe gestöret wurde. Oft toseten sie im Gesindesöller oder in den Ställen, erschreckten die Mägde, zwickten und zwackten sie bald dort, bald da, quälten das Vieh, den Kühen versiegte die Milch, die Pferde schnoben, bäumten sich auf und zerschlugen die Standbäume.

* Es führen mehrere Orte diesen Namen, z. B. ein altes Schloß und Städtlein im Erzgebürgischen Kreis, ein Städtchen in Unterkärnten und ein Bergschloß und Flekken im Hannöverschen, vielleicht noch andere.

Bei diesem Unfug der frommen Schwestern und ihren unablässigen Plackereien verkümmerten Menschen und Tiere und verloren allen Mut, vom gestrengen Junker an bis auf den grimmigen Bullenbeißer. Der Gutsherr scheuete keine Kosten, dieser tumultuarischen Hausgenossenschaft durch die berühmtesten Geisterbanner Friede gebieten und ewiges Stillschweigen auferlegen zu lassen. Doch der kräftigste Segen, vor welchem das ganze Reich des Belials zitterte, und der Sprengwedel, mit Weihwasser getränkt, der unter den bösen Geistern sonst aufräumte wie die Fliegenklappe unter den Stubenfliegen, vermochte lange Zeit nichts gegen die Hartnäckigkeit der gespenstischen Amazonen, die ihre Ansprüche auf den Grund und Boden ihres vormaligen Eigentums so standhaft verteidigten, daß die Exorzisten mit der heiligen Gerätschaft der Reliquien bisweilen die Flucht ergreifen und das Feld räumen mußten.

Einem Gaßner seines Jahrhunderts, der im Lande herumzog, Hexen auszuspähen, Kobolde zu fahen und die Besessenen von dem Raupengeschmeiß der bösen Geister zu säubern, wars aufbehalten, die geistlichen Nachtschwärmerinnen endlich zum Gehorsam zu bringen und sie wieder in ihre dunkle Totenkammer einzusperren, wo sie Erlaubnis erhielten, ihre Schädel hin- und herzurollen und mit ihren Knochen zu klappern und zu poltern, soviel sie wollten. Alles war nun ruhig im Schlosse, die Nonnen schliefen wieder ihren stillen Totenschlaf; aber nach sieben Jahren hatte ein unruhiger Schwestergeist schon wieder ausgeschlafen, ließ sich zur Nachtzeit sehen und trieb eine Zeitlang das vorige Spiel, bis er ermüdete, sieben Jahre ruhete, dann wieder Besuch in der Oberwelt gab und das Schloß revidierte. Mit der Zeit gewöhnten sich die Einwohner an die Erscheinung des Gespenstes, und wenn die Zeit kam, daß sich die Nonne blicken ließ, wahrte sich das Hofgesinde, zur Abendzeit den Kreuzgang zu betreten oder aus der Kammer zu gehen.

Nach Ableben des ersten Besitznehmers fiel das Lehen an seine aus rechtmäßigem Ehebett erzielte Deszendenz, und es fehlte nie ein männlicher Erbe, bis auf die Zeiten des dreißigjährigen Krieges, wo der letzte Zweig des Lauensteinischen Geschlechtes blühete, bei welchem die Natur ihre Kräfte erschöpft zu haben schien, um ihn zur Existenz zu bringen. Sie war mit dem Stoffe zur Anlage seines

Körpers so verschwenderisch umgegangen, daß in der Periode, wo dieser zur höchsten Vollkommenheit gediehen war, die Masse des gestrengen Junkers beinahe an das Gewicht des berühmten Schmerbauchs Franz Finatzi* in Preßburg reichte und seine Korpulenz nur einige Zoll weniger maß als des wohlgemästeten Holsteiners, Paul Butterbrod genannt, der sich den Pariser Damen unlängst zur Schau ausgestellet hat, die seine prallen Schenkel und Arme mit so großem Wohlgefallen betasteten. Indessen war Junker Siegmund vor seiner Kürbisepoke ein ganz stattlicher Mann, der auf seiner Hufe in gutem Wohlstand lebte, den von sparsamen Vätern ererbten Nachlaß nicht schmälerte, aber doch zum frohen Lebensgenuß gebrauchte. Er hatte, sobald ihm der Vorfahr Platz machte und den Besitz von Lauenstein überließ, nach dem Beispiel aller seiner Ahnherren sich vermählt, war allen Ernstes auf die Fortpflanzung des adlichen Geschlechts bedacht und erzielte mit seiner Gemahlin glücklich eine eheliche Erstlingsfrucht; aber das Kind war ein wohlgestaltes Fräulein, und dabei hatte es auch mit der Propagation sein Bewenden. Die allzusorgsame Pflege des gefälligen Weibes schlug bei dem nahrhaften Eheherrn dergestalt an, daß alle Hoffnung des nachfolgenden Kindersegens in seinem Fett erstickte. Der häuslichen Mutter, welche gleich vom Anfang der Ehe das Hausregiment allein führte, fiel auch die Erziehung der Tochter anheim. Je mehr Papa Bauch wurde, desto unwirksamer wurde seine Seele, und endlich nahm er von keinem Dinge in der Welt mehr Notiz, das nicht gebraten oder gesotten war.

Fräulein Emilie war bei dem Gewirr von ökonomischen Geschäften größtenteils der treuen Pflege der Mutter Natur überlassen und befand sich dabei nicht übel. Die verborgene Kunstmeisterin, die nicht gern ihre Reputation aufs Spiel setzt und einen Irrtum, den sie sich hat zu Schulden kommen lassen, gemeiniglich durch ein Meisterstück ersetzt, hatte die Körpermasse und die Talente des Geistes bei der Tochter nach richtigern Verhältnissen abgemessen als bei dem Vater: sie war schön und hatte Verstand. In dem Maße, wie die Reize des jungen Fräuleins aufzublühen begannen, stimmten sich

* Dieser Ehrenmann, den keine Sorgen der Nahrung drückten, wog im 56. Jahre seines Alters 488 Pfund Fleischergewicht.

die Absichten der Mutter höher hinauf, durch sie den Glanz des verlöschenden Geschlechtes noch recht zu erheben. Die Dame besaß einen stillen Stolz, der ihr im gemeinen Leben doch nicht abzumerken war: außer darin, daß sie streng über die Ahnentafel hielt und solche als den ehrwürdigsten Schmuck ihres Hauses ansah. Im ganzen Vogtlande war, außer den Herren Reussen, kein Geschlecht ihr alt und edel genug, in welches sie die letzte Blüte des Lauensteinischen Stammes verpflanzt zu sehen wünschte, und so sehr sichs die jungen Herren in der Nachbarschaft angelegen sein ließen, die schöne Beute zu erhaschen, so geschickt wußte die schlaue Mutter diese Absichten zu vereiteln. Sie bewachte das Herz des Fräuleins so sorgfältig, wie ein Mautner den Schlagbaum, daß keine konterbande Ware einschleichen möchte, verwarf alle Spekulationen wohlmeinender Basen und Tanten, die auf Ehestiftung zielten, und tat mit dem Fräulein Tochter so hehr, daß sich kein Junker an sie wagte.

Solange das Herz eines Mädchens noch Lehre annimmt, ist es einem Nachen zu vergleichen auf spiegelgleicher See, der sich steuren läßt, wohin das Ruder ihn führet; aber wenn der Wind sich erhebt und die Wellen das leichte Fahrzeug schaukeln, gehorcht es nicht mehr dem Ruder, sondern folgt dem Strome des Windes und der Wellen. Die lenksame Emilie ließ sich an dem mütterlichen Gängelbande willig auf dem Pfade des Stolzes leiten; ihr noch unbefangnes Herz war jedes Eindrucks fähig. Sie erwartete einen Prinzen oder Grafen, der ihren Reizen huldigen würde, und alle minder hochgeborne Paladins, welche ihr den Hof machten, wies sie mit kaltem Sprödsinn zurück. Ehe sich indessen ein standesmäßiger Anbeter für die Lauensteiner Grazie einfand, trat ein Umstand ein, welcher das mütterliche Heuratssystem merklich verrückte und bewirkte, daß alle Fürsten und Grafen des römischen Reiches deutscher Nation zu spät würden gekommen sein, um des Fräuleins Herz zu werben.

In den Unruhen des dreißigjährigen Krieges bezog das Heer des wackern Wallensteins in den Gegenden des Vogtlandes die Winterquartiere. Junker Siegmund bekam viel ungebetene Gäste, die im Schlosse mehr Unfug trieben, als vor Zeiten die gespenstischen Nachtwandlerinnen. Ob sie gleich weniger Eigentumsrecht daran behaupteten als diese, so ließen sie sich doch durch keinen Geister-

banner wegexorzisieren. Die Gutsherrschaft sah sich gezwungen, zu diesem bösen Spiel gute Miene zu machen, und um die gebietenden Herren bei Laune zu erhalten, daß sie gute Mannszucht hielten, wurde ihnen reichlich aufgeschüsselt. Gastmahle und Bälle wechselten ohn Unterlaß. Bei jenen präsidierte die Frau, bei diesen die Tochter vom Hause. Diese splendide Ausübung des Gastrechts machte die rauhen Krieger gar geschmeidig, sie ehrten das Haus, das sie so wohl nährte, und Wirt und Gäste waren mit einander zufrieden. Unter diesen Kriegsgöttern befand sich mancher junge Held, der dem hinkenden Vulkan seine lüsterne Betthälfte hätte untreu machen können; einer aber verdunkelte sie doch alle.
Ein junger Offizier, der schöne Fritz genannt, hatte das Ansehen eines behelmten Liebesgottes, er verband mit einer glücklichen Bildung ein sehr einnehmendes Betragen, war sanft, bescheiden, gefällig, dabei aufgeweckten Geistes und ein flinker Tänzer. Noch nie hatte ein Mann auf Emiliens Herz Eindruck gemacht, nur dieser erregte in ihrem jungfräulichen Busen ein unbekanntes Gefühl, das ihre Seele mit einem unnennbaren Wohlbehagen erfüllete. Das einzige, was sie Wunder nahm, war, daß der reizende Adonis nicht der schöne Graf oder der schöne Prinz, sondern nur schlechtweg der schöne Fritz genennet wurde. Sie befragte gelegentlich bei näherer Bekanntschaft einen und den andern seiner Kriegskameraden um den Geschlechtsnamen des jungen Mannes und um seine Abkunft; aber niemand konnte ihr darüber einiges Licht erteilen. Alle lobten den schönen Fritz als einen wackern Mann, der den Dienst verstünde und den liebenswürdigsten Charakter besitze: mit seiner Ahnentafel schiens indessen nicht gar richtig zu sein, es gab darüber so mancherlei Varianten als über die eigentliche Abkunft und den wahren Ehrenstand des wohlbekannten und dennoch rätselhaften Grafen von Cagliostro, der bald für den Abkömmling eines Malthesischen Großmeisters und mütterlicher Seite für den Neffen des Großherrn, bald für den Sohn eines neapolitanischen Kutschers, bald für den leiblichen Bruder des Zannowichs, angeblichen Prinzen von Albanien und, seinem äußern Beruf nach, bald für einen Wundertäter, bald für einen Perückenmacher ausgegeben wird. Darinne kamen alle Aussagen überein, daß der schöne Fritz von der Pike an sich bis zum Rittmeister her-

aufgedienet habe und wenn ihn das Glück ferner begünstige, werde er sich mit rapidem Fortschritt zu den glänzendsten Posten bei der Armee aufschwingen.
Die geheime Nachfrage der wißbegierigen Emilie blieb ihm unverborgen, seine Freunde glaubten, ihm mit dieser Avise zu schmeicheln und begleiteten solche mit allerlei günstigen Vermutungen. Er deutete aus Bescheidenheit ihr Vorgeben auf Schimpf und Scherz; im Herzen wars ihm gleichwohl lieb, zu vernehmen, daß das Fräulein von ihm Erkundigung eingezogen hatte. Denn gleich der erste Anblick derselben hatte ihn mit dem Entzücken überrascht, welches der Vorläufer der Liebe zu sein pfleget.
Kein Sprachidiom besitzt solche Energie und ist zugleich verständlicher und bestimmter als das Gefühl süßer Sympathien, und durch deren Wirkung geht der Fortschritt von der ersten Bekanntschaft bis zur Liebe gemeiniglich ungleich schneller vonstatten als der von der Pike bis zur Schärpe. Es kam zwar nicht so eilig zu einer mündlichen Erklärung; aber beide Teile wußten ihre Gesinnungen einander mitzuteilen, sie verstunden einander; ihre Blicke begegneten sich auf halbem Wege und sagten sich, was die scheue Liebe zu entdeckten wagt. Die fahrlässige Mutter hatte bei der Unruhe im Hause die Wache vor dem Herzpförtlein der geliebten Tochter gerade zu unrechter Zeit eingezogen, und da dieser wichtige Posten unbesetzt war, so ersah der listige Schleichhändler Amor seine Gelegenheit, sich im Zwielichten unbemerkt hineinzustehlen. Wie er sich einmal in Posseß gesetzt hatte, gab er dem Fräulein ganz andre Lehren als Mama. Er, der abgesagte Feind von aller Zeremonie, benahm gleich anfangs seiner folgsamen Schülerin das Vorurteil, Geburt und Rang müßten bei der süßesten der Leidenschaften mit in Anschlag kommen, und die Liebenden ließen sich unter ein tabellarisches Verzeichnis bringen und nach solchem klassifizieren wie die Käferlein und das Gewürm einer leblosen Insektensammlung. Der frostige Ahnenstolz schmolz so schnell in ihrer Seele wie die bizarren Blumenranken an einer gefrornen Fensterscheibe, wenn die Strahlen der lieblichen Sonne die Atmosphäre erwärmen. Emilie erließ ihrem Geliebten Stammbaum und Adelsbrief und trieb ihre politische Ketzerei so weit, daß sie die Meinung hegte, die wohlhergebrachen Vorrechte der Geburt wären in Absicht auf

Liebe das unleidlichste Joch, welches sich die menschliche Freiheit habe aufbürden lassen.
Der schöne Fritz betete das Fräulein an, und da er aus allen Umständen wahrnahm, daß ihn das Minneglück nicht minder als das Kriegsglück begünstige, zögerte er nicht, bei erster Gelegenheit, die sich darbot, ihr ohne Scheu die Lage seines Herzens zu offenbaren. Sie nahm das Geständnis seiner Liebe mit Erröten, aber nichtsdestoweniger mit innigem Vergnügen an, und die trauten Seelen einigten sich durch das wechselseitige Gelübde unverbrüchlicher Treue. Sie waren nun glücklich für den gegenwärtigen Augenblick und schauderten zurück vor dem zukünftigen. Die Wiederkehr des Lenzes rief die Heldenschar wieder unters Zelt. Die Heere zogen sich zusammen, und der traurige Termin, wo die Liebenden voneinander scheiden sollten, stund nahe bevor. Nun kams zu ernstlichen Konsultationen, wie sie den Bund der Liebe auf legale Art bestätigen möchten, daß nichts als der Tod sie wieder scheiden könnte. Das Fräulein hatte ihrem Verlobten die Gesinnungen der Mutter über den Punkt einer Vermählung offenbaret, und es war nicht zu vermuten, daß die stolze Frau von ihrem Lieblingssystem zugunsten einer Affektionsheurat nur ein Haar breit abweichen würde.
Hundert Anschläge wurden gefaßt, solches zu untergraben und alle wieder verworfen, es taten sich bei jedem unabsehliche Schwürigkeiten hervor, die an einem glücklichen Erfolg zweifeln ließen. Da indessen der junge Kriegsmann seine Geliebte entschlossen fand, jeden Weg, der zur Erreichung ihrer Wünsche führte, einzuschlagen, so proponierte er ihr eine Entführung, den sichersten Fund, welchen die Liebe erdacht hat und welcher ihr schon unzähligmal gelungen ist und noch oft gelingen wird, den Eltern das Konzept zu verrücken und ihren störrischen Eigensinn zu überwinden. Das Fräulein bedachte sich ein wenig und willigte ein. Nur war eins noch zu bedenken, wie sie aus dem wohlvermauerten und verbollwerkten Schlosse entkommen werde, um sich dem willkommenen Räuber in die Arme zu werfen; denn sie wußte wohl, daß die Wachsamkeit der Mutter, sobald die Wallensteinische Besatzung würde ausmarschiert sein, wieder den vorigen Posten besetzen, jeden ihrer Schritte beobachten und sie nicht aus den Augen lassen werde.

Allein die erfindsame Liebe siegt über jede Schwürigkeit. Es war dem Fräulein bekannt, daß auf Allerseelentag im nächsten Herbst die Zeit bevorstünde, wo der alten Sage nach die gespenstische Nonne nach Ablauf von sieben Jahren sich im Schlosse würde sehen lassen, die Furcht aller Inwohner desselben vor dieser Erscheinung war ihr gleichfalls bewußt, daher geriet sie auf den dreusten Einfall, diesmal die Rolle des Gespenstes zu übernehmen, eine Nonnenkleidung im Geheim für sich in Bereitschaft zu halten und unter diesem Inkognito zu entfliehen.

Der schöne Fritz war entzückt über diese wohlausgedachte Erfindung und klopfte vor Freuden in die Hände. Ob es wohl zu Zeiten des Dreißigjährigen Krieges mit der Starkgeisterei noch zu früh am Tage war, so war der junge Kriegsheld doch gnug Philosoph, die Existenz der Gespenster zu bezweifeln oder doch wenigstens an ihren Ort zu stellen, ohne darüber zu grübeln. Nachdem alles verabredet war, schwang er sich in den Sattel, befahl sich in den Schutz der Liebe und zog an der Spitze seines Geschwaders davon. Der Feldzug lief für ihn glücklich ab, ob er gleich allen Gefahren trotzte: es schien, daß die Liebe seine Bitte erhört und ihn unter ihre Protektion genommen hatte.

Unterdessen lebte Fräulein Emilie zwischen Furcht und Hoffnung, sie zitterte für das Leben ihres getreuen Amadis und legte sich fleißig auf Kundschaft, wie es den Wintergästen im Felde ergehe. Jedes Gerücht von einem Scharmützel setzte sie in Schrecken und Bekümmernis, welches die Mutter für einen Beweis ihres guten, empfindsamen Herzens erklärte, ohne daraus einen Arg zu haben. Der Kriegsmann verabsäumte nicht, seinem Liebchen von Zeit zu Zeit durch geheime Briefe, welche durch den Kanal einer getreuen Zofe an sie gelangten, selbst von seinen Schicksalen Nachricht zu erteilen, und pflegte durch eben diesen Weg von ihr wieder Botschaft zu empfangen. Sobald der Feldzug geendiget war, setzte er alles zu der vorhabenden geheimen Expedition in Bereitschaft, kaufte vier Mohrenköpfe zu einem Postzug und eine Jagdchaise, sahe fleißig in den Kalender, um den Tag, wo er sich an dem verabredeten Orte in einem Lustwäldchen beim Schlosse Lauenstein einfinden sollte, nicht zu verfehlen.

Am Tage Allerseelen rüstete sich das Fräulein unter dem Beistande

der getreuen Zofe, ihren Plan auszuführen, schützte eine kleine Unpäßlichkeit vor, begab sich zeitig auf ihr Zimmer und verwandelte sich daselbst in den niedlichsten Poltergeist, der jemals auf Erden gespukt hat. Die weilenden Abendstunden dehnten sich, ihrer Empfindung nach, über die Gebühr; jeder Augenblick vermehrte das Verlangen, ihr Abenteuer zu bestehen. Indes beleuchtete die verschwiegene Freundin der Liebenden, die blanke Luna, mit ihrem falben Schimmer das Schloß Lauenstein, in welchem sich das Geräusch des geschäftigen Tages nun allgemach in eine feierliche Stille verlor. Es war niemand mehr im Schlosse wach als die Ausgeberin, welche in schweren Ziffern noch bei später Nacht an der Küchenrechnung kalkulierte, der Kapaunenstopfer, der zum Frühstück für den Hausherrn ein halb Schock Lerchen zu rupfen hatte, der Türhüter, der zugleich das Amt eines Nachtwächters versah und die Stunden abrief, und Hektor, der wachsame Hofhund, welcher den aufgehenden Mond mit seinem Gebell begrüßte.
Wie die Mitternachtsstunde ertönte, begab sich die dreuste Emilie auf den Weg, sie hatte einen Kapital sich zu verschaffen gewußt, der alle Türen schloß, schlich leise die Treppen hinunter durch den Kreuzgang, wo sie in der Küche noch Licht erblickte. Deshalb rasselte sie mit einem Schlüsselbunde aus allen Kräften, warf alle Kamintüren mit Getöse zu, öffnete das Haus und das Pförtlein am Tor ohne Anstoß; denn sobald die vier wachenden Hausgenossen im Schlosse das ungewohnte Geräusch vernahmen, wähnten sie die Ankunft der tosenden Nonne. Der Hühnerrupfer fuhr vor Schrekken in einen Küchenschrank, die Ausgeberin ins Bette, der Hund ins Häuslein, der Türhüter zu seinem Weibe ins Stroh. Das Fräulein gelangte ins Freie und eilte nach dem Wäldchen, wo sie schon in der Ferne den Wagen, mit flüchtigen Rossen bespannt, zu erblicken wähnte, der ihrer wartete. Allein da sie näher kam, wars nur ein trüglicher Schatten der Bäume. Sie glaubte, durch diesen Irrtum irregeführt, den Ort der Zusammenkunft verfehlt zu haben, durchkreuzte alle Gänge des Lustwäldchens von einem Ende bis zum andern, allein ihr Ritter nebst seiner Equipage war nirgends zu finden. Sie bestürzte über diesen Zufall und wußte nicht, was sie davon denken sollte. Bei einem gegebenen Rendezvous nicht zu erscheinen, ist unter Liebenden schon ein schwer verpöntes Verbrechen,

aber in dem gegenwärtigen Falle zu fehlen, war mehr als Hochverrat der Liebe. Die Sache war ihr unbegreiflich. Nachdem sie bei einer Stunde lang vergeblich geharret hatte und ihr das Herz vor Frost und Angst bebte und bangte, hub sie an bitterlich zu weinen und zu wehklagen: »Ach, der Treulose treibt frechen Spott mit mir, er liegt einer Buhlerin im Arm, dem er sich nicht entreißen kann, und hat meiner treuen Liebe vergessen.« Dieser Gedanke brachte ihr plötzlich die vergessene Ahnentafel wieder ins Gedächtnis, sie war beschämt, sich so weit erniedriget zu haben, einen Mann ohne Namen und ohne edles Gefühl zu lieben. In dem Augenblicke, da der Taumel der Leidenschaft sie verließ, zog sie die Vernunft zu Rate, um den getanen Fehlschritt wieder gut zu machen, und diese treue Ratgeberin sagte ihr, daß sie wieder in das Schloß zurückkehren und den Treubrüchigen vergessen sollte. Das erste tat sie unverzüglich und gelangte zu großer Verwunderung der getreuen Zofe, der sie alles entdeckte, sicher und wohlbehalten in ihr Schlafgemach. Den zweiten Punkt aber nahm sie sich vor, bei mehrerer Muße in nochmalige Überlegung zu ziehen.

Der Mann ohne Namen war indessen nicht so strafbar, als die zürnende Emilie glaubte. Er hatte nicht verfehlet, sich pünktlich einzufinden. Sein Herz war voll Entzücken, und er harrete mit ungeduldiger Erwartung, die holde Liebesbeute in Empfang zu nehmen. Als die Mitternachtsstunde herannahete, schlich er sich nah ans Schloß und lauschte, wenn das Pförtchen sich auftun würde. Früher als er vermutete trat die geliebte Nonnengestalt daraus hervor. Er flog aus seinem Hinterhalte ihr entgegen, faßte sie herzig in die Arme und sprach: »Ich habe dich, ich halte dich, nie laß ich dich: fein Liebchen, du bist mein, fein Liebchen, ich bin dein, du mein, ich dein mit Leib und Seele!« Freudig trug er die reizende Bürde in den Wagen, und rasch gings fort über Stock und Stein, bergauf, talein. Die Rosse brausten und schnoben, schüttelten die Mähne, wurden wild und gehorchten nicht mehr dem Stangengebiß. Ein Rad fuhr ab, ein harter Stoß schnellete den Kutscher weit ins Feld, und über einen jähen Absturz rollte wie eine Walze Roß und Wagen mit Mann und Maus in den tiefen Abgrund hin. Der zärtliche Held wußte nicht, wie ihm geschah, sein Leib war zerquetscht, sein Kopf zerschellt, er verlor von dem harten Fall alle Besonnenheit. Wie er wieder zu sich kam, vermißte er die geliebte Reisegesellschafterin. Er brachte den übrigen Teil der Nacht in dieser unbehülflichen Lage zu und wurde von einigen Landleuten, die ihn am Morgen fanden, in das nächste Dorf gebracht.

Schiff und Geschirr waren verloren, die vier Mohrenköpfe hatten sich den Hals abgestürzt; doch dieser Verlust kümmerte ihn wenig. Er war nur über das Schicksal seiner Emilie in der äußersten Unruhe, schickte Leute auf alle Heerstraßen, sie auszukundschaften, aber es war nichts von ihr in Erfahrung zu bringen. Die Mitternachtsstunde setzte ihn erst aus der Verlegenheit. Wie die Glocke Zwölfe schlug, öffnete sich die Türe, die verlorne Reisegefährtin trat herein; doch nicht in Gestalt der reizenden Emilie, sondern der gespenstischen Nonne, als ein scheußliches Geripp. Der schöne Fritz wurde mit Entsetzen gewahr, daß er sich schlimm vergriffen hatte, schwitzte Todesschweiß, hob an, sich zu kreuzen und zu segnen und alle Stoßgebetlein zu intonieren, die ihm in der Angst einfielen. Die Nonne kehrte sich wenig daran, trat zu ihm ans Bett, streichelte ihm mit eiskalter dürrer Hand die glühenden Wangen und sprach: »Friedel, Friedel, schick dich drein, ich bin dein, du bist mein mit Leib und Seele.« Sie quälte ihn wohl eine Seigerstunde lang mit ihrer Gegenwart, worauf sie wieder verschwand. Dieses platonische Minnespiel trieb sie forthin jede Nacht und folgte ihm bis ans Eichsfeld, wo er im Quartier lag.

Auch hier hatte er weder Ruh noch Rast vor der gespenstischen Liebschaft, grämte und härmte sich und verlor allen Mut, also daß ihm der große und kleine Stab des Regiments seine tiefe Melancholie abmerkte und alle biedere Kriegsleute groß Mitleid mit ihm trugen. Es war ihnen allen ein Rätsel, was der wackere Kompan für ein Anliegen habe, denn er scheute sich, das unglückliche Geheimnis ruchtbar werden zu lassen. Der schöne Fritz aber hatte einen Vertrauten unter seiner Kameradschaft, einen alten Wachtmeister-Lieutenant, der im Rufe war, daß er sei ein Meister in allen Schröpferskünsten, er besaß, sagte das Gerücht, das verlorne Kunstgeheimnis, sich feste zu machen, konnte Geister zitieren und hatte jeden Tag einen Freischuß. Dieser erfahrne Kriegsmann drang mit liebreichem Ungestüm in seinen Freund, ihm den heimlichen Kummer zu offenbaren, der ihn drückte. Der gequälte Märtyrer

der Liebe, der des Lebens satt und müde war, konnte sich nicht entbrechen, unter dem Siegel der Verschwiegenheit endlich auszubeichten. »Bruder, ists nicht mehr als das?« sprach der Geisterbanner lächelnd, »dieser Marter sollst du bald enthoben sein, folge mir in mein Quartier!« Es wurden viel geheimnisvolle Zubereitungen gemacht, viele Kreise und Charaktere auf die Erde gezeichnet, und auf des Meisters Ruf erschien in einem dunklen Gemach, das nur der trübe Schimmer einer magischen Lampe erhellete, der mitternächtliche Geist diesmal in der Mittagsstunde, wo ihm sein getriebner Unfug hart verwiesen und eine hohle Bachweide in einem einsamen Tal zum Aufenthalte eingeräumet wurde, mit dem Bedeuten, sich von Stund an in diesen Pathmus zu verfügen.
Der Geist verschwand; jedoch in dem nämlichen Augenblick erhob sich ein Sturm und Wirbelwind, daß die ganze Stadt darüber in Bewegung kam. Es ist aber ein alter frommer Brauch daselbst, wenn ein großer Wind wehet, daß zwölf deputierte Bürger aufsitzen, flugs in feierlicher Kavalkade durch die Straßen ziehen und ein Bußlied zu Pferde anstimmen, den Wind wegzusingen*. Sobald die zwölf gestiefelten und wohlberittenen Apostel ausgesendet waren, den Orkan zu schweigen, verstummte seine heulende Stimme, und der Geist ließ sich nimmer wieder sehen. Der wackere Kriegsmann merkte wohl, daß es mit diesem teuflischen Affenspiel auf seine arme Seele gemeint gewesen sei, und war herzlich froh, daß ihn der Plagegeist verlassen hatte. Er zog wieder rüstig mit dem gefürchteten Wallensteiner zu Feld, ins ferne Pommerland, wo er, ohne Kundschaft von der reizenden Emilie, drei Feldzüge tat und sich so wohl verhielt, daß er beim Rückzug nach Böhmen ein Regiment anführte. Er nahm seinen Weg durchs Vogtland, und wie er das Schloß Lauenstein in der Fern erblickte, klopfte ihm das Herz vor Unruh und Zweifelmut, ob ihm sein Liebchen auch treu verblieben wäre. Er meldete sich als ein altzugetaner Freund vom Hause an, ohne sich näher zu erkennen zu geben; Tor und Tür wurden ihm, nach Gastrechtsbrauch, bald aufgetan. Ach! wie erschrak Emilie, als ihr vermeinter Ungetreuer, der schöne Fritz, ins Zimmer trat! Freude und Zorn bestürmten ihre sanfte Seele, sie

* Diese Windkavalkade dauret noch in der namhaften Stadt bis auf diesen Tag.

konnte sich nicht entschließen, ihn eines freundlichen Anblicks zu würdigen; und doch kostete ihr dieser Bund mit ihren schönen Augen große Überwindung. Sie war drei Jahre lang und drüber fleißig mit sich zu Rate gegangen, ob sie den namenlosen Liebhaber, welchen sie für treubrüchig hielt, vergessen wollte oder nicht, und eben darum hatte sie ihn keinen Augenblick aus den Gedanken verloren. Sein Bild umschwebte sie stets, und besonders schien der Traumgott sein großer Patron zu sein; denn die unzähligen Träume des Fräuleins von ihm seit seiner Abwesenheit schienen recht darauf angelegt, ihn zu entschuldigen oder zu verteidigen.
Der stattliche Oberste, dessen ehrwürdige Bestallung die strenge Aufsicht der Mutter etwas milderte, fand bald Gelegenheit, den scheinbaren Kaltsinn der geliebten Emilie unter vier Augen zu prüfen. Er offenbarte ihr das schauervolle Abenteuer der Entführung, und sie gestund ihm mit aller Offenherzigkeit den peinlichen Verdacht, daß er den Eid der Treue gebrochen habe. Beide Liebende vereinigten sich, ihr Geheimnis etwas zu erweitern und Mama mit in den engen Zirkel ihrer Vertraulichkeit einzuschließen.
Die gute Dame wurde eben so sehr durch die Eröffnung der geheimen Herzensangelegenheit der schlauen Emilie überrascht, als durch die Mitteilung der Species Facti von der Entführung in Erstaunen gesetzt. Sie fand es billig, daß die Liebe eine so harte Prüfung belohne, nur war ihr der Mann ohne Namen anstößig. Als aber das Fräulein sie belehrte, daß es ungleich vernünftiger sei, einen Mann ohne Namen, als einen Namen ohne Mann zu heuraten, so wußte sie gegen dieses Argument nichts einzuwenden. Sie erteilte, weil eben kein Graf in ihrem Herzen im Hinterhalte lag und es mit den geheimen Traktaten unter den Kontrahenten schon ziemlich zur Reife gediehen zu sein schien, ihre mütterliche Einwilligung. Der schöne Fritz umarmte die reizende Braut und vollzog seine Vermählung glücklich und ruhig, ohne daß ihm die gespenstische Nonne Einspruch tat.

NOVALIS

Klingsohrs Märchen

Die lange Nacht war eben angegangen. Der alte Held schlug an seinen Schild, daß es weit umher in den öden Gassen der Stadt erklang. Er wiederholte das Zeichen dreimal. Da fingen die hohen bunten Fenster des Palastes an von innen heraus helle zu werden, und ihre Figuren bewegten sich. Sie bewegten sich lebhafter, je stärker das rötliche Licht ward, das die Gassen zu erleuchten begann. Auch sah man allmählich die gewaltigen Säulen und Mauern selbst sich erhellen; endlich standen sie im reinsten, milchblauen Schimmer, und spielten mit den sanftesten Farben. Die ganze Gegend ward nun sichtbar, und der Widerschein der Figuren, das Getümmel der Spieße, der Schwerter, der Schilder, und der Helme, die sich nach hier und da erscheinenden Kronen, von allen Seiten neigten, und endlich wie diese verschwanden, und einem schlichten, grünen Kranze Platz machten, um diesen her einen weiten Kreis schlossen: alles dies spiegelte sich in dem starren Meere, das den Berg umgab, auf dem die Stadt lag, und auch der ferne hohe Berggürtel, der sich rund um das Meer herzog, ward bis in die Mitte mit einem milden Abglanz überzogen. Man konnte nichts deutlich unterscheiden; doch hörte man ein wunderliches Getöse herüber, wie aus einer fernen ungeheuren Werkstatt. Die Stadt erschien dagegen hell und klar. Ihre glatten, durchsichtigen Mauern warfen die schönen Strahlen zurück, und das vortreffliche Ebenmaß, der edle Stil aller Gebäude, und ihre schöne Zusammenordnung kam zum Vorschein. Vor allen Fenstern standen zierliche Gefäße von Ton, voll der mannigfaltigsten Eis- und Schneeblumen, die auf das anmutigste funkelten.
Am herrlichsten nahm sich auf dem großen Platze vor dem Palaste der Garten aus, der aus Metallbäumen und Kristallpflanzen bestand, und mit bunten Edelsteinblüten und Früchten übersäet war. Die Mannigfaltigkeit und Zierlichkeit der Gestalten, und die Lebhaftigkeit der Lichter und Farben gewährten das herrlichste Schauspiel, dessen Pracht durch einen hohen Springquell in der Mitte des

Gartens, der zu Eis erstarrt war, vollendet wurde. Der alte Held ging vor den Toren des Palastes langsam vorüber. Eine Stimme rief seinen Namen im Innern. Er lehnte sich an das Tor, das mit einem sanften Klange sich öffnete, und trat in den Saal. Seinen Schild hielt er vor die Augen. »Hast du noch nichts entdeckt?« sagte die schöne Tochter Arcturs, mit klagender Stimme. Sie lag an seidnen Polstern auf einem Throne, der von einem großen Schwefelkristall künstlich erbaut war, und einige Mädchen rieben emsig ihre zarten Glieder, die wie aus Milch und Purpur zusammengeflossen schienen. Nach allen Seiten strömte unter den Händen der Mädchen das reizende Licht von ihr aus, was den Palast so wundersam erleuchtete. Ein duftender Wind wehte im Saale. Der Held schwieg. »Laß mich deinen Schild berühren«, sagte sie sanft. Er näherte sich dem Throne und betrat den köstlichen Teppich. Sie ergriff seine Hand, drückte sie mit Zärtlichkeit an ihren himmlischen Busen und rührte seinen Schild an. Seine Rüstung klang, und eine durchdringende Kraft beseelte seinen Körper. Seine Augen blitzten und das Herz pochte hörbar an den Panzer. Die schöne Freya schien heiterer, und das Licht ward brennender, das von ihr ausströmte. »Der König kommt«, rief ein prächtiger Vogel, der im Hintergrunde des Thrones saß. Die Dienerinnen legten eine himmelblaue Decke über die Prinzessin, die sie bis über den Busen bedeckte. Der Held senkte seinen Schild und sah nach der Kuppel hinauf, zu welcher zwei breite Treppen von beiden Seiten des Saals sich hinaufschlangen. Eine leise Musik ging dem Könige voran, der bald mit einem zahlreichen Gefolge in der Kuppel erschien und herunterkam.
Der schöne Vogel entfaltete seine glänzenden Schwingen, bewegte sie sanft und sang, wie mit tausend Stimmen, dem Könige entgegen:

Nicht lange wird der schöne Fremde säumen.
Die Wärme naht, die Ewigkeit beginnt.
Die Königin erwacht aus langen Träumen,
Wenn Meer und Land in Liebesglut zerrinnt.
Die kalte Nacht wird diese Stätte räumen,
Wenn Fabel erst das alte Recht gewinnt.
In Freyas Schoß wird sich die Welt entzünden
Und jede Sehnsucht ihre Sehnsucht finden.

Der König umarmte seine Tochter mit Zärtlichkeit. Die Geister der Gestirne stellten sich um den Thron, und der Held nahm in der Reihe seinen Platz ein. Eine unzählige Menge Sterne füllten den Saal in zierlichen Gruppen. Die Dienerinnen brachten einen Tisch und ein Kästchen, worin eine Menge Blätter lagen, auf denen heilige tiefsinnige Zeichen standen, die aus lauter Sternbildern zusammengesetzt waren. Der König küßte ehrfurchtsvoll diese Blätter, mischte sie sorgfältig untereinander, und reichte seiner Tochter einige zu. Die andern behielt er für sich. Die Prinzessin zog sie nach der Reihe heraus und legte sie auf den Tisch, dann betrachtete der König die seinigen genau, und wählte mit vielem Nachdenken, ehe er eins dazu hinlegte. Zuweilen schien er gezwungen zu sein, dies oder jenes Blatt zu wählen. Oft aber sah man ihm die Freude an, wenn er durch ein gutgetroffenes Blatt eine schöne Harmonie der Zeichen und Figuren legen konnte. Wie das Spiel anfing, sah man an allen Umstehenden Zeichen der lebhaftesten Teilnahme, und die sonderbarsten Mienen und Gebärden, gleichsam als hätte jeder ein unsichtbares Werkzeug in Händen, womit er eifrig arbeite. Zugleich ließ sich eine sanfte, aber tief bewegende Musik in der Luft hören, die von den im Saale sich wunderlich durcheinander schlingenden Sternen, und den übrigen sonderbaren Bewegungen zu entstehen schien. Die Sterne schwangen sich, bald langsam bald schnell, in beständig veränderten Linien umher, und bildeten, nach dem Gange der Musik, die Figuren der Blätter auf das kunstreichste nach. Die Musik wechselte, wie die Bilder auf dem Tische, unaufhörlich, und so wunderlich und hart auch die Übergänge nicht selten waren, so schien doch nur *ein* einfaches Thema das Ganze zu verbinden. Mit einer unglaublichen Leichtigkeit flogen die Sterne den Bildern nach. Sie waren bald in *einer* großen Verschlingung, bald wieder in einzelne Haufen schön geordnet, bald zerstäubte der lange Zug, wie ein Strahl, in unzählige Funken, bald kam durch immer wachsende kleinere Kreise und Muster wieder *eine* große, überraschende Figur zum Vorschein. Die bunten Gestalten in den Fenstern blieben während dieser Zeit ruhig stehen. Der Vogel bewegte unaufhörlich die Hülle seiner kostbaren Federn auf die mannigfaltigste Weise. Der alte Held hatte bisher auch sein unsichtbares Geschäft emsig betrieben, als auf einmal der König voll Freuden ausrief: »Es wird alles gut. Eisen, wirf du dein Schwert in die Welt, daß sie erfahren, wo der Friede ruht.« Der Held riß das Schwert von der Hüfte, stellte es mit der Spitze gen Himmel, dann ergriff er es und warf es aus dem geöffneten Fenster über die Stadt und das Eismeer. Wie ein Komet flog es durch die Luft, und schien an dem Berggürtel mit hellem Klange zu zersplittern, denn es fiel in lauter Funken herunter.

Zu der Zeit lag der schöne Knabe Eros in seiner Wiege und schlummerte sanft, während Ginnistan seine Amme die Wiege schaukelte und seiner Milchschwester Fabel die Brust reichte. Ihr buntes Halstuch hatte sie über die Wiege ausgebreitet, daß die hellbrennende Lampe, die der Schreiber vor sich stehen hatte, das Kind mit ihrem Scheine nicht beunruhigen möchte. Der Schreiber schrieb unverdrossen, sah sich nur zuweilen mürrisch nach den Kindern um, und schnitt der Amme finstere Gesichter, die ihn gutmütig anlächelte und schwieg.

Der Vater der Kinder ging immer ein und aus, indem er jedesmal die Kinder betrachtete und Ginnistan freundlich begrüßte. Er hatte unaufhörlich dem Schreiber etwas zu sagen. Dieser vernahm ihn genau, und wenn er es aufgezeichnet hatte, reichte er die Blätter einer edlen, göttergleichen Frau hin, die sich an einen Altar lehnte, auf welchem eine dunkle Schale mit klarem Wasser stand, in welches sie mit heiterm Lächeln blickte. Sie tauchte die Blätter jedesmal hinein, und wenn sie beim Herausziehn gewahr wurde, daß einige Schrift stehen geblieben und glänzend geworden war, so gab sie das Blatt dem Schreiber zurück, der es in ein großes Buch heftete, und oft verdrießlich zu sein schien, wenn seine Mühe vergeblich gewesen und alles ausgelöscht war. Die Frau wandte sich zuzeiten gegen Ginnistan und die Kinder, tauchte den Finger in die Schale, und sprützte einige Tropfen auf sie hin, die, sobald sie die Amme, das Kind, oder die Wiege berührten, in einen blauen Dunst zerrannen, der tausend seltsame Bilder zeigte, und beständig um sie herzog und sich veränderte. Traf einer davon zufällig auf den Schreiber, so fielen eine Menge Zahlen und geometrische Figuren nieder, die er mit vieler Emsigkeit auf einen Faden zog, und sich zum Zierat um den magern Hals hing. Die Mutter des Knaben, die wie die Anmut und Lieblichkeit selbst aussah, kam oft herein. Sie schien beständig beschäftigt, und trug immer irgendein Stück Hausgerate mit sich hinaus: bemerkte es der argwöhnische und mit spähenden Blicken sie verfolgende Schreiber, so begann er eine lange Strafrede, auf die aber kein Mensch achtete. Alle schienen seiner unnützen Widerreden gewohnt. Die Mutter gab auf einige Augenblicke der kleinen Fabel die Brust; aber bald ward sie wieder abgerufen, und dann nahm Ginnistan das Kind zurück, das an ihr lieber zu trinken schien. Auf einmal brachte der Vater ein zartes eisernes Stäbchen herein, das er im Hofe gefunden hatte. Der Schreiber besah es und drehte es mit vieler Lebhaftigkeit herum, und brachte bald heraus, daß es sich von selbst, in der Mitte an einem Faden aufgehängt, nach Norden drehe. Ginnistan nahm es auch in die Hand, bog es, drückte es, hauchte es an, und hatte ihm bald die Gestalt einer Schlange gegeben, die sich nun plötzlich in den Schwanz biß. Der Schreiber ward bald des Betrachtens überdrüssig. Er schrieb alles genau auf, und war sehr weitläufig über den Nutzen, den dieser Fund gewähren könne. Wie ärgerlich war er aber, als sein ganzes Schreibwerk die Probe nicht bestand, und das Papier weiß aus der Schale hervorkam. Die Amme spielte fort. Zuweilen berührte sie die Wiege damit, da fing der Knabe an wach zu werden, schlug die Decke zurück, hielt die eine Hand gegen das Licht, und langte mit der andern nach der Schlange. Wie er sie erhielt, sprang er rüstig, daß Ginnistan erschrak, und der Schreiber beinah vor Entsetzen vom Stuhle fiel, aus der Wiege, stand, nur von seinen langen goldnen Haaren bedeckt, im Zimmer, und betrachtete mit unaussprechlicher Freude das Kleinod, das sich in seinen Händen nach Norden ausstreckte, und ihn heftig im Innern zu bewegen schien. Zusehends wuchs er.

»Sophie«, sagte er mit rührender Stimme zu der Frau, laß mich aus der Schale trinken. Sie reichte sie ihm ohne Anstand, und er konnte nicht aufhören zu trinken, indem die Schale sich immer voll zu erhalten schien. Endlich gab er sie zurück, indem er die edle Frau innig umarmte. Er herzte Ginnistan, und bat sie um das bunte Tuch, das er sich anständig um die Hüften band. Die kleine Fabel nahm er auf den Arm. Sie schien unendliches Wohlgefallen an ihm zu haben, und fing zu plaudern an. Ginnistan machte sich viel um ihn zu schaffen. Sie sah äußerst reizend und leichtfertig aus, und drückte ihn mit der Innigkeit einer Braut an sich. Sie zog ihn mit heimlichen Worten nach der Kammertür, aber Sophie winkte ernsthaft und deutete nach der Schlange; da kam die Mutter herein, auf die er sogleich zuflog und sie mit heißen Tränen bewillkommte. Der Schreiber war ingrimmig fortgegangen. Der Vater trat herein, und wie er Mutter und Sohn in stiller Umarmung sah, trat er hinter ihren Rücken zur reizenden Ginnistan, und liebkoste ihr. Sophie stieg die Treppe hinauf. Die kleine Fabel nahm die Feder des Schreibers und fing zu schreiben an. Mutter und Sohn vertieften sich in ein leises Gespräch, und der Vater schlich sich mit Ginnistan in die Kammer, um sich von den Geschäften des Tags in ihren Armen zu erholen. Nach geraumer Zeit kam Sophie zurück. Der Schreiber trat herein. Der Vater kam aus der Kammer und ging an seine Geschäfte. Ginnistan kam mit glühenden Wangen zurück. Der Schreiber jagte die kleine Fabel mit vielen Schmähungen von seinem Sitze, und hatte einige Zeit nötig seine Sachen in Ordnung zu bringen. Er reichte Sophien die von Fabel vollgeschriebenen Blätter, um sie rein zurück zu erhalten, geriet aber bald in den äußersten Unwillen, wie Sophie die Schrift völlig glänzend und unversehrt aus der Schale zog und sie ihm hinlegte. Fabel schmiegte sich an ihre Mutter, die sie an die Brust nahm, und das Zimmer aufputzte, die Fenster öffnete, frische Luft hereinließ und Zubereitungen zu einem köstlichen Mahle machte. Man sah durch die Fenster die herrlichsten Aussichten und einen heitern Himmel über die Erde gespannt. Auf dem Hofe war der Vater in voller Tätigkeit. Wenn er müde war, sah er hinauf ans Fenster, wo Ginnistan stand, und ihm allerhand Näschereien herunterwarf. Die Mutter und der Sohn gingen hinaus, um überall zu helfen und den gefaßten Entschluß vorzubereiten. Der Schreiber rührte die Feder, und machte immer eine Fratze, wenn er genötigt war, Ginnistan um etwas zu fragen, die ein sehr gutes Gedächtnis hatte, und alles behielt, was sich zutrug. Eros kam bald in schöner Rüstung, um die das bunte Tuch wie eine Schärpe gebunden war, zurück, und bat Sophie um Rat, wann und wie er seine Reise antreten solle. Der Schreiber war vorlaut, und wollte gleich mit einem ausführlichen Reiseplan dienen, aber seine Vorschläge wurden überhört. »Du kannst sogleich reisen; Ginnistan mag dich begleiten«, sagte Sophie; »sie weiß mit den Wegen

Bescheid, und ist überall gut bekannt. Sie wird die Gestalt deiner Mutter annehmen, um dich nicht in Versuchung zu führen. Findest du den König, so denke an mich: dann komme ich um dir zu helfen.«
Ginnistan tauschte ihre Gestalt mit der Mutter, worüber der Vater sehr vergnügt zu sein schien; der Schreiber freute sich, daß die beiden fortgingen; besonders da ihm Ginnistan ihr Taschenbuch zum Abschiede schenkte, worin die Chronik des Hauses umständlich aufgezeichnet war; nur blieb ihm die kleine Fabel ein Dorn im Auge, und er hätte, um seiner Ruhe und Zufriedenheit willen, nichts mehr gewünscht, als daß auch sie unter der Zahl der Abreisenden sein möchte. Sophie segnete die Niederknienden ein, und gab ihnen ein Gefäß voll Wasser aus der Schale mit; die Mutter war sehr bekümmert. Die kleine Fabel wäre gern mitgegangen, und der Vater war zu sehr außer dem Hause beschäftigt, als daß er lebhaften Anteil hätte nehmen sollen. Es war Nacht, wie sie abreisten, und der Mond stand hoch am Himmel. »Lieber Eros«, sagte Ginnistan, »wir müssen eilen, daß wir zu meinem Vater kommen, der mich lange nicht gesehn und so sehnsuchtsvoll mich überall auf der Erde gesucht hat. Siehst du wohl sein bleiches abgehärmtes Gesicht? Dein Zeugnis wird mich ihm in der fremden Gestalt kenntlich machen.«

Die Liebe ging auf dunkler Bahn
Vom Monde nur erblickt,
Das Schattenreich war aufgetan
Und seltsam aufgeschmückt.

Ein blauer Dunst umschwebte sie
Mit einem goldnen Rand,
Und eilig zog die Phantasie
Sie über Strom und Land.

Es hob sich ihre volle Brust
In wunderbarem Mut;
Ein Vorgefühl der künft'gen Lust
Besprach die wilde Glut.

Die Sehnsucht klagt' und wußt' es nicht,
Daß Liebe näher kam,
Und tiefer grub in ihr Gesicht
Sich hoffnungsloser Gram.

Die kleine Schlange blieb getreu:
Sie wies nach Norden hin,
Und beide folgten sorgenfrei
Der schönen Führerin.

Die Liebe ging durch Wüstenein
Und durch der Wolken Land,
Trat in den Hof des Mondes ein
Die Tochter an der Hand.

Er saß auf seinem Silberthron,
Allein mit seinem Harm;
Da hört' er seines Kindes Ton,
Und sank in ihren Arm.

Eros stand gerührt bei den zärtlichen Umarmungen. Endlich sammelte sich der alte erschütterte Mann, und bewillkommte seinen Gast. Er ergriff sein großes Horn und stieß mit voller Macht hinein. Ein gewaltiger Ruf dröhnte durch die uralte Burg. Die spitzen Türme mit ihren glänzenden Knöpfen und die tiefen schwarzen Dächer schwankten. Die Burg stand still, denn sie war auf das Gebirge jenseits des Meers gekommen. Von allen Seiten strömten seine Diener herzu, deren seltsame Gestalten und Trachten Ginnistan unendlich ergötzten, und den tapfern Eros nicht erschreckten. Erstere grüßte ihre alten Bekannten, und alle erschienen vor ihr mit neuer Stärke und in der ganzen Herrlichkeit ihrer Naturen. Der ungestüme Geist der Flut folgte der sanften Ebbe. Die alten Orkane legten sich an die klopfende Brust der heißen leidenschaftlichen Erdbeben. Die zärtlichen Regenschauer sahen sich nach dem bunten Bogen um, der von der Sonne, die ihn mehr anzieht, entfernt, bleich dastand. Der rauhe Donner schallt über die Torheiten der Blitze, hinter den unzähligen Wolken hervor, die mit tausend Reizen dastanden und die feurigen Jünglinge lockten. Die beiden lieblichen Schwestern, Morgen und Abend, freuten sich vorzüglich über die beiden Ankömmlinge. Sie weinten sanfte Tränen in ihren Umarmungen. Unbeschreiblich war der Anblick dieses wunderlichen Hofstaats. Der alte König konnte sich an seiner Tochter nicht satt sehen. Sie fühlte sich zehnfach glücklich in ihrer väterlichen Burg, und ward nicht müde die bekannten Wunder und Seltenheiten zu beschauen. Ihre Freude war ganz unbeschreiblich, als ihr der König den Schlüssel zur Schatzkammer und die Erlaubnis gab, ein Schauspiel für Eros darin zu veranstalten, das ihn so lange unterhalten könnte, bis das Zeichen des Aufbruchs gegeben würde. Die Schatzkammer war ein großer Garten, dessen Mannigfaltigkeit und Reichtum alle Beschreibung übertraf. Zwischen den ungeheuren Wetterbäumen lagen unzählige Luftschlösser von überraschender Bauart, eins immer köstlicher, als das andere. Große Herden von Schäfchen, mit silberweißer, goldner und rosenfarbner Wolle irrten umher, und die sonderbarsten Tiere belebten den Hain. Merkwürdige Bilder standen hie und da, und die festlichen Aufzüge, die seltsamen Wagen, die überall zum Vorschein kamen, beschäftigten die Aufmerksamkeit unaufhörlich. Die Beete standen voll der buntesten Blumen. Die Gebäude waren gehäuft voll von Waffen aller Art, voll der schönsten Teppiche, Tapeten, Vorhänge, Trinkgeschirre und aller Arten von Geräten und Werkzeugen, in unübersehlichen Reihen. Auf einer Anhöhe erblickten sie ein romantisches Land, das mit Städten und Burgen, mit Tempeln und Begräbnissen übersäet war, und alle Anmut bewohnter Ebenen mit den furchtbaren Reizen der Einöde und schroffer Felsengegenden vereinigte. Die schönsten Farben waren in den glücklichsten Mischungen. Die Bergspitzen glänzten wie Luftfeuer in ihren Eis- und Schneehüllen. Die Ebene lachte im frischesten Grün. Die Ferne schmückte sich mit allen Veränderungen von Blau, und aus der Dunkelheit des Meeres wehten unzählige bunte Wimpel von zahlreichen Flotten. Hier sah man einen Schiffbruch im Hintergrunde, und vorne ein ländliches fröhliches Mahl von Landleuten; dort den schrecklich schönen Ausbruch eines Vulkans, die Verwüstungen des Erdbebens, und im Vordergrunde ein liebendes Paar unter schattenden Bäumen in den süßesten Liebkosungen. Abwärts eine fürchterliche Schlacht, und unter ihr ein Theater voll der lächerlichsten Masken. Nach einer andern Seite im Vordergrunde einen jugendlichen

Leichnam auf der Bahre, die ein trostloser Geliebter festhielt, und die weinenden Eltern daneben; im Hintergrunde eine liebliche Mutter mit dem Kinde an der Brust und Engel sitzend zu ihren Füßen, und aus den Zweigen über ihrem Haupte herunterblikkend. Die Szenen verwandelten sich unaufhörlich, und flossen endlich in eine große geheimnisvolle Vorstellung zusammen. Himmel und Erde waren in vollem Aufruhr. Alle Schrecken waren losgebrochen. Eine gewaltige Stimme rief zu den Waffen. Ein entsetzliches Heer von Totengerippen, mit schwarzen Fahnen, kam wie ein Sturm von dunkeln Bergen herunter, und griff das Leben an, das mit seinen jugendlichen Scharen in der hellen Ebene in muntern Festen begriffen war, und sich keines Angriffs versah. Es entstand ein entsetzliches Getümmel, die Erde zitterte; der Sturm brauste, und die Nacht ward von fürchterlichen Meteoren erleuchtet. Mit unerhörten Grausamkeiten zerriß das Heer der Gespenster die zarten Glieder der Lebendigen. Ein Scheiterhaufen türmte sich empor, und unter dem grausenvollsten Geheul wurden die Kinder des Lebens von den Flammen verzehrt. Plötzlich brach aus dem dunklen Aschenhaufen ein milchblauer Strom nach allen Seiten aus. Die Gespenster wollten die Flucht ergreifen, aber die Flut wuchs zusehends, und verschlang die scheußliche Brut. Bald waren alle Schrecken vertilgt. Himmel und Erde flossen in süße Musik zusammen. Eine wunderschöne Blume schwamm glänzend auf den sanften Wogen. Ein glänzender Bogen schloß sich über die Flut auf welchem göttliche Gestalten auf prächtigen Thronen, nach beiden Seiten herunter, saßen. Sophie saß zu oberst, die Schale in der Hand, neben einem herrlichen Manne, mit einem Eichenkranze um die Locken, und einer Friedenspalme statt des Zepters in der Rechten. Ein Lilienblatt bog sich über den Kelch der schwimmenden Blume; die kleine Fabel saß auf demselben, und sang zur Harfe die süßesten Lieder. In dem Kelche lag Eros selbst, über ein schönes schlummerndes Mädchen hergebeugt, die ihn fest umschlungen hielt. Eine kleinere Blüte schloß sich um beide her, so daß sie von den Hüften an in *eine* Blume verwandelt zu sein schienen.

Eros dankte Ginnistan mit tausend Entzücken. Er umarmte sie zärtlich, und sie erwiderte seine Liebkosungen. Ermüdet von der Beschwerde des Weges und den mannigfaltigen Gegenständen, die er gesehen hatte, sehnte er sich nach Bequemlichkeit und Ruhe. Ginnistan, die sich von dem schönen Jüngling lebhaft angezogen fühlte, hütete sich wohl, des Trankes zu erwähnen, den Sophie ihm mitgegeben hatte. Sie führte ihn zu einem abgelegenen Bade, zog ihm die Rüstung aus, und zog selbst ein Nachtkleid an, in welchem sie fremd und verführerisch aussah. Eros tauchte sich in die gefährlichen Wellen, und stieg berauscht wieder heraus. Ginnistan trocknete ihn, und rieb seine starken, von Jugendkraft gespannten Glieder. Er gedachte mit glühender Sehnsucht seiner Geliebten, und umfaßte in süßem Wahne die reizende Ginnistan. Unbesorgt überließ er sich seiner ungestümen Zärtlichkeit, und schlummerte endlich nach den wollüstigen Genüssen an dem reizenden Busen seiner Begleiterin ein.

Unterdessen war zu Hause eine traurige Veränderung vorgegangen. Der Schreiber hatte das Gesinde in eine gefährliche Verschwörung verwickelt. Sein feindseliges Gemüt hatte längst Gelegenheit gesucht, sich des Hausregiments zu bemächtigen, und sein Joch abzuschütteln. Er hatte sie gefunden. Zuerst bemächtigte sich sein Anhang der Mutter, die in eiserne Bande gelegt wurde. Der Vater ward bei Wasser und Brot ebenfalls hingesetzt. Die kleine Fabel hörte den Lärm im Zimmer. Sie verkroch sich hinter dem Altare, und wie sie bemerkte, daß eine Tür an seiner Rückseite verborgen war, so öffnete sie dieselbe mit vieler Behendigkeit, und fand, daß eine Treppe in ihm hinunterging. Sie zog die Tür nach sich, und stieg im Dunkeln die Treppe hinunter. Der Schreiber stürzte mit Ungestüm herein, um sich an der kleinen Fabel zu rächen, und Sophien gefangenzunehmen. Beide waren nicht zu finden. Die Schale fehlte auch, und in seinem Grimme zerschlug er den Altar in tausend Stücke, ohne jedoch die heimliche Treppe zu entdecken.

Die kleine Fabel stieg geraume Zeit. Endlich kam sie auf einen freien Platz hinaus, der rund herum mit einer prächtigen Kolonnade geziert, und durch ein großes Tor geschlossen war. Alle Figuren waren hier dunkel. Die Luft war wie ein ungeheurer Schatten; am Himmel stand ein schwarzer strahlender Körper. Man konnte alles auf das deutlichste unterscheiden, weil jede Figur einen andern Anstrich von Schwarz zeigte, und einen lichten Schein hinter sich warf; Licht und Schatten schienen hier ihre Rollen vertauscht zu haben. Fabel freute sich in einer neuen Welt zu sein. Sie besah alles mit kindlicher Neugierde. Endlich kam sie an das Tor, vor welchem auf einem massiven Postument eine schöne Sphinx lag.

»Was suchst du?« sagte die Sphinx. »Mein Eigentum«, erwiderte Fabel. – »Wo kommst du her?« – »Aus alten Zeiten.« – »Du bist noch ein Kind.« – »Und werde ewig ein Kind sein.« – »Wer wird dir beistehn?« – »Ich stehe für mich. Wo sind die Schwestern?« fragte Fabel. – »Überall und nirgends«, gab die Sphinx zur Antwort. – »Kennst du mich?« – »Noch nicht.« – »Wo ist die Liebe?« – »In der Einbildung.« – »Und Sophie?« – Die Sphinx murmelte unvernehmlich vor sich hin, und rauschte mit den Flügeln. »Sophie und Liebe«, rief triumphierend Fabel, und ging durch das Tor. Sie trat in die ungeheure Höhle, und ging fröhlich auf die alten Schwestern zu, die bei der kärglichen Nacht einer schwarzbrennenden Lampe ihr wunderliches Geschäft trieben. Sie taten nicht, als ob sie den kleinen Gast bemerkten, der mit artigen Liebkosungen sich geschäftig um sie erzeigte. Endlich krächzte die eine mit rauhen Worten und scheelem Gesicht: »Was willst du hier, Müßiggängerin? Wer hat dich eingelassen? Dein kindisches Hüpfen bewegt die stille Flamme. Das Öl verbrennt unnützerweise. Kannst du dich nicht hinsetzen und etwas vornehmen?« – »Schöne Base«, sagte Fabel, »am Müßiggehn ist mir nichts gelegen. Ich mußte recht über eure Türhüterin lachen. Sie hätte mich gern an die Brust genommen, aber sie mußte zu viel gegessen haben, sie konnte nicht aufstehn. Laßt mich vor der Tür sitzen, und gebt mir etwas zu spinnen; denn hier kann ich nicht gut sehen, und wenn ich spinne, muß ich singen und plaudern dürfen, und das könnte euch in euren ernsthaften Gedanken stören.« – »Hinaus sollst du nicht, aber in der Nebenkammer bricht ein Strahl der Oberwelt durch die Felsritzen, da magst du spinnen, wenn du so geschickt bist; hier liegen ungeheure Haufen von alten Enden, die drehe zusammen; aber hüte dich: wenn du saumselig spinnst, oder der Faden reißt, so schlingen sich die Fäden um dich her und ersticken dich.« – Die Alte lachte hämisch, und spann. Fabel raffte einen Arm voll Fäden zusammen, nahm Wokken und Spindel, und hüpfte singend in die Kammer. Sie sah durch die Öffnung hinaus, und erblickte das Sternbild des Phönixes. Froh über das glückliche Zeichen fing sie an lustig zu spinnen, ließ die Kammertür ein wenig offen, und sang halbleise:

Erwacht in euren Zellen,
Ihr Kinder alter Zeit;
Laßt eure Ruhestellen,
Der Morgen ist nicht weit.

Ich spinne eure Fäden
In Einen Faden ein;
Aus ist die Zeit der Fehden.
Ein Leben sollt' ihr sein.

Ein jeder lebt in Allen,
Und All' in Jedem auch.
Ein Herz wird in euch wallen,
Von Einem Lebenshauch.

Noch seid ihr nichts als Seele,
Nur Traum und Zauberei.
Geht furchtbar in die Höhle
Und neckt die heil'ge Drei.

Die Spindel schwang sich mit unglaublicher Behendigkeit zwischen den kleinen Füßen, während sie mit beiden Händen den zarten Faden drehte. Unter dem Liede wurden unzählige Lichterchen sichtbar, die aus der Türspalte schlüpften und durch die Höhle in scheußlichen Larven sich verbreiteten. Die Alten hatten während der Zeit immer mürrisch fortgesponnen, und auf das Jammergeschrei der kleinen Fabel gewartet, aber wie entsetzten sie sich, als auf einmal eine erschreckliche Nase über ihre Schultern guckte, und wie sie sich umsahen, die ganze Höhle voll der gräßlichsten Figuren war, die tausenderlei Unfug trieben. Sie fuhren ineinander, heulten mit fürchterlicher Stimme, und wären vor Schrecken zu Stein geworden, wenn nicht in diesem Augenblicke der Schreiber in die Höhle getreten wäre, und eine Alraunwurzel bei sich gehabt hätte. Die Lichterchen verkrochen sich in die Felsklüfte und die Höhle wurde ganz hell, weil die schwarze Lampe in der Verwirrung umgefallen und ausgelöscht war. Die Alten waren froh, wie sie den Schreiber kommen hörten, aber voll Ingrimms gegen die kleine Fabel. Sie riefen sie heraus, schnarchten sie fürchterlich an und verboten ihr fortzuspinnen. Der Schreiber schmunzelte höhnisch, weil er die kleine Fabel nun in seiner Gewalt zu haben glaubte und sagte: »Es ist gut, daß du hier bist und zur Arbeit angehalten werden kannst. Ich hoffe, daß es an Züchtigungen nicht fehlen soll. Dein guter Geist hat dich hergeführt. Ich wünsche dir langes Leben und viel Vergnügen.« – »Ich danke dir für deinen guten Willen«, sagte Fabel; »man sieht dir jetzt die gute Zeit an; dir fehlt nur noch das Stundenglas und die Hippe, so siehst du ganz wie der Bruder meiner schönen Basen aus. Wenn du Gänsespulen brauchst, so zupfe ihnen nur eine Handvoll zarten Flaum aus den Wangen.« Der Schreiber schien Miene zu machen, über sie herzufallen. Sie lächelte und sagte: »Wenn dir dein schöner Haarwuchs und dein geistreiches Auge lieb sind, so nimm dich in acht; bedenke meine Nägel, du hast nicht viel mehr zu verlieren.« Er wandte sich mit verbißner Wut zu den Alten, die sich die Augen wischten, und nach ihren Wocken umhertappten. Sie konnten nichts finden, da die Lampe ausgelöscht war, und ergossen sich in Schimpfreden gegen Fabel. »Laßt sie doch gehn«, sprach er tückisch, »daß sie euch Taranteln fange, zur Bereitung eures Öls. Ich wollte euch zu eurem Troste sagen, daß Eros ohne Rast umherfliegt, und eure Schere fleißig beschäftigen wird. Seine Mutter, die euch so oft zwang, die Fäden länger zu spinnen, wird morgen ein Raub der Flammen.« Er kitzelte sich, um zu lachen, wie er sah, daß Fabel einige Tränen bei dieser Nachricht vergoß, gab ein Stück von der Wurzel der Alten, und ging naserümpfend von dannen. Die Schwestern hießen der Fabel mit zorniger Stimme Taranteln suchen, ohngeachtet sie noch Öl vorrätig hatten, und Fabel eilte fort. Sie tat, als öffne sie das Tor, warf es ungestüm wieder zu, und schlich sich leise nach dem Hintergrunde der Höhle, wo eine Leiter herunterhing. Sie kletterte schnell hinauf, und kam bald vor eine Falltür, die sich in Arcturs Gemach öffnete.

Der König saß umringt von seinen Räten, als Fabel erschien. Die nördliche Krone zierte sein Haupt. Die Lilie hielt er mit der Linken, die Waage in der Rechten. Der Adler und Löwe saßen zu seinen Füßen. »Monarch«, sagte die Fabel, indem sie sich ehrfurchtsvoll vor ihm neigte; »Heil deinem festgegründeten Throne! frohe Botschaft deinem verwundeten Herzen! baldige Rückkehr der Weisheit! Ewiges Erwachen dem Frieden! Ruhe der rastlosen Liebe! Verklärung des Herzens! Leben dem Altertum und Gestalt der Zukunft!« Der König berührte ihre offene Stirn mit der Lilie: »Was du bittest, sei dir gewährt.« – »Dreimal werde ich bitten, wenn ich zum vierten Male komme, so ist die Liebe vor der Tür. Jetzt gib mir die Leier.« – »Eridanus! bringe sie her«, rief der König. Rauschend strömte Eridanus von der Decke, und Fabel zog die Leier aus seinen blinkenden Fluten.

Fabel tat einige weissagende Griffe; der König ließ ihr den Becher reichen, aus dem sie nippte und mit vielen Danksagungen hinweg eilte. Sie glitt in reizenden Bogenschwüngen über das Eismeer, indem sie fröhliche Musik aus den Saiten lockte.

Das Eis gab unter ihren Tritten die herrlichsten Töne von sich. Der Felsen der Trauer hielt sie für Stimmen seiner suchenden rückkehrenden Kinder, und antwortete einem tausendfachen Echo.

Fabel hatte bald das Gestade erreicht. Sie begegnete ihrer Mutter, die abgezehrt und bleich aussah, schlank und ernst geworden war, und in edlen Zügen die Spuren eines hoffnungslosen Grams, und rührender Treue verriet.

»Was ist aus dir geworden, liebe Mutter?« sagte Fabel, »du scheinst mir gänzlich verändert; ohne inneres Anzeichen hätt' ich dich nicht erkannt. Ich hoffte mich an deiner Brust einmal wieder zu erquikken; ich habe lange nach dir geschmachtet.« Ginnistan liebkoste sie zärtlich, und sah heiter und freundlich aus. »Ich dachte es gleich«, sagte sie, »daß dich der Schreiber nicht würde gefangen haben. Dein Anblick erfrischt mich. Es geht mir schlimm und knapp genug, aber ich tröste mich bald. Vielleicht habe ich einen Augenblick Ruhe. Eros ist in der Nähe, und wenn er dich sieht, und du ihm vorplauderst, verweilt er vielleicht einige Zeit. Indes kannst du dich an meine Brust legen; ich will dir geben, was ich habe.« Sie nahm die Kleine auf den Schoß, reichte ihr die Brust, und fuhr fort, indem sie lächelnd auf die Kleine hinunter sah, die es sich gut schmecken ließ. »Ich bin selbst Ursach, daß Eros so wild und unbeständig geworden ist. Aber mich reut es dennoch nicht, denn jene Stunden, die ich in seinen Armen zubrachte, haben mich zur Unsterblichen gemacht. Ich glaubte unter seinen feurigen Liebkosungen zu zerschmelzen. Wie ein himmlischer Räuber schien er mich grausam vernichten und stolz über sein bebendes Opfer triumphieren zu wollen. Wir erwachten spät aus dem verbotenen Rausche, in einem sonderbar vertauschten Zustande. Lange silberweiße Flügel bedeckten seine weißen Schultern, und die reizende Fülle und Biegung seiner Gestalt. Die Kraft, die ihn so plötzlich aus einem Knaben zum Jünglinge quellend getrieben, schien sich ganz in die glänzenden Schwingen gezogen zu haben, und er war wieder zum Knaben geworden. Die stille Glut seines Gesichts war in das tändelnde Feuer eines Irrlichts, der heilige Ernst in verstellte Schalkheit, die bedeutende Ruhe in kindische Unstetigkeit, der edle Anstand in drollige Beweglichkeit verwandelt. Ich fühlte mich von einer ernsthaften Leidenschaft unwiderstehlich zu dem mutwilligen Knaben gezogen, und empfand schmerzlich seinen lächelnden Hohn, und seine Gleichgültigkeit gegen meine rührendsten Bitten. Ich sah meine Gestalt verändert. Meine sorglose Heiterkeit war verschwunden, und hatte einer traurigen Bekümmernis, einer zärtlichen Schüchternheit Platz gemacht. Ich hätte mich mit Eros vor allen Augen verbergen mögen. Ich hatte nicht das Herz, in seine beleidigenden Augen zu sehn, und fühlte mich entsetzlich beschämt und erniedrigt. Ich hatte keinen andern Gedanken, als ihn, und hätte mein Leben hingegeben, um ihn von seinen Unarten zu befreien. Ich mußte ihn anbeten, so tief er auch alle meine Empfindungen kränkte.

Seit der Zeit, wo er sich aufmachte und mir entfloh, so rührend ich auch mit den heißesten Tränen ihn beschwor, bei mir zu bleiben, bin ich ihm überall gefolgt. Er scheint es ordentlich darauf anzulegen, mich zu necken. Kaum habe ich ihn erreicht, so fliegt er tükkisch weiter. Sein Bogen richtet überall Verwüstungen an. Ich habe nichts zu tun, als die Unglücklichen zu trösten, und habe doch selbst Trost nötig. Ihre Stimmen, die mich rufen, zeigen mir seinen Weg, und ihre wehmütigen Klagen, wenn ich sie wieder verlassen muß, gehen mir tief zu Herzen. Der Schreiber verfolgt uns mit entsetzlicher Wut, und rächt sich an den armen Getroffenen. Die

Frucht jener geheimnisvollen Nacht, waren eine zahlreiche Menge wunderlicher Kinder, die ihrem Großvater ähnlich sehn, und nach ihm genannt sind. Geflügelt wie ihr Vater begleiten sie ihn beständig, und plagen die Armen, die sein Pfeil trifft. Doch da kömmt der fröhliche Zug. Ich muß fort; lebe wohl, süßes Kind. Seine Nähe erregt meine Leidenschaft. Sei glücklich in deinem Vorhaben.« – Eros zog weiter, ohne Ginnistan, die auf ihn zueilte, einen zärtlichen Blick zu gönnen. Aber zu Fabel wandte er sich freundlich, und seine kleinen Begleiter tanzten fröhlich um sie her. Fabel freute sich, ihren Milchbruder wiederzusehen, und sang zu ihrer Leier ein munteres Lied. Eros schien sich besinnen zu wollen und ließ den Bogen fallen. Die Kleinen entschliefen auf dem Rasen. Ginnistan konnte ihn fassen, und er litt ihre zärtlichen Liebkosungen. Endlich fing Eros auch an zu nicken, schmiegte sich an Ginnistans Schoß, und schlummerte ein, indem er seine Flügel über sie ausbreitete. Unendlich froh war die müde Ginnistan, und verwandte kein Auge von dem holden Schläfer. Während des Gesanges waren von allen Seiten Taranteln zum Vorschein gekommen, die über die Grashalme ein glänzendes Netz zogen, und lebhaft nach dem Takte sich an ihren Fäden bewegten. Fabel tröstete nun ihre Mutter, und versprach ihr baldige Hülfe. Vom Felsen tönte der sanfte Widerhall der Musik, und wiegte die Schläfer ein. Ginnistan sprengte aus dem wohlverwahrten Gefäß einige Tropfen in die Luft, und die anmutigsten Träume fielen auf sie nieder. Fabel nahm das Gefäß mit und setzte ihre Reise fort. Ihre Saiten ruhten nicht, und die Taranteln folgten auf schnellgesponnenen Fäden den bezaubernden Tönen.
Sie sah bald von weitem die hohe Flamme des Scheiterhaufens, die über den grünen Wald emporstieg. Traurig sah sie gen Himmel, und freute sich, wie sie Sophiens blauen Schleier erblickte, der wallend über der Erde schwebte, und auf ewig die ungeheure Gruft bedeckte. Die Sonne stand feuerrot vor Zorn am Himmel, die gewaltige Flamme sog an ihrem geraubten Lichte, und so heftig sie es auch an sich zu halten schien, so ward sie doch immer bleicher und fleckiger. Die Flamme ward weißer und mächtiger, je fahler die Sonne ward. Sie sog das Licht immer stärker in sich, und bald war die Glorie um das Gestirn des Tages verzehrt und nur als eine matte, glänzende Scheibe stand es noch da, indem jede neue Re-

gung des Neides und der Wut den Ausbruch der entfliehenden Lichtwellen vermehrte. Endlich war nichts von der Sonne mehr übrig, als eine schwarze ausgebrannte Schlacke, die herunter ins Meer fiel. Die Flamme war über allen Ausdruck glänzend geworden. Der Scheiterhaufen war verzehrt. Sie hob sich langsam in die Höhe und zog nach Norden. Fabel trat in den Hof, der verödet aussah; das Haus war unterdes verfallen. Dornsträuche wuchsen in den Ritzen der Fenstergesimse und Ungeziefer aller Art kribbelte auf den zerbrochenen Stiegen. Sie hörte im Zimmer einen entsetzlichen Lärm; der Schreiber und seine Gesellen hatten sich an dem Flammentode der Mutter geweidet, waren aber gewaltig erschrokken, wie sie den Untergang der Sonne wahrgenommen hatten.
Sie hatten sich vergeblich angestrengt, die Flamme zu löschen, und waren bei dieser Gelegenheit nicht ohne Beschädigungen geblieben. Der Schmerz und die Angst preßte ihnen entsetzliche Verwünschungen und Klagen aus. Sie erschraken noch mehr, als Fabel ins Zimmer trat, und stürmten mit wütendem Geschrei auf sie ein, um an ihr den Grimm auszulassen. Fabel schlüpfte hinter die Wiege, und ihre Verfolger traten ungestüm in das Gewebe der Taranteln, die sich durch unzählige Bisse an ihnen rächten. Der ganze Haufen fing nun toll an zu tanzen, wozu Fabel ein lustiges Lied spielte. Mit vielem Lachen über ihre possierlichen Fratzen ging sie auf die Trümmer des Altars zu, und räumte sie weg, um die verborgene Treppe zu finden, auf der sie mit ihrem Tarantelgefolge hinunterstieg. Die Sphinx fragte: »Was kommt plötzlicher, als der Blitz?« – »Die Rache«, sagte Fabel. – »Was ist am vergänglichsten?« – »Unrechter Besitz.« – »Wer kennt die Welt?« – »Wer sich selbst kennt.« – »Was ist das ewige Geheimnis?« – »Die Liebe.« – »Bei wem ruht es?« – »Bei Sophien.« Die Sphinx krümmte sich kläglich, und Fabel trat in die Höhle.
»Hier bringe ich euch Taranteln«, sagte sie zu den Alten, die ihre Lampe wieder angezündet hatten und sehr emsig arbeiteten. Sie erschraken, und die eine lief mit der Schere auf sie zu, um sie zu erstechen. Unversehens trat sie auf eine Tarantel, und diese stach sie in den Fuß. Sie schrie erbärmlich. Die andern wollten ihr zu Hülfe kommen und wurden ebenfalls von den erzürnten Taranteln gestochen. Sie konnten sich nun nicht an Fabel vergreifen, und sprangen

wild umher. »Spinn uns gleich«, riefen sie grimmig der Kleinen zu, »leichte Tanzkleider. Wir können uns in den steifen Röcken nicht rühren, und vergehn fast vor Hitze, aber mit Spinnensaft mußt du den Faden einweichen, daß er nicht reißt, und wirke Blumen hinein, die im Feuer gewachsen sind, sonst bist du des Todes.« – »Recht gern«, sagte Fabel und ging in die Nebenkammer.
»Ich will euch drei tüchtige Fliegen verschaffen«, sagte sie zu den Kreuzspinnen, die ihre luftigen Gewebe rundum an der Decke und den Wänden angeheftet hatten, »aber ihr müßt mir gleich drei hübsche, leichte Kleider spinnen. Die Blumen, die hineingewirkt werden sollen, will ich auch gleich bringen.« Die Kreuzspinnen waren bereit und fingen rasch zu weben an. Fabel schlich sich zur Leiter und begab sich zu Arctur. »Monarch«, sagte sie, »die Bösen tanzen, die Guten ruhn. Ist die Flamme angekommen?« – »Sie ist angekommen«, sagte der König. »Die Nacht ist vorbei und das Eis schmilzt. Meine Gattin zeigt sich von weitem. Meine Feindin ist versengt. Alles fängt zu leben an. Noch darf ich mich nicht sehn lassen, denn allein bin ich nicht König. Bitte was du willst.« – »Ich brauche«, sagte Fabel, »Blumen, die im Feuer gewachsen sind. Ich weiß, du hast einen geschickten Gärtner, der sie zu ziehen versteht.« – »Zink«, rief der König, »gib uns Blumen.« Der Blumengärtner trat aus der Reihe, holte einen Topf voll Feuer, und säete glänzenden Samenstaub hinein. Es währte nicht lange, so flogen die Blumen empor. Fabel sammelte sie in ihre Schürze, und machte sich auf den Rückweg. Die Spinnen waren fleißig gewesen, und es fehlte nichts mehr, als das Anheften der Blumen, welches sie sogleich mit vielem Geschmack und Behendigkeit begannen. Fabel hütete sich wohl die Enden abzureißen, die noch an den Weberinnen hingen.
Sie trug die Kleider den ermüdeten Tänzerinnen hin, die triefend von Schweiß umgesunken waren, und sich einige Augenblicke von der ungewohnten Anstrengung erholten. Mit vieler Geschicklichkeit entkleidete sie die hagern Schönheiten, die es an Schmähungen der kleinen Dienerin nicht fehlen ließen, und zog ihnen die neuen Kleider an, die sehr niedlich gemacht waren und vortrefflich paßten. Sie pries während dieses Geschäftes die Reize und den liebenswürdigen Charakter ihrer Gebieterinnen, und die Alten schienen ordentlich erfreut über die Schmeicheleien und die Zierlichkeit des

Anzuges. Sie hatten sich unterdes erholt, und fingen, von neuer Tanzlust beseelt, wieder an, sich munter umherzudrehen, indem sie heimtückisch der Kleinen langes Leben und große Belohnungen versprachen. Fabel ging in die Kammer zurück, und sagte zu den Kreuzspinnen: »Ihr könnt nun die Fliegen getrost verzehren, die ich in eure Weben gebracht habe.« Die Spinnen waren so schon ungeduldig über das Hin- und Herreißen, da die Enden noch in ihnen waren und die Alten so toll umhersprangen; sie rannten also hinaus, und fielen über die Tänzerinnen her; diese wollten sich mit der Schere verteidigen, aber Fabel hatte sie in aller Stille mitgenommen. Sie unterlagen also ihren hungrigen Handwerksgenossen, die lange keine so köstlichen Bissen geschmeckt hatten, und sie bis auf das Mark aussaugten. Fabel sah durch die Felsenkluft hinaus, und erblickte den Perseus mit dem großen eisernen Schilde. Die Schere flog von selbst dem Schilde zu, und Fabel bat ihn, Eros' Flügel damit zu verschneiden, und dann mit seinem Schilde die Schwestern zu verewigen, und das große Werk zu vollenden.

Sie verließ nun das unterirdische Reich, und stieg fröhlich zu Arcturs Palaste.

»Der Flachs ist versponnen. Das Leblose ist wieder entseelt. Das Lebendige wird regieren, und das Leblose bilden und gebrauchen. Das Innere wird offenbart, und das Äußere verborgen. Der Vorhang wird sich bald heben, und das Schauspiel seinen Anfang nehmen. Noch einmal bitte ich, dann spinne ich Tage der Ewigkeit.« – »Glückliches Kind«, sagte der gerührte Monarch, »du bist unsre Befreierin.« – »Ich bin nichts als Sophiens Pate«, sagte die Kleine. »Erlaube, daß Turmalin, der Blumengärtner, und Gold mich begleiten. Die Asche meiner Pflegemutter muß ich sammeln, und der alte Träger muß wieder aufstehn, daß die Erde wieder schwebe und nicht auf dem Chaos liege.«

Der König rief allen dreien, und befahl ihnen, die Kleine zu begleiten. Die Stadt war hell, und auf den Straßen war ein lebhafter Verkehr. Das Meer brach sich brausend an der hohlen Klippe, und Fabel fuhr auf des Königs Wagen mit ihren Begleitern hinüber. Turmalin sammelte sorgfältig die auffliegende Asche. Sie gingen rund um die Erde, bis sie an den alten Riesen kamen, an dessen Schultern sie hinunter klimmten. Er schien vom Schlage gelähmt, und konnte

kein Glied rühren. Gold legte ihm eine Münze in den Mund, und der Blumengärtner schob eine Schüssel unter seine Lenden. Fabel berührte ihm die Augen, und goß das Gefäß auf seiner Stirn aus. Sowie das Wasser über das Auge in den Mund und herunter über ihn in die Schüssel floß, zuckte ein Blitz des Lebens ihm in allen Muskeln. Er schlug die Augen auf und hob sich rüstig empor. Fabel sprang zu ihren Begleitern auf die steigende Erde, und bot ihm freundlich guten Morgen. »Bist du wieder da, liebliches Kind?« sagte der Alte; »habe ich doch immer von dir geträumt. Ich dachte immer, du würdest erscheinen, ehe mir die Erde und die Augen zu schwer würden. Ich habe wohl lange geschlafen.« – »Die Erde ist wieder leicht, wie sie es immer den Guten war«, sagte Fabel. »Die alten Zeiten kehren zurück. In kurzem bist du wieder unter alten Bekannten. Ich will dir fröhliche Tage spinnen, und an einem Gehülfen soll es auch nicht fehlen, damit du zuweilen an unsern Freuden teilnehmen, und im Arm einer Freundin Jugend und Stärke einatmen kannst. Wo sind unsere alten Gastfreundinnen, die Hesperiden?« – »An Sophiens Seite. Bald wird ihr Garten wieder blühen, und die goldne Frucht duften. Sie gehen umher und sammeln die schmachtenden Pflanzen.«
Fabel entfernte sich, und eilte dem Hause zu. Es war zu völligen Ruinen geworden. Efeu umzog die Mauern. Hohe Büsche beschatteten den ehmaligen Hof, und weiches Moos polsterte die alten Stiegen. Sie trat ins Zimmer. Sophie stand am Altar, der wieder aufgebaut war. Eros lag zu ihren Füßen in voller Rüstung, ernster und edler als jemals. Ein prächtiger Kronleuchter hing von der Decke. Mit bunten Steinen war der Fußboden ausgelegt, und zeigte einen großen Kreis um den Altar her, der aus lauter edlen bedeutungsvollen Figuren bestand. Ginnistan bog sich über ein Ruhebett, worauf der Vater in tiefem Schlummer zu liegen schien, und weinte. Ihre blühende Anmut war durch einen Zug von Andacht und Liebe unendlich erhöht. Fabel reichte die Urne, worin die Asche gesammelt war, der heiligen Sophie, die sie zärtlich umarmte.
»Liebliches Kind«, sagte sie, »dein Eifer und deine Treue haben dir einen Platz unter den ewigen Sternen erworben. Du hast das Unsterbliche in dir gewählt. Der Phönix gehört dir. Du wirst die Seele

unsers Lebens sein. Jetzt wecke den Bräutigam auf. Der Herold ruft, und Eros soll Freya suchen und aufwecken.«
Fabel freute sich unbeschreiblich bei diesen Worten. Sie rief ihren Begleitern Gold und Zink, und nahte sich dem Ruhebette. Ginnistan sah erwartungsvoll ihrem Beginnen zu. Gold schmolz die Münze und füllte das Behältnis, worin der Vater lag, mit einer glänzenden Flut. Zink schlang um Ginnistans Busen eine Kette. Der Körper schwamm auf den zitternden Wellen. »Bücke dich, liebe Mutter«, sagte Fabel, »und lege die Hand auf das Herz des Geliebten.«
Ginnistan bückte sich. Sie sah ihr vielfaches Bild. Die Kette berührte die Flut, ihre Hand sein Herz; er erwachte und zog die entzückte Braut an seine Brust. Das Metall gerann, und ward ein heller Spiegel. Der Vater erhob sich, seine Augen blitzten, und so schön und bedeutend auch seine Gestalt war, so schien doch sein ganzer Körper eine feine unendlich bewegliche Flüssigkeit zu sein, die jeden Eindruck in den mannigfaltigsten und reizendsten Bewegungen verriet.
Das glückliche Paar näherte sich Sophien, die Worte der Weihe über sie aussprach, und sie ermahnte, den Spiegel fleißig zu Rate zu ziehn, der alles in seiner wahren Gestalt zurückwerfe, jedes Blendwerk vernichte, und ewig das ursprüngliche Bild festhalte. Sie ergriff nun die Urne und schüttete die Asche in die Schale auf dem Altar. Ein sanftes Brausen verkündigte die Auflösung, und ein leiser Wind wehte in den Gewändern und Locken der Umstehenden.
Sophie reichte die Schale dem Eros und dieser den andern. Alle kosteten den göttlichen Trank, und vernahmen die freundliche Begrüßung der Mutter in ihrem Innern, mit unsäglicher Freude. Sie war jedem gegenwärtig, und ihre geheimnisvolle Anwesenheit schien alle zu verklären.
Die Erwartung war erfüllt und übertroffen. Alle merkten, was ihnen gefehlt habe, und das Zimmer war ein Aufenthalt der Seligen geworden. Sophie sagte: »Das große Geheimnis ist allen offenbart, und bleibt ewig unergründlich. Aus Schmerzen wird die neue Welt geboren, und in Tränen wird die Asche zum Trank des ewigen Lebens aufgelöst. In jedem wohnt die himmlische Mutter, um jedes

Kind ewig zu gebären. Fühlt ihr die süße Geburt im Klopfen eurer Brust?«

Sie goß in den Altar den Rest aus der Schale hinunter. Die Erde bebte in ihren Tiefen. Sophie sagte: »Eros, eile mit deiner Schwester zu deiner Geliebten. Bald seht ihr mich wieder.«

Fabel und Eros gingen mit ihrer Begleitung schnell hinweg. Es war ein mächtiger Frühling über die Erde verbreitet. Alles hob und regte sich. Die Erde schwebte näher unter dem Schleier. Der Mond und die Wolken zogen mit fröhlichem Getümmel nach Norden. Die Königsburg strahlte mit herrlichem Glanze über das Meer, und auf ihren Zinnen stand der König in voller Pracht mit seinem Gefolge. Überall erblickten sie Staubwirbel, in denen sich bekannte Gestalten zu bilden schienen. Sie begegneten zahlreichen Scharen von Jünglingen und Mädchen, die nach der Burg strömten, und sie mit Jauchzen bewillkommten. Auf manchen Hügeln saß ein glückliches eben erwachtes Paar in lang entbehrter Umarmung, hielt die neue Welt für einen Traum, und konnte nicht aufhören, sich von der schönen Wahrheit zu überzeugen.

Die Blumen und Bäume wuchsen und grünten mit Macht. Alles schien beseelt. Alles sprach und sang. Fabel grüßte überall alte Bekannte. Die Tiere nahten sich mit freundlichen Grüßen den erwachten Menschen. Die Pflanzen bewirteten sie mit Früchten und Düften, und schmückten sie auf das zierlichste. Kein Stein lag mehr auf einer Menschenbrust, und alle Lasten waren in sich selbst zu einem festen Fußboden zusammengesunken. Sie kamen an das Meer. Ein Fahrzeug von geschliffenem Stahl lag am Ufer festgebunden. Sie traten hinein und lösten das Tau. Die Spitze richtete sich nach Norden, und das Fahrzeug durchschnitt, wie im Fluge, die buhlenden Wellen. Lispelndes Schilf hielt seinen Ungestüm auf, und es stieß leise an das Ufer. Sie eilten die breiten Treppen hinan. Die Liebe wunderte sich über die königliche Stadt und ihre Reichtümer. Im Hofe sprang der lebendiggewordne Quell, der Hain bewegte sich mit den süßesten Tönen, und ein wunderbares Leben schien in seinen heißen Stämmen und Blättern, in seinen funkelnden Blumen und Früchten zu quellen und zu treiben. Der alte Held empfing sie an den Toren des Palastes. »Ehrwürdiger Alter«, sagte Fabel, »Eros bedarf dein Schwert. Gold hat ihm eine Kette gegeben, die mit einem Ende in das Meer hinunterreicht, und mit dem andern um seine Brust geschlungen ist. Fasse sie mit mir an, und führe uns in den Saal, wo die Prinzessin ruht.« Eros nahm aus der Hand des Alten das Schwert, setzte den Knopf auf seine Brust, und neigte die Spitze vorwärts. Die Flügeltüren des Saals flogen auf, und Eros nahte sich entzückt der schlummernden Freya. Plötzlich geschah ein gewaltiger Schlag. Ein heller Funken fuhr von der Prinzessin nach dem Schwerte; das Schwert und die Kette leuchteten, der Held hielt die kleine Fabel, die beinah umgesunken wäre. Eros' Helmbusch wallte empor. »Wirf das Schwert weg«, rief Fabel, »und erwecke deine Geliebte.« Eros ließ das Schwert fallen, flog auf die Prinzessin zu, und küßte feurig ihre süßen Lippen. Sie schlug ihre großen dunklen Augen auf, und erkannte den Geliebten. Ein langer Kuß versiegelte den ewigen Bund.

Von der Kuppel herunter kam der König mit Sophien an der Hand. Die Gestirne und die Geister der Natur folgten in glänzenden Reihen. Ein unaussprechlich heitrer Tag erfüllte den Saal, den Palast, die Stadt, und den Himmel. Eine zahllose Menge ergoß sich in den weiten königlichen Saal, und sah mit stiller Andacht die Liebenden vor dem Könige und der Königin knien, die sie feierlich segneten. Der König nahm sein Diadem vom Haupte, und band es um Eros goldene Locken. Der alte Held zog ihm die Rüstung ab, und der König warf seinen Mantel um ihn her. Dann gab er ihm die Lilie in die linke Hand, und Sophie knüpfte ein köstliches Armband um die verschlungenen Hände der Liebenden, indem sie zugleich ihre Krone auf Freyas braune Haare setzte.

»Heil unsern alten Beherrschern«, rief das Volk. »Sie haben immer unter uns gewohnt, und wir haben sie nicht erkannt! Heil uns! Sie werden uns ewig beherrschen! Segnet uns auch!« Sophie sagte zu der neuen Königin: »Wirf du das Armband eures Bundes in die Luft, daß das Volk und die Welt euch verbunden bleiben.« Das Armband zerfloß in der Luft, und bald sah man lichte Ringe um jedes Haupt, und ein glänzendes Band zog sich über die Stadt und das Meer und die Erde, die ein ewiges Fest des Frühlings feierte. Perseus trat herein, und trug eine Spindel und ein Körbchen. Er brachte dem neuen Könige das Körbchen. »Hier«, sagte er, »sind die Reste deiner Feinde.« Eine steinerne Platte mit schwarzen und weißen

Feldern lag darin, und daneben eine Menge Figuren von Alabaster und schwarzem Marmor. »Es ist ein Schachspiel«, sagte Sophie; »aller Krieg ist auf diese Platte und in diese Figuren gebannt. Es ist ein Denkmal der alten trüben Zeit.« Perseus wandte sich zu Fabel, und gab ihr die Spindel. »In deinen Händen wird diese Spindel uns ewig erfreuen, und aus dir selbst wirst du uns einen goldnen unzerreißlichen Faden spinnen.« Der Phönix flog mit melodischem Geräusch zu ihren Füßen, spreizte seine Fittiche vor ihr aus, auf die sie sich setzte, und schwebte mit ihr über den Thron, ohne sich wieder niederzulassen. Sie sang ein himmlisches Lied, und fing zu spinnen an, indem der Faden aus ihrer Brust sich hervorzuwinden schien. Das Volk geriet in neues Entzücken, und aller Augen hingen an dem lieblichen Kinde. Ein neues Jauchzen kam von der Tür her. Der alte Mond kam mit seinem wunderlichen Hofstaat herein, und hinter ihm trug das Volk Ginnistan und ihren Bräutigam, wie im Triumph, einher.

Sie waren mit Blumenkränzen umwunden; die königliche Familie empfing sie mit der herzlichsten Zärtlichkeit, und das neue Königspaar rief sie zu seinen Statthaltern auf Erden aus.

»Gönnet mir«, sagte der Mond, »das Reich der Parzen, dessen seltsame Gebäude eben auf dem Hofe des Palastes aus der Erde gestiegen sind. Ich will euch mit Schauspielen darin ergötzen, wozu die kleine Fabel mir behülflich sein wird.«

Der König willigte in die Bitte, die kleine Fabel nickte freundlich, und das Volk freute sich auf den seltsamen unterhaltenden Zeitvertreib. Die Hesperiden ließen zur Thronbesteigung Glück wünschen, und um Schutz in ihren Gärten bitten. Der König ließ sie bewillkommen, und so folgten sich unzählige fröhliche Botschaften. Unterdessen hatte sich unmerklich der Thron verwandelt, und war ein prächtiges Hochzeitsbett geworden, über dessen Himmel der Phönix mit der kleinen Fabel schwebte. Drei Karyatiden aus dunklem Porphyr trugen es hinten, und vorn ruhte dasselbe auf einer Sphinx aus Basalt. Der König umarmte seine errötende Geliebte, und das Volk folgte dem Beispiel des Königs, und liebkoste sich untereinander. Man hörte nichts, als zärtliche Namen und ein Kußgeflüster. Endlich sagte Sophie: »Die Mutter ist unter uns, ihre Gegenwart wird uns ewig beglücken. Folgt uns in unsere Wohnung, in dem Tempel dort werden wir ewig wohnen, und das Geheimnis der Welt bewahren.« Die Fabel spann emsig und sang mit lauter Stimme:

Gegründet ist das Reich der Ewigkeit,
In Lieb' und Frieden endigt sich der Streit,
Vorüber ging der lange Traum der Schmerzen,
Sophie ist ewig Priesterin der Herzen.

WILHELM HEINRICH WACKENRODER

Das merkwürdige musikalische Leben des Tonkünstlers Joseph Berglinger

In zwei Hauptstücken

Erstes Hauptstück

Ich habe mehrmals mein Auge rückwärts gewandt und die Schätze der Kunstgeschichte vergangener Jahrhunderte zu meinem Vergnügen eingesammelt; aber jetzt treibt mich mein Gemüt, einmal bei den gegenwärtigen Zeiten zu verweilen und mich an der Geschichte eines Künstlers zu versuchen, den ich seit seiner frühen Jugend kannte, und der mein innigster Freund war. Ach, leider bist du bald von der Erde weggegangen, mein Joseph! und nicht so leicht werd ich deinesgleichen wiederfinden. Aber ich will mich daran laben, der Geschichte deines Geistes, von Anfang an, so wie du mir oftmals in schönen Stunden sehr ausführlich davon erzählt hast und so wie ich dich selbst innerlich kennengelernt habe, in meinen Gedanken nachzugehen und denen, die Freude daran haben, deine Geschichte erzählen. –

Joseph Berglinger ward in einem kleinen Städtchen im südlichen Deutschlande geboren. Seine Mutter mußte die Welt verlassen, indem sie ihn dareinsetzte; sein Vater, schon ein ziemlich bejahrter Mann, war Doktor der Arzneigelehrsamkeit und in dürftigen Vermögensumständen. Das Glück hatte ihm den Rücken gewandt; und es kostete ihm sauren Schweiß, sich und sechs Kinder (denn Joseph hatte fünf weibliche Geschwister) durch das Leben zu bringen, zumal da ihm nun eine verständige Wirtschafterin mangelte.

Dieser Vater war ursprünglich ein weicher und sehr gutherziger Mann, der nichts lieber tun mochte, als helfen, raten und Almosen geben, soviel er nur vermögend war; der nach einer guten Tat besser schlief als gewöhnlich; der lange, mit herzlicher Rührung und Dank gegen Gott, von den guten Früchten seines Herzens zehren

konnte und seinen Geist am liebsten mit rührenden Empfindungen nährte. Man muß in der Tat allemal von tiefer Wehmut und herzlicher Liebe ergriffen werden, wenn man die beneidenswerte Einfachheit dieser Seelen betrachtet, welche in den gewöhnlichen Äußerungen des guten Herzens einen so unerschöpflichen Abgrund von Herrlichkeit finden, daß dies völlig ihr Himmel auf Erden ist, wodurch sie mit der ganzen Welt versöhnt und immer in zufriedenem Wohlbehagen erhalten werden. Joseph hatte ganz diese Empfindung, wenn er seinen Vater betrachtete; – aber ihn hatte der Himmel nun einmal so eingerichtet, daß er immer nach etwas noch Höherem trachtete; es genügte ihm nicht die bloße Gesundheit der Seele und daß sie ihre ordentlichen Geschäfte auf Erden, als arbeiten und Gutes tun, verrichtete; – er wollte, daß sie auch in üppigem Übermute dahertanzen und zum Himmel, als zu ihrem Ursprunge, hinaufjauchzen sollte.
Das Gemüt seines Vaters war aber auch noch aus andern Dingen zusammengesetzt. Er war ein emsiger und gewissenhafter Arzt, der zeit seines Lebens an nichts als an der Kenntnis der seltsamen Dinge, die im menschlichen Körper verborgen liegen, und an der weitläufigen Wissenschaft aller jammervollen menschlichen Gebrechen und Krankheiten seine Lust gehabt hatte. Dieses eifrige Studium nun war ihm, wie es öfters zu geschehen pflegt, ein heimliches, nervenbetäubendes Gift geworden, das alle seine Adern durchdrang und viele klingende Saiten des menschlichen Busens bei ihm zernagte. Dazu kam der Mißmut über das Elend seiner Dürftigkeit, und endlich das Alter. Alles dieses zehrte an der ursprünglichen Güte seines Gemüts; denn bei nicht starken Seelen geht alles, womit der Mensch zu schaffen hat, in sein Blut über und verwandelt sein Inneres, ohne daß er es selber weiß.
Die Kinder des alten Arztes wuchsen bei ihm auf wie Unkraut in einem verwilderten Garten. Josephs Schwestern waren teils kränklich, teils von schwachem Geiste und führten ein kläglich einsames Leben in ihrer dunklen kleinen Stube.
In diese Familie konnte niemand weniger passen als Joseph, der immer in schöner Einbildung und himmlischen Träumen lebte. Seine Seele glich einem zarten Bäumchen, dessen Samenkorn ein Vogel in das Gemäuer öder Ruinen fallen ließ, wo es zwischen harten Stei-

nen jungfräulich hervorschießet. Er war stets einsam und still für sich und weidete sich nur an seinen inneren Phantaseien; drum hielt der Vater auch ihn ein wenig verkehrt und blödes Geistes. Seinen Vater und seine Geschwister liebte er aufrichtig; aber sein Inneres schätzte er über alles und hielt es vor andern heimlich und verborgen. So hält man ein Schatzkästlein verborgen, zu welchem man den Schlüssel niemanden in die Hände gibt.

Seine Hauptfreude war von seinen frühsten Jahren an die Musik gewesen. Er hörte zuweilen jemanden auf dem Klaviere spielen und spielte auch selber etwas. Nach und nach bildete er sich durch den oft wiederholten Genuß auf eine so eigene Weise aus, daß sein Inneres ganz und gar zu Musik ward und sein Gemüt, von dieser Kunst gelockt, immer in den dämmernden Irrgängen poetischer Empfindung umherschweifte.

Eine vorzügliche Epoche in seinem Leben machte eine Reise nach der bischöflichen Residenz, wohin ein begüterter Anverwandter, der dort wohnte und der den Knaben liebgewonnen hatte, ihn auf einige Wochen mitnahm. Hier lebte er nun recht im Himmel: sein Geist ward mit tausendfältiger schöner Musik ergötzt und flatterte nicht anders als ein Schmetterling in warmen Lüften umher.

Vornehmlich besuchte er die Kirchen und hörte die heiligen Oratorien, Kantilenen und Chöre mit vollem Posaunen- und Trompetenschall unter den hohen Gewölben ertönen, wobei er oft, aus innerer Andacht, demütig auf den Knieen lag. Ehe die Musik anbrach, war es ihm, wenn er so in dem gedrängten, leise murmelnden Gewimmel der Volksmenge stand, als wenn er das gewöhnliche und gemeine Leben der Menschen als einen großen Jahrmarkt unmelodisch durcheinander und um sich herum summen hörte; sein Kopf ward von leeren, irdischen Kleinigkeiten betäubt. Erwartungsvoll harrte er auf den ersten Ton der Instrumente; – und indem er nun aus der dumpfen Stille, mächtig und langgezogen, gleich dem Wehen eines Windes vom Himmel hervorbrach und die ganze Gewalt der Töne über seinem Haupte daherzog, – da war es ihm, als wenn auf einmal seiner Seele große Flügel ausgespannt, als wenn er von einer dürren Heide aufgehoben würde, der trübe Wolkenvorhang vor den sterblichen Augen verschwände, und er zum lichten Himmel emporschwebte. Dann hielt er sich mit seinem Körper still und unbeweglich und heftete die Augen unverrückt auf den Boden. Die Gegenwart versank vor ihm; sein Inneres war von allen irdischen Kleinigkeiten, welche der wahre Staub auf dem Glanze der Seele sind, gereinigt; die Musik durchdrang seine Nerven mit leisen Schauern und ließ, so wie sie wechselte, mannigfache Bilder vor ihm aufsteigen. So kam es ihm bei manchen frohen und herzerhebenden Gesängen zum Lobe Gottes ganz deutlich vor, als wenn er den König David im langen königlichen Mantel, die Krone auf dem Haupt, vor der Bundeslade lobsingend hertanzen sähe; er sah sein ganzes Entzücken und alle seine Bewegungen, und das Herz hüpfte ihm in der Brust. Tausend schlafende Empfindungen in seinem Busen wurden losgerissen und bewegten sich wunderbar durcheinander. Ja, bei manchen Stellen der Musik endlich schien ein besonderer Lichtstrahl in seine Seele zu fallen; es war ihm, als wenn er dabei auf einmal weit klüger würde und mit helleren Augen und einer gewissen erhabenen und ruhigen Wehmut auf die ganze wimmelnde Welt herabsähe.

Soviel ist gewiß, daß er sich, wenn die Musik geendigt war und er aus der Kirche herausging, reiner und edler geworden vorkam. Sein ganzes Wesen glühte noch von dem geistigen Weine, der ihn berauscht hatte, und er sah alle Vorübergehende mit andern Augen an. Wenn er dann etwa ein paar Leute auf dem Spaziergange zusammenstehn und lachen oder sich Neuigkeiten erzählen sah, so machte das einen ganz eignen widrigen Eindruck auf ihn. Er dachte: du mußt zeitlebens, ohne Aufhören, in diesem schönen poetischen Taumel bleiben, und dein ganzes Leben muß eine Musik sein.

Wenn er dann aber zu seinem Anverwandten zum Mittagessen ging und es sich in einer gewöhnlich-lustigen und scherzenden Gesellschaft hatte wohl schmecken lassen, – dann war er unzufrieden, daß er so bald wieder ins prosaische Leben hinabgezogen war und sein Rausch sich wie eine glänzende Wolke verzogen hatte.

Diese bittere Mißhelligkeit zwischen seinem angebornen ätherischen Enthusiasmus und dem irdischen Anteil an dem Leben eines jeden Menschen, der jeden täglich aus seinen Schwärmereien mit Gewalt herabziehet, quälte ihn sein ganzes Leben hindurch. –

Wenn Joseph in einem großen Konzerte war, so setzte er sich, ohne auf die glänzende Versammlung der Zuhörer zu blicken, in einen

Winkel und hörte mit eben der Andacht zu, als wenn er in der Kirche wäre – ebenso still und unbeweglich, und mit so vor sich auf den Boden sehenden Augen. Der geringste Ton entschlüpfte ihm nicht, und er war von der angespannten Aufmerksamkeit am Ende ganz schlaff und ermüdet. Seine ewig bewegliche Seele war ganz ein Spiel der Töne; – es war, als wenn sie losgebunden vom Körper wäre und freier umherzitterte, oder auch, als wäre sein Körper mit zur Seele geworden, – so frei und leicht ward sein ganzes Wesen von den schönen Harmonien umschlungen, und die feinsten Falten und Biegungen der Töne drückten sich in seiner weichen Seele ab. – Bei fröhlichen und entzückenden vollstimmigen Symphonien, die er vorzüglich liebte, kam es ihm gar oftmals vor, als säh er ein munteres Chor von Jünglingen und Mädchen auf einer heitern Wiese tanzen, wie sie vor- und rückwärts hüpften, und wie einzelne Paare zuweilen in Pantomimen zueinander sprachen und sich dann wieder unter den frohen Haufen mischten. Manche Stellen in der Musik waren ihm so klar und eindringlich, daß die Töne ihm Worte zu sein schienen. Ein andermal wieder wirkten die Töne eine wunderbare Mischung von Fröhlichkeit und Traurigkeit in seinem Herzen, so daß Lächeln und Weinen ihm gleich nahe war; eine Empfindung, die uns auf unserm Wege durch das Leben so oft begegnet und die keine Kunst geschickter ist auszudrücken als die Musik. Und mit welchem Entzücken und Erstaunen hörte er ein solches Tonstück an, das mit einer muntern und heitern Melodie, wie ein Bach, anhebt, aber sich nach und nach unvermerkt und wunderbar in immer trüberen Windungen fortschleppt und endlich in heftig-lautes Schluchzen ausbricht, oder wie durch wilde Klippen mit ängstigendem Getöse daherrauscht. – Alle diese mannigfaltigen Empfindungen nun drängten in seiner Seele immer entsprechende sinnliche Bilder und neue Gedanken hervor: – eine wunderbare Gabe der Musik, – welche Kunst wohl überhaupt um so mächtiger auf uns wirkt und alle Kräfte unsers Wesens um so allgemeiner in Aufruhr setzt, je dunkler und geheimnisvoller ihre Sprache ist. –

Die schönen Tage, die Joseph in der bischöflichen Residenz verlebt hatte, waren endlich vorüber, und er mußte wieder nach seiner Vaterstadt in das Haus seines Vaters zurückkehren. Wie traurig war der Rückweg! Wie kläglich und niedergedrückt fühlte er sich wie-

der in einer Familie, deren ganzes Leben und Weben sich nur um die kümmerliche Befriedigung der notwendigsten physischen Bedürfnisse drehte, und bei einem Vater, der so wenig in seine Neigungen einstimmte! Dieser verachtete und verabscheute alle Künste als Dienerinnen ausgelassener Begierden und Leidenschaften und Schmeichlerinnen der vornehmen Welt. Schon von jeher hatte er es mit Mißvergnügen gesehen, daß sein Joseph sich so sehr an die Musik gehängt hatte; und nun, da diese Liebe in dem Knaben immer höher wuchs, machte er einen anhaltenden und ernstlichen Versuch, ihn von dem verderblichen Hange zu einer Kunst, deren Ausübung nicht viel besser als Müßiggang sei und die bloß die Lüsternheit der Sinne befriedige, zur Medizin, als zu der wohltätigsten und für das Menschengeschlecht allgemein-nützlichsten Wissenschaft zu bekehren. Er gab sich viele Mühe, ihn selber in den Anfangsgründen zu unterweisen, und gab ihm Hilfsbücher in die Hände.
Dies war eine recht quälende und peinliche Lage für den armen Joseph. Er preßte seinen Enthusiasmus heimlich in seine Brust zurück, um seinen Vater nicht zu kränken, und wollte sich zwingen, ob er nicht nebenher eine nützliche Wissenschaft erlernen könnte. Aber das war ein ewiger Kampf in seiner Seele. Er las in seinen Lehrbüchern eine Seite zehenmal, ohne zu fassen, was er las; – immer sang seine Seele innerlich ihre melodischen Phantasieen fort. Der Vater war sehr bekümmert um ihn.
Seine heftige Liebe zur Musik nahm in der Stille immer mehr überhand. War in einigen Wochen kein Ton in sein Ohr gekommen, so ward er ordentlich am Gemüte krank; er merkte, daß sein Gefühl zusammenschrumpfte, es entstand eine Leerheit in seinem Innern, und er hatte eine rechte Sehnsucht sich wieder von den Tönen begeistern zu lassen. Dann konnten selbst gemeine Spieler an Fest- oder Kirchweihtagen mit ihren Blasinstrumenten ihm Gefühle einflößen, wovon sie selber keine Ahndung hatten. Und sooft in den benachbarten Städten eine schöne große Musik zu hören war, so lief er mit heißer Begierde im heftigsten Schnee, Sturm und Regen hinaus.
Fast täglich rief er sich mit Wehmut die herrliche Zeit in der bischöflichen Residenz in seinen Gedanken zurück, und stellte sich die köstlichen Sachen, die er dort gehört hatte, wieder vor die Seele.

Oftmals sagte er sich die auswendigbehaltenen, so lieblichen und rührenden Worte des geistlichen Oratoriums vor, welches das erste gewesen war, das er gehört und welches einen vorzüglich tiefen Eindruck auf ihn gemacht hatte.

Stabat Mater dolorosa
Juxta crucem lacrymosa,
  Dum pendebat filius:
Cujus animam gementem,
Contristantem et dolentem
  Pertransivit gladius.

O quam tristis et afflicta
Fuit illa benedicta
  Mater unigeniti:
Quae moerebat et dolebat
Et tremebat, cum videbat
  Nati poenas inclyti.

Und wie es weiter heißt.
Ach aber! – wenn ihm nun so eine entzückte Stunde, da er in ätherischen Träumen lebte oder da er eben ganz berauscht von dem Genuß einer herrlichen Musik kam, dadurch unterbrochen wurde, daß seine Geschwister sich um ein neues Kleid zankten, oder daß sein Vater der ältesten nicht hinreichend Geld zur Wirtschaft geben konnte, oder der Vater von einem recht elenden, jammervollen Kranken erzählte, oder daß eine alte, ganz krummgebückte Bettelfrau an die Tür kam, die sich in ihren Lumpen vor dem Winterfrost nicht schützen konnte; – ach! es gibt in der Welt keine so entsetzlich bittere, so herzdurchschneidende Empfindung, als von der Joseph alsdann zerrissen ward. Er dachte: »Lieber Gott! ist denn das die Welt wie sie ist? Und ist es denn dein Wille, daß ich mich so unter das Gedränge des Haufens mischen und an dem gemeinen Elend Anteil nehmen soll? Und doch sieht es so aus, und mein Vater predigt es immer, daß es die Pflicht und Bestimmung des Menschen sei, sich darunter zu mischen und Rat und Almosen zu geben, und ekelhafte Wunden zu verbinden und häßliche Krankheiten zu heilen! Und doch ruft mir wieder eine innere Stimme ganz laut zu:

Nein! nein! du bist zu einem höheren, edleren Ziel geboren!« – Mit solchen Gedanken quälte er sich oft lange und konnte keinen Ausweg finden; allein eh er es sich versah, waren die widrigen Bilder, die ihn gewaltsam in den Schlamm dieser Erde herabzuziehen schienen, aus seiner Seele verwischt, und sein Geist schwärmte wieder ungestört in den Lüften umher.
Allmählich ward er nun ganz und gar der Überzeugung, daß er von Gott deshalb auf die Welt gesetzt sei, um ein recht vorzüglicher Künstler in der Musik zu werden; und zuweilen dachte er wohl daran, daß der Himmel ihn aus der trüben und engen Dürftigkeit, worin er seine Jugend hinbringen mußte, zu desto höherem Glanze hervorziehen werde. Viele werden es für eine romanhafte und unnatürliche Erdichtung halten, allein es ist eine reine Wahrheit, wenn ich erzähle, daß er oftmals in seiner Einsamkeit, aus inbrünstigem Triebe seines Herzens, auf die Kniee fiel und Gott bat, er möchte ihn doch also führen, daß er einst ein recht herrlicher Künstler vor dem Himmel und vor der Erde werden möchte. In dieser Zeit, da sein Blut, von den immer auf denselben Fleck gehefteten Vorstellungen bedrängt, oft in heftiger Wallung war, schrieb er mehrere kleine Gedichte nieder, die seinen Zustand oder das Lob der Tonkunst schilderten und die er mit großer Freude auf seine kindisch-gefühlvolle Weise in Musik setzte, ohne die Regeln zu kennen. Eine Probe von diesen Liedern ist folgendes Gebet, welches er an diejenige unter den Heiligen richtete, die als Beschützerin der Tonkunst verehrt wird.

Siehe wie ich trostlos weine
In dem Kämmerlein alleine,
  Heilige Cäcilia!
Sieh mich aller Welt entfliehen,
Um hier still vor dir zu knieen:
  Ach, ich bete, sei mir nah!

Deine wunderbaren Töne,
Denen ich verzaubert fröne,
  Haben mein Gemüt verrückt.
Löse doch die Angst der Sinnen, –
Laß mich in Gesang zerrinnen,
  Der mein Herz so sehr entzückt.

Möchtest du auf Harfensaiten
Meinen schwachen Finger leiten,
  Daß Empfindung aus ihm quillt;
Daß mein Spiel in tausend Herzen
Laut Entzücken, süße Schmerzen,
  Beides hebt und wieder stillt.

Möcht ich einst mit lautem Schalle
In des Tempels voller Halle
  Ein erhabnes Gloria
Dir und allen Heil'gen weihen,
Tausend Christen zu erfreuen:
  Heilige Cäcilia!

Öffne mir der Menschen Geister,
Daß ich ihrer Seelen Meister
  Durch die Kraft der Töne sei;
Daß mein Geist die Welt durchklinge,
Sympathetisch sie durchdringe,
Sie berausch in Phantasei! –

Über ein Jahr lang wohl quälte sich und brütete der arme Joseph in der Einsamkeit über einen Schritt, den er tun wollte. Eine unwiderstehliche Macht zog seinen Geist nach der herrlichen Stadt zurück, die er als ein Paradies für sich betrachtete; denn er brannte für Begierde, dort seine Kunst von Grund aus zu erlernen. Das Verhältnis gegen seinen Vater aber preßte sein Herz ganz zusammen. Dieser hatte wohl gemerkt, daß Joseph sich gar nicht mehr mit Ernst und Eifer in seiner Wissenschaft anlegen wollte, hatte ihn auch schon halb aufgegeben und sich in seinen Mißmut, der mit zunehmendem Alter immer stärker ward, zurückgezogen. Er gab sich wenig mehr mit dem Knaben ab. Joseph indessen verlor darum sein kindliches Gefühl nicht; es kämpfte ewig mit seiner Neigung, und er konnte immer nicht das Herz fassen, in des Vaters Gegenwart über die Lippen zu bringen, was er ihm zu entdekken hatte. Ganze Tage lang peinigte er sich, alles gegeneinander abzuwägen, aber er konnte und konnte aus dem entsetzlichen Abgrunde von Zweifeln nicht herauskommen, all sein inbrünstiges

Beten wollte nichts fruchten: das stieß ihm beinahe das Herz ab. Von dem über alles trübseligen und peinlichen Zustande, worin er sich damals befand, zeugen auch folgende Zeilen, die ich unter seinen Papieren gefunden habe:

Ach, was ist es, das mich also dränget,
Mich mit heißen Armen eng umfänget,
Daß ich mit ihm fern von hinnen ziehen,
Daß ich soll dem Vaterhaus entfliehen?
Ach, was muß ich ohne mein Verschulden
Für Versuchung und für Marter dulden!

Gottes Sohn! um deiner Wunden willen,
Kannst du nicht die Angst des Herzens stillen?
Kannst du mir nicht Offenbarung schenken,
Was ich innerlich soll wohl bedenken?
Kannst du mir die rechte Bahn nicht zeigen?
Nicht mein Herz zum rechten Wege neigen?

Wenn du mich nicht bald zu dir errettest,
Oder in den Schoß der Erde bettest,
Muß ich mich der fremden Macht ergeben,
Muß, geängstigt, dem zu Willen leben,
Was mich zieht von meines Vaters Seite,
Unbekannten Mächten Raub und Beute! –

Seine Angst ward immer größer – die Versuchung nach der herrlichen Stadt zu entfliehen, immer stärker. Wird denn aber, dachte er, der Himmel dir nicht zu Hülfe kommen? Wird er dir gar kein Zeichen geben? – Seine Leidenschaft erreichte endlich den höchsten Gipfel, als sein Vater bei einer häuslichen Mißhelligkeit ihn einmal mit einer ganz andern Art als gewöhnlich anfuhr und ihm seitdem immer zurückstoßend begegnete. Nun war es beschlossen; allen Zweifeln und Bedenklichkeiten wies er von nun an die Tür; er wollte nun durchaus nicht mehr überlegen. Das Osterfest war nahe; das wollte er noch zu Hause mitfeiern, aber sobald es vorüber wäre, – in die weite Welt.

Es war vorüber. Er wartete den ersten schönen Morgen ab, da der helle Sonnenschein ihn bezaubernd anzulocken schien; da lief er früh aus dem Hause fort, wie man wohl an ihm gewohnt war, – aber diesmal kam er nicht wieder. Mit Entzücken und mit pochendem Herzen eilte er durch die engen Gassen der kleinen Stadt; – ihm war zumut, als wollte er über alles, was er um sich sah, hinweg in den offenen Himmel hineinspringen. Eine alte Verwandte begegnete ihm an einer Ecke: – »So eilig, Vetter?« fragte sie, – »will er wieder Grünes vom Markt einholen für die Wirtschaft?« – »Ja ja!« rief Joseph in Gedanken, und lief vor Freude zitternd das Tor hinaus.

Wie er aber eine kleine Strecke auf dem Felde gegangen war und sich umsah, brachen ihm die hellen Tränen hervor. Soll ich noch umkehren? dachte er. Aber er lief weiter, als wenn ihm die Fersen brennten, und weinte immerfort, und er lief, als wollte er seinen Tränen entlaufen. So ging's nun durch manches fremde Dorf und an manchen fremden Gesichtern vorbei: – der Anblick der fremden Welt gab ihm wieder Mut, er fühlte sich frei und stark, – er kam immer näher, – und endlich, – gütiger Himmel! welch Entzücken! – endlich sah er die Türme der herrlichen Stadt vor sich liegen. – – –

Zweites Hauptstück

Ich kehre zu meinem Joseph zurück, wie er, mehrere Jahre, nachdem wir ihn verlassen haben, in der bischöflichen Residenz Kapellmeister geworden ist und in großem Glanze lebt. Sein Anverwandter, der ihn sehr wohl aufgenommen hatte, war der Schöpfer seines Glücks geworden und hatte ihm den gründlichsten Unterricht in der Tonkunst geben lassen, auch den Vater über den Schritt Josephs nach und nach ziemlich beruhigt. Durch den lebhaftesten Eifer hatte Joseph sich emporgearbeitet, und war endlich auf die höchste Stufe des Glücks, die er nur je hatte erwünschen können, gelangt.

Allein die Dinge der Welt verändern sich vor unsern Augen. Er schrieb mir einst, wie er ein paar Jahre Kapellmeister gewesen war, folgenden Brief:

»Lieber Pater,
Es ist elendes Leben, das ich führe: – je mehr Ihr mich trösten wollt, desto bitterer fühl ich es. –
Wenn ich an die Träume meiner Jugend zurückdenke – wie ich in diesen Träumen so selig war! – Ich meinte, ich wollte in einem fort umherphantasieren und mein volles Herz in Kunstwerken auslassen, – aber wie fremd und herbe kamen mir gleich die ersten Lehrjahre an! Wie war mir zumute, als ich hinter den Vorhang trat! Daß alle Melodien (hatten sie auch die heterogensten und oft die wunderbarsten Empfindungen in mir erzeugt), alle sich nun auf einem einzigen, zwingenden mathematischen Gesetze gründeten! Daß ich, statt frei zu fliegen, erst lernen mußte, in dem unbehülflichen Gerüst und Käfig der Kunstgrammatik herumzuklettern! Wie ich mich quälen mußte, erst mit dem gemeinen wissenschaftlichen Maschinenverstande ein regelrechtes Ding herauszubringen, eh ich dran denken konnte, mein Gefühl mit den Tönen zu handhaben! – Es war eine mühselige Mechanik. – Doch wenn auch! Ich hatte noch jugendliche Spannkraft und hoffte und hoffte auf die herrliche Zukunft! Und nun? – Die prächtige Zukunft ist eine jämmerliche Gegenwart geworden. –
Was ich als Knabe in dem großen Konzertsaal für glückliche Stunden genoß! Wenn ich still und unbemerkt im Winkel saß und all die Pracht und Herrlichkeit mich bezauberte, und ich so sehnlich wünschte, daß sich doch einst um meiner Werke willen diese Zuhörer versammeln, ihr Gefühl mir hingeben möchten! – Nun sitz ich gar oft in ebendiesem Saal und führe auch meine Werke auf; aber es ist mir wahrlich sehr anders zumute. – Daß ich mir einbilden konnte, diese in Gold und Seide stolzierende Zuhörerschaft käme zusammen, um ein Kunstwerk zu genießen, um ihr Herz zu erwärmen, ihre Empfindung dem Künstler darzubringen! Können doch diese Seelen selbst in dem majestätischen Dom, am heiligsten Feiertage, indem alles Große und Schöne, was Kunst und Religion nur hat, mit Gewalt auf sie eindringt, können sie dann nicht einmal erhitzt werden, und sie sollten's im Konzertsaal? – Die Empfindung und der Sinn für Kunst sind aus der Mode gekommen und unanständig geworden; – bei einem Kunstwerk zu empfinden, wäre grade ebenso fremd und lächerlich, als in einer Gesellschaft auf ein-

mal in Versen und Reimen zu reden, wenn man sich sonst im ganzen Leben mit vernünftiger und gemein-verständlicher Prosa behilft. Und für diese Seelen arbeit ich meinen Geist ab! Für diese erhitz ich mich, es so zu machen, daß man dabei was soll empfinden können! Das ist die hohe Bestimmung, wozu ich geboren zu sein glaubte!

Und wenn mich einmal irgendeiner, der eine Art von halber Empfindung hat, loben will und kritisch rühmt und mir kritische Fragen vorlegt, – so möcht ich ihn immer bitten, daß er sich doch nicht soviel Mühe geben möchte, das Empfinden aus den Büchern zu lernen. Der Himmel weiß, wie es ist, – wenn ich eben eine Musik oder sonst irgendein Kunstwerk, das mich entzückt, genossen habe und mein ganzes Wesen voll davon ist, da möcht ich mein Gefühl gern mit einem Striche auf eine Tafel hinmalen, wenn's eine Farbe nur ausdrücken könnte. – Es ist mir nicht möglich, mit künstlichen Worten zu rühmen, ich kann nichts Kluges herausbringen. –

Freilich ist der Gedanke ein wenig tröstend, daß vielleicht in irgendeinem kleinen Winkel von Deutschland, wohin dies oder jenes von meiner Hand, wenn auch lange nach meinem Tode, einmal hinkommt, ein oder der andere Mensch lebt, in den der Himmel eine solche Sympathie zu meiner Seele gelegt hat, daß er aus meinen Melodien grade das herausfühlt, was ich beim Niederschreiben empfand und was ich so gern hineinlegen wollte. Eine schöne Idee, womit man sich eine Zeitlang wohl angenehm täuschen kann! –

Allein das Allerabscheulichste sind noch alle die andern Verhältnisse, worin der Künstler eingestrickt wird. Von allen dem ekelhaften Neid und hämischen Wesen, von allen den widrig-kleinlichen Sitten und Begegnungen, von aller der Subordination der Kunst unter den Willen des Hofes; – es widersteht mir ein Wort davon zu reden, – es ist alles so unwürdig und die menschliche Seele so erniedrigend, daß ich nicht eine Silbe davon über die Zunge bringen kann. Ein dreifaches Unglück für die Musik, daß bei dieser Kunst grade so eine Menge Hände nötig sind, damit das Werk nur existiert! Ich sammle und erhebe meine ganze Seele, um ein großes Werk zustande zu bringen; – und hundert empfindungslose und leere Köpfe reden mit ein und verlangen dieses und jenes.

Ich gedachte in meiner Jugend dem irdischen Jammer zu entfliehen und bin nun erst recht in den Schlamm hineingeraten. Es ist wohl leider gewiß; man kann mit aller Anstrengung unsrer geistigen Fittiche der Erde nicht entkommen; sie zieht uns mit Gewalt zurück, und wir fallen wieder unter den gemeinsten Haufen der Menschen. –

Es sind bedauernswürdige Künstler, die ich um mich herum sehe. Auch die edelsten so kleinlich, daß sie sich für Aufgeblasenheit nicht zu lassen wissen, wenn ihr Werk einmal ein allgemeines Lieblingsstück geworden ist. – Lieber Himmel! Sind wir denn nicht die eine Hälfte unsers Verdienstes der Göttlichkeit der Kunst, der ewigen Harmonie der Natur, und die andre Hälfte dem gütigen Schöpfer, der uns diesen Schatz anzuwenden Fähigkeit gab, schuldig? Alle tausendfältigen lieblichen Melodien, welche die mannigfachsten Regungen in uns hervorbringen, sind sie nicht aus dem einzigen wundervollen Dreiklang entsprossen, den die Natur von Ewigkeit her gegründet hat? Die wehmutsvollen, halb süßen und halb schmerzlichen Empfindungen, die die Musik uns einflößt, wir wissen nicht wie, was sind sie denn anders, als die geheimnisvolle Wirkung des wechselnden Dur und Moll? Und müssen wir's nicht dem Schöpfer danken, wenn er uns nun grade das Geschick gegeben hat, diese Töne, denen von Anfang her eine Sympathie zur menschlichen Seele verliehen ist, so zusammenzusetzen, daß sie das Herz rühren? – Wahrhaftig, die Kunst ist es, was man verehren muß, nicht den Künstler; – der ist nichts mehr als ein schwaches Werkzeug.

Ihr seht, daß mein Eifer und meine Liebe für die Musik nicht schwächer ist als sonst. Nur ebendarum bin ich so unglücklich in diesem – – doch ich will's lassen und Euch mit der Beschreibung von all dem widrigen Wesen um mich herum nicht verdrießlich machen. Genug, ich lebe in einer sehr unreinen Luft. Wie weit idealischer lebte ich damals, da ich in unbefangener Jugend und stiller Einsamkeit die Kunst noch bloß genoß; als itzt, da ich sie im blendendsten Glanze der Welt und von lauter seidenen Kleidern, lauter Sternen und Kreuzen, lauter kultivierten und geschmackvollen Menschen umgeben, ausübe! – Was ich möchte? – Ich möchte all diese Kultur im Stiche lassen und mich zu dem simplen Schweizerhirten ins Gebirge hinflüchten und seine Alpenlieder, wonach er überall das Heimweh bekömmt, mit ihm spielen.« – – –

Aus diesem fragmentarisch geschriebenen Briefe ist der Zustand, worin Joseph sich in seiner Lage befand, zum Teil zu ersehen. Er fühlte sich verlassen und einsam unter dem Gesumme so vieler unharmonischen Seelen um ihn her; – seine Kunst ward tief entwürdigt dadurch, daß sie auf keinen einzigen, soviel er wußte, einen lebhaften Eindruck machte, da sie ihm doch nur dazu gemacht schien, das menschliche Herz zu rühren. In manchen trüben Stunden verzweifelte er ganz und dachte: »Was ist die Kunst so seltsam und sonderbar! Hat sie denn nur für mich allein so geheimnisvolle Kraft und ist für alle andre Menschen nur Belustigung der Sinne und angenehmer Zeitvertreib? Was ist sie denn wirklich und in der Tat, wenn sie für alle Menschen nichts ist und für mich allein nur etwas? Ist es nicht die unglückseligste Idee, diese Kunst zu seinem ganzen Zweck und Hauptgeschäft zu machen und sich von ihren großen Wirkungen auf die menschlichen Gemüter tausend schöne Dinge einzubilden, von dieser Kunst, die im wirklichen irdischen Leben keine andre Rolle spielt als Kartenspiel oder jeder andre Zeitvertreib?«

Wenn er auf solche Gedanken kam, so dünkte er sich der größte Phantast gewesen zu sein, daß er so sehr gestrebt hatte, ein ausübender Künstler für die Welt zu werden. Er geriet auf die Idee, ein Künstler müsse nur für sich allein, zu seiner eignen Herzenserhebung und für einen oder ein paar Menschen, die ihn verstehen, Künstler sein. Und ich kann diese Idee nicht ganz unrecht nennen. –

Aber ich will das übrige von meines Josephs Leben kurz zusammenfassen, denn die Erinnerungen daran werden mir sehr traurig.

Mehrere Jahre lebte er als Kapellmeister so fort, und seine Mißmütigkeit und das unbehagliche Bewußtsein, daß er mit allem seinen tiefen Gefühl und seinem innigen Kunstsinn für die Welt nichts nütze und weit weniger wirksam sei als jeder Handwerksmann, – nahm immer mehr zu. Oft dachte er mit Wehmut an den reinen idealischen Enthusiasmus seiner Knabenzeit zurück, und daneben an seinen Vater, wie er sich Mühe gegeben hatte, ihn zu einem Arzte zu erziehen, daß er das Elend der Menschen mindern, Unglückliche heilen und so der Welt nützen sollte. Vielleicht wär's besser gewesen! dachte er in manchen Stunden.

Sein Vater war indes bei seinem Alter sehr schwach geworden. Joseph schrieb immer seiner ältesten Schwester und schickte ihr zum

Unterhalt für den Vater. Ihn selber zu besuchen konnte er nicht übers Herz bringen; er fühlte, daß es ihm unmöglich war. Er ward trübsinniger; – sein Leben neigte sich hinunter.
Einst hatte er eine neue schöne Musik von seiner Hand im Konzertsaal aufgeführt: es schien das erstemal, daß er auf die Herzen der Zuhörer etwas gewirkt hatte. Ein allgemeines Erstaunen, ein stiller Beifall, welcher weit schöner als ein lauter ist, erfreute ihn mit der Idee, daß er vielleicht diesmal seine Kunst würdig ausgeübt hätte; er faßte wieder Mut zu neuer Arbeit. Als er hinaus auf die Straße kam, schlich ein sehr armselig gekleidetes Mädchen an ihn heran und wollte ihn sprechen. Er wußte nicht, was er sagen sollte; er sah sie an, – Gott! rief er: – es war seine jüngste Schwester im elendesten Aufzuge. Sie war von Hause zu Fuß hergelaufen, um ihm die Nachricht zu bringen, daß sein Vater todkrank niederliege und ihn vor seinem Ende sehr dringend noch einmal zu sprechen verlange. Da war wieder aller Gesang in seinem Busen zerrissen; in dumpfer Betäubung machte er sich fertig und reiste eilig nach seiner Vaterstadt.
Die Szenen, die am Todbette seines Vaters vorfielen, will ich nicht schildern. Man glaube nicht, daß es zu weitläufigen und wehmütigen gegenseitigen Erörterungen kam; sie verstanden sich ohne viele Worte sehr inniglich; – wie denn darin überhaupt die Natur unserer recht zu spotten scheinet, daß die Menschen sich erst in solchen kritischen letzten Augenblicken recht verstehen. Dennoch ward Joseph von allem bis ins Innerste zerrissen. Seine Geschwister waren im betrübtesten Zustande; zwei davon hatten schlecht gelebt und waren entlaufen; die älteste, der er immer Geld schickte, hatte das meiste vertan und den Vater darben lassen; diesen sah er endlich vor seinen Augen elendiglich sterben: – ach! es war entsetzlich, wie sein armes Herz durch und durch verwundet und zerstochen ward. Er sorgte für seine Geschwister so gut er konnte und kehrte zurück, weil ihn Geschäfte abriefen.
Er sollte zu dem bevorstehenden Osterfest eine neue Passionsmusik machen, auf welche seine neidischen Nebenbuhler sehr begierig waren. Helle Ströme von Tränen brachen ihm aber hervor, sooft er sich zur Arbeit niedersetzen wollte; er konnte sich vor seinem zerrissenen Herzen nicht erretten. Er lag tief daniedergedrückt und

vergraben unter den Schlacken dieser Erde. Endlich riß er sich mit Gewalt auf und streckte mit dem heißesten Verlangen die Arme zum Himmel empor; er füllte seinen Geist mit der höchsten Poesie, mit lautem, jauchzendem Gesange an und schrieb in einer wunderbaren Begeisterung, aber immer unter heftigen Gemütsbewegungen, eine Passionsmusik nieder, die mit ihren durchdringenden und alle Schmerzen des Leidens in sich fassenden Melodien ewig ein Meisterstück bleiben wird. Seine Seele war wie ein Kranker, der in einem wunderbaren Paroxismus größere Stärke als ein Gesunder zeigt.

Aber nachdem er das Oratorium am heiligen Tage im Dom mit der heftigsten Anspannung und Erhitzung aufgeführt hatte, fühlte er sich ganz matt und erschlafft. Eine Nervenschwäche befiel gleich einem bösen Tau, all seine Fibern; – er kränkelte eine Zeitlang hin und starb nicht lange darauf in der Blüte seiner Jahre. – –

Manche Träne hab ich ihm geschenkt, und es ist mir seltsam zumute, wenn ich sein Leben übersehe. Warum wollte der Himmel, daß sein ganzes Leben hindurch der Kampf zwischen seinem ätherischen Enthusiasmus und dem niedrigen Elend dieser Erde ihn so unglücklich machen und endlich sein doppeltes Wesen von Geist und Leib ganz voneinanderreißen sollte!

Wir begreifen die Wege des Himmels nicht. – Aber laßt uns wiederum die Mannigfaltigkeit der erhabenen Geister bewundern, welche der Himmel zum Dienste der Kunst auf die Welt gesetzt hat.

Ein Raffael brachte in aller Unschuld und Unbefangenheit die allergeistreichsten Werke hervor, worin wir den ganzen Himmel sehn; – ein Guido Reni, der ein so wildes Spielerleben führte, schuf die sanftesten und heiligsten Bilder; – ein Albrecht Dürer, ein schlichter nürnbergischer Bürgersmann, verfertigte in eben der Zelle, worin sein böses Weib täglich mit ihm zankte, mit emsigem mechanischem Fleiße gar seelenvolle Kunstwerke; – und Joseph, in dessen harmonischen Werken so geheimnisvolle Schönheit liegt, war verschieden von diesen allen!

Ach! daß eben seine hohe Phantasie es sein mußte, die ihn aufrieb? – Soll ich sagen, daß er vielleicht mehr dazu geschaffen war, Kunst zu genießen als auszuüben? – Sind diejenigen vielleicht glücklicher gebildet, in denen die Kunst still und heimlich wie ein verhüllter Genius arbeitet und sie in ihrem Handeln auf Erden nicht stört? Und muß der Immerbegeisterte seine hohen Phantasien doch auch vielleicht als einen festen Einschlag kühn und stark in dieses irdische Leben einweben, wenn er ein echter Künstler sein will? – Ja, ist diese unbegreifliche Schöpfungskraft nicht etwa überhaupt ganz etwas anderes, und – wie mir jetzt erscheint – etwas noch Wundervolleres, noch Göttlicheres, als die Kraft der Phantasie? –

Der Kunstgeist ist und bleibt dem Menschen ein ewiges Geheimnis, wobei er schwindelt, wenn er die Tiefen desselben ergründen will; – aber auch ewig ein Gegenstand der höchsten Bewunderung: wie denn dies von allem Großen in der Welt zu sagen ist. – –

Ich kann aber nach diesen Erinnerungen an meinen Joseph nichts mehr schreiben. – Ich beschließe mein Buch – und möchte nur wünschen, daß es einem oder dem andern zur Erweckung guter Gedanken dienlich wäre. –

HEINRICH VON KLEIST

Die heilige Cäcilie oder die Gewalt der Musik

Eine Legende

Um das Ende des sechzehnten Jahrhunderts, als die Bilderstürmerei in den Niederlanden wütete, trafen drei Brüder, junge in Wittenberg studierende Leute, mit einem vierten, der in Antwerpen als Prädikant angestellt war, in der Stadt Aachen zusammen. Sie wollten daselbst eine Erbschaft erheben, die ihnen von Seiten eines alten, ihnen allen unbekannten Oheims zugefallen war, und kehrten, weil niemand in dem Ort war, an den sie sich hätten wenden können, in einem Gasthof ein. Nach Verlauf einiger Tage, die sie damit zugebracht hatten, den Prädikanten über die merkwürdigen Auftritte, die in den Niederlanden vorgefallen waren, anzuhören, traf es sich, daß von den Nonnen im Kloster der heiligen Cäcile, das damals vor den Toren dieser Stadt lag, der Fronleichnamstag festlich begangen werden sollte; dergestalt, daß die vier Brüder, von Schwärmerei, Jugend und dem Beispiel der Niederländer erhitzt, beschlossen, auch der Stadt Aachen das Schauspiel einer Bilderstürmerei zu geben. Der Prädikant, der dergleichen Unternehmungen mehr als einmal schon geleitet hatte, versammelte, am Abend zuvor, eine Anzahl junger, der neuen Lehre ergebener Kaufmannssöhne und Studenten, welche, in dem Gasthofe, bei Wein und Speisen, unter Verwünschungen des Papsttums, die Nacht zubrachten; und, da der Tag über die Zinnen der Stadt aufgegangen, versahen sie sich mit Äxten und Zerstörungswerkzeugen aller Art, um ihr ausgelassenes Geschäft zu beginnen. Sie verabredeten frohlockend ein Zeichen, auf welches sie damit anfangen wollten, die Fensterscheiben, mit biblischen Geschichten bemalt, einzuwerfen; und eines großen Anhangs, den sie unter dem Volk finden würden, gewiß, verfügten sie sich, entschlossen keinen Stein auf dem andern zu lassen, in der Stunde, da die Glocken läuteten, in den Dom. Die Äbtissin, die, schon beim Anbruch des Tages, durch einen Freund von der Gefahr, in welcher das Kloster schwebte, benachrichtigt worden war, schickte vergebens, zu wiederholten Malen, zu dem kaiserlichen Offizier, der in der Stadt kommandierte, und bat sich, zum Schutz des Klosters, eine Wache aus; der Offizier, der selbst ein Feind des Papsttums, und als solcher, wenigstens unter der Hand, der neuen Lehre zugetan war, wußte ihr unter dem staatsklugen Vorgeben, daß sie Geister sähe, und für ihr Kloster auch nicht der Schatten einer Gefahr vorhanden sei, die Wache zu verweigern. Inzwischen brach die Stunde an, da die Feierlichkeiten beginnen sollten, und die Nonnen schickten sich, unter Angst und Beten, und jammervoller Erwartung der Dinge, die da kommen sollten, zur Messe an. Niemand beschützte sie, als ein alter, siebzigjähriger Klostervogt, der sich, mit einigen bewaffneten Troßknechten, am Eingang der Kirche aufstellte. In den Nonnenklöstern führen, auf das Spiel jeder Art der Instrumente geübt, die Nonnen, wie bekannt, ihre Musiken selber auf; oft mit einer Präzision, einem Verstand und einer Empfindung, die man in männlichen Orchestern (vielleicht wegen der weiblichen Geschlechtsart dieser geheimnisvollen Kunst) vermißt. Nun fügte es sich, zur Verdoppelung der Bedrängnis, daß die Kapellmeisterin, Schwester Antonia, welche die Musik auf dem Orchester zu dirigieren pflegte, wenige Tage zuvor, an einem Nervenfieber heftig erkrankte; dergestalt, daß abgesehen von den vier gotteslästerlichen Brüdern, die man bereits, in Mänteln gehüllt, unter den Pfeilern der Kirche erblickte, das Kloster auch, wegen Aufführung eines schicklichen Musikwerks, in der lebhaftesten Verlegenheit war. Die Äbtissin, die am Abend des vorhergehenden Tages befohlen hatte, daß eine uralte von einem unbekannten Meister herrührende, italienische Messe aufgeführt werden möchte, mit welcher die Kapelle mehrmals schon, einer besondern Heiligkeit und Herrlichkeit wegen, mit welcher sie gedichtet war, die größesten Wirkungen hervorgebracht hatte, schickte, mehr als jemals auf ihren Willen beharrend, noch einmal zur Schwester Antonia herab, um zu hören, wie sich dieselbe befinde; die Nonne aber, die dies Geschäft übernahm, kam mit der Nachricht zurück, daß die Schwester in gänzlich bewußtlosem Zustande daniederliege, und daß an ihre Direktionsführung, bei der vorhabenden Musik, auf keine Weise zu denken sei. Inzwischen waren in dem Dom, in welchem sich nach und nach mehr denn hundert, mit Beilen und Brechstangen versehene Frevler, von allen Ständen und Altern, eingefunden hatten, bereits die bedenklichsten Auftritte vorgefallen; man hatte einige Troßknechte, die an den Portälen standen, auf die unanständigste Weise geneckt, und sich die frechsten und unverschämtesten Äußerungen gegen die Nonnen erlaubt, die sich hin und wieder, in frommen Geschäften, einzeln in den Hallen blicken ließen: dergestalt, daß der Klostervogt sich in die Sakristei verfügte, und die Äbtissin auf Knieen beschwor, das Fest einzustellen und sich in die Stadt, unter den Schutz des Kommandanten zu begeben. Aber die Äbtissin bestand unerschütterlich darauf, daß das zur Ehre des höchsten Gottes angeordnete Fest begangen werden müsse; sie erinnerte den Klostervogt an seine Pflicht, die Messe und den feierlichen Umgang, der in dem Dom gehalten werden würde, mit Leib und Leben zu beschirmen; und befahl, weil eben die Glocke schlug, den Nonnen, die sie unter Zittern und Beben umringten, ein Oratorium, gleichviel welches und von welchem Wert es sei, zu nehmen, und mit dessen Aufführung sofort den Anfang zu machen.

Eben schickten sich die Nonnen auf dem Altan der Orgel dazu an; die Partitur eines Musikwerks, das man schon häufig gegeben hatte, ward verteilt, Geigen, Hoboen und Bässe geprüft und gestimmt: als Schwester Antonia plötzlich, frisch und gesund, ein wenig bleich im Gesicht, von der Treppe her erschien; sie trug die Partitur der uralten, italienischen Messe, auf deren Aufführung die Äbtissin so dringend bestanden hatte, unter dem Arm. Auf die erstaunte Frage der Nonnen: »wo sie herkomme? und wie sie sich plötzlich so erholt habe?« antwortete sie: gleichviel, Freundinnen, gleichviel! verteilte die Partitur, die sie bei sich trug, und setzte sich selbst, von Begeisterung glühend, an die Orgel, um die Direktion des vortrefflichen Musikstücks zu übernehmen. Demnach kam es, wie ein wunderbarer, himmlischer Trost, in die Herzen der frommen Frauen; sie stellten sich augenblicklich mit ihren Instrumenten an die Pulte; die Beklemmung selbst, in der sie sich befanden, kam hinzu, um ihre Seelen, wie auf Schwingen, durch alle Himmel des

Wohlklangs zu führen; das Oratorium ward mit der höchsten und herrlichsten musikalischen Pracht ausgeführt; es regte sich, während der ganzen Darstellung, kein Odem in den Hallen und Bänken; besonders bei dem salve regina und noch mehr bei dem gloria in excelsis, war es, als ob die ganze Bevölkerung der Kirche tot sei: dergestalt, daß den vier gottverdammten Brüdern und ihrem Anhang zum Trotz, auch der Staub auf dem Estrich nicht verweht ward, und das Kloster noch bis an den Schluß des dreißigjährigen Krieges bestanden hat, wo man es, vermöge eines Artikels im westfälischen Frieden, gleichwohl säkularisierte.

Sechs Jahre darauf, da diese Begebenheit längst vergessen war, kam die Mutter dieser vier Jünglinge aus dem Haag an, und stellte, unter dem betrübten Vorgeben, daß dieselben gänzlich verschollen wären, bei dem Magistrat zu Aachen, wegen der Straße, die sie von hier aus genommen haben mochten, gerichtliche Untersuchungen an. Die letzten Nachrichten, die man von ihnen in den Niederlanden, wo sie eigentlich zu Hause gehörten, gehabt hatte, waren, wie sie meldete, ein vor dem angegebenen Zeitraum, am Vorabend eines Fronleichnamsfestes, geschriebener Brief des Prädikanten, an seinen Freund, einen Schullehrer in Antwerpen, worin er demselben, mit vieler Heiterkeit oder vielmehr Ausgelassenheit, von einer gegen das Kloster der heiligen Cäcilie entworfenen Unternehmung, über welche sich die Mutter jedoch nicht näher auslassen wollte, auf vier dichtgedrängten Seiten vorläufige Anzeige machte. Nach mancherlei vergeblichen Bemühungen, die Personen, welche diese bekümmerte Frau suchte, auszumitteln, erinnerte man sich endlich, daß sich schon seit einer Reihe von Jahren, welche ohngefähr auf die Angabe paßte, vier junge Leute, deren Vaterland und Herkunft unbekannt sei, in dem durch des Kaisers Vorsorge unlängst gestifteten Irrenhause der Stadt befanden. Da dieselben jedoch an der Ausschweifung einer religiösen Idee krank lagen, und ihre Aufführung, wie das Gericht dunkel gehört zu haben meinte, äußerst trübselig und melancholisch war; so paßte dies zu wenig auf den, der Mutter nur leider zu wohl bekannten Gemütsstand ihrer Söhne, als daß sie auf diese Anzeige, besonders da es fast herauskam, als ob die Leute katholisch wären, viel hätte geben sollen. Gleichwohl, durch mancherlei Kennzeichen, womit man sie beschrieb, seltsam getroffen, begab sie sich eines Tages, in Begleitung eines Gerichtsboten, in das Irrenhaus, und bat die Vorsteher um die Gefälligkeit, ihr zu den vier unglücklichen, sinnverwirrten Männern, die man daselbst aufbewahre, einen prüfenden Zutritt zu gestatten. Aber wer beschreibt das Entsetzen der armen Frau, als sie gleich auf den ersten Blick, so wie sie in die Tür trat, ihre Söhne erkannte: sie saßen, in langen, schwarzen Talaren, um einen Tisch, auf welchem ein Kruzifix stand, und schienen, mit gefalteten Händen schweigend auf die Platte gestützt, dasselbe anzubeten. Auf die Frage der Frau, die ihrer Kräfte beraubt, auf einen Stuhl niedergesunken war: was sie daselbst machten? antworteten ihr die Vorsteher: »daß sie bloß in der Verherrlichung des Heilands begriffen wären, von dem sie, nach ihrem Vorgeben, besser als andre, einzusehen glaubten, daß er der wahrhaftige Sohn des alleinigen Gottes sei.« Sie setzten hinzu: »daß die Jünglinge, seit nun schon sechs Jahren, dies geisterartige Leben führten; daß sie wenig schliefen und wenig genössen; daß kein Laut über ihre Lippen käme; daß sie sich bloß in der Stunde der Mitternacht einmal von ihren Sitzen erhöben; und daß sie alsdann, mit einer Stimme, welche die Fenster des Hauses bersten machte, das gloria in excelsis intonierten.« Die Vorsteher schlossen mit der Versicherung: daß die jungen Männer dabei körperlich vollkommen gesund wären; daß man ihnen sogar eine gewisse, obschon sehr ernste und feierliche, Heiterkeit nicht absprechen könnte; daß sie, wenn man sie für verrückt erklärte, mitleidig die Achseln zuckten, und daß sie schon mehr als einmal geäußert hätten: »wenn die gute Stadt Aachen wüßte, was sie, so würde dieselbe ihre Geschäfte bei Seite legen, und sich gleichfalls, zur Absingung des gloria, um das Kruzifix des Herrn niederlassen.«

Die Frau, die den schauderhaften Anblick dieser Unglücklichen nicht ertragen konnte und sich bald darauf, auf wankenden Knieen, wieder hatte zu Hause führen lassen, begab sich, um über die Veranlassung dieser ungeheuren Begebenheit Auskunft zu erhalten, am Morgen des folgenden Tages, zu Herrn Veit Gotthelf, berühmten Tuchhändler der Stadt; denn dieses Mannes erwähnte der von dem Prädikanten geschriebene Brief, und es ging daraus hervor, daß derselbe an dem Projekt, das Kloster der heiligen Cäcilie am Tage des Fronleichnamsfestes zu zerstören, eifrigen Anteil genommen habe. Veit Gotthelf, der Tuchhändler, der sich inzwischen verheiratet, mehrere Kinder gezeugt, und die beträchtliche Handlung seines Vaters übernommen hatte, empfing die Fremde sehr liebreich: und da er erfuhr, welch ein Anliegen sie zu ihm führe, so verriegelte er die Tür, und ließ sich, nachdem er sie auf einen Stuhl niedergenötigt hatte, folgendermaßen vernehmen: »Meine liebe Frau! Wenn Ihr mich, der mit Euren Söhnen vor sechs Jahren in genauer Verbindung gestanden, in keine Untersuchung deshalb verwickeln wollt, so will ich Euch offenherzig und ohne Rückhalt gestehen: ja, wir haben den Vorsatz gehabt, dessen der Brief erwähnt! Wodurch diese Tat, zu deren Ausführung alles, auf das Genaueste, mit wahrhaft gottlosem Scharfsinn, angeordnet war, gescheitert ist, ist mir unbegreiflich; der Himmel selbst scheint das Kloster der frommen Frauen in seinen heiligen Schutz genommen zu haben. Denn wißt, daß sich Eure Söhne bereits, zur Einleitung entscheidenderer Auftritte, mehrere mutwillige, den Gottesdienst störende Possen erlaubt hatten: mehr denn dreihundert, mit Beilen und Pechkränzen versehene Bösewichter, aus den Mauern unserer damals irregeleiteten Stadt, erwarteten nichts als das Zeichen, das der Prädikant geben sollte, um den Dom der Erde gleich zu machen. Dagegen, bei Anhebung der Musik, nehmen Eure Söhne plötzlich, in gleichzeitiger Bewegung, und auf eine uns auffallende Weise, die Hüte ab; sie legen, nach und nach, wie in tiefer unaussprechlicher Rührung, die Hände vor ihr herabgebeugtes Gesicht, und der Prädikant, indem er sich, nach einer erschütternden Pause, plötzlich umwendet, ruft uns allen mit lauter fürchterlicher Stimme zu: gleichfalls unsere Häupter zu entblößen! Vergebens fordern ihn einige Genossen flüsternd, indem sie ihn mit ihren Armen leichtfertig anstoßen, auf, das zur Bilderstürmerei verabredete Zeichen zu geben: der Prädikant, statt zu antworten, läßt sich, mit kreuzweis auf die Brust gelegten Händen, auf Knieen nieder und murmelt, samt den Brüdern, die Stirn inbrünstig in den Staub herab gedrückt, die ganze Reihe noch kurz vorher von ihm verspotteter Gebete ab. Durch diesen Anblick tief im Innersten verwirrt, steht der Haufen der jämmerlichen Schwärmer, seiner Anführer beraubt, in Unschlüssigkeit und Untätigkeit, bis an den Schluß des, vom Altan wunderbar herabrauschenden Oratoriums da; und da, auf Befehl des Kommandanten, in eben diesem Augenblick mehrere Arretierungen verfügt, und einige Frevler, die sich Unordnungen erlaubt hatten, von einer Wache aufgegriffen und abgeführt wurden, so bleibt der elenden Schar nichts übrig, als sich schleunigst, unter dem Schutz der gedrängt aufbrechenden Volksmenge, aus dem Gotteshause zu entfernen. Am Abend, da ich in dem Gasthofe vergebens mehrere Mal nach Euren Söhnen, welche nicht wiedergekehrt waren, gefragt hatte, gehe ich, in der entsetzlichsten Unruhe, mit einigen Freunden wieder nach dem Kloster hinaus, um mich bei den Türstehern, welche der kaiserlichen Wache hülfreich an die Hand gegangen waren, nach ihnen zu erkundigen. Aber wie schildere ich Euch mein Entsetzen, edle Frau, da ich diese vier Männer nach wie vor, mit gefalteten Händen, den Boden mit Brust und Scheiteln küssend, als ob sie zu Stein erstarrt wären, heißer Inbrunst voll vor dem Altar der Kirche daniedergestreckt liegen sehe! Umsonst forderte sie der Klostervogt, der in eben diesem Augenblick herbeikommt, indem er sie am Mantel zupft und an den Armen rüttelt, auf, den Dom, in welchem es schon ganz finster werde, und kein Mensch mehr gegenwärtig sei, zu verlassen: sie hören, auf träumerische Weise halb aufstehend, nicht eher auf ihn, als bis er sie durch seine Knechte unter den Arm nehmen, und vor das Portal hinaus führen läßt: wo sie uns endlich, obschon unter Seufzern und häufigem herzzerreißenden Umsehen nach der Kathedrale, die hinter uns im Glanz der Sonne prächtig funkelte, nach der Stadt folgen. Die Freunde und ich, wir fragen sie, zu wiederholten Malen, zärtlich und liebreich auf dem Rückwege, was ihnen in aller Welt Schreckliches, fähig, ihr innerstes Gemüt dergestalt umzukehren, zugestoßen sei; sie drücken uns, indem sie uns freundlich ansehen, die Hände, schauen gedankenvoll auf den Boden nieder und wischen sich – ach! von Zeit zu Zeit, mit einem Ausdruck, der mir noch jetzt das Herz spaltet, die Tränen aus den Augen. Drauf, in ihre Wohnungen angekommen, binden sie sich ein Kreuz, sinnreich und zierlich von Birkenreisern zusammen, und setzen es, einem kleinen Hügel von Wachs eingedrückt, zwischen zwei Lichtern, womit die Magd erscheint, auf dem großen Tisch in des Zimmers Mitte nieder, und während die Freunde, deren Schar sich von Stunde zu Stunde vergrößert, händeringend zur Seite stehen, und in zerstreuten Gruppen, sprachlos vor Jammer, ihrem stillen, gespensterartigen Treiben zusehen: lassen sie sich, gleich als ob ihre Sinne vor jeder andern Erscheinung verschlossen wären, um den Tisch nieder, und schicken sich still, mit gefalteten Händen, zur Anbetung an. Weder des Essens begehren sie, das ihnen, zur Bewirtung der Genossen, ihrem am Morgen gegebenen Befehl gemäß, die Magd bringt, noch späterhin, da die Nacht sinkt, des Lagers, das sie ihnen, weil sie müde scheinen, im Nebengemach aufgestapelt hat; die Freunde, um die Entrüstung des Wirts, den diese Aufführung befremdet, nicht zu reizen, müssen sich an einen, zur Seite üppig gedeckten Tisch niederlassen, und die, für eine zahlreiche Gesellschaft zubereiteten Speisen, mit dem Salz ihrer bitterlichen Tränen gebeizt, einnehmen. Jetzt plötzlich schlägt die Stunde der Mitternacht; Eure vier Söhne, nachdem sie einen Augenblick gegen den dumpfen Klang der Glocke aufgehorcht, heben sich plötzlich in gleichzeitiger Bewegung, von ihren Sitzen empor; und während wir, mit niedergelegten Tischtüchern, zu ihnen hinüberschauen, ängstlicher Erwartung voll, was auf so seltsames und befremdendes Beginnen erfolgen werde: fangen sie, mit einer entsetzlichen und gräßlichen Stimme, das gloria in excelsis zu intonieren an. So mögen sich Leoparden und Wölfe anhören lassen, wenn sie zur eisigen Winterzeit, das Firmament anbrüllen: die Pfeiler des Hauses, versichere ich Euch, erschütterten, und die Fenster, von ihrer Lungen sichtbarem Atem getroffen, drohten klirrend, als ob man Hände voll schweren Sandes gegen ihre Flächen würfe, zusammen zu brechen. Bei diesem grausenhaften Auftritt stürzen wir besinnungslos, mit sträubenden Haaren auseinander; wir zerstreuen uns, Mäntel und Hüte zurücklassend, durch die umliegenden Straßen, welche in kurzer Zeit, statt unsrer, von mehr denn hundert, aus dem Schlaf geschreckter Menschen, angefüllt waren; das Volk drängt sich, die Haustüre sprengend, über die Stiege dem Saale zu, um die Quelle dieses schauderhaften und empörenden Gebrülls, das, wie von den Lippen ewig verdammter Sünder, aus dem tiefsten Grund der flammenvollen Hölle, jammervoll um Erbarmung zu Gottes Ohren heraufdrang, aufzusuchen. Endlich, mit dem Schlage der Glocke Eins, ohne auf das Zürnen des Wirts, noch auf die erschütterten Ausrufungen des sie umringenden Volks gehört zu haben, schließen sie den Mund; sie wischen sich mit einem Tuch den Schweiß von der Stirn, der ihnen, in großen Tropfen, auf Kinn und Brust niederträuft; und breiten ihre Mäntel aus, und legen sich, um eine Stunde von so qualvollen Geschäften auszuruhen, auf das Getäfel des Bodens nieder. Der Wirt, der sie gewähren läßt, schlägt, sobald er sie schlummern sieht, ein Kreuz über sie; und froh, des Elends für den Augenblick erledigt zu sein, bewegt er, unter der Versicherung, der Morgen werde eine heilsame Veränderung herbeiführen, den Männerhaufen, der gegenwärtig ist, und der geheimnisvoll mit einander murmelt, das Zimmer zu verlassen. Aber leider! schon mit dem ersten Schrei des Hahns, stehen die Unglücklichen wieder auf, um dem auf dem Tisch befindlichen Kreuz gegenüber, dasselbe öde, gespensterartige Klosterleben, das nur Erschöpfung sie auf einen Augenblick auszusetzen zwang, wieder anzufangen. Sie nehmen von dem Wirt, dessen Herz ihr jammervoller Anblick schmelzt, keine Ermahnung, keine Hülfe an; sie bitten ihn, die Freunde liebreich abzuweisen, die sich sonst regelmäßig am Morgen jedes Tages bei ihnen zu versammeln pflegten; sie begehren nichts von ihm, als Wasser und Brot, und ein Streu, wenn es sein kann, für die Nacht: dergestalt, daß dieser Mann, der sonst viel Geld von ihrer Heiterkeit zog, sich genötigt sah, den ganzen Vorfall den Gerichten anzuzeigen und sie zu bitten, ihm diese vier Menschen, in welchen ohne Zweifel der böse Geist walten müsse, aus dem Hause zu schaffen. Worauf sie, auf Befehl des Magistrats, in ärztliche Untersuchung genommen, und, da man sie verrückt befand, wie Ihr wißt, in die Gemächer des Irrenhauses untergebracht wurden, das die Milde des letzt verstorbenen Kaisers, zum Besten der Unglücklichen dieser Art, innerhalb der Mauern unserer Stadt gegründet hat.« Dies und noch Mehreres sagte Veit Gotthelf, der Tuchhändler, das wir hier, weil wir zur Einsicht in den inneren Zusammenhang der Sache genug gesagt zu haben meinen, unterdrücken; und forderte die Frau nochmals auf, ihn auf keine Weise, falls es zu gerichtlichen Nachforschungen über diese Begebenheit kommen sollte, darin zu verstricken.

Drei Tage darauf, da die Frau, durch diesen Bericht tief im Innersten erschüttert, am Arm einer Freundin nach dem Kloster hinausgegangen war, in der wehmütigen Absicht, auf einem Spaziergang, weil eben das Wetter schön war, den entsetzlichen Schauplatz in Augenschein zu nehmen, auf welchem Gott ihre Söhne wie durch unsichtbare Blitze zu Grunde gerichtet hatte: fanden die Weiber den Dom, weil eben gebaut wurde, am Eingang durch Planken versperrt, und konnten, wenn sie sich mühsam erhoben, durch die Öffnungen der Bretter hindurch von dem Inneren nichts, als die prächtig funkelnde Rose im Hintergrund der Kirche wahrnehmen. Viele hundert Arbeiter, welche fröhliche Lieder sangen, waren auf schlanken, vielfach verschlungenen Gerüsten beschäftigt, die Türme noch um ein gutes Dritteil zu erhöhen, und die Dächer und Zinnen derselben, welche bis jetzt nur mit Schiefer bedeckt gewesen waren, mit starkem, hellen, im Strahl der Sonne glänzigen Kupfer zu belegen. Dabei stand ein Gewitter, dunkelschwarz, mit vergoldeten Rändern, im Hintergrunde des Baus; dasselbe hatte schon über die Gegend von Aachen ausgedonnert, und nachdem es noch einige kraftlose Blitze, gegen die Richtung, wo der Dom stand, geschleudert hatte, sank es, zu Dünsten aufgelöst, mißvergnügt murmelnd in Osten herab. Es traf sich, daß da die Frauen von der Treppe des weitläufigen klösterlichen Wohngebäudes herab, in mancherlei Gedanken vertieft, dies doppelte Schauspiel betrachteten, eine Klosterschwester, welche vorüberging, zufällig erfuhr, wer die unter dem Portal stehende Frau sei; dergestalt, daß die Äbtissin, die von einem, den Fronleichnamstag betreffenden Brief, den dieselbe bei sich trug, gehört hatte, unmittelbar darauf die Schwester zu ihr herabschickte, und die niederländische Frau ersuchen ließ, zu ihr herauf zu kommen. Die Niederländerin, obschon einen Augenblick dadurch betroffen, schickte sich nichts desto weniger ehrfurchtsvoll an, dem Befehl, den man ihr angekündigt hatte, zu gehorchen; und während die Freundin, auf die Einladung der Nonne, in ein dicht an dem Eingang befindliches Nebenzimmer abtrat, öffnete man der Fremden, welche die Treppe hinaufsteigen mußte, die Flügeltüren des schön gebildeten Söllers selbst. Daselbst fand sie die Äbtissin, welches eine edle Frau, von stillem königlichen Ansehn war, auf einem Sessel sitzen, den Fuß auf einem Schemel gestützt, der auf Drachenklauen ruhte; ihr zur Seite, auf einem Pulte, lag die Partitur einer Musik. Die Äbtissin, nachdem sie befohlen hatte, der Fremden einen Stuhl hinzusetzen, entdeckte ihr, daß sie bereits durch den Bürgermeister von ihrer Ankunft in der Stadt gehört; und nachdem sie sich, auf menschenfreundliche Weise, nach dem Befinden ihrer unglücklichen Söhne erkundigt, auch sie ermuntert hatte, sich über das Schicksal, das dieselben betroffen, weil es einmal nicht zu ändern sei, möglichst zu fassen: eröffnete sie ihr den Wunsch, den Brief zu sehen, den der Prädikant an seinen Freund, den Schullehrer in Antwerpen geschrieben hatte. Die Frau, welche Erfahrung genug besaß, einzusehen, von welchen Folgen dieser Schritt sein konnte, fühlte sich dadurch auf einen Augenblick in Verlegenheit gestürzt; da jedoch das ehrwürdige Antlitz der Dame unbedingtes Vertrauen erforderte, und auf keine Weise schicklich war, zu glauben, daß ihre Absicht sein könne, von dem Inhalt desselben einen öffentlichen Gebrauch zu machen; so nahm sie, nach einer kurzen Besinnung, den Brief aus ihrem Busen, und reichte ihn, unter einem heißen Kuß auf ihre Hand, der fürstlichen Dame dar. Die Frau, während die Äbtissin den Brief überlas, warf nunmehr einen Blick auf die nachlässig über dem Pult aufgeschlagene Partitur; und da sie, durch den Bericht des Tuchhändlers, auf den Gedanken gekommen war, es könne wohl die Gewalt der Töne gewesen sein, die, an jenem schauerlichen Tage, das Gemüt ihrer armen Söhne zerstört und verwirrt habe: so fragte sie die Klosterschwester, die hinter ihrem Stuhle stand, indem sie sich zu ihr umkehrte, schüchtern: »ob dies das Musikwerk wäre, das vor sechs Jahren, am Morgen jenes merkwürdigen Fronleichnamsfestes, in der Kathedrale aufgeführt worden sei?« Auf die Antwort der jungen Klosterschwester: ja! sie erinnere sich davon gehört zu haben, und es pflege seitdem, wenn man es nicht brauche, im Zimmer der hochwürdigsten Frau zu liegen: stand, lebhaft erschüttert, die Frau auf, und stellte sich, von mancherlei Gedanken durchkreuzt, vor den Pult. Sie betrachtete die unbekannten zauberischen Zeichen, womit sich ein fürchterlicher Geist geheimnisvoll den Kreis abzustecken schien, und meinte, in die Erde zu sinken, da sie grade das gloria in excelsis aufgeschlagen fand. Es war ihr, als ob das ganze Schrecken der Tonkunst, das ihre Söhne verderbt hatte, über ihrem Haupte rauschend daherzöge; sie glaubte, bei dem bloßen Anblick ihre Sinne zu verlieren, und nachdem sie schnell, mit einer unendlichen Regung von Demut und Unterwerfung unter die göttliche

Allmacht, das Blatt an ihre Lippen gedrückt hatte, setzte sie sich wieder auf ihren Stuhl zurück. Inzwischen hatte die Äbtissin den Brief ausgelesen und sagte, indem sie ihn zusammen faltete: »Gott selbst hat das Kloster, an jenem wunderbaren Tage, gegen den Übermut Eurer schwer verirrten Söhne beschirmt. Welcher Mittel er sich dabei bedient, kann Euch, die Ihr eine Protestantin seid, gleichgültig sein: Ihr würdet auch das, was ich Euch darüber sagen könnte, schwerlich begreifen. Denn vernehmt, daß schlechterdings niemand weiß, wer eigentlich das Werk, das Ihr dort aufgeschlagen findet, im Drang der schreckenvollen Stunde, da die Bilderstürmerei über uns hereinbrechen sollte, ruhig auf dem Sitz der Orgel dirigiert habe. Durch ein Zeugnis, das am Morgen des folgenden Tages, in Gegenwart des Klostervogts und mehrerer anderen Männer aufgenommen und im Archiv niedergelegt ward, ist erwiesen, daß Schwester Antonia, die einzige, die das Werk dirigieren konnte, während des ganzen Zeitraums seiner Aufführung, krank, bewußtlos, ihrer Glieder schlechthin unmächtig, im Winkel ihrer Klosterzelle darniedergelegen habe; eine Klosterschwester, die ihr als leibliche Verwandte zur Pflege ihres Körpers beigeordnet war, ist während des ganzen Vormittags, da das Fronleichnamsfest in der Kathedrale gefeiert worden, nicht von ihrem Bette gewichen. Ja, Schwester Antonia würde ohnfehlbar selbst den Umstand, daß sie es nicht gewesen sei, die, auf so seltsame und befremdende Weise, auf dem Altan der Orgel erschien, bestätigt und bewahrheitet haben: wenn ihr gänzlich sinnberaubter Zustand erlaubt hätte, sie darum zu befragen, und die Kranke nicht noch am Abend desselben Tages, an dem Nervenfieber, an dem sie danieder lag, und welches früherhin gar nicht lebensgefährlich schien, verschieden wäre. Auch hat der Erzbischof von Trier, an den dieser Vorfall berichtet ward, bereits das Wort ausgesprochen, das ihn allein erklärt, nämlich, ›daß die heilige Cäcilie selbst dieses zu gleicher Zeit schreckliche und herrliche Wunder vollbracht habe‹; und von dem Papst habe ich soeben ein Breve erhalten, wodurch er dies bestätigt.« Und damit gab sie der Frau den Brief, den sie sich bloß von ihr erbeten hatte, um über das, was sie schon wußte, nähere Auskunft zu erhalten, unter dem Versprechen, daß sie davon keinen Gebrauch machen würde, zurück; und nachdem sie dieselbe noch ge-

fragt hatte, ob zur Wiederherstellung ihrer Söhne Hoffnung sei, und ob sie ihr vielleicht mit irgend etwas, Geld oder eine andere Unterstützung, zu diesem Zweck dienen könne, welches die Frau, indem sie ihr den Rock küßte, weinend verneinte: grüßte sie dieselbe freundlich mit der Hand und entließ sie.
Hier endigt diese Legende. Die Frau, deren Anwesenheit in Aachen gänzlich nutzlos war, ging mit Zurücklassung eines kleinen Kapitals, das sie zum Besten ihrer armen Söhne bei den Gerichten niederlegte, nach dem Haag zurück, wo sie ein Jahr darauf, durch diesen Vorfall tief bewegt, in den Schoß der katholischen Kirche zurückkehrte: die Söhne aber starben, im späten Alter, eines heitern und vergnügten Todes, nachdem sie noch einmal, ihrer Gewohnheit gemäß, das gloria in excelsis abgesungen hatten.

JEAN PAUL

Das Testament

Solange Haßlau eine Residenz ist, wußte man sich nicht zu erinnern, daß man darin auf etwas mit solcher Neugier gewartet hätte – die Geburt des Erbprinzen ausgenommen – als auf die Eröffnung des van der Kabelschen Testaments. – Van der Kabel konnte der Haßlauer Krösus – und sein Leben eine Münzbelustigung heißen oder eine Goldwäsche unter einem goldnen Regen oder wie sonst der Witz wollte. Sieben noch lebende weitläuftige Anverwandte von sieben verstorbenen weitläuftigen Anverwandten Kabels machten sich zwar einige Hoffnung auf Plätze im Vermächtnis, weil der Krösus ihnen geschworen, ihrer da zu gedenken; aber die Hoffnungen blieben zu matt, weil man ihm nicht sonderlich trauen wollte, da er nicht nur so mürrisch-sittlich und uneigennützig überall wirtschaftete – in der Sittlichkeit aber waren die sieben Anverwandten noch Anfänger – sondern auch immer so spöttisch dareingriff und mit einem solchen Herzen voll Streiche und Fallstricke, daß sich auf ihn nicht fußen ließ: Das fortstrahlende Lächeln um seine Schläfe und Wulstlippen und die höhnische Fistelstimme schwächten den guten Eindruck, den sein edel gebautes Gesicht und ein Paar große Hände, aus denen jeden Tag Neujahrsgeschenke und Benefiz-Komödien und Gratiale fielen, hätten machen können; deswegen gab das Zuggevögel den Mann, diesen lebendigen Vogelbeerbaum, worauf es aß und nistete, für eine heimliche Schneuß aus und konnte die sichtbaren Beeren vor unsichtbaren Haarschlingen kaum sehen.

Zwischen zwei Schlagflüssen hatt' er sein Testament aufgesetzt und dem Magistrate anvertraut. Noch als er den Depositionsschein den sieben Präsumtiv-Erben halbsterbend übergab: sagt' er mit altem Tone, er wolle nicht hoffen, daß dieses Zeichen seines Ablebens gesetzte Männer niederschlage, die er sich viel lieber als lachende Erben denke denn als weinende; und nur einer davon, der kalte Ironiker, der Polizei-Inspektor Harprecht, erwiderte dem warmen:

ihr sämtlicher Anteil an einem solchen Verluste stehe wohl nicht in ihrer Gewalt.
Endlich erschienen die sieben Erben mit ihrem Depositionsschein auf dem Rathause, namentlich der Kirchenrat Glanz, der Polizei-Inspektor, der Hofagent Neupeter, der Hoffiskal Knoll, der Buchhändler Paßvogel, der Frühprediger Flachs und Flitte aus Elsaß. Sie drangen bei dem Magistrate auf die vom sel. Kabel insinuierte Charte und die Öffnung des Testaments ordentlich und geziemend. Der Ober-Exekutor des letztern war der regierende Bürgermeister selber, die Unter-Exekutores der restierende Stadt-Rat. Sofort wurden Charte und Testament aus der Rats-Kammer vorgeholt in die Ratsstube – sämtlichen Rats- und Erbherrn herumgezeigt, damit sie das darauf bedruckte Stadt-Sekret besähen – die auf die Charte geschriebene Insinuations-Registratur vom Stadtschreiber den sieben Erben laut vorgelesen und ihnen dadurch bekannt gemacht, daß der Selige die Charte dem Magistrate wirklich insinuiert und scrinio rei publicae anvertraut, und daß er am Tage der Insinuation noch vernünftig gewesen – endlich wurden die sieben Siegel, die er selber darauf gesetzt, ganz befunden. Jetzt konnte das Testament – nachdem der Stadtschreiber wieder über dieses alles eine kurze Registratur abgefasset – in Gottes Namen aufgemacht und vom regierenden Bürgermeister so vorgelesen werden, wie folgt:

Ich van der Kabel testiere 179* den 7. Mai hier in meinem Hause in Haßlau in der Hundsgasse ohne viele Millionen Worte, ob ich gleich ein deutscher Notarius und ein holländischer Dominé gewesen. Doch glaub' ich, werd' ich in der Notariatskunst noch so zu Hause sein, daß ich als ordentlicher Testator und Erblasser auftreten kann.
Testatoren stellen die bewegenden Ursachen ihrer Testamente voran. Diese sind bei mir, wie gewöhnlich, der selige Hintritt und die Verlassenschaft, welche von vielen gewünscht wird. Über Begraben und dergleichen zu reden, ist zu weich und dumm. Das aber, als was Ich übrigbleibe, setze die ewige Sonne droben in einen ihrer grünen Frühlinge, in keinen düstern Winter.
Die milden Gestifte, nach denen Notarien zu fragen haben, mach'

ich so, daß ich für dreitausend hiesige Stadtarme jeder Stände ebenso viele leichte Gulden aussetze, wofür sie an meinem Todestage im künftigen Jahre auf der Gemeinhut, wenn nicht gerade das Revue-Lager da steht, ihres aufschlagen und beziehen, das Geld froh verspeisen und dann in die Zelte sich kleiden können. Auch vermach' ich allen Schulmeistern unsers Fürstentums, dem Mann einen Augustd'or, so wie hiesiger Judenschaft meinen Kirchenstand in der Hofkirche. Da ich mein Testament in Klauseln eingeteilt haben will, so ist diese die erste.

2te KLAUSEL

Allgemein wird Erbsatzung und Enterbung unter die wesentlichsten Testamentsstücke gezählt. Demzufolge vermach' ich denn dem Hrn. Kirchenrat Glanz, dem Hrn. Hoffiskal Knoll, dem Hrn. Hofagent Peter Neupeter, dem Hrn. Polizei-Inspektor Harprecht, dem Hrn. Frühprediger Flachs und dem Hrn. Hofbuchhändler Paßvogel und Hrn. Flitten vor der Hand nichts, weniger weil ihnen als den weitläufigsten Anverwandten keine Trebellianica gebührt, oder weil die meisten selber genug zu vererben haben, als weil ich aus ihrem eigenen Munde weiß, daß sie meine geringe Person lieber haben als mein großes Vermögen, bei welcher ich sie denn lasse, so wenig auch an ihr zu holen ist. – –
Sieben lange Gesichtslängen fuhren hier wie Siebenschläfer auf. Am meisten fand sich der Kirchenrat, ein noch junger, aber durch gesprochene und gedruckte Kanzelreden in ganz Deutschland berühmter Mann, durch solche Stiche beleidigt – dem Elsasser Flitte entging im Sessionszimmer ein leicht geschnalzter Fluch – Flachsen, dem Frühprediger, wuchs das Kinn zu einem Bart abwärts – mehrere leise Stoß-Nachrufe an den seligen Kabel, mit Namen Schubjack, Narr, Unchrist usw., konnte der Stadtrat hören. Aber der regierende Bürgermeister Kuhnold winkte mit der Hand, der Hoffiskal und der Buchhändler spannten alle Spring- und Schlagfedern an ihren Gesichtern wie an Fallen wieder an, und jener las fort, obwohl mit erzwungenem Ernste:

Ausgenommen gegenwärtiges Haus in der Hundsgasse, als welches nach dieser meiner dritten Klausel ganz so, wie es steht und geht, demjenigen von meinen sieben genannten Hrn. Anverwandten anfallen und zugehören soll, welcher in einer halben Stunde (von der Vorlesung der Klausel an gerechnet) früher als die übrigen sechs Nebenbuhler eine oder ein paar Tränen über mich, seinen dahingegangenen Onkel, vergießen kann vor einem löblichen Magistrate, der es protokolliert. Bleibt aber alles trocken, so muß das Haus gleichfalls dem Universalerben verfallen, den ich sogleich nennen werde. –

Hier machte der Bürgermeister das Testament zu, merkte an, die Bedingung sei wohl ungewöhnlich, aber doch nicht gesetzwidrig, sondern das Gericht müsse dem ersten, der weine, das Haus zusprechen, legte seine Uhr auf den Sessionstisch, welche auf 11 1/2 Uhr zeigte, und setzte sich ruhig nieder, um als Testaments-Vollstrekker so gut wie das ganze Gericht aufzumerken, wer zuerst die begehrten Tränen über den Testator vergösse.

– Daß es, solange die Erde geht und steht, je auf ihr einen betrübtern und krausern Kongreß gegeben als diesen von sieben gleichsam zum Weinen vereinigten trocknen Provinzen, kann wohl ohne Parteilichkeit nicht angenommen werden. Anfangs wurde noch kostbare Minuten hindurch bloß verwirrt gestaunt und gelächelt; der Kongreß sah sich zu plötzlich in jenen Hund umgesetzt, dem mitten im zornigsten Losrennen der Feind zurief: wart auf! – und der plötzlich auf die Hinterfüße stieg und Zähne-bleckend aufwartete – vom Verwünschen wurde man zu schnell ins Beweinen emporgerissen.

An reine Rührung konnte – das sah jeder – keiner denken, so im Galopp an Platzregen, an Jagdtaufe der Augen; doch konnte in 26 Minuten etwas geschehen.

Der Kaufmann Neupeter fragte, ob das nicht ein verfluchter Handel und Narrensposse sei für einen verständigen Mann, und verstand sich zu nichts; doch verspürt' er bei dem Gedanken, daß ihm ein Haus auf *einer* Zähre in den Beutel schwimmen könnte, sonder-

baren Drüsen-Reiz und sah wie eine kranke Lerche aus, die man mit einem eingeölten Stecknadelknopfe – das Haus war der Knopf – klistiert.
Der Hoffiskal Knoll verzog sein Gesicht wie ein armer Handwerksmann, den ein Gesell Sonnabend abends bei einem Schusterlicht rasiert und radiert; er war fürchterlich erboset auf den Mißbrauch des Titels von Testamenten und nahe genug an Tränen des Grimms.
Der listige Buchhändler Paßvogel machte sich sogleich still an die Sache selber und durchging flüchtig alles Rührende, was er teils im Verlage hatte, teils in Kommission; und hoffte etwas zu brauen; noch sah er dabei aus wie ein Hund, der das Brechmittel, das ihm der Pariser Hundearzt Hemet auf die Nase gestrichen, langsam ableckt; es war durchaus Zeit erforderlich zum Effekt.
Flitte aus Elsaß tanzte geradezu im Sessionszimmer, besah lachend alle Ernste und schwur, er sei nicht der Reichste unter ihnen, aber für ganz Straßburg und Elsaß dazu wär' er nicht imstande, bei einem solchen Spaß zu weinen. –
Zuletzt sah ihn der Polizei-Inspektor Harprecht sehr bedeutend an und versicherte: falls Monsieur etwan hoffe, durch Gelächter aus den sehr bekannten Drüsen und aus den Meibomischen und der Karunkel und andern die begehrten Tropfen zu erpressen und sich diebisch mit diesem Fensterschweiß zu beschlagen, so wolle er ihn erinnern, daß er damit so wenig gewinnen könne, als wenn er die Nase schneuzen und davon profitieren wollte, indem in letztere, wie bekannt, durch den ductus nasalis mehr aus den Augen fließe als in jeden Kirchenstuhl hinein unter einer Leichenpredigt. – Aber der Elsasser versicherte, er lache nur zum Spaß, nicht aus ernstern Absichten.
Der Inspektor seinerseits, bekannt mit seinem dephlegmierten Herzen, suchte dadurch etwas Passendes in die Augen zu treiben, daß er mit ihnen sehr starr und weit offen blickte.
Der Frühprediger Flachs sah aus wie ein reitender Betteljude, mit welchem ein Hengst durchgeht; indes hätt' er mit seinem Herzen, das durch Haus- und Kirchenjammer schon die besten schwülsten Wolken um sich hatte, leicht wie eine Sonne vor elendem Wetter auf der Stelle das nötigste Wasser aufgezogen, wär' ihm nur nicht

das herschiffende Flöß-Haus immer dazwischengekommen als ein gar zu erfreulicher Anblick und Damm.

Der Kirchenrat, der seine Natur kannte aus Neujahrs- und Leichenpredigten, und der gewiß wußte, daß er sich selber zuerst erweiche, sobald er nur an andere Erweichungs-Reden halte, stand auf – da er sich und andere so lang am Trockenseile hängen sah – und sagte mit Würde, jeder, der seine gedruckten Werke gelesen, wisse gewiß, daß er ein Herz im Busen trage, das so heilige Zeichen, wie Tränen sind, eher zurückzudrängen, um keinem Nebenmenschen damit etwas zu entziehen, als mühsam hervorzureizen nötig habe aus Nebenabsichten. – »Dies Herz hat sie schon vergossen, aber heimlich, denn Kabel war ja mein Freund«, sagt' er und sah umher.

Mit Vergnügen bemerkte er, daß alle noch so trocken dasaßen wie Korkhölzer; besonders jetzt konnten Krokodile, Hirsche, Elefanten, Hexen, Reben leichter weinen als die Erben, von Glanzen so gestört und grimmig gemacht. Bloß Flachsen schlugs heimlich zu; dieser hielt sich Kabels Wohltaten und die schlechten Röcke und grauen Haare seiner Zuhörerinnen des Frühgottesdienstes, den Lazarus mit seinen Hunden und seinen eigenen langen Sarg in der Eile vor, ferner das Köpfen so mancher Menschen, Werthers Leiden, ein kleines Schlachtfeld und sich selber, wie er sich da so erbärmlich um den Testaments-Artikel in seinen jungen Jahren abquäle und abringe – noch drei Stöße hatt' er zu tun mit dem Pumpenstiefel, so hatte er sein Wasser und Haus.

»O Kabel, mein Kabel«, fuhr Glanz fort, fast vor Freude über nahe Trauertränen weinend, »einst wenn neben deine mit Erde bedeckte Brust voll Liebe auch die meinige zum Vermod« – –

»Ich glaube, meine verehrtesten Herren«, sagte Flachs, betrübt aufstehend und überfließend umhersehend, »ich weine« – setzte sich darauf nieder und ließ es vergnügter laufen; er war nun auf dem Trocknen; vor den Akzessitaugen hatt' er Glanzen das Preis-Haus weggefischt, den jetzt seine Anstrengung ungemein verdroß, weil er sich ohne Nutzen den halben Appetit weggesprochen hatte. Die Rührung Flachsens wurde zu Protokoll gebracht und ihm das Haus in der Hundsgasse auf immer zugeschlagen. Der Bürgermeister gönnt' es dem armen Teufel von Herzen; es war das erstemal im

Fürstentum Haßlau, daß Schul- und Kirchenlehrers Tränen sich, nicht wie die der Heliaden in leichten Bernstein, der ein Insekt einschließet, sondern, wie die der Göttin Freia, in Gold verwandelten. Glanz gratulierte Flachsen sehr und machte ihm froh bemerklich, vielleicht hab' er selber ihn rühren helfen. Die übrigen trennten sich durch ihre Scheidung auf dem trockenen Weg von der Flachsischen auf dem nassen sichtbar, blieben aber noch auf das restierende Testament erpicht.

Nun wurd' es weiter verlesen.

4te KLAUSEL

Von jeher habe ich zu einem Universalerben meiner Activa – also meines Gartens vor dem Schaftore, meines Wäldleins auf dem Berge und der elftausend Georgd'ors in der Südseehandlung in Berlin und endlich der beiden Fronbauern im Dorf Elterlein und der dazugehörigen Grundstücke – sehr viel gefordert, viel leibliche Armut und geistlichen Reichtum. Endlich habe ich in meiner letzten Krankheit in Elterlein ein solches Subjekt aufgetrieben. Ich glaubte nicht, daß es in einem Dutzend- und Taschenfürstentümlein einen blutarmen, grundguten, herzlichfrohen Menschen gebe, der vielleicht unter allen, die je den Menschen geliebt, es am stärksten tut. Er hat einmal zu mir ein paar Worte gesagt, und zweimal im Dunkeln eine Tat getan, daß ich nun auf den Jüngling baue, fast auf ewig. Ja ich weiß, dieses Universalerben tät' ihm sogar wehe, wenn er nicht arme Eltern hätte. Ob er gleich ein juristischer Kandidat ist, so ist er doch kindlich, ohne Falsch, rein, naiv und zart, ordentlich ein frommer Jüngling aus der alten Väterzeit und hat dreißigmal mehr Kopf als er denkt. Nur hat er das Böse, daß er erstlich ein etwas elastischer Poet ist, und daß er zweitens, wie viele Staaten von meiner Bekanntschaft bei Sitten-Anstalten, gern das Pulver auf die Kugel lädt, auch am Stundenzeiger schiebt, um den Minutenzeiger zu drehen. Es ist nicht glaublich, daß er je eine Studenten-Mausfalle aufstellen lernt; und wie gewiß ihm ein Reisekoffer, den man ihm abgeschnitten, auf ewig aus den Händen wäre, erhellet daraus, daß er

durchaus nicht zu spezifizieren wußte, was darin gewesen und wie er ausgesehen.
Dieser Universalerbe ist der Schulzen-Sohn in Elterlein, namens *Gottwalt Peter Harnisch*, ein recht feines, blondes, liebes Bürschchen – –

Die sieben Präsumtiv-Erben wollten fragen und außer sich sein; aber sie mußten forthören.

5te KLAUSEL

Allein er hat Nüsse vorher aufzubeißen. Bekanntlich erbte ich seine Erbschaft selber erst von meinem unvergeßlichen Adoptivvater van der Kabel in Broek im Waterland, dem ich fast nichts dafür geben konnte als zwei elende Worte, Friedrich Richter, meinen Namen. Harnisch soll sie wieder erben, wenn er mein Leben, wie folgt, wieder nach- und durchlebt.

6te KLAUSEL

Spaßhaft und leicht mags dem leichten poetischen Hospes dünken, wenn er hört, daß ich deshalb bloß fordere und verordne, er soll – denn alles das lebt' ich eben selber durch, nur länger – weiter nichts tun als:

a) *einen* Tag lang Klavierstimmer sein – ferner
b) *einen* Monat lang mein Gärtchen als Obergärtner bestellen – ferner
c) *ein* Vierteljahr Notarius – ferner
d) solange bei einem Jäger sein, bis er einen Hasen erlegt, es dauere nun 2 Stunden oder 2 Jahre –
e) er soll als Korrektor 12 Bogen gut durchsehen –
f) er soll eine buchhändlerische Meßwoche mit Hrn. Paßvogel beziehen, wenn dieser will –
g) er soll bei jedem der Hrn. Akzessit-Erben eine Woche lang wohnen (der Erbe müßt' es sich denn verbitten) und alle Wün-

sche des zeitigen Mietsherrn, die sich mit der Ehre vertragen, gut erfüllen –

h) er soll ein paar Wochen lang auf dem Lande Schul halten – endlich

i) soll er ein Pfarrer werden; dann erhält er mit der Vokation die Erbschaft. – Das sind seine *neun* Erb-Ämter.

7te KLAUSEL

Spaßhaft, sagt' ich in der vorigen, wird ihm das vorkommen, besonders da ich ihm verstatte, meine Lebens-Rollen zu versetzen und z. B. früher die Schulstube als die Messe zu beziehen – bloß mit dem Pfarrer muß er schließen –; aber, Freund Harnisch, dem Testament bieg' ich zu jeder Rolle einen versiegelten Regulier-Tarif, genannt die geheimen Artikel, bei, worin ich Euch in den Fällen, wo Ihr das Pulver auf die Kugel ladet, z. B. in Notariatsinstrumenten, kurz gerade für eben die Fehler, die ich sonst selber begangen, entweder um einen Abzug von der Erbschaft abstrafe, oder mit dem Aufschube ihrer Auslieferung. Seid klug, Poet, und bedenkt Euren Vater, der so manchem Edelmann im -a-n gleicht, dessen Vermögen wie das eines russischen zwar in Bauern besteht, aber doch nur in einem einzigen, welches er selber ist. Bedenkt Euren vagabunden Bruder, der vielleicht, eh' Ihrs denkt, aus seinen Wanderjahren mit einem halben Rocke vor Eure Türe kommen und sagen kann: »Hast du nichts Altes für deinen Bruder? Sieh diese Schuhe an!« – Habt also Einsichten, Universalerbe!

8te KLAUSEL

Den Hrn. Kirchenrat Glanz und alle bis zu Hrn. Buchhändler Paßvogel und Flitte (inclusive) mach' ich aufmerksam darauf, wie schwer Harnisch die ganze Erbschaft erobern wird, wenn sie auch nichts erwägen als das einzige hier an den Rand genähte Blatt, worauf der Poet flüchtig einen Lieblings-Wunsch ausgemalt, nämlich den, Pfarrer in Schweden zu werden. (Herr Bürgermeister Kuhnold fragte hier, ob ers mitlesen solle; aber alle schnappten nach mehren Klauseln, und er fuhr fort:) Meine t. Hrn. Anverwandten fleh' ich daher – wofür ich freilich wenig tue, wenn ich nur zu einiger Erkenntlichkeit ihnen zu gleichen Teilen hier sowohl jährlich zehn Prozent aller Kapitalien als die Nutznießung meines Immobiliar-Vermögens, wie es auch heiße, so lange zuspreche, als besagter Harnisch noch nicht die Erbschaft nach der sechsten Klausel hat antreten können – solche fleh' ich als ein Christ die Christen an, gleichsam als sieben Weise dem jungen möglichen Universalerben scharf aufzupassen und ihm nicht den kleinsten Fehltritt, womit er den Aufschub oder Abzug der Erbschaft verschulden mag, unbemerkt nachzusehen, sondern vielmehr jeden gerichtlich zu bescheinigen. Das kann den leichten Poeten vorwärtsbringen und ihn schleifen und abwetzen. Wenn es wahr ist, ihr sieben Verwandten, daß ihr nur meine Person geliebt, so zeigt es dadurch, daß ihr das Ebenbild derselben recht schüttelt (den Nutzen hat das Ebenbild) und ordentlich, obwohl christlich, chikaniert und vexiert und sein Regen- und Siebengestirn seid und seine böse Sieben. Muß er recht büßen, nämlich passen, desto ersprießlicher für ihn und für euch.

9te KLAUSEL

Ritte der Teufel meinen Universalerben so, daß er die Ehe bräche, so verlör' er die Viertels-Erbschaft – sie fiele den sieben Anverwandten heim –; ein Sechstel aber nur, wenn er ein Mädchen verführte. – Tagreisen und Sitzen im Kerker können nicht zur Erwerbzeit geschlagen werden, wohl aber Liegen auf dem Kranken- und Totenbette.

10te KLAUSEL

Stirbt der junge Harnisch innerhalb zwanzig Jahren, so verfället die Erbschaft den hiesigen corporibus piis. Ist er als christlicher Kandidat examiniert und bestanden: so zieht er, bis man ihn voziert, zehn Prozent mit den übrigen Hrn. Erben, damit er nicht verhungere.

11te KLAUSEL

Harnisch muß an Eidesstatt geloben, nichts auf die künftige Erbschaft zu borgen.

12te KLAUSEL

Es ist nur mein letzter Wunsch, obwohl nicht eben mein Letzter Wille, daß, wie ich den van der Kabelschen Namen, er so den Richterschen bei Antritt der Erbschaft annehme und fortführe; es kommt aber sehr auf seine Eltern an.

13te KLAUSEL

Ließe sich ein habiler, dazu gesattelter Schriftsteller von Gaben auftreiben und gewinnen, der in Bibliotheken wohl gelitten wäre: so soll man dem venerabeln Mann den Antrag tun, die Geschichte und Erwerbzeit meines möglichen Universalerben und Adoptivsohnes, so gut er kann, zu schreiben. Das wird nicht nur diesem, sondern auch dem Erblasser – weil er auf allen Blättern vorkommt – Ansehen geben. Der treffliche, mir zur Zeit noch unbekannte Historiker aber nehme von mir als schwaches Andenken für jedes Kapitel *eine* Nummer aus meinem Kunst- und Naturalienkabinett an. Man soll den Mann reichlich mit Notizen versorgen.

14te KLAUSEL

Schlägt aber Harnisch die ganze Erbschaft aus, so ist's so viel, als hätt' er zugleich die Ehe gebrochen und wäre Todes verfahren; und die 9 und 10te Klausel treten mit vollen Kräften ein.

15te KLAUSEL

Zu Exekutoren des Testaments ernenn' ich dieselben hochedlen Personen, denen oblatio testamenti geschehen; indes ist der regierende Bürgermeister, Hr. Kuhnold, der Obervollstrecker. Nur er allein eröffnet stets denjenigen unter den geheimen Artikeln des Reguliertarifs vorher, welcher für das jedesmalige gerade von Harnisch gewählte *Erb-Amt* überschrieben ist. – In diesem Tarif ist es auf das genaueste bestimmt, wieviel Harnischen z. B. für das Notariuswerden beizuschießen ist – denn was hat er? – und wieviel jedem Akzessit-Erben zu geben, der gerade ins *Erbamt* verwickelt ist, z. B. Herrn Paßvogel für die Buchhändler-Woche oder für siebentägigen Hauszins. Man wird allgemein zufrieden sein.

16te KLAUSEL

Folioseite 276 seiner vierten Auflage fordert Volkmannus emendatus von Erblassern die providentia oder »zeitige Fürsehung«, so daß ich also in dieser Klausel festzusetzen habe, daß jeder der sieben Akzessit-Erben oder alle, die mein Testament gerichtlich anzufechten oder zu rumpieren suchen, während des Prozesses keinen Heller Zinsen erhalten, als welche den andern oder – streiten sie alle – dem Universalerben zufließen.

Ein jeder Wille darf toll und halb und weder gehauen noch gestochen sein, nur aber der Letzte nicht, sondern dieser muß, um sich zum zweiten-, dritten-, viertenmal zu *ründen*, also *konzentrisch*, wie überall bei den Juristen, zur clausula salutaris, zur donatio mortis causa und zur reservatio ambulatoriae voluntatis greifen. So will ich denn hiermit dazu gegriffen haben, mit kurzen und vorigen Worten. – Weiter brauch' ich mich der Welt nicht aufzutun, vor der mich die nahe Stunde bald zusperren wird. – Sonstiger Fr. Richter, jetziger van der Kabel.

Soweit das Testament. Alle Formalien des Unterzeichnens und Untersiegelns etc. etc. fanden die sieben Erben richtig beobachtet.

ACHIM VON ARNIM

Der tolle Invalide auf dem Fort Ratonneau

Graf Dürande, der gute alte Kommandant von Marseille, saß einsam frierend an einem kalt stürmenden Oktoberabend bei dem schlecht eingerichteten Kamine seiner prachtvollen Kommandantenwohnung und rückte immer näher und näher zum Feuer, während die Kutschen zu einem großen Balle in der Straße vorüberrollten, und sein Kammerdiener Basset, der zugleich sein liebster Gesellschafter war, im Vorzimmer heftig schnarchte. Auch im südlichen Frankreich ist es nicht immer warm, dachte der alte Herr, und schüttelte mit dem Kopfe, die Menschen bleiben auch da nicht immer jung, aber die lebhafte gesellige Bewegung nimmt so wenig Rücksicht auf das Alter, wie die Baukunst auf den Winter. Was sollte er, der Chef aller Invaliden, die damals (während des Siebenjährigen Krieges) die Besatzung von Marseille und seiner Forts ausmachten, mit seinem hölzernen Beine auf dem Balle, nicht einmal die Lieutenants seines Regiments waren zum Tanze zu brauchen. Hier am Kamine schien ihm dagegen sein hölzernes Bein höchst brauchbar, weil er den Basset nicht wecken mochte, um den Vorrat grüner Olivenäste, den er sich zur Seite hatte hinlegen lassen, allmählich in die Flamme zu schieben. Ein solches Feuer hat großen Reiz; die knisternde Flamme ist mit dem grünen Laube wie durchflochten, halbbrennend, halbgrünend erscheinen die Blätter wie verliebte Herzen. Auch der alte Herr dachte dabei an Jugendglanz und vertiefte sich in den Konstruktionen jener Feuerwerke, die er sonst schon für den Hof angeordnet hatte und spekulierte auf neue, noch mannigfachere Farbenstrahlen und Drehungen, durch welche er am Geburttage des Königs die Marseiller überraschen wollte. Es sah nun leerer in seinem Kopfe als auf dem Balle aus. Aber in der Freude des Gelingens, wie er schon alles strahlen, sausen, prasseln, dann wieder alles in stiller Größe leuchten sah, hatte er immer mehr Olivenäste ins Feuer geschoben und nicht bemerkt, daß sein hölzernes Bein Feuer gefangen hatte und schon um ein Drittel abgebrannt war. Erst jetzt, als er aufspringen wollte, weil der große Schluß, das Aufsteigen von tausend Raketen seine Einbildungskraft beflügelte und entflammte, bemerkte er, indem er auf seinen Polsterstuhl zurück sank, daß sein hölzernes Bein verkürzt sei und daß der Rest auch noch in besorglichen Flammen stehe. In der Not, nicht gleich aufkommen zu können, rückte er seinen Stuhl wie einen Piekschlitten mit dem flammenden Beine bis in die Mitte des Zimmers, rief seinen Diener und dann nach Wasser. Mit eifrigem Bemühen sprang ihm in diesem Augenblick eine Frau zu Hülfe, die in das Zimmer eingelassen, lange durch ein bescheidnes Husten die Aufmerksamkeit des Kommandanten auf sich zu ziehen gesucht hatte, doch ohne Erfolg. Sie suchte das Feuer mit ihrer Schürze zu löschen, aber die glühende Kohle des Beins setzte die Schürze in Flammen und der Kommandant schrie nun in wirklicher Not nach Hülfe, nach Leuten. Bald drangen diese von der Gasse herein, auch Basset war erwacht; der brennende Fuß, die brennende Schürze brachte alle ins Lachen, doch mit dem ersten Wassereimer, den Basset aus der Küche holte, war alles gelöscht und die Leute empfahlen sich. Die arme Frau triefte vom Wasser, sie konnte sich nicht gleich vom Schrecken erholen, der Kommandant ließ ihr seinen warmen Rockelor umhängen, und ein Glas starken Wein reichen. Die Frau wollte aber nichts nehmen und schluchzte nur über ihr Unglück und bat den Kommandanten: mit ihm einige Worte ins Geheim zu sprechen. So schickte er seinen nachlässigen Diener fort und setzte sich sorgsam in ihre Nähe. »Ach, mein Mann«, sagte sie in einem fremden deutschen Dialekte des Französischen, »mein Mann kommt von Sinnen, wenn er die Geschichte hört; ach, mein armer Mann, da spielt ihm der Teufel sicher wieder einen Streich!« Der Kommandant fragte nach dem Manne und die Frau sagte ihm: daß sie eben wegen dieses ihren lieben Mannes zu ihm gekommen, ihm einen Brief des Obersten vom Regiment Pikardie zu überbringen. Der Oberste setzte die Brille auf, erkannte das Wappen seines Freundes und durchlief das Schreiben, dann sagte er: »Also Sie sind jene Rosalie, eine geborne Demoiselle Lilie aus Leipzig, die den Sergeanten Francœur geheiratet hat, als er am Kopf verwundet in Leipzig gefangen lag? Erzählen Sie, das ist eine seltne Liebe! Was waren Ihre Eltern, legten die Ihnen kein Hindernis in den Weg? Und was hat denn Ihr Mann für scherzhafte Grillen als Folge seiner Kopfwunde behalten, die ihn zum Felddienste untauglich machen, obgleich er als der bravste und geschickteste Sergeant, als die Seele des Regiments geachtet wurde?« – »Gnädiger Herr«, antwortete die Frau mit neuer Betrübnis, »meine Liebe trägt die Schuld von allem dem Unglück, ich habe meinen Mann unglücklich gemacht und nicht jene Wunde; meine Liebe hat den Teufel in ihn gebracht und plagt ihn und verwirrt seine Sinne. Statt mit den Soldaten zu exerzieren, fängt er zuweilen an, ihnen ungeheure, ihm vom Teufel eingegebene Sprünge vor zu machen, und verlangt, daß sie ihm diese nach machen; oder er schneidet ihnen Gesichter, daß ihnen der Schreck in alle Glieder fährt, und verlangt, daß sie sich dabei nicht rühren noch regen und neulich, was endlich dem Fasse den Boden ausschlug, warf er den kommandierenden General, der in einer Affäre den Rückzug des Regiments befahl, vom Pferde, setzte sich darauf und nahm mit dem Regimente die Batterie fort.« – »Ein Teufelskerl«, rief der Kommandant, »wenn doch so ein Teufel in alle unsre kommandierenden Generale führe, so hätten wir kein zweites Roßbach zu fürchten, ist Ihre Liebe *solche* Teufelsfabrik, so wünschte ich: Sie liebten unsre ganze Armee.« – »Leider im Fluche meiner Mutter«, seufzte die Frau. »Meinen Vater habe ich nicht gekannt. Meine Mutter sah viele Männer bei sich, denen ich aufwarten mußte, das war meine einzige Arbeit. Ich war träumerig und achtete gar nicht der freundlichen Reden dieser Männer, meine Mutter schützte mich gegen ihre Zudringlichkeit. Der Krieg hatte diese Herren meist zerstreut, die meine Mutter besuchten und bei ihr Hazardspiele heimlich spielten; wir lebten zu ihrem Ärger sehr einsam. Freund und Feind waren ihr darum gleich verhaßt, ich durfte keinem eine Gabe bringen, der verwundet oder hungrig vor dem Hause vorüberging. Das tat mir sehr leid und einstmals war ich ganz allein und besorgte unser Mittagessen, als viele Wagen mit Verwundeten vorüberzogen, die ich an der Sprache für Franzosen erkannte, die von den Preußen gefangen worden. Immer wollte ich mit dem fertigen Essen zu jenen hinunter, doch ich fürchtete die Mutter, als ich aber Francœur mit verbundenem Kopfe auf dem letzten Wagen liegen gesehen, da weiß ich nicht wie mir geschah; die Mutter war vergessen, die Suppe und Löffel, und, ohne unsre

Wohnung abzuschließen, eilte ich dem Wagen nach in die Pleißenburg. Ich fand ihn; er war schon abgestiegen, dreist redete ich die Aufseher an, und wußte dem Verwundeten gleich das beste Strohlager zu erflehen. Und als er darauf gelegt, welche Seligkeit, dem Notleidenden die warme Suppe zu reichen! Er wurde munter in den Augen und schwor mir, daß ich einen Heiligenschein um meinen Kopf trage. Ich antwortete ihm, das sei meine Haube, die sich im eiligen Bemühen um ihn aufgeschlagen. Er sagte: der Heiligenschein komme aus meinen Augen! Ach, das Wort konnte ich gar nicht vergessen, und hätte er mein Herz nicht schon gehabt, ich hätte es ihm dafür schenken müssen.« – »Ein wahres, ein schönes Wort!« sagte der Kommandant, und Rosalie fuhr fort: »Das war die schönste Stunde meines Lebens, ich sah ihn immer eifriger an, weil er behauptete, daß es ihm wohltue und als er mir endlich einen kleinen Ring an den Finger steckte, fühlte ich mich so reich, wie ich noch niemals gewesen. In diese glückliche Stille trat meine Mutter scheltend und fluchend ein; ich kann nicht nachsagen, wie sie mich nannte, ich schämte mich auch nicht, denn ich wußte, daß ich schuldlos war und daß er Böses nicht glauben würde. Sie wollte mich fortreißen, aber er hielt mich fest und sagte ihr: daß wir verlobt wären, ich trüge schon seinen Ring. Wie verzog sich das Gesicht meiner Mutter; mir war's, als ob eine Flamme aus ihrem Halse brenne, und ihre Augen kehrte sie in sich, sie sahen ganz weiß aus; sie verfluchte mich und übergab mich mit feierlicher Rede dem Teufel. Und wie so ein heller Schein durch meine Augen am Morgen gelaufen, als ich Francœur gesehen, so war mir jetzt als ob eine schwarze Fledermaus ihre durchsichtigen Flügeldecken über meine Augen legte; die Welt war mir halb verschlossen, und ich gehörte mir nicht mehr ganz. Mein Herz verzweifelte und ich mußte lachen. ›Hörst du, der Teufel lacht schon aus dir!‹ sagte die Mutter und ging triumphierend fort, während ich ohnmächtig niederstürzte. Als ich wieder zu mir gekommen, wagte ich nicht zu ihr zu gehen und den Verwundeten zu verlassen, auf den der Vorfall schlimm gewirkt hatte; ja ich trotzte heimlich der Mutter wegen des Schadens, den sie dem Unglücklichen getan. Erst am dritten Tage schlich ich, ohne es Francœur zu sagen, abends nach dem Hause, wagte nicht an zu klopfen, endlich trat eine Frau, die uns bedient hatte, heraus und berichtete, die Mutter habe ihre Sachen schnell verkauft, und sei mit einem fremden Herrn, der ein Spieler sein sollte, fortgefahren, und niemand wisse wohin. So war ich nun von aller Welt ausgestoßen und es tat mir wohl, so entfesselt von jeder Rücksicht in die Arme meines Francœur zu fallen. Auch meine jugendlichen Bekanntinnen in der Stadt wollten mich nicht mehr kennen, so konnte ich ganz ihm und seiner Pflege leben. Für ihn arbeitete ich; bisher hatte ich nur mit dem Spitzenklöppeln zu meinem Putze gespielt, ich schämte mich nicht, diese meine Handarbeiten zu verkaufen, ihm brachte es Bequemlichkeit und Erquikkung. Aber immer mußte ich der Mutter denken, wenn seine Lebendigkeit im Erzählen mich nicht zerstreute; die Mutter erschien mir schwarz mit flammenden Augen, immer fluchend vor meinen inneren Augen und ich konnte sie nicht los werden. Meinem Francœur wollte ich nichts sagen, um ihm nicht das Herz schwer zu machen; ich klagte über Kopfweh, das ich nicht hatte, über Zahnweh, das ich nicht fühlte, um weinen zu können wie ich mußte. Ach hätte ich damals mehr Vertrauen zu ihm gehabt, ich hätte sein Unglück nicht gemacht, aber jedesmal, wenn ich ihm erzählen wollte: daß ich durch den Fluch der Mutter vom Teufel besessen zu sein glaubte, schloß mir der Teufel den Mund, auch fürchtete ich, daß er mich dann nicht mehr lieben könne, daß er mich verlassen würde und den bloßen Gedanken konnte ich kaum überleben. Diese innere Qual, vielleicht auch die angestrengte Arbeit zerrüttete endlich meinen Körper, heftige Krämpfe, die ich ihm verheimlichte, drohten mich zu ersticken, und Arzeneien schienen diese Übel nur zu mehren. Kaum war er hergestellt, so wurde die Hochzeit von ihm angeordnet. Ein alter Geistlicher hielt eine feierliche Rede, in der er meinem Francœur alles ans Herz legte, was ich für ihn getan, wie ich ihm Vaterland, Wohlstand und Freundschaft zum Opfer gebracht, selbst den mütterlichen Fluch auf mich geladen, alle diese Not müsse er mit mir teilen, alles Unglück gemeinsam tragen. Meinem Manne schauderte bei den Worten, aber er sprach doch ein vernehmliches Ja, und wir wurden vermählt. Selig waren die ersten Wochen, ich fühlte mich zur Hälfte von meinen Leiden erleichtert und ahnete nicht gleich, daß eine Hälfte des Fluchs zu meinem Manne übergegangen sei. Bald aber klagte er, daß jener Prediger in seinem schwarzen Kleide ihm immer vor Augen stehe und ihm drohe, daß er dadurch einen so heftigen Zorn und Widerwillen gegen Geistliche, Kirchen und heilige Bilder empfinde, daß er ihnen fluchen müsse und wisse nicht warum, und um sich diesen Gedanken zu entschlagen, überlasse er sich jedem Einfall, er tanze und trinke und so in dem Umtriebe des Bluts werde ihm besser. Ich schob alles auf die Gefangenschaft, obgleich ich wohl ahnete, daß es der Teufel sei, der ihn plage. Er wurde ausgewechselt durch die Vorsorge seines Obersten, der ihn beim Regimente wohl vermißt hatte, denn Francœur ist ein außerordentlicher Soldat. Mit leichtem Herzen zogen wir aus Leipzig und bildeten eine schöne Zukunft in unsern Gesprächen aus. Kaum waren wir aber aus der Not ums tägliche Bedürfnis, zum Wohlleben der gut versorgten Armee in die Winterquartiere gekommen, so stieg die Heftigkeit meines Mannes mit jedem Tage, er trommelte tagelang, um sich zu zerstreuen, zankte, machte Händel, der Oberst konnte ihn nicht begreifen; nur mit mir war er sanft wie ein Kind. Ich wurde von einem Knaben entbunden, als der Feldzug sich wieder eröffnete, und mit der Qual der Geburt schien der Teufel, der mich geplagt, ganz von mir gebannt. Francœur wurde immer mutwilliger und heftiger. Der Oberste schrieb mir: er sei tollkühn wie ein Rasender, aber bisher immer glücklich gewesen; seine Kameraden meinten, er sei zuweilen wahnsinnig und er fürchte, ihn unter die Kranken oder Invaliden abgeben zu müssen. Der Oberst hatte einige Achtung gegen mich, er hörte auf meine Vorbitte, bis endlich seine Wildheit gegen den kommandierenden General dieser Abteilung, die ich schon erzählte, ihn in Arrest brachte, wo der Wundarzt erklärte, er leide wegen der Kopfwunde, die ihm in der Gefangenschaft vernachlässigt worden, an Wahnsinn und müsse wenigstens ein paar Jahre im warmen Klima bei den Invaliden zubringen, ob sich dieses Übel vielleicht ausscheide. Ihm wurde gesagt, daß er zur Strafe wegen seines Vergehens unter die Invaliden komme und er schied mit Verwünschungen vom Regimente. Ich bat mir das Schreiben vom Obersten aus, ich beschloß Ihnen zutraulich alles zu eröffnen, damit er nicht nach der Strenge des Gesetzes, sondern nach seinem Unglück, dessen einzige Ursache meine Liebe war, beurteilt werde, und daß Sie ihn zu seinem Besten in eine kleine abgelegene Ortschaft legen, damit er hier in der großen Stadt nicht zum Gerede der Leute wird. Aber, gnädiger Herr, Ihr Ehrenwort darf eine Frau schon fordern, die Ihnen heut einen kleinen Dienst erwiesen, daß Sie dies Geheimnis seiner Krankheit, welches er selbst nicht ahnet, und das seinen Stolz empören würde, unverbrüchlich bewahren.« – »Hier meine Hand«, rief der Kommandant, der die eifrige Frau mit Wohlgefallen angehört hatte, »noch mehr, ich will Ihre Vorbitte dreimal erhören, wenn Francœur dumme Streiche macht. Das Beste aber ist, diese zu vermeiden, und darum schicke ich ihn gleich zur Ablösung nach einem Fort, das nur drei Mann Besatzung braucht; Sie finden da für sich und für Ihr Kind eine bequeme Wohnung, er hat da wenig Veranlassung zu Torheiten, und die er begeht, bleiben verschwiegen.« Die Frau dankte für diese gütige Vorsorge, küßte dem alten Herrn die Hand und er leuchtete ihr dafür, als sie mit vielen Knixen die Treppe hinunter ging. Das verwunderte den alten Kammerdiener Basset, und es fuhr ihm durch den Kopf, was seinem Alten ankomme: ob der wohl gar mit der brennenden Frau eine Liebschaft gestiftet habe, die seinem Einflusse nachteilig werden könne. Nun hatte der alte Herr die Gewohnheit, Abends im Bette, wenn er nicht schlafen konnte, alles was am Tage geschehen, laut zu überdenken, als ob er dem Bette seine Beichte hätte abstatten müssen. Und während nun die Wagen vom Balle zurück rollten und ihn wach erhielten, lauerte Basset im andern Zimmer, und hörte die ganze Unterredung, die ihm um so wichtiger schien, weil Francœur sein Landsmann und Regimentskamerad gewesen, obgleich er viel älter als Francœur war. Und nun dachte er gleich an einen Mönch, den er kannte, der schon manchem den Teufel ausgetrieben hatte und zu dem wollte er Francœur bald hinführen; er hatte eine rechte Freude am Quacksalbern und freute sich einmal wieder: einen Teufel austreiben zu sehen. Rosalie hatte, sehr befriedigt über den Erfolg ihres Besuchs, gut geschlafen; sie kaufte am Morgen eine neue Schürze und trat mit dieser ihrem Manne entgegen, der mit entsetzlichem Gesange seine müden Invaliden in die Stadt führte. Er küßte sie; hob sie in die Luft und sagte ihr: »Du riechst nach dem trojanischen Brande, ich habe dich wieder, schöne Helena!« – Rosalie entfärbte sich und hielt es für nötig, als er fragte, ihm zu eröffnen: daß sie wegen der Wohnung beim Obersten gewesen, daß diesem gerade das Bein in Flammen gestanden, und daß ihre Schütze verbrannt. Ihm war es nicht recht, daß sie nicht bis zu seiner Ankunft gewartet habe, doch vergaß er das in tausend Späßen über die brennende Schürze. Er stellte darauf seine Leute dem Kommandanten vor, rühmte alle ihre leiblichen Gebrechen und geistigen Tugenden so artig, daß er des alten Herrn Wohlwollen erwarb, der so in sich meinte: die Frau liebt ihn, aber sie ist eine Deutsche und versteht keinen Franzosen; ein Franzose hat immer den Teufel im Leibe! – Er ließ ihn ins Zimmer kommen, um ihn näher kennen zu lernen, fand ihn im Befestigungswesen wohlunterrichtet, und was ihn noch mehr entzückte: er fand in ihm einen leidenschaftlichen Feuerkünstler, der bei seinem Regimente schon alle Arten Feuerwerke ausgearbeitet hatte. Der Kommandant trug ihm seine neue Erfindung zu einem Feuerwerke am Geburttage des Königs vor, bei welcher ihn gestern der Beinbrand gestört hatte und Francœur ging mit funkelnder Begeisterung darauf ein. Nun eröffnete ihm der Alte, daß er mit zwei andern Invaliden die kleine Besatzung des Forts Ratonneau ablösen sollte, dort sei ein großer Pulvervorrat und dort solle er mit seinen beiden Soldaten fleißig Raketen füllen, Feuerräder drehen und Frösche binden. Indem der Kommandant ihm den Schlüssel des Pulverturms und das Inventarium reichte, fiel ihm die Rede der Frau ein und er hielt ihn mit den Worten noch fest: »Aber Euch plagt doch nicht der Teufel und Ihr stiftet mir Unheil?« – »Man darf den Teufel nicht an die Wand malen, sonst hat man ihn im Spiegel«, antwortete Francœur mit einem gewissen Zutrauen. Das gab dem Kommandanten Vertrauen, er reichte ihm den Schlüssel, das Inventarium und den Befehl an die jetzige kleine Garnison, auszuziehn. So wurde er entlassen und auf dem Hausflur fiel ihm Basset um den Hals, sie hatten sich gleich erkannt und erzählten einander in aller Kürze, wie es ihnen ergangen. Doch weil Francœur an große Strenge in allem Militärischen gewöhnt war, so riß er sich los, und bat ihn auf den nächsten Sonntag, wenn er abkommen könnte, zu Gast nach dem Fort Ratonneau zu dessen Kommandanten, der er selbst zu sein die Ehre habe.

Der Einzug auf dem Fort war für alle gleich fröhlich, die abziehenden Invaliden hatten die schöne Aussicht auf Marseille bis zum Überdruß genossen, und die Einziehenden waren entzückt über die

Aussicht, über das zierliche Werk, über die bequemen Zimmer und Betten; auch kauften sie von den Abziehenden ein paar Ziegen, ein Taubenpaar, ein Dutzend Hühner und die Kunststücke, um in der Nähe einiges Wild in aller Stille belauern zu können; denn müßige Soldaten sind ihrer Natur nach Jäger. Als Francœur sein Kommando angetreten, befahl er sogleich seinen beiden Soldaten, Brunet und Tessier, mit ihm den Pulverturm zu eröffnen, das Inventarium durchzugehen, um dann einen gewissen Vorrat zur Feuerwerkerarbeit in das Laboratorium zu tragen. Das Inventarium war richtig und er beschäftigte gleich einen seiner beiden Soldaten mit den Arbeiten zum Feuerwerk; mit dem andern ging er zu allen Kanonen und Mörsern, um die metallnen zu polieren, und die eisernen schwarz anzustreichen. Bald füllte er auch eine hinlängliche Zahl Bomben und Granaten, ordnete auch alles Geschütz so, wie es stehen mußte, um den einzigen Aufgang nach dem Fort zu bestreichen. »Das Fort ist nicht zu nehmen!« rief er einmal über das andre begeistert. »Ich will das Fort behaupten, auch wenn die Engländer mit hunderttausend Mann landen und stürmen! Aber die Unordnung hier war groß!« – »So sieht es überall auf den Forts und Batterien aus«, sagte Tessier, »der alte Kommandant kann mit seinem Stelzfuß nicht mehr so weit steigen, und Gottlob! bis jetzt ist es den Engländern noch nicht eingefallen zu landen.« – »Das muß anders werden«, rief Francœur, »ich will mir lieber die Zunge verbrennen, ehe ich zugebe, daß unsre Feinde Marseille einäschern oder wir sie doch fürchten müssen.«
Die Frau mußte ihm helfen das Mauerwerk von Gras und Moos zu reinigen, es abzuweißen und die Lebensmittel in den Kasematten zu lüften. In den ersten Tagen wurde fast nicht geschlafen, so trieb der unermüdliche Francœur zur Arbeit und seine geschickte Hand fertigte in dieser Zeit, wozu ein anderer wohl einen Monat gebraucht hätte. Bei dieser Tätigkeit ließen ihn seine Grillen ruhen; er war hastig, aber alles zu einem festen Ziele, und Rosalie segnete den Tag, der ihn in diese höhere Luftregion gebracht, wo der Teufel keine Macht über ihn zu haben schien. Auch die Witterung hatte sich durch Wendung des Windes erwärmt und erhellt, daß ihnen ein neuer Sommer zu begegnen schien; täglich liefen Schiffe im Hafen ein und aus, grüßten und wurden begrüßt von den Forts am Meere.

Rosalie, die nie am Meere gewesen, glaubte sich in eine andere Welt versetzt, und ihr Knabe freute sich, nach so mancher harten Einkerkerung auf Wagen und in Wirtsstuben, der vollen Freiheit in dem eingeschlossenen kleinen Garten des Forts, den die früheren Bewohner nach Art der Soldaten, besonders der Artilleristen, mit den künstlichsten mathematischen Linienverbindungen in Buchsbaum geziert hatten. Überflatterte die Fahne mit den Lilien, der Stolz Francœurs, ein segenreiches Zeichen der Frau, die eine geborne Lilie, die liebste Unterhaltung des Kindes. So kam der erste Sonntag von allen gesegnet und Francœur befahl seiner Frau: für den Mittag ihm etwas Gutes zu besorgen, wo er seinen Freund Basset erwarte, insbesondre machte er Anspruch auf einen guten Eierkuchen, denn die Hühner des Forts legten fleißig, lieferte auch eine Zahl wilder Vögel, die Brunet geschossen hatte, in die Küche. Unter diesen Vorbereitungen kam Basset hinaufgekeucht und war entzückt über die Verwandlung des Forts, erkundigte sich auch im Namen des Kommandanten nach dem Feuerwerke und erstaunte über die große Zahl fertiger Raketen und Leuchtkugeln. Die Frau ging nun an ihre Küchenarbeit, die beiden Soldaten zogen aus um Früchte zur Mahlzeit zu holen, alle wollten an dem Tage recht selig schwelgen und sich die Zeitung vorlesen lassen, die Basset mitgebracht hatte. Im Garten saß nun Basset dem Francœur gegenüber und sah ihn stillschweigend an, dieser fragte nach der Ursache. »Ich meine, Ihr seht so gesund aus wie sonst und alles was Ihr tut, ist so vernünftig.« – »Wer zweifelt daran?« fragte Francœur mit einer Aufwallung, »das will ich wissen!« – Basset suchte umzulenken, aber Francœur hatte etwas Furchtbares in seinem Wesen, sein dunkles Auge befeuerte sich, sein Kopf erhob sich, seine Lippen drängten sich vor. Das Herz war schon dem armen Schwätzer Basset gefallen, er sprach, dünnstimmig wie eine Violine, von Gerüchten beim Kommandanten: er sei vom Teufel geplagt, von seinem guten Willen ihn durch einen Ordensgeistlichen, den Vater Philipp exorzieren zu lassen, den er deswegen vor Tische hinaufbestellt habe, unter dem Vorwande, daß er eine Messe der vom Gottesdienst entfernten Garnison in der kleinen Kapelle lesen müsse. Francœur entsetzte sich über die Nachricht, er schwur, daß er sich blutig an dem rächen wolle, der solche Lüge über ihn ausgebracht, er wisse nichts vom Teufel, und wenn es gar keinen gebe, so habe er auch nichts dagegen einzuwenden, denn er habe nirgends die Ehre seiner Bekanntschaft gemacht. Basset sagte: er sei ganz unschuldig, er habe die Sache vernommen, als der Kommandant mit sich laut gesprochen habe, auch sei ja dieser Teufel die Ursache, warum Francœur vom Regimente fortgekommen. »Und wer brachte dem Kommandanten die Nachricht?« fragte Francœur zitternd. »Eure Frau«, antwortete jener, »aber in der besten Absicht, um Euch zu entschuldigen, wenn Ihr hier wilde Streiche machtet.« – »Wir sind geschieden!« schrie Francœur und schlug sich vor den Kopf, »sie hat mich verraten, mich vernichtet, hat Heimlichkeiten mit dem Kommandanten, sie hat unendlich viel für mich getan und gelitten, sie hat mir unendlich wehe getan, ich bin ihr nichts mehr schuldig, wir sind geschieden!« – Allmählich schien er stiller zu werden, je lauter es in ihm wurde; er sah wieder den schwarzen Geistlichen vor Augen, wie die vom tollen Hunde Gebissenen den Hund immer zu sehen meinen, da trat Vater Philipp in den Garten und er ging mit Heftigkeit auf ihn zu, um zu fragen, was er wolle. Dieser meinte seine Beschwörung anbringen zu müssen, redete den Teufel heftig an, indem er seine Hände in kreuzenden Linien über Francœur bewegte. Das alles empörte Francœur, er gebot ihm, als Kommandant des Forts, den Platz sogleich zu verlassen. Aber der unerschrockne Philipp eiferte um so heftiger gegen den Teufel in Francœur und als er sogar seinen Stab erhob, ertrug Francœurs militärischer Stolz diese Drohung nicht. Mit wütender Stärke ergriff er den kleinen Philipp bei seinem Mantel und warf ihn über das Gitter, das den Eingang schützte, und wäre der gute Mann nicht an den Spitzen des Türgitters mit dem Mantel hängen geblieben, er hätte einen schweren Fall die steinerne Treppe hinunter gemacht. Nahe diesem Gitter war der Tisch gedeckt, das erinnerte Francœur an das Essen. Er rief nach dem Essen und Rosalie brachte es, etwas erhitzt vom Feuer, aber sehr fröhlich, denn sie bemerkte nicht den Mönch außer dem Gitter, der sich kaum vom ersten Schrecken erholt hatte und still vor sich betete, um neue Gefahr abzuwenden; kaum beachtete sie, daß ihr Mann und Basset, jener finster, dieser verlegen nach dem Tische blickten. Sie fragte nach den beiden Soldaten, aber Francœur sagte: »Sie können nachessen, ich habe Hunger, daß ich die Welt zerreißen könnte.« Darauf legte sie die Suppe vor, und gab Basset aus Artigkeit das meiste, dann ging sie nach der Küche, um den Eierkuchen zu backen. »Wie hat denn meine Frau dem Kommandanten gefallen?« fragte Francœur. »Sehr gut«, antwortete Basset, »er wünschte: daß es ihm in der Gefangenschaft so gut geworden wäre wie Euch.« – »Er soll sie haben!« antwortete er. »Nach den beiden Soldaten, die fehlen, fragte sie, was mir fehlt, das fragte sie nicht; Euch suchte sie als einen Diener des Kommandanten zu gewinnen, darum füllte sie Euren Teller, daß er überfloß, Euch bot sie das größte Glas Wein an, gebt Achtung, sie bringt Euch auch das größte Stück Eierkuchen. Wenn das der Fall ist, dann stehe ich auf, dann führt sie nur fort, und laßt mich hier allein.« – Basset wollte antworten, aber im Augenblicke trat die Frau mit dem Eierkuchen herein. Sie hatte ihn schon in drei Stücke geschnitten, ging zu Basset und schob ihm ein Stück mit den Worten auf den Teller: »Einen bessern Eierkuchen findet Ihr nicht beim Kommandanten, Ihr müßt mich rühmen!« – Finster blickte Francœur in die Schüssel, die Lücke war fast so groß wie die beiden Stücke, die noch blieben, er stand auf und sagte: »Es ist nicht anders, wir sind geschieden!« Mit diesen Worten ging er nach dem Pulverturme, schloß die eiserne Tür auf, trat ein und schloß sie wieder hinter sich zu. Die Frau sah ihm verwirrt nach und ließ die Schüssel fallen: »Gott, ihn plagt der Böse; wenn er nur nicht Unheil stiftet im Pulverturm.« – »Ist das der Pulverturm?« rief Basset, »er sprengt sich in die Luft, rettet Euch und Euer Kind!« Mit diesen Worten lief er fort, auch der Mönch wagte sich nicht wieder herein, und lief ihm nach. Rosalie eilte in die Wohnung zu ihrem Kinde, riß es aus dem Schlafe, aus der Wiege, sie wußte nichts mehr von sich, bewußtlos wie sie Francœur einst gefolgt, so entfloh sie mit dem Kinde und sagte vor sich hin: »Kind, das tue ich nur deinetwegen, mir wäre besser mit ihm zu sterben; Hagar, du hast nicht gelitten wie ich, denn ich verstoße mich selbst!«– Unter solchen Gedanken kam sie herab auf einem falschen Wege und stand am sumpfigen Ufer des Flusses. Sie konnte aus Ermattung nicht mehr gehen und setzte sich deswegen in einen Nachen, der, nur leicht ans Ufer gefahren, leicht abzustoßen war und ließ sich den Fluß herabtreiben; sie wagte nicht umzublicken, wenn am Hafen ein Schuß geschah, meinte sie: das

Fort sei gesprengt, und ihr halbes Leben verloren, so verfiel sie allmählich in einen dumpfen fieberartigen Zustand.
Unterdessen waren die beiden Soldaten, mit Äpfeln und Trauben bepackt, in die Nähe des Forts gekommen, aber Francœurs starke Stimme rief ihnen, indem er eine Flintenkugel über ihre Köpfe abfeuerte: »Zurück!« dann sagte er durch das Sprachrohr: »An der hohen Mauer werde ich mit euch reden, ich habe hier allein zu befehlen und will auch allein hier leben, so lange es dem Teufel gefällt!« Sie wußten nicht, was das bedeuten solle, aber es war nichts anders zu tun, als dem Willen des Sergeanten Folge zu leisten. Sie gingen herab zu dem steilen Abhange des Forts, welcher die hohe Mauer hieß, kaum waren sie dort angelangt, so sahen sie Rosaliens Bette und des Kindes Wiege an einem Seile niedersinken, dem folgten ihre Betten und Geräte und Francœur rief durch das Sprachrohr: »Das Eurige nehmt; Bette, Wiege und Kleider meiner entlaufenen Frau bringt zum Kommandanten, da werdet ihr sie finden; sagt: das schicke ihr Satanas, und diese alte Fahne, um ihre Schande mit dem Kommandanten zu zu decken!« Bei diesen Worten warf er die große französische Flagge, die auf dem Fort geweht hatte, herab und fuhr fort: »Den Kommandanten lasse ich hierdurch Krieg erklären, er mag sich waffnen bis zum Abend, dann werde ich mein Feuer eröffnen; er soll nicht schonen, denn ich schone ihn beim Teufel nicht; er soll alle seine Hände ausstrecken, er wird mich doch nicht fangen; er hat mir den Schlüssel zum Pulverturm gegeben, ich will ihn brauchen, und wenn er mich zu fassen meint, fliege ich mit ihm gen Himmel, vom Himmel in die Hölle, das wird Staub geben.« – Brunet wagte endlich zu reden und rief hinauf: »Gedenkt an unsern gnädigsten König, daß der über Euch steht, ihm werdet Ihr doch nicht widerstreben.« Dem antwortete Francœur: »In mir ist der König aller Könige dieser Welt, in mir ist der Teufel und im Namen des Teufels sage ich euch, redet kein Wort, sonst zerschmettere ich euch!« – Nach dieser Drohung packten beide stillschweigend das Ihre zusammen und ließen das übrige stehen; sie wußten, daß oben große Steinmassen angehäuft waren, die unter der steilen Felswand alles zerschmettern konnten. Als sie nach Marseille zum Kommandanten kamen, fanden sie ihn schon in Bewegung, denn Basset hatte ihn von allem unterrichtet; er sendete die beiden An-

kommenden mit einem Wagen nach dem Fort, um die Sachen der Frau gegen den drohenden Regen zu sichern, andere sandte er aus, um die Frau mit dem Kinde aufzufinden, während er die Offiziere bei sich versammelte, um mit ihnen zu überlegen, was zu tun sei? Die Besorgnis dieses Kriegsrats richtete sich besonders auf den Verlust des schönen Forts, wenn es in die Luft gesprengt würde; bald kam aber ein Abgesandter der Stadt, wo sich das Gerücht verbreitet hatte, und stellte den Untergang des schönsten Teiles der Stadt als ganz unvermeidlich dar. Es wurde allgemein anerkannt, daß mit Gewalt nicht verfahren werden dürfe, denn Ehre sei nicht gegen einen einzelnen Menschen zu erringen, wohl aber ein ungeheuerer Verlust durch Nachgiebigkeit abzuwenden; der Schlaf werde die Wut Francœurs doch endlich überwinden, dann sollten entschlossene Leute das Fort erklettern und ihn fesseln. Dieser Ratschluß war kaum gefaßt, so wurden die beiden Soldaten eingeführt, welche Rosaliens Betten und Gerät zurückgebracht hatten. Sie hatten eine Bestellung Francœurs zu überbringen, daß ihm der Teufel verraten: sie wollten ihn im Schlafe fangen, aber er warne sie aus Liebe zu einigen Teufelskameraden, die zu dem Unternehmen gebraucht werden sollten, denn er werde ruhig in seinem verschlossenen Pulverturme mit geladenen Gewehren schlafen und ehe sie die Türe erbrechen könnten, wäre er längst erwacht und der Turm, mit einem Schusse in die Pulverfässer, zersprengt. »Er hat recht«, sagte der Kommandant, »er kann nicht anders handeln, wir müssen ihn aushungern.« – »Er hat den ganzen Wintervorrat für uns alle hinaufgeschafft«, bemerkte Brunet, »wir müssen wenigstens ein halbes Jahr warten, auch sagte er, daß ihm die vorbeifahrenden Schiffe, welche die Stadt versorgen, reichlichen Zoll geben sollten, sonst bohre er sie in den Grund, und zum Zeichen, daß niemand in der Nacht fahren sollte, ohne seine Bewilligung, werde er am Abend einige Kugeln über den Fluß sausen lassen.« – »Wahrhaftig, er schießt!« rief einer der Offiziere und alle liefen nach einem Fenster des obern Stockwerks. Welch ein Anblick! an allen Ecken des Forts eröffneten die Kanonen ihren feurigen Rachen, die Kugeln sausten durch die Luft, in der Stadt versteckte sich die Menge mit großem Geschrei und nur einzelne wollten ihren Mut im kühnen Anschauen der Gefahr beweisen. Aber sie wurden auch reichlich dafür belohnt, denn mit hellem Lichte schoß Francœur einen Bündel Raketen aus einer Haubitze in die Luft, und einen Bündel Leuchtkugeln aus einem Mörser, denen er aus Gewehren unzählige andre nachsandte. Der Kommandant versicherte, diese Wirkung sei trefflich, er habe es nie gewagt, Feuerwerke mit Wurfgeschütz in die Luft zu treiben, aber die Kunst werde dadurch gewissermaßen zu einer meteorischen, der Francœur verdiene schon deswegen begnadigt zu werden.

Diese nächtliche Erleuchtung hatte eine andre Wirkung, die wohl in keines Menschen Absicht lag; sie rettete Rosalien und ihrem Kinde das Leben. Beide waren in dem ruhigen Treiben des Kahnes eingeschlummert und Rosalie sah im Traume ihre Mutter von innerlichen Flammen durchleuchtet und verzehrt und fragte sie: Warum sie so leide? Da war's als ob eine laute Stimme ihr in die Ohren rief: »Mein Fluch brennt mich wie dich, und kannst du ihn nicht lösen, so bleib ich eigen allem Bösem.« Sie wollte noch mehr sprechen, aber Rosalie war schon aufgeschreckt, sah über sich den Bündel Leuchtkugeln im höchsten Glanze, hörte neben sich einen Schiffer rufen: »Steuert links, wir fahren sonst ein Boot in den Grund, worin ein Weib mit einem Kinde sitzt.« Und schon rauscht die vordere Spitze eines großen Flußschiffes wie ein geöffneter Walfischrachen hinter ihr, da wandte er sich links, aber ihr Nachen wurde doch seitwärts nachgerissen. »Helft meinem armen Kinde!« rief sie und der Haken eines Stangenruders verband sie mit dem großen Schiffe, das bald darauf Anker warf. »Wäre das Feuerwerk auf dem Fort Ratonneau nicht aufgegangen«, rief der eine Schiffer, »ich hätte Euch nicht gesehen und wir hätten Euch ohne bösen Willen in den Grund gesegelt, wie kommt Ihr so spät und allein aufs Wasser, warum habt Ihr uns nicht angeschrieen?« Rosalie beantwortete schnell die Fragen und bat nur dringend, sie nach dem Hause des Kommandanten zu bringen. Der Schiffer gab ihr aus Mitleid seinen Jungen zum Führer.

Sie fand alles in Bewegung beim Kommandanten, sie bat ihn seines Versprechens eingedenk zu sein, daß er ihrem Manne drei Versehen verzeihen wolle. Er leugnete, daß von solchen Versehen die Rede gewesen, es sei über Scherz und Grillen geklagt worden, das sei aber ein teuflischer Ernst. – »So ist das Unrecht auf Eurer Seite«,

sagte die Frau gefaßt, denn sie fühlte sich nicht mehr schicksallos, »auch habe ich den Zustand des armen Mannes angezeigt und doch habt Ihr ihm einen so gefährlichen Posten vertraut, Ihr habt mir Geheimnis angelobt, und doch habt Ihr alles an Basset, Euren Diener erzählt, der uns mit seiner törichten Klugheit und Vorwitzigkeit in das ganze Unglück gestürzt hat; nicht mein armer Mann, Ihr seid an allem Unglück schuld, Ihr müßt dem Könige davon Rechenschaft geben.« – Der Kommandant verteidigte sich gegen den Vorwurf, daß er etwas dem Basset erzählt habe, dieser gestand: daß er ihn im Selbstgespräche belauscht, und so war die ganze Schuld auf seine Seele geschoben. Der alte Mann sagte: daß er den andern Tag sich vor dem Fort wolle totschießen lassen, um seinem Könige die Schuld mit seinem Leben abzuzahlen, aber Rosalie bat ihn, sich nicht zu übereilen, er möge bedenken, daß sie ihn schon einmal aus dem Feuer gerettet habe. Ihr wurde ein Zimmer im Hause des Kommandanten angewiesen und sie brachte ihr Kind zur Ruhe, während sie selbst mit sich zu Rate ging und zu Gott flehte, ihr anzugeben, wie sie ihre Mutter den Flammen und ihren Mann dem Fluche entreißen könne. Aber auf ihren Knieen versank sie in einen tiefen Schlaf und war sich am Morgen keines Traumes, keiner Eingebung bewußt. Der Kommandant, der schon früh einen Versuch gegen das Fort gemacht hatte, kam verdrießlich zurück. Zwar hatte er keine Leute verloren, aber Francœur hatte so viele Kugeln mit solcher Geschicklichkeit links und rechts und über sie hinsausen lassen, daß sie ihr Leben nur seiner Schonung dankten. Den Fluß hatte er durch Signalschüsse gesperrt, auch auf der Chaussee durfte niemand fahren, kurz, aller Verkehr der Stadt war für diesen Tag gehemmt und die Stadt drohete, wenn der Kommandant nicht vorsichtig verfahre, sondern wie in Feindes Land ihn zu belagern denke, daß sie die Bürger aufbieten und mit dem Invaliden schon fertig werden wolle.
Drei Tage ließ sich der Kommandant so hinhalten, jeden Abend verherrlichte ein Feuerwerk, jeden Abend erinnerte Rosalie an sein Versprechen der Nachsicht. Am dritten Abend sagte er ihr: der Sturm sei auf den andern Mittag festgesetzt, die Stadt gebe nach, weil aller Verkehr gestört sei, und endlich Hungersnot ausbrechen könne. Er werde den Eingang stürmen, während ein andrer Teil

von der andern Seite heimlich anzuklettern suche, so daß diese vielleicht früher ihrem Manne in den Rücken kämen, ehe er nach dem Pulverturm springen könne; es werde Menschen kosten, der Ausgang sei ungewiß, aber er wolle den Schimpf von sich ablenken, daß durch seine Feigheit ein toller Mensch zu dem Dünkel gekommen: einer ganzen Stadt zu trotzen, das größte Unglück sei ihm lieber, als dieser Verdacht, er habe seine Angelegenheiten mit der Welt und vor Gott zu ordnen gesucht, Rosalie und ihr Kind würden sich in seinem Testamente nicht vergessen finden. Rosalie fiel ihm zu Füßen und fragte: was denn das Schicksal ihres Mannes sei, wenn er im Sturme gefangen würde? Der Kommandant wendete sich ab und sagte leise: »Der Tod unausbleiblich, auf Wahnsinn würde von keinem Kriegsgerichte anerkannt werden, es ist zu viel Einsicht, Vorsicht und Klugheit in der ganzen Art, wie er sich nimmt; der Teufel kann nicht vor Gericht gezogen werden, er muß für ihn leiden.« – Nach einem Strome von Tränen erholte sich Rosalie und sagte: Wenn sie das Fort, ohne Blutvergießen, ohne Gefahr, in die Gewalt des Kommandanten brächte, würde dann sein Vergehen als ein Wahnsinn Begnadigung finden? – »Ja, ich schwör's!« rief der Kommandant, »aber es ist vergeblich, Euch haßt er vor allen, und rief gestern einem unsrer Vorposten zu, er wolle das Fort übergeben, wenn wir ihm den Kopf seiner Frau schicken könnten.« – »Ich kenne ihn«, sagte die Frau, »ich will den Teufel beschwören in ihm, ich will ihm Frieden geben, sterben würde ich doch mit ihm, also ist nur Gewinn für mich, wenn ich von seiner Hand sterbe, der ich vermählt bin durch den heiligsten Schwur.« – Der Kommandant bat sie, sich wohl zu bedenken, erforschte ihre Absicht, widerstand aber weder ihren Bitten, noch der Hoffnung, auf diesem Wege dem gewissen Untergange zu entgehen.

Vater Philipp hatte sich im Hause eingefunden und erzählte: der unsinnige Francœur habe jetzt eine große weiße Flagge ausgesteckt, auf welcher der Teufel gemalt sei, aber der Kommandant wollte nichts von seinen Neuigkeiten wissen, und befahl ihm: zu Rosalien zu gehen, die ihm beichten wolle. Nachdem Rosalie ihre Beichte in aller Ruhe eines gottergebnen Gemütes abgelegt hatte, bat sie den Vater Philipp, sie nur bis zu einem sichern Steinwalle zu begleiten, wo keine Kugel ihn treffen könne, dort wolle sie ihm

ihr Kind und Geld zur Erziehung desselben übergeben, sie könne sich noch nicht von dem lieben Kinde trennen. Er versprach es ihr zögernd, nachdem er sich im Hause erkundigt hatte: ob er auch dort noch sicher gegen die Schüsse sei, denn sein Glaube, Teufel austreiben zu können, hatte sich in ihm ganz verloren, er gestand, was er bisher ausgetrieben hätte, möchte wohl der rechte Teufel nicht gewesen sein, sondern ein geringerer Spuk.
Rosalie kleidete ihr Kind noch einmal unter mancher Träne weiß mit roten Bandschleifen an, dann nahm sie es auf den Arm und ging schweigend die Treppe hinunter. Unten stand der alte Kommandant und konnte ihr nur die Hand drücken und mußte sich umwenden, weil er sich der Tränen vor den Zuschauern schämte. So trat sie auf die Straße, keiner wußte ihre Absicht, Vater Philipp blieb etwas zurück, weil er des Mitgehens gern überhoben gewesen, dann folgte die Menge müßiger Menschen auf den Straßen, die ihn fragten: was es bedeute? Viele fluchten auf Rosalien, weil sie Francœurs Frau war, aber dieser Fluch berührte sie nicht.
Der Kommandant führte unterdessen seine Leute auf verborgenen Wegen nach den Plätzen, von welchen der Sturm eröffnet werden sollte, wenn die Frau den Wahnsinn des Mannes nicht beschwören könnte.
Am Tore schon verließ die Menge Rosalien, denn Francœur schoß von Zeit zu Zeit über diese Fläche, auch Vater Philipp klagte, daß ihm schwach werde, er müsse sich niederlassen. Rosalie bedauerte es und zeigte ihm den Felsenwall, wo sie ihr Kind noch einmal stillen und es dann in den Mantel nieder legen wollte, dort möge es gesucht werden, da liege es sicher aufbewahrt, wenn sie nicht zu ihm zurück kehren könne. Vater Philipp setzte sich betend hinter den Felsen und Rosalie ging mit festem Schritt dem Steinwalle zu, wo sie ihr Kind tränkte und segnete, es in ihren Mantel wickelte und in Schlummer brachte. Da verließ sie es mit einem Seufzer, der die Wolken in ihr brach, daß blaue Hellung und das stärkende Sonnenbild sie bestrahlten. Nun war sie dem harten Manne sichtbar, als sie am Steinwalle heraustrat, ein Licht schlug am Tore auf, ein Druck, als ob sie umstürzen müßte, ein Rollen in der Luft, ein Sausen, das sich damit mischte, zeigten ihr an: daß der Tod nahe an ihr vorüber gegangen. Es wurde ihr aber nicht mehr bange, eine Stimme sagte

ihr innerlich: daß nichts untergehen könne, was diesen Tag bestanden, und ihre Liebe zum Manne, zum Kinde regte sich noch in ihrem Herzen, als sie ihren Mann vor sich auf dem Festungswerke stehen und laden, das Kind hinter sich schreien hörte; sie taten ihr beide mehr leid als ihr eignes Unglück, und der schwere Weg war nicht der schwerste Gedanke ihres Herzens. Und ein neuer Schuß betäubte ihre Ohren und schmetterte ihr Felsstaub ins Gesicht, aber sie betete und sah zum Himmel. So betrat sie den engen Felsgang, der wie ein verlängerter Lauf, für zwei mit Kartätschen geladene Kanonen mit boshaftem Geize die Masse des verderblichen Schusses gegen die Andringenden zusammen zu halten bestimmt war. – »Was siehst du Weib!« brüllte Francœur, »sieh nicht in die Luft, deine Engel kommen nicht, hier steht dein Teufel und dein Tod.« – »Nicht Tod, nicht Teufel trennen mich mehr von dir«, sagte sie getrost, und schritt weiter hinauf die großen Stufen. »Weib«, schrie er, »du hast mehr Mut als der Teufel, aber es soll dir doch nichts helfen.« – Er blies die Lunte an, die eben verlöschen wollte, der Schweiß stand ihm hellglänzend über Stirn und Wangen, es war als ob zwei Naturen in ihm rangen. Und Rosalie wollte nicht diesen Kampf hemmen und der Zeit vorgreifen, auf die sie zu vertrauen begann; sie ging nicht vor, sie kniete auf die Stufe nieder, als sie drei Stufen von den Kanonen entfernt war, wo sich das Feuer kreuzte. Er riß Rock und Weste an der Brust auf, um sich Luft zu machen, er griff in sein schwarzes Haar, das verwildert in Locken starrte und riß es sich wütend aus. Da öffnete sich die Wunde am Kopfe in dem wilden Erschüttern durch Schläge, die er an seine Stirn führte, Tränen und Blut löschten den brennenden Zundstrick, ein Wirbelwind warf das Pulver von den Zündlöchern der Kanonen und die Teufelsflagge vom Turm. »Der Schornsteinfeger macht sich Platz, er schreit zum Schornstein hinaus!« rief er und deckte seine Augen. Dann besann er sich, öffnete die Gittertüre, schwankte zu seiner Frau, hob sie auf, küßte sie, endlich sagte er: »Der schwarze Bergmann hat sich durchgearbeitet, es strahlt wieder Licht in meinem Kopf und Luft zieht hindurch und die Liebe soll wieder ein Feuer zünden, daß uns nicht mehr friert. Ach Gott, was hab ich in diesen Tagen verbrochen! Laß uns nicht feiern, sie werden mir nur wenig Stunden noch schenken, wo ist mein Kind, ich muß es küssen, weil ich noch frei bin; was ist Sterben? Starb ich nicht schon einmal, als du mich verlassen und nun kommst du wieder und dein Kommen gibt mir mehr, als dein Scheiden mir nehmen konnte, ein unendliches Gefühl meines Daseins, dessen Augenblicke mir genügen. Nun lebte ich gern mit dir und wäre deine Schuld noch größer als meine Verzweiflung gewesen, aber ich kenne das Kriegsgesetz und ich kann nun Gottlob in Vernunft als ein reuiger Christ sterben.« – Rosalie konnte in ihrer Entzückung, von ihren Tränen fast erstickt, kaum sagen, daß *ihm* verziehen, daß *sie* ohne Schuld und ihr Kind nahe sei. Sie verband seine Wunde in Eile, dann zog sie ihn die Stufen hinunter bis zu dem Steinwalle, wo sie das Kind verlassen. Da fanden sie den guten Vater Philipp bei dem Kinde, der allmählich hinter Felsstücken zu ihm hingeschlichen war, und das Kind ließ etwas aus den Händen fliegen, um nach dem Vater sie auszustrecken. Und während sich alle drei umarmt hielten, erzählte Vater Philipp, wie ein Taubenpaar vom Schloß herunter geflattert sei und mit dem Kinde artig gespielt, sich von ihm habe anrühren lassen, und es gleichsam in seiner Verlassenheit getröstet habe. Als er das gesehen, habe er sich dem Kinde zu nahen gewagt. »Sie waren, wie gute Engel, meines Kindes Spielkameraden auf dem Fort gewesen, sie haben es treulich aufgesucht, sie kommen sicher wieder und werden es nicht verlassen.« Und wirklich umflogen sie die Tauben freundlich und trugen in ihren Schnäbeln grüne Blätter. »Die Sünde ist uns geschieden«, sagte Francœur, »nie will ich wieder auf den Frieden schelten, der Friede tut mir so gut.«

Inzwischen hatte sich der Kommandant mit seinen Offizieren genähert, weil er den glücklichen Ausgang durch sein Fernrohr gesehen. Francœur übergab ihm seinen Degen, er kündigte Francœur Verzeihung an, weil seine Wunde ihn des Verstandes beraubt gehabt und befahl einem Chirurgen: diese Wunde zu untersuchen und besser zu verbinden. Francœur setzte sich nieder und ließ ruhig alles mit sich geschehen, er sah nur Frau und Kind an. Der Chirurg wunderte sich, daß er keinen Schmerz zeigte, er zog ihm einen Knochensplitter aus der Wunde, der rings umher eine Eiterung hervorgebracht hatte; es schien als ob die gewaltige Natur Francœurs ununterbrochen und allmählich an der Hinausschaffung gearbeitet habe, bis ihm endlich äußere Gewalt, die eigne Hand seiner Verzweiflung die äußere Rinde durchbrochen. Er versicherte, daß ohne diese glückliche Fügung ein unheilbarer Wahnsinn den unglücklichen Francœur hätte aufzehren müssen. Damit ihm keine Anstrengung schade, wurde er auf einen Wagen gelegt und sein Einzug in Marseille glich unter einem Volke, das Kühnheit immer mehr als Güte zu achten weiß, einem Triumphzuge; die Frauen warfen Lorbeerkränze auf den Wagen, alles drängte sich den stolzen Bösewicht kennen zu lernen, der so viele tausend Menschen während drei Tage beherrscht hatte. Die Männer aber reichten ihre Blumenkränze Rosalien und ihrem Kinde und rühmten sie als Befreierin und schwuren ihr und dem Kinde reichlich zu vergelten, daß sie ihre Stadt vom Untergange gerettet habe.

Nach solchem Tage läßt sich in *einem* Menschenleben selten noch etwas erleben, was der Mühe des Erzählens wert wäre, wenn gleich die Wiederbeglückten, die Fluchbefreiten, erst in diesen ruhigeren Jahren den ganzen Umfang des gewonnenen Glücks erkannten. Der gute alte Kommandant nahm Francœur als Sohn an und konnte er ihm auch nicht seinen Namen übertragen, so ließ er ihm doch einen Teil seines Vermögens und seinen Segen. Was aber Rosalie noch inniger berührte, war ein Bericht, der erst nach Jahren aus Prag einlief, in welchem ein Freund der Mutter anzeigte, daß diese wohl ein Jahr, unter verzehrenden Schmerzen, den Fluch bereut habe, den sie über ihre Tochter ausgestoßen, und, bei dem sehnlichen Wunsche nach Erlösung des Leibes und der Seele, sich und der Welt zum Überdruß bis zu dem Tage gelebt habe, der Rosaliens Treue und Ergebenheit in Gott gekrönt: an dem Tage sei sie, durch einen Strahl aus ihrem Innern beruhigt, im gläubigen Bekenntnis des Erlösers selig entschlafen.

Gnade löst den Fluch der *Sünde*,
Liebe treibt den *Teufel* aus.

CLEMENS BRENTANO

Das Märchen von dem Myrtenfräulein

Im sandigen Lande, wo nicht viel Grünes wächst, wohnten einige Meilen von der porzellanenen Hauptstadt, wo der Prinz Wetschwuth residierte, ein Töpfer und seine Frau mitten auf ihrem Tonfeld neben ihrem Töpferofen, beide ohne Kinder, einsam und allein. Das Land war ringsum so flach wie ein See, kein Baum und kein Busch war zu sehen, und es war gar betrübt und langweilig. Täglich beteten die guten Leute zum Himmel, er möge ihnen doch ein Kind bescheren, damit sie eine Unterhaltung hätten, aber der Himmel erhörte ihre Wünsche nicht. Der Töpfer verzierte alle seine Gefäße mit schönen Engelsköpfen, und die Töpferin träumte alle Nacht von grünen Wiesen und anmutigen Gebüschen und Bäumen, bei welchen Kinder spielten; denn wornach das Herz sich sehnt, das hat man immer vor Augen.

Einstens hatte der Töpfer seiner Frau zwei schöne Werke auf ihren Geburtstag verfertigt, eine wunderschöne Wiege von dem weißesten Ton, ganz mit goldenen Engelsköpfen und Rosen verziert, und ein großes Gartengefäß von rotem Ton, rings mit bunten Schmetterlingen und Blumen bemalt. Sie machte sich ein Bettchen in die Wiege und füllte das Gartengefäß mit der besten Erde, die sie selbst stundenweit in ihrer Schürze dazu herbeitrug, und so stellte sie die beiden Geschenke neben ihre Schlafstelle, in beständiger Hoffnung, der Himmel werde ihr ihre Bitte gewähren; und so betete sie auch einst abends von ganzer Seele:

Herr! ich flehe auf den Knieen,
Schenke mir ein liebes Kind,
Fromm will ich es auferziehen:
Ists ein Mägdlein, daß es spinnt
Einen klaren reinen Faden
Und dabei hübsch singt und betet;
Ists ein Sohn durch deine Gnaden,

Daß er kluge Dinge redet
Und ein Mann wird treu von Worten,
Stark von Willen, kühn von Tat,
Der geehrt wird aller Orten,
Wie im Kampfe, so im Rat.
Herr! bereitet ist die Wiege,
Gieb, daß mir ein Kind drin liege!
Ach, und sollte es nicht sein,
Gieb mir doch nur eine Wonne,
Wärs auch nur ein Bäumelein,
Das ich in der lieben Sonne
Könnte ziehen, könnte pflegen,
Daß ich mich mit meinem Gatten
Einst im selbsterzognen Schatten
Unter ihm ins Grab könnt legen.

So betete die gute Frau unter Tränen und ging zu Bett. In der Nacht war ein schweres Gewitter, es donnerte und blitzte, und einmal fuhr ein heller Glanz durch die Schlafkammer. Am andern Morgen war das schönste Wetter, ein kühler Wind wehte durch das offene Fenster, und die gute Töpferin lag in einem süßen Traum, als sitze sie unter einem schönen Myrtenbaum bei ihrem lieben Manne. Da säuselte das Laub um sie und sie erwachte, und siehe da! ein frisches junges Myrtenreis lag neben ihr auf dem Kopfkissen und spielte mit seinen zarten im Winde bewegten Blättern um ihre Wangen. Da weckte sie mit großen Freuden ihren Mann, und zeigte es ihm, und sie dankten beide Gott auf ihren Knieen, daß er ihnen doch etwas Lebendiges geschenkt hatte, das sie könnten grünen und blühen sehen. Sie pflanzten das Myrtenreis mit der größten Sorgfalt in das schöne Gartengefäß, und es war täglich ihr liebstes Geschäft, das junge Stämmchen zu begießen und in die Sonne zu setzen und vor bösem Tau und rauhen Winden zu schützen. Das Myrtenreis wuchs zusehends unter ihren Händen und duftete ihnen Fried und Freude ins Herz.

Da kam einstens der Landesherr, Prinz Wetschwuth, in diese Gegend mit einigen Gelehrten, um neue Porzellanerde zu entdecken; denn es wurden in seiner Hauptstadt Porzellania so viele Häuser davon gebaut, daß diese Erde in der Nähe der Stadt selten geworden war. Da er in die Wohnung des Töpfers eintrat, ihn um seinen Rat zu fragen, ward er bei dem Anblick des Myrtenbäumchens so durch dessen Schönheit hingerissen, daß er alles andere vergaß und in lauter Verwunderung ausrief: »O wie lieblich, wir reizend ist diese Myrte! Ihr Anblick hat für mein Herz etwas ungemein Erquickendes, ich möchte immer in der Nähe dieses Baumes leben – nein, ich kann ihn nicht entbehren, ich muß ihn besitzen, und müßte ich ihn mit einem Auge erkaufen.« Nach diesem Ausruf fragte er sogleich den Töpfer und seine Frau, was sie für die Myrte verlangten. Diese guten Leute erklärten auf die bescheidenste Weise, daß sie den Baum nicht verkaufen wollten, und daß er das Liebste sei, was sie auf Erden hätten. »Ach«, sagte die Töpferin, »ich könnte nicht leben, wenn ich meine Myrte nicht vor mir sähe; ja sie ist mir so lieb und wert, als wäre sie mein Kind, und kein Königreich nähme ich für diese meine Myrte.« Da der Prinz Wetschwuth dies hörte, ward er sehr traurig und begab sich nach seinem Schlosse zurück. Seine Sehnsucht nach der Myrte ward so groß, daß er in eine Krankheit fiel und das ganze Land um ihn bekümmert wurde. Da kamen Abgesandte zu dem Töpfer und seiner Frau, und forderten sie auf, die Myrte dem Prinzen zu überlassen, damit er nicht vor Sehnsucht sterben möchte. Nach langen Unterhandlungen sagte die Frau: »Wenn er die Myrte nicht hat, so muß er sterben, und wenn wir die Myrte nicht haben, so können wir nicht leben; will der Prinz nun die Myrte haben, so muß er uns auch mitnehmen, wir wollen sie ihm überbringen und ihn anflehen, daß er uns als treue Diener in sein Schloß aufnehme, damit wir die geliebte Myrte dann und wann sehen und uns an ihr erfreuen können.« Das waren die Abgesandten zufrieden, sie schickten gleich einen Reiter in die Stadt mit der frohen Nachricht, die Myrte werde ankommen, der Prinz sollte Mut fassen. Nun stellte der Töpfer das Gefäß mit der Myrte auf eine Tragbahre, über welche die Frau ihre schönsten seidenen Tücher gebreitet hatte, und sie trugen beide, nachdem sie ihre Hütte verschlossen hatten, den geliebten Baum nach der Stadt, wohin sie von den Abgesandten begleitet wurden. Von der Stadt kam ihnen der Prinz selbst in einem Wagen entgegen und hatte ein goldenes Gießkännchen in der Hand, womit er die geliebte Myrte begoß, bei deren Anblick er sich sichtbar erholte. Vier weißgekleidete, mit Rosen geschmückte Jungfrauen kamen mit einem rotseidenen Traghimmel, unter welchem die Myrte nach dem Schloß getragen wurde. Kinder streuten Blumen, und alles Volk war froh und warf die Mützen in die Höhe. Nur neun Fräulein in der Stadt waren nicht bei der allgemeinen Freude zugegen, denn sie wünschten, daß die Myrte verdorren möchte, weil der Prinz, ehe er die Myrte gesehen hatte, sie oft besuchte und jede von ihnen gehofft hatte, einst Beherrscherin der Stadt Porzellania zu werden. Seit aber von der Myrte die Rede war, hatte er sich nicht mehr um sie bekümmert; drum waren sie auf den unschuldigen Baum so erbittert, daß sich an diesem Freudentage keine von ihnen erblicken ließ. Der Prinz ließ die Myrte an das Fenster seiner Stube stellen und gab dem Töpfer und seiner Frau eine Wohnung im Schloßgarten, aus deren Fenster sie die Myrte immer erblicken konnten, womit die guten Leute dann auch wohlzufrieden waren.

Der Prinz war bald wieder ganz gesund; er pflegte den Baum mit einer unbeschreiblichen Liebe und Sorgfalt; auch wuchs dieser und breitete sich aus zu aller Freude. Einstens setzte sich der Prinz abends neben dem Baume auf sein Ruhebett. Alles war ruhig im Schloß, und er entschlummerte in tiefen Gedanken. Da nun die Nacht alles bedeckt hatte, hörte er ein wunderbares Säuseln in seinem Baum und erwachte und lauschte; da vernahm er eine leise Bewegung in seiner Stube herum, und ein süßer Duft breitete sich umher. Er war stille, stille und lauschte immerfort; endlich, da es ihm wieder so wunderbar in der Myrte säuselte, begann er zu singen:

Sag, warum dies süße Rauschen,
Meine wunderschöne Myrte!
O mein Baum, für den ich glühe?

Da sang eine liebliche leise Stimme wieder:

Dank will ich für Freundschaft tauschen
Meinem wunderguten Wirte,
Meinem Herrn, für den ich blühe!

Da war der Prinz über die Stimme so entzückt, daß es nicht auszusprechen ist; aber bald ward seine Freude noch viel größer, denn er bemerkte, daß sich jemand auf den Schemel zu seinen Füßen setzte, und da er die Hand darnach ausstreckte, ergriff eine zarte Hand die seinige und führte sie an die Lippen eines Mundes, welcher sprach: »Mein teurer Herr und Prinz! frage nicht, wer ich bin; erlaube mir nur dann und wann in der Stille der Nacht zu deinen Füßen zu sitzen und dir zu danken für die treue Pflege, welche du mir in der Myrte bewiesen, denn ich bin die Bewohnerin dieser Myrte; aber mein Dank für deine Zuneigung ist so gewachsen, daß er keinen Raum mehr in diesem Baume hatte, und so hat es mir der Himmel vergönnt, in menschlicher Gestalt dir manchmal nahezusein.« Der Prinz war entzückt über diese Worte und pries sich unendlich glücklich durch dies Geschenk der Götter. Sie unterhielten sich einige Stunden, und sie sprach so weise und klug, daß er vor Begierde brannte, sie von Angesicht zu Angesicht zu sehen. Das Myrtenfräulein aber sagte zu ihm: »Laß mich erst ein kleines Lied singen, dann kannst du mich sehen«, und sie sang:

Säusle, liebe Myrte!
Wie still ists in der Welt,
Der Mond, der Sternenhirte
Auf klarem Himmelsfeld,
Treibt schon die Wolkenschafe
Zum Born des Lichtes hin,
Schlaf, mein Freund, o schlafe,
Bis ich wieder bei dir bin.

Dazu säuselte die Myrte, und die Wolken trieben so langsam am Himmel hin, und die Springbrunnen plätscherten so leise im Garten, und der Gesang war so sanft, daß der Prinz einschlief, und als er kaum nickte, erhob sich das Myrtenfräulein leise, leise vom Schemel und begab sich wieder in die Myrte.

Als der Prinz am Morgen erwachte, erblickte er den Schemel leer zu seinen Füßen, und er wußte nicht, ob das Myrtenfräulein wirklich bei ihm gewesen war, oder ob er nur geträumt habe; aber da er das Bäumchen ganz mit Blüten übersät sah, die in der Nacht aufgegangen waren, ward er der Erscheinung immer gewisser. Nie ward die

Nacht so sehnsüchtig erwartet als von ihm; er setzte sich schon gegen Abend auf sein Ruhebett und harrte. Endlich war die Sonne hinunter, es dämmerte, es ward Nacht. Die Myrte säuselte, und das Myrtenfräulein saß zu seinen Füßen und erzählte ihm so schöne Sachen, daß er nicht genug zuhören konnte, und als er sie wieder bat, Licht anzünden zu dürfen, sang sie ihm wieder ein Liedchen:

Säusle, liebe Myrte!
Und träum im Sternenschein,
Die Turteltaube girrte
Auch ihre Brut schon ein.
Still ziehn die Wolkenschafe
Zum Born des Lichtes hin,
Schlaf, mein Freund, o schlafe,
Bis ich wieder bei dir bin.

Da schlummerte der Prinz wieder ein und erwachte am Morgen wieder mit gleicher Überraschung und erwartete die Nacht wieder mit gleicher Sehnsucht. Aber es ging ihm auch diesmal wie in der ersten und zweiten Nacht, sie sang ihn immer in den Schlaf, wenn er sie zu sehen verlangte. Sieben Nächte ging dies so fort, während welchen sie ihm so vortreffliche Lehren über die Kunst zu regieren gab, daß seine Begierde, sie zu sehen, nur noch größer ward. Er ließ daher am andern Tage an die Decke seiner Stube ein seidenes Netz befestigen, welches er ganz leise niederlassen konnte, und so erwartete er die Nacht. Als das Myrtenfräulein wieder zu seinen Füßen saß und ihm die tiefsinnigsten Lehren über die Pflichten eines guten Fürsten gegeben hatte, wollte sie ihm wieder das Schlaflied singen, aber er sprach zu ihr: »Heute will ich einmal singen«, und sie gab es nach vielen Bitten zu; da sang er folgendes Liedchen:

Hörst du, wie die Brunnen rauschen?
Hörst du, wie die Grille zirpt?
Stille, stille, laß uns lauschen,
Selig, wer in Träumen stirbt;
Selig, wen die Wolken wiegen,
Wem der Mond ein Schlaflied singt!
O! wie selig kann der fliegen,

Dem der Traum den Flügel schwingt,
Daß an blauer Himmelsdecke
Sterne er wie Blumen pflückt:
Schlafe, träume, flieg, ich wecke
Bald dich auf und bin beglückt.

Und dies Lied wirkte so durch die sanfte Weise, in welcher er es sang, daß das Myrtenfräulein zu den Füßen des Prinzen entschlummerte; da ließ er das Netz nieder über sie und zündete seine Lampe an, und o Himmel! was sah er? Die wunderschönste Jungfrau, welche jemals gelebt, im Antlitz wie der klare Mond so mild und rein, Locken wie Gold um die Stirne spielend und auf dem Haupt ein Myrtenkrönchen; sie hatte ein grünes Gewand an, mit Silber gestickt, und ihre Hände gefaltet wie ein Engelchen. Lange betrachtete er seine Freundin und Lehrerin mit stummem Erstaunen, dann konnte er seine Freude nicht mehr fassen, er brach in lauten Jubel aus und rief: »O Tugend! o Weisheit! wie schön ist deine Gestalt; wer kann leben ohne dich, wenn er dich einmal erblickte.« Dann ergriff er ihre Hand und steckte ihr seinen Siegelring an den Finger und sprach: »Erwache, o meine holdselige Freundin! nimm meinen Thron und meine Hand und verlasse mich nie wieder.« Da erwachte das Myrtenfräulein, und als es das Licht erblickte, errötete es über und über, und blies die Lampe aus. Dann klagte sie, daß er sie gefangen habe, und sagte, daraus wird gewiß Unglück kommen; aber der Prinz bat sie so sehr um Vergebung, bis sie ihm verzieh und versprach, die Fürstin seines Landes zu werden, wenn ihre Eltern es erlaubten, er sollte nur alle Anstalten zur Hochzeit machen und dann ihre Eltern fragen; bis dahin sollte er sie aber nicht wiedersehen. Der Prinz willigte in alles ein und fragte sie, wie er sie rufen solle, wenn er alle Anstalten getroffen habe, und sie sagte: »Befestige eine kleine Silberglocke an die Spitze meines Bäumchens, und sobald du klingelst, werde ich dir erscheinen.« Nun zerriß sie das Netz, der Baum rauschte, und fort war das Myrtenfräulein.

Der Tag war kaum angebrochen, als der Prinz auch schon alle seine Minister und Räte zusammenberief und ihnen bekannt machte, daß er sich nächstens zu vermählen gedenke und daß sie alle Anstalten zu dem prächtigsten Hochzeitsfeste treffen sollten, das jemals im

Lande gewesen. Die Räte waren sehr erfreut darüber und fragten ihn untertänigst um den Namen der Braut, damit sie ihren Namenszug bei der Illumination anbringen könnten. Da sagte der Prinz: »Der erste Buchstab ihres Namens ist M und es sollen beim Feste überall Myrtenzweige hingemalt werden, wo es sich schickt.« Da wollten die Herren ihn schon verlassen, als plötzlich eine Botschaft kam, daß ein wildes Schwein in dem fürstlichen Tiergarten toll geworden wäre und in dem darin befindlichen gläsernen Lusthause alles chinesische Porzellan zertrümmert habe; es sei äußerst nötig, es sogleich zu erlegen, damit es nicht andere Schweine beiße und auch toll mache, welche dann leicht die ganze Stadt Porzellania über den Haufen werfen könnten. Da durfte der Prinz nicht länger zaudern; er befahl seinen Räten, einstweilen die Hochzeit zuzubereiten, und zog mit seinen Jägern hinaus auf die Jagd.

Als der Prinz aus dem Schloß ritt, lagen die neun bösen Fräulein, welche sich nicht mit gefreut hatten, als Myrte so feierlich in die Stadt gebracht wurde, sehr schön geputzt am Fenster, in der Hoffnung, der Prinz werde sie bemerken und grüßen; aber vergebens, wenn sie sich gleich so weit herauslegten, daß sie leicht hätten auf die Straße fallen können: der Prinz tat nicht, als wenn er sie bemerkte. Hierüber aufgebracht, kamen sie zusammen und faßten den Entschluß, sich zu rächen. Die Geschichte mit dem tollgewordenen wilden Schwein war auch nur von ihnen ausgesprengt, damit der Prinz, der sich gar nicht mehr sehen ließ, über die Straße reiten sollte: sie hatten das chinesische Porzellan in dem Lusthaus durch ihre Diener zerschlagen lassen. Als sie eben versammelt waren, trat der Vater der Ältesten, der einer der Minister war, herein, und machte den Damen bekannt, sie möchten sich zum Hochzeitsfest des Prinzen vorbereiten; der Prinz werde eine Prinzessin M. heiraten, auch sei von vielen Myrtenverzierungen bei der Illumination die Rede. Kaum waren sie wieder allein, als sie ihrem ganzen Zorn den Lauf ließen; denn sie hatten sich alle neun eingebildet, den porzellanenen Thron zu besteigen. Sie ließen sich einen Maurer kommen, der mußte ihnen einen unterirdischen Gang bis in die Stube des Prinzen machen; denn sie wollten sehen, wen er dort versperrt habe. Als der Gang fertig war, beredeten sie noch ein zehntes junges Fräulein, der sie jedoch ihr Vorhaben verschwiegen, mitzugehen, welche es auch tat, doch nur aus Neugier und nicht aus bösem Willen; sie nahmen sie aber nur mit, um sie dort zurückzulassen, als habe sie alles getan. Hierauf begaben sie sich in einer Nacht mit Laternen versehen durch den Gang in die Stube des Prinzen und suchten alles durch, sehr verwundert, nichts Besonderes darin zu finden außer der Myrte. An dieser ließen sie nun allen ihren Grimm aus, rissen ihr Zweige und Blätter ab, und als sie auch den Wipfel herunterrissen, klingelte das Glöckchen, und das Myrtenfräulein, welches glaubte, es sei dies das Zeichen zu ihrer Hochzeit, trat plötzlich in dem schönsten Brautkleide aus der Myrte. Anfangs verwunderten sich die bösen Geschöpfe, aber bald waren sie einig, dieses müßte die künftige Fürstin sein, und somit fielen sie über sie her und ermordeten sie auf unbarmherzigste Weise, indem sie das arme Myrtenfräulein mit ihren Messern in viele kleine Stücke zerhackten; jede nahm sich einen Finger von dem armen Myrtenfräulein mit; nur das zehnte Fräulein hatte nicht mitgeholfen und nur immer gejammert und geweint, wofür sie sie dann einsperrten und nun auf demselben Wege entwichen.

Als der Kammerherr des Prinzen, welchem dieser bei Lebensstrafe befohlen hatte, die Myrte täglich zu begießen und täglich die Stube aufzuräumen, als wenn der Prinz da wäre, zu seiner Verrichtung hereintrat, war sein Entsetzen unbeschreiblich, da er das zerfleischte Myrtenfräulein in dem Blute an der Erde herumliegen und den Myrtenbaum zerknickt und entblättert sah. Er wußte nicht, was dies sein konnte, denn er wußte von dem Myrtenfräulein nichts; da erzählte ihm das junge Fräulein, welches weinend in einer Ecke saß, alles. Sie nahmen unter bittern Tränen alle Glieder und Knochen der Unglücklichen zusammen und begruben sie unter den zerstörten Myrtenbaum in das Gefäß, so daß alles einen kleinen Grabhügel bildete; sodann wuschen sie den Boden so rein sie konnten, und begossen den Baum mit dem blutverschmierten Wasser, räumten die Stube auf, schlossen sie zu, und flohen in großer Angst miteinander; doch nahm das Fräulein eine Locke der unglücklichen Gemordeten zum Andenken mit.

Unterdessen waren die Vorbereitungen zu der Hochzeit beinahe fertig, und der Prinz, der das wilde Schwein vergebens aufgesucht hatte, kehrte nach der Stadt zurück. Sein erster Gang war zu dem guten Töpfer und seiner Frau, welchen er seine Geschichte mit dem Myrtenfräulein erzählte und sie um die Hand ihrer Tochter bat. Die guten Leute waren vor Entzücken fast außer sich, als sie vernahmen, daß in ihrem Myrtenbaum ihnen eine Tochter erwachsen sei, und wußten nun, warum sie denselben so ungemein liebgehabt hatten. Freudig willigten sie in die Bitte des Prinzen ein und begleiteten ihn in das Schloß, um ihre wunderbare Tochter zu sehen. Als sie nun zusammen in das Zimmer traten, wo die Myrte stand, sahen ihre Augen ein trauriges Schauspiel: – am Boden noch viele blutige Spuren, und der geliebte Baum entblättert und verletzt, neben ihm aber ein Grabhügel. Der Prinz rief, der Töpfer rief, die Töpferin rief: »O meine geliebte Braut! o mein teures Kind! mein einziges liebes Töchterchen! o wo bist du, laß dich sehen vor deinen unglücklichen Eltern!« Aber nichts rührte sich, und ihre Verzweiflung war unbegrenzt. Die drei armen Unglücklichen saßen nun ganze Tage und begossen den Myrtenbaum mit ihren Tränen, und das ganze Land ward bestürzt und traurig.

Unter solchen Schmerzen pflegten und warteten der Prinz und der Töpfer nebst seiner Frau den kranken Myrtenbaum aufs zärtlichste, und er begann wieder Zweige zu treiben, worüber sie sehr erfreut wurden, und er war schon wieder ganz hergestellt, nur fehlten ihm an dem Wipfel einige Blätter und an einem seiner Hauptäste die äußersten fünf Sprossen und an dem andern vier, neben welchen der fünfte zu keimen anfing. Diesen fünften Sproß beobachtete der Prinz alle Tage, und wie entzückt war er nicht, als er eines Morgens diesen Sproß ganz erwachsen und den Ring, den er dem Myrtenfräulein gegeben, an demselben wie an einem Finger befestigt sah. Sein Entzücken war unbeschreiblich; denn er glaubte nun, das Myrtenfräulein müsse noch leben. In der nächsten Nacht saß er mit dem Töpfer und der Töpferin bei dem Baum, und sie flehten die Myrte so zärtlich um ein Lebenszeichen an, daß der Baum endlich zu säuseln begann und folgende Worte sang:

Habt Erbarmen,
An zwei Armen
Fehlen mir neun Fingerlein.
Lieber Prinz! in deinem Reiche

Wachsen jetzt neun Myrtenzweige,
Und sie sind mein Fleisch und Bein.
Habt Erbarmen,
Schafft mir Armen
Wieder die neun Fingerlein.

Der Prinz und die Eltern waren durch dies traurige Lied sehr gerührt, und der Prinz ließ den andern Tag im ganzen Lande bekanntmachen, wer ihm die schönsten Myrtenzweige bringe, den wolle er mit seiner königlichen Hand belohnen. Dieses kam auch zu den Ohren der Mordfräulein, welche die arme Myrte so schrecklich gemartert hatten, und sie waren sehr froh darüber: denn sie hatten die neun Finger des Myrtenfräuleins, jede den ihren, in einen Topf mit Erde vergraben, und es waren kleine Myrtensprosse daraus gewachsen. Sie putzten sich gleich schön an und kamen eine nach der andern mit ihren Myrtenzweigen ins Schloß; denn sie glaubten, die Worte des Prinzen wollten soviel sagen, als wolle er die Überbringerin der schönsten Myrte heiraten. Der Prinz ließ ihnen die Myrtenzweige abnehmen und versprach ihnen seiner Zeit Antwort sagen zu lassen; sie möchten sich nur zum Feste vorbereiten. Als er nun alle die neun Zweige neben den großen Baum gestellt hatte, sprach die Stimme aus dem Baum:

Willkomm, willkomm, neun Zweigelein!
Willkomm, willkomm, neun Fingerlein!
Willkomm, willkomm, mein Fleisch und Bein!
Willkomm, willkomm, zum Topf herein!

Da begrub der Prinz die neun Zweige und die neun Finger unter die Myrte, welche noch denselben Tag die neun fehlenden Sprossen trieb. Nun aber kam noch das jüngste Fräulein, welches nur die Haarlocke genommen und ihr den Ringfinger gelassen hatte, und warf sich dem Prinzen zu Füßen und sagte: »Herr! ich habe keine Myrte und habe auch keine haben wollen; aber diese Locke gebe ich in deine Hand und bitte dich um eine Gnade.« Der Prinz versprach sie ihr, und sie erzählte ihm, wie die ganze Mordtat geschehen sei, und bat ihn, er möge seinem entflohenen Kammerherrn verzeihen und sie mit demselben vermählen. Da gab ihr der Prinz einen Gnadenbrief für denselben, und sie lief zu ihm in den Wald, wo er sich in einen hohlen Baum versteckt hatte, in den sie ihm täglich zu essen gebracht. Der Kammerherr erfreute sich sehr über sein Glück und kam mit ihr wieder in die Stadt. Als aber der Prinz die Haarlocke auch vergraben hatte, sprach die Myrte:

Nun bin ich ganz
Im alten Glanz,
Bring mir den Kranz
Und führe mich zum Hochzeitstanz.

Da ließ der Prinz ein großes Fest vor allem Volke im Schloßgarten ansagen; da alles versammelt war, ward die Myrte unter einen Thronhimmel gestellt, und der schönste Blumenkranz, mit Gold durchwunden, ward ihr von dem Töpfer und der Töpferin aufgesetzt, und als dies kaum geschehen war, trat das Myrtenfräulein, wie die schönste Braut geschmückt, aus dem Baum hervor und ward von ihren Eltern, welche sie noch nie gesehen hatten, unter Freudentränen und dann von dem glücklichen Prinzen als seine Braut herzlich umarmt. Da standen die neun Mordfräulein wie auf heißen Kohlen; der Prinz aber sprach: »Was verdient der, welcher diesem Myrtenfräulein etwas zu Leide tut?« Und einer sagte da nach dem andern irgend eine harte Strafe her, und als die Frage an die neun Fräulein kam, sagten sie alle zusammen: »Daß ihn die Erde verschlinge und seine Hand aus der Erde wachse«; und kaum hatten sie es gesagt, als die Erde sie auch verschlang und über ihnen Fünffingerkraut hervorwuchs. Nun wurde die Hochzeit gehalten, und der Kammerherr hielt mit dem jüngsten Fräulein auch Hochzeit. Es schenkte dem Prinzen der Himmel auch bald ein kleines Myrtenprinzchen, das ward in der schönen Wiege des alten Töpfers gewiegt, und das ganze Land war froh und glücklich.
Der Myrtenbaum aber ward bald so stark und groß, daß man ihn ins Freie setzen mußte. Da begehrte die Prinzessin Myrte, daß er neben die ehemalige Hütte ihrer Eltern gesetzt werde; das geschah auch, und die Hütte ward zu einem schönen Landhaus verändert, und endlich ward aus dem Myrtenbaum ein Myrtenwald, und die

Enkel des Töpfers und seiner Frau spielten darin, und die beiden guten Leute wurden dort, wie sie gewünscht hatten, unter dem Myrtenbaum begraben. Der Prinz und das Myrtenfräulein ruhen wohl auch schon dort, wenn sie nicht mehr leben sollten, woran ich fast zweifle; denn es ist schon sehr lange her.

ADALBERT VON CHAMISSO

Peter Schlemihls wundersame Geschichte

I

Nach einer glücklichen, jedoch für mich *sehr* beschwerlichen Seefahrt erreichten wir endlich den Hafen. Sobald ich mit dem Boote ans Land kam, belud ich mich selbst mit meiner kleinen Habseligkeit, und durch das wimmelnde Volk mich drängend, ging ich in das nächste, geringste Haus hinein, vor welchem ich ein Schild hängen sah. Ich begehrte ein Zimmer, der Hausknecht maß mich mit einem Blick und führte mich unters Dach. Ich ließ mir frisches Wasser geben, und genau beschreiben, wo ich den Herrn *Thomas John* aufzusuchen habe: – »Vor dem Nordertor, das erste Landhaus zur rechten Hand, ein großes, neues Haus von rot und weißem Marmor mit vielen Säulen.« Gut. – Es war noch früh an der Zeit, ich schnürte sogleich mein Bündel auf, nahm meinen neu gewandten schwarzen Rock heraus, zog mich reinlich an in meine besten Kleider, steckte das Empfehlungsschreiben zu mir, und setzte mich alsbald auf den Weg zu dem Manne, der mir bei meinen bescheidenen Hoffnungen förderlich sein sollte.

Nachdem ich die lange Norderstraße hinaufgestiegen und das Tor erreicht, sah ich bald die Säulen durch das Grüne schimmern – »Also hier«, dacht ich. Ich wischte den Staub von meinen Füßen mit meinem Schnupftuch ab, setzte mein Halstuch in Ordnung, und zog in Gottes Namen die Klingel. Die Tür sprang auf. Auf dem Flur hatt ich ein Verhör zu bestehn, der Portier ließ mich aber anmelden, und ich hatte die Ehre, in den Park gerufen zu werden, wo Herr *John* – mit einer kleinen Gesellschaft sich erging. Ich erkannte gleich den Mann am Glanze seiner wohlbeleibten Selbstzufriedenheit. Er empfing mich sehr gut wie ein Reicher einen armen Teufel, wandte sich sogar gegen mich, ohne sich jedoch von der übrigen Gesellschaft abzuwenden, und nahm mir den dargehaltenen Brief aus der Hand. – »So, so! von meinem Bruder, ich habe lange nichts

von ihm gehört. Er ist doch gesund? – Dort«, fuhr er gegen die Gesellschaft fort, ohne die Antwort zu erwarten, und wies mit dem Brief auf einen Hügel, »dort lasse ich das neue Gebäude aufführen.« Er brach das Siegel auf und das Gespräch nicht ab, das sich auf den Reichtum lenkte. »Wer nicht Herr ist wenigstens einer Million«, warf er hinein, »der ist, man verzeihe mir das Wort, ein Schuft!« »O wie wahr!« rief ich aus mit vollem überströmenden Gefühl. Das mußte ihm gefallen, er lächelte mich an und sagte: »Bleiben Sie hier, lieber Freund, nachher hab ich vielleicht Zeit, Ihnen zu sagen, was ich hiezu denke«, er deutete auf den Brief, den er sodann einsteckte, und wandte sich wieder zu der Gesellschaft. – Er bot einer jungen Dame den Arm, andere Herren bemühten sich um andere Schönen, es fand sich, was sich paßte, und man wallte dem rosenumblühten Hügel zu.
Ich schlich hinterher, ohne jemandem beschwerlich zu fallen, denn keine Seele bekümmerte sich weiter um mich. Die Gesellschaft war sehr aufgeräumt, es ward getändelt und gescherzt, man sprach zuweilen von leichtsinnigen Dingen wichtig, von wichtigen öfters leichtsinnig, und gemächlich erging besonders der Witz über abwesende Freunde und deren Verhältnisse. Ich war da zu fremd, um von alle dem vieles zu verstehen, zu bekümmert und in mich gekehrt, um den Sinn auf solche Rätsel zu haben.
Wir hatten den Rosenhain erreicht. Die schöne *Fanny*, wie es schien, die Herrin des Tages, wollte aus Eigensinn einen blühenden Zweig selbst brechen, sie verletzte sich an einem Dorn, und wie von den dunklen Rosen, floß Purpur auf ihre zarte Hand. Dieses Ereignis brachte die ganze Gesellschaft in Bewegung. Es wurde Englisch Pflaster gesucht. Ein stiller, dünner, hagrer, länglichter, ältlicher Mann, der neben mitging, und den ich noch nicht bemerkt hatte, steckte sogleich die Hand in die knapp anliegende Schoßtasche seines altfränkischen, grautaffentnen Rockes, brachte eine kleine Brieftasche daraus hervor, öffnete sie, und reichte der Dame mit devoter Verbeugung das Verlangte. Sie empfing es ohne Aufmerksamkeit für den Geber und ohne Dank, die Wunde ward verbunden, und man ging weiter den Hügel hinan, von dessen Rücken man die weite Aussicht über das grüne Labyrinth des Parkes nach dem unermeßlichen Ozean genießen wollte.

Der Anblick war wirklich groß und herrlich. Ein lichter Punkt erschien am Horizont zwischen der dunklen Flut und der Bläue des Himmels. »Ein Fernrohr her!« rief *John*, und noch bevor das auf den Ruf erscheinende Dienervolk in Bewegung kam, hatte der graue Mann, bescheiden sich verneigend, die Hand schon in die Rocktasche gesteckt, daraus einen schönen Dollond hervorgezogen, und es dem Herrn *John* eingehändigt. Dieser, es sogleich an das Aug bringend, benachrichtigte die Gesellschaft, es sei das Schiff, das gestern ausgelaufen, und das widrige Winde im Angesicht des Hafens zurückehielten. Das Fernrohr ging von Hand zu Hand, und nicht wieder in die des Eigentümers; ich aber sah verwundert den Mann an, und wußte nicht, wie die große Maschine aus der winzigen Tasche herausgekommen war; es schien aber niemandem aufgefallen zu sein, und man bekümmerte sich nicht mehr um den grauen Mann, als um mich selber.
Erfrischungen wurden gereicht, das seltenste Obst aller Zonen in den kostbarsten Gefäßen. Herr *John* machte die Honneurs mit leichtem Anstand und richtete da zum zweiten Mal ein Wort an mich: »Essen Sie nur; das haben Sie auf der See nicht gehabt.« Ich verbeugte mich, aber er sah es nicht, er sprach schon mit jemand anderem.
Man hätte sich gern auf den Rasen, am Abhange des Hügels, der ausgespannten Landschaft gegenüber gelagert, hätte man die Feuchtigkeit der Erde nicht gescheut. »Es wäre göttlich«, meinte wer aus der Gesellschaft, »wenn man türkische Teppiche hätte, sie hier auszubreiten.« Der Wunsch war nicht sobald ausgesprochen, als schon der Mann im grauen Rock die Hand in der Tasche hatte, und mit bescheidener, ja demütiger Gebärde einen reichen, golddurchwirkten türkischen Teppich daraus zu ziehen bemüht war. Bediente nahmen ihn in Empfang, als müsse es so sein, und entfalteten ihn am begehrten Orte. Die Gesellschaft nahm ohne Umstände Platz darauf; ich wiederum sah betroffen den Mann, die Tasche, den Teppich an, der über zwanzig Schritte in der Länge und zehn in der Breite maß, und rieb mir die Augen, nicht wissend, was ich dazu denken sollte, besonders da niemand etwas Merkwürdiges darin fand.
Ich hätte gern Aufschluß über den Mann gehabt, und gefragt, wer er sei; nur wußt ich nicht, an wen ich mich richten sollte, denn ich

fürchtete mich fast noch mehr vor den Herren Bedienten, als vor den bedienten Herren. Ich faßte endlich ein Herz, und trat an einen jungen Mann heran, der mir von minderem Ansehen schien als die anderen, und der öfter allein gestanden hatte. Ich bat ihn leise, mir zu sagen, wer der gefällige Mann sei dort im grauen Kleide. – »Dieser, der wie ein Ende Zwirn aussieht, der einem Schneider aus der Nadel entlaufen ist?« – »Ja, der allein steht.« – »Den kenn ich nicht«, gab er mir zur Antwort, und, wie es schien, eine längere Unterhaltung mit mir zu vermeiden, wandte er sich weg und sprach von gleichgültigen Dingen mit einem andern.
Die Sonne fing jetzt stärker zu scheinen an, und ward den Damen beschwerlich; die schöne *Fanny* richtete nachlässig an den grauen Mann, den, so viel ich weiß, noch niemand angeredet hatte, die leichtsinnige Frage: ob er nicht auch vielleicht ein Zelt bei sich habe? Er beantwortete sie durch eine so tiefe Verbeugung, als widerführe ihm eine unverdiente Ehre, und hatte schon die Hand in der Tasche, aus der ich Zeuge, Stangen, Schnüre, Eisenwerk, kurz alles, was zu dem prachtvollsten Lustzelt gehört, herauskommen sah. Die jungen Herren halfen es ausspannen, und es überhing die ganze Ausdehnung des Teppichs – und Keiner fand noch etwas Außerordentliches darin. –
Mir war schon lang unheimlich, ja graulich zu Mute, wie ward mir vollends, als beim nächst ausgesprochenen Wunsch ich ihn noch aus seiner Tasche drei Reitpferde, ich sage dir, drei schöne, große Rappen mit Sattel und Zeug herausziehen sah! – Denke dir, um Gottes Willen! drei gesattelte Pferde noch aus derselben Tasche, woraus schon eine Brieftasche, ein Fernrohr, ein gewirkter Teppich, zwanzig Schritte lang und zehn breit, ein Lustzelt von derselben Größe, und alle dazu gehörigen Stangen und Eisen herausgekommen waren! – Wenn ich dir nicht beteuerte, es selbst mit eignen Augen angesehen zu haben, würdest du es gewiß nicht glauben. –
So verlegen und demütig der Mann selbst zu sein schien, so wenig Aufmerksamkeit ihm auch die andern schenkten, so ward mir doch seine blasse Erscheinung, von der ich kein Auge abwenden konnte, so schauerlich, daß ich sie nicht länger ertragen konnte.
Ich beschloß, mich aus der Gesellschaft zu stehlen, was bei der unbedeutenden Rolle, die ich darinnen spielte, mir ein Leichtes schien.

Ich wollte nach der Stadt zuruckkehren, am andern Morgen mein Glück beim Herrn *John* wieder versuchen, und wenn ich den Mut dazu fände, ihn über den seltsamen grauen Mann befragen. – Wäre es mir nur so zu entkommen geglückt!
Ich hatte mich schon wirklich durch den Rosenhain, den Hügel hinab, glücklich geschlichen, und befand mich auf einem freien Rasenplatz, als ich aus Furcht, außer den Wegen durchs Gras gehend angetroffen zu werden, einen forschenden Blick um mich warf. – Wie erschrak ich, als ich den Mann im grauen Rock hinter mir her und auf mich zu kommen sah. Er nahm sogleich den Hut vor mir ab, und verneigte sich so tief, als noch niemand vor mir getan hatte. Es war kein Zweifel, er wollte mich anreden, und ich konnte, ohne grob zu sein, es nicht vermeiden. Ich nahm den Hut auch ab, verneigte mich wieder, und stand da in der Sonne mit bloßem Haupt wie angewurzelt. Ich sah ihn voller Furcht stier an, und war wie ein Vogel, den eine Schlange gebannt hat. Er selber schien sehr verlegen zu sein; er hob den Blick nicht auf, verbeugte sich zu verschiedenen Malen, trat näher, und redete mich an mit leiser, unsicherer Stimme, ungefähr im Tone eines Bettelnden.
»Möge der Herr meine Zudringlichkeit entschuldigen, wenn ich es wage, ihn so unbekannter Weise aufzusuchen, ich habe eine Bitte an ihn. Vergönnen Sie gnädigst –« – »Aber um Gottes Willen, mein Herr!« brach ich in meiner Angst aus, »was kann ich für einen Mann tun, der –« Wir stutzten beide, und wurden, wie mir däucht, rot.
Er nahm nach einem Augenblick des Schweigens wieder das Wort: »Während der kurzen Zeit, wo ich das Glück genoß, mich in Ihrer Nähe zu befinden, hab ich, mein Herr, einige Mal – erlauben Sie, daß ich es Ihnen sage – wirklich mit unaussprechlicher Bewunderung den schönen, schönen Schatten betrachten können, den Sie in der Sonne, und gleichsam mit einer gewissen edlen Verachtung, ohne selbst darauf zu merken, von sich werfen, den herrlichen Schatten da zu Ihren Füßen. Verzeihen Sie mir die freilich kühne Zumutung. Sollten Sie sich wohl nicht abgeneigt finden, mir diesen Ihren Schatten zu überlassen?«
Er schwieg und mir gings wie ein Mühlrad im Kopfe herum. Was sollt ich aus dem seltsamen Antrag machen, mir meinen Schatten

abzukaufen? – »Er muß verrückt sein«, dacht ich, und mit verändertem Tone, der zu der Demut des seinigen besser paßte, erwiderte ich also: »Ei, ei! guter Freund, habt Ihr denn nicht an Eurem eigenen Schatten genug? Das heiß ich mir einen Handel von einer ganz absonderlichen Sorte.« Er fiel sogleich wieder ein: »Ich hab in meiner Tasche manches, was dem Herrn nicht ganz unwert scheinen möchte; für diesen unschätzbaren Schatten halt ich den höchsten Preis zu gering.«

Nun überfiel es mich wieder kalt, da ich an die Tasche erinnert ward, und ich wußte nicht, wie ich ihn hatte guter Freund nennen können. Ich nahm wieder das Wort, und suchte es, wo möglich, mit unendlicher Höflichkeit wieder gut zu machen.

»Aber, mein Herr, verzeihen Sie Ihrem untertänigsten Knecht. Ich verstehe wohl Ihre Meinung nicht ganz gut, wie könnt ich nur meinen Schatten – –« Er unterbrach mich: »Ich erbitte mir nur Dero Erlaubnis, hier auf der Stelle diesen edlen Schatten aufheben zu dürfen und zu mir zu stecken; wie ich das mache, sei meine Sorge. Dagegen als Beweis meiner Erkenntlichkeit gegen den Herrn überlasse ich ihm die Wahl unter allen Kleinodien, die ich in der Tasche bei mir führe: die echte Springwurzel, die Alraunwurzel, Wechselpfennige, Raubthaler, das Tellertuch von Rolands Knappen, ein Galgenmännlein zu beliebigem Preis; doch, das wird wohl nichts für Sie sein: besser, Fortunati Wünschhütlein, neu und haltbar wieder restauriert; auch ein Glückssäckel, wie der seine gewesen.« – »Fortunati Glückssäckel«, fiel ich ihm in die Rede, und wie groß meine Angst auch war, hatte er mit dem einen Wort meinen ganzen Sinn gefangen. Ich bekam einen Schwindel, und es flimmerte mir wie doppelte Dukaten vor den Augen. –

»Belieben gnädigst der Herr diesen Säckel zu besichtigen und zu erproben.« Er steckte die Hand in die Tasche und zog einen mäßig großen, festgenähten Beutel von starkem Korduanleder an zwei tüchtigen ledernen Schnüren heraus und händigte mir selbigen ein. Ich griff hinein, und zog zehn Goldstücke daraus, und wieder zehn, und wieder zehn, und wieder zehn; ich hielt ihm schnell die Hand hin: »Topp! der Handel gilt, für den Beutel haben Sie meinen Schatten.« Er schlug ein, kniete dann ungesäumt vor mir nieder, und mit einer bewundernswürdigen Geschicklichkeit sah ich ihn meinen Schatten vom Kopf bis zu meinen Füßen leise von dem Grase lösen, aufheben, zusammenrollen und falten, und zuletzt einstecken. Er stand auf, verbeugte sich noch ein Mal vor mir, und zog sich nach dem Rosengebüsche zurück. Mich dünkt, ich hörte ihn da leise für sich lachen. Ich aber hielt den Beutel bei den Schnüren fest, rund um mich her war die Erde sonnenhell, und in mir war noch keine Besinnung.

II

Ich kam endlich wieder zu Sinnen, und eilte, diesen Ort zu verlassen, wo ich hoffentlich nichts mehr zu tun hatte. Ich füllte erst meine Taschen mit Gold, dann band ich mir die Schnüre des Beutels um den Hals fest, und verbarg ihn selbst auf meiner Brust. Ich kam unbeachtet aus dem Park, erreichte die Landstraße und nahm meinen Weg nach der Stadt. Wie ich in Gedanken dem Tore zu ging, hört' ich hinter mir schreien: »Junger Herr! he! junger Herr! hören Sie doch!« – Ich sah mich um, ein altes Weib rief mir nach: »Sehe sich der Herr doch vor, Sie haben Ihren Schatten verloren.« – »Danke, Mütterchen!« – ich warf ihr ein Goldstück für den wohlgemeinten Rat hin, und trat unter die Bäume.

Am Tore mußt ich gleich wieder von der Schildwacht hören: »Wo hat der Herr seinen Schatten gelassen?« und gleich wieder darauf von ein paar Frauen: »Jesus Maria! der arme Mensch hat keinen Schatten!« Das fing an, mich zu verdrießen, und ich vermied sehr sorgfältig, in die Sonne zu treten. Das ging aber nicht überall an, zum Beispiel nicht über die Breitestraße, die ich zunächst durchkreuzen mußte, und zwar zu meinem Unheil in eben der Stunde, wo die Knaben aus der Schule gingen. Ein verdammter buckeliger Schlingel, ich seh ihn noch, hatte es gleich weg, daß mir ein Schatten fehle. Er verriet mich mit großem Geschrei der sämmtlichen literarischen Straßenjugend der Vorstadt, welche sofort mich zu rezensieren und mit Kot zu bewerfen anfing. »Ordentliche Leute pflegten ihren Schatten mit sich zu nehmen, wenn sie in die Sonne gingen.« Um sie von mir abzuwehren, warf ich Gold zu vollen Händen unter sie, und sprang in einen Mietswagen, zu dem mir mitleidige Seelen verhalfen.

Sobald ich mich in der rollenden Kutsche allein fand, fing ich bitterlich an zu weinen. Es mußte schon die Ahnung in mir aufsteigen: daß, um so viel das Gold auf Erden Verdienst und Tugend überwiegt, um so viel der Schatten höher als selbst das Gold geschätzt werde; und wie ich früher den Reichtum meinem Gewissen aufgeopfert, hatte ich jetzt den Schatten für bloßes Gold hingegeben; was konnte, was sollte auf Erden aus mir werden!

Ich war noch sehr verstört, als der Wagen vor meinem alten Wirtshause hielt; ich erschrak über die Vorstellung, nur noch jenes schlechte Dachzimmer zu betreten. Ich ließ mir meine Sachen herabholen, empfing den ärmlichen Bündel mit Verachtung, warf einige Goldstücke hin, und befahl, vor das vornehmste Hotel vorzufahren. Das Haus war gegen Norden gelegen, ich hatte die Sonne nicht zu fürchten. Ich schickte den Kutscher mit Gold weg, ließ mir die besten Zimmer vorn heraus anweisen, und verschloß mich darin, sobald ich konnte.

Was denkest du, daß ich nun anfing! O mein lieber *Chamisso*, selbst vor dir es zu gestehen, macht mich erröten. Ich zog den unglücklichen Säckel aus meiner Brust hervor, und mit einer Art Wut, die wie eine flackernde Feuersbrunst sich in mir durch sich selbst mehrte, zog ich Gold heraus, und Gold, und Gold, und immer mehr Gold, und streute es auf den Estrich, und schritt darüber hin, und ließ es klirren, und warf, mein armes Herz an dem Glanze, an dem Klange weidend, immer des Metalles mehr zu dem Metalle, bis ich ermüdet selbst auf das reiche Lager sank und schwelgend darin wühlte, mich darüber wälzte. So verging der Tag, der Abend, ich schloß meine Türe nicht auf, die Nacht fand mich liegend auf dem Golde, und darauf übermannte mich der Schlaf.

Da träumt' es mir von dir, es ward mir, als stünde ich hinter der Glastüre deines kleinen Zimmers, und sähe dich von da an deinem Arbeitstische zwischen einem Skelett und einem Bunde getrockneter Pflanzen sitzen, vor dir waren Haller, Humboldt und Linné aufgeschlagen, auf deinem Sopha lagen ein Band Goethe und der Zauberring, ich betrachtete dich lange und jedes Ding in deiner Stube, und dann dich wieder, du rührtest dich aber nicht, du holtest auch nicht Atem, du warst tot.

Ich erwachte. Es schien noch sehr früh zu sein. Meine Uhr stand. Ich war wie zerschlagen, durstig und hungrig auch noch; ich hatte seit dem vorigen Morgen nichts gegessen. Ich stieß von mir mit Unwillen und Überdruß dieses Gold, an dem ich kurz vorher mein törichtes Herz gesättiget; nun wußt ich verdrießlich nicht, was ich damit anfangen sollte. Es durfte nicht so liegen bleiben – ich versuchte, ob es der Beutel wieder verschlingen wollte – Nein. Keines meiner Fenster öffnete sich über die See. Ich mußte mich bequemen, es mühsam und mit sauerm Schweiß zu einem großen Schrank, der in einem Kabinet stand, zu schleppen, und es darin zu verpacken. Ich ließ nur einige Handvoll da liegen. Nachdem ich mit der Arbeit fertig geworden, legt' ich mich erschöpft in einen Lehnstuhl, und erwartete, daß sich Leute im Hause zu regen anfingen. Ich ließ, sobald es möglich war, zu essen bringen und den Wirt zu mir kommen.

Ich besprach mit diesem Manne die künftige Einrichtung meines Hauses. Er empfahl mir für den näheren Dienst um meine Person einen gewissen *Bendel*, dessen treue und verständige Physiognomie mich gleich gewann. Derselbe wars, dessen Anhänglichkeit mich seither tröstend durch das Elend des Lebens begleitete und mir mein düsteres Los ertragen half. Ich brachte den ganzen Tag auf meinen Zimmern mit herrenlosen Knechten, Schustern, Schneidern und Kaufleuten zu, ich richtete mich ein, und kaufte besonders sehr viele Kostbarkeiten und Edelsteine, um nur etwas des vielen aufgespeicherten Goldes los zu werden; es schien aber gar nicht, als könne der Haufen sich vermindern.

Ich schwebte indes über meinen Zustand in den ängstigendsten Zweifeln. Ich wagte keinen Schritt aus meiner Tür und ließ Abends vierzig Wachskerzen in meinem Saal anzünden, bevor ich aus dem Dunkel herauskam. Ich gedachte mit Grauen des fürchterlichen Auftrittes mit den Schulknaben. Ich beschloß, so viel Mut ich auch dazu bedurfte, die öffentliche Meinung noch einmal zu prüfen. – Die Nächte waren zu der Zeit mondhell. Abends spät warf ich einen weiten Mantel um, drückte mir den Hut tief in die Augen, und schlich, zitternd wie ein Verbrecher, aus dem Hause. Erst auf einem entlegenen Platz trat ich aus dem Schatten der Häuser, in deren Schutz ich so weit gekommen war, an das Mondeslicht hervor,

gefaßt, mein Schicksal aus dem Munde der Vorübergehenden zu vernehmen.
Erspare mir, lieber Freund, die schmerzliche Wiederholung alles dessen, was ich erdulden mußte. Die Frauen bezeigten oft das tiefste Mitleid, das ich ihnen einflößte; Äußerungen, die mir die Seele nicht minder durchbohrten, als der Hohn der Jugend und die hochmütige Verachtung der Männer, besonders solcher dicken, wohlbeleibten, die selbst einen breiten Schatten warfen. Ein schönes, holdes Mädchen, die, wie es schien, ihre Eltern begleitete, indem diese bedächtig nur vor ihre Füße sahen, wandte von ungefähr ihr leuchtendes Auge auf mich; sie erschrak sichtbarlich, da sie meine Schattenlosigkeit bemerkte, verhüllte ihr schönes Antlitz in ihren Schleier, ließ den Kopf sinken und ging lautlos vorüber.
Ich ertrug es länger nicht. Salzige Ströme brachen aus meinen Augen, und mit durchschnittenem Herzen zog ich mich schwankend ins Dunkel zurück. Ich mußte mich an den Häusern halten, um meine Schritte zu sichern, und erreichte langsam und spät meine Wohnung.
Ich brachte die Nacht schlaflos zu. Am andern Tage war meine erste Sorge, nach dem Manne im grauen Rocke überall suchen zu lassen. Vielleicht sollte es mir gelingen, ihn wieder zu finden, und wie glücklich! wenn ihn, wie mich, der törichte Handel gereuen sollte. Ich ließ *Bendel* vor mich kommen, er schien Gewandtheit und Geschick zu besitzen, – ich schilderte ihm genau den Mann, in dessen Besitz ein Schatz sich befand, ohne den mir das Leben nur eine Qual sei. Ich sagte ihm die Zeit, den Ort, wo ich ihn gesehen; beschrieb ihm alle, die zugegen gewesen, und fügte dieses Zeichen noch hinzu: er solle sich nach einem Dollondschen Fernrohr, nach einem golddurchwirkten türkischen Teppich, nach einem Prachtlustzelt, und endlich nach den schwarzen Reithengsten genau erkundigen, deren Geschichte, ohne zu bestimmen wie, mit der des rätselhaften Mannes zusammenhinge, welcher allen unbedeutend geschienen, und dessen Erscheinung die Ruhe und das Glück meines Lebens zerstört hatte.
Wie ich ausgeredet, holt' ich Gold her, eine Last, wie ich sie nur zu tragen vermochte, und legte Edelsteine und Juwelen noch hinzu für einen größeren Wert. »*Bendel*«, sprach ich, »dieses ebnet viele Wege

und macht Vieles leicht, was unmöglich schien, sei nicht karg damit, wie ich es nicht bin, sondern geh, und erfreue deinen Herrn mit Nachrichten, auf denen seine alleinige Hoffnung beruht.«
Er ging. Spät kam er und traurig zurück. Keiner von den Leuten des Herrn *John*, keiner von seinen Gästen, er hatte alle gesprochen, wußte sich nur entfernt an den Mann im grauen Rocke zu erinnern. Der neue Teleskop war da, und keiner wußte, wo er hergekommen; der Teppich, das Zelt waren da noch auf demselben Hügel ausgebreitet und aufgeschlagen, die Knechte rühmten den Reichtum ihres Herrn, und keiner wußte, von wannen diese neue Kostbarkeiten ihm zugekommen. Er selbst hatte sein Wohlgefallen daran, und ihn kümmerte es nicht, daß er nicht wisse, woher er sie habe; die Pferde hatten die jungen Herren, die sie geritten, in ihren Ställen, und sie priesen die Freigebigkeit des Herrn *John*, der sie ihnen an jenem Tage geschenkt. So viel erhellte aus der ausführlichen Erzählung *Bendels*, dessen rascher Eifer und verständige Führung, auch bei so fruchtlosem Erfolge, mein verdientes Lob erhielten. Ich winkte ihm düster, mich allein zu lassen.
»Ich habe«, hub er wieder an, ›meinem Herrn Bericht abgestattet über die Angelegenheit, die ihm am Wichtigsten war. Mir bleibt noch ein Auftrag auszurichten, den mir heute früh jemand gegeben, welchem ich vor der Tür begegnete, da ich zu dem Geschäfte ausging, wo ich so unglücklich gewesen. Die eigenen Worte des Mannes waren: ›Sagen Sie dem Herrn *Peter Schlemihl*, er würde mich hier nicht mehr sehen, da ich übers Meer gehe, und ein günstiger Wind mich so eben nach dem Hafen ruft. Aber über Jahr und Tag werde ich die Ehre haben, ihn selber aufzusuchen und ihm ein anderes, ihm dann vielleicht annehmliches Geschäft vorzuschlagen. Empfehlen Sie mich ihm untertänigst, und versichern ihn meines Dankes.‹ Ich frug ihn, wer er wäre, er sagte aber, Sie kennten ihn schon.‹
»Wie sah der Mann aus?« rief ich voller Ahnung. Und *Bendel* beschrieb mir den Mann im grauen Rocke Zug um Zug, Wort für Wort, wie er getreu in seiner vorigen Erzählung des Mannes erwähnt, nach dem er sich erkundigt. –
»Unglücklicher!« schrie ich händeringend, »das war er ja selbst!« und ihm fiel es wie Schuppen von den Augen. – »Ja, er war es, war es wirklich!« rief er erschreckt aus, »und ich Verblendeter, Blödsin-

niger habe ihn nicht erkannt, ihn nicht erkannt und meinen Herrn verraten!«

Er brach heiß weinend in die bittersten Vorwürfe gegen sich selber aus, und die Verzweiflung, in der er war, mußte mir selber Mitleiden einflößen. Ich sprach ihm Trost ein, versicherte ihm wiederholt, ich setzte keinen Zweifel in seine Treue, und schickte ihn alsbald nach dem Hafen, um wo möglich die Spuren des seltsamen Mannes zu verfolgen. Aber an diesem selben Morgen waren sehr viele Schiffe, die widrige Winde im Hafen zurückgehalten, ausgelaufen, alle nach andern Weltstrichen, alle nach andern Küsten bestimmt, und der graue Mann war spurlos wie ein Schatten verschwunden.

III

Was hülfen Flügel dem in eisernen Ketten fest Angeschmiedeten? Er müßte dennoch, und schrecklicher, verzweifeln. Ich lag, wie Faffner bei seinem Hort, fern von jedem menschlichen Zuspruch, bei meinem Golde darbend, aber ich hatte nicht das Herz nach ihm, sondern ich fluchte ihm, um dessentwillen ich mich von allem Leben abgeschnitten sah. Bei mir allein mein düstres Geheimnis hegend, fürchtete ich mich vor dem Letzten meiner Knechte, den ich zugleich beneiden mußte; denn er hatte einen Schatten, er durfte sich sehen lassen in der Sonne. Ich vertrauerte einsam in meinen Zimmern die Tag' und Nächte, und Gram zehrte an meinem Herzen.

Noch Einer härmte sich unter meinen Augen ab, mein treuer *Bendel* hörte nicht auf, sich mit stillen Vorwürfen zu martern, daß er das Zutrauen seines gütigen Herrn betrogen, und Jenen nicht erkannt, nach dem er ausgeschickt war, und mit dem er mein trauriges Schicksal in enger Verflechtung denken mußte. Ich aber konnte ihm keine Schuld geben, ich erkannte in dem Ereignis die fabelhafte Natur des Unbekannten.

Nichts unversucht zu lassen, schickt' ich einst *Bendel* mit einem kostbaren brillantenen Ring zu dem berühmtesten Maler der Stadt, den ich, mich zu besuchen, einladen ließ. Er kam, ich entfernte meine Leute, verschloß die Tür, setzte mich zu dem Mann, und,

nachdem ich seine Kunst gepriesen, kam ich mit schwerem Herzen zur Sache, ich ließ ihn zuvor das strengste Geheimnis geloben.
»Herr Professor«, fuhr ich fort, »könnten Sie wohl einem Menschen, der auf die unglücklichste Weise von der Welt um seinen Schatten gekommen ist, einen falschen Schatten malen?« – – »Sie meinen einen Schlagschatten?« – »Den mein ich allerdings.« – »Aber«, frug er mich weiter, »durch welche Ungeschicklichkeit, durch welche Nachlässigkeit konnte er denn seinen Schlagschatten verlieren?« – »Wie es kam«, erwiderte ich, »mag nun sehr gleichgültig sein, doch so viel«, log ich ihm unverschämt vor: »In Rußland, wo er im vorigen Winter eine Reise tat, fror ihm einmal bei einer außerordentlichen Kälte sein Schatten dergestalt am Boden fest, daß er ihn nicht wieder los bekommen konnte.«
»Der falsche Schlagschatten, den ich ihm malen könnte«, erwiderte der Professor, »würde doch nur ein solcher sein, den er bei der leisesten Bewegung wieder verlieren müßte, – zumal wer an dem eignen angebornen Schatten so wenig fest hing, als aus Ihrer Erzählung selbst sich abnehmen läßt; wer keinen Schatten hat, gehe nicht in die Sonne, das ist das Vernünftigste und Sicherste.« Er stand auf und entfernte sich, indem er auf mich einen durchbohrenden Blick warf, den der meine nicht ertragen konnte. Ich sank in meinen Sessel zurück, und verhüllte mein Gesicht in meine Hände.
So fand mich noch *Bendel*, als er herein trat. Er sah den Schmerz seines Herrn, und wollte sich still, ehrerbietig zurückziehen. – Ich blickte auf – ich erlag unter der Last meines Kummers, ich mußte ihn mitteilen. *»Bendel«*, rief ich ihm zu, *»Bendel!* Du Einziger, der du meine Leiden siehst und ehrst, sie nicht erforschen zu wollen, sondern still und fromm mitzufühlen scheinst, komm zu mir, *Bendel*, und sei der Nächste meinem Herzen. Die Schätze meines Goldes hab ich vor dir nicht verschlossen, nicht verschließen will ich vor dir die Schätze meines Grames. – *Bendel*, verlasse mich nicht. *Bendel*, du siehst mich reich, freigebig, gütig, du wähnst, es sollte die Welt mich verherrlichen, und du siehst mich die Welt fliehn und mich vor ihr verschließen. *Bendel*, sie hat gerichtet, die Welt, und mich verstoßen, und auch du vielleicht wirst dich von mir wenden, wenn du mein schreckliches Geheimnis erfährst: *Bendel*, ich bin reich, freigebig, gütig, aber – o Gott! – ich habe keinen Schatten!«

»Keinen Schatten?« rief der gute Junge erschreckt aus, und die hellen Tränen stürzten ihm aus den Augen. – »Weh mir, daß ich geboren ward, einem schattenlosen Herrn zu dienen!« Er schwieg, und ich hielt mein Gesicht in meinen Händen.

»*Bendel*«, setzt' ich spät und zitternd hinzu, »nun hast du mein Vertrauen, nun kannst du es verraten. Geh hin, und zeuge wider mich.« – Er schien in schwerem Kampfe mit sich selber, endlich stürzte er vor mir nieder und ergriff meine Hand, die er mit seinen Tränen benetzte. »Nein«, rief er aus, »was die Welt auch meine, ich kann und werde um Schattens Willen meinen gütigen Herrn nicht verlassen, ich werde recht, und nicht klug handeln, ich werde bei Ihnen bleiben, Ihnen meinen Schatten borgen, Ihnen helfen, wo ich kann, und wo ich nicht kann, mit Ihnen weinen.« Ich fiel ihm um den Hals, ob solcher ungewohnten Gesinnung staunend; denn ich war von ihm überzeugt, daß er es nicht um Gold tat.

Seitdem änderten sich in etwas mein Schicksal und meine Lebensweise. Es ist unbeschreiblich, wie vorsorglich *Bendel* mein Gebrechen zu verhehlen wußte. Überall war er vor mir und mit mir, alles vorhersehend, Anstalten treffend, und wo Gefahr unversehens drohte, mich schnell mit seinem Schatten überdeckend, denn er war größer und stärker als ich. So wagt' ich mich wieder unter die Menschen, und begann eine Rolle in der Welt zu spielen. Ich mußte freilich viele Eigenheiten und Launen scheinbar annehmen. Solche stehen aber dem Reichen gut, und so lange die Wahrheit nur verborgen blieb, genoß ich aller der Ehre und Achtung, die meinem Golde zukam. Ich sah ruhiger dem über Jahr und Tag verheißenen Besuch des rätselhaften Unbekannten entgegen.

Ich fühlte sehr wohl, daß ich mich nicht lange an einem Orte aufhalten durfte, wo man mich schon ohne Schatten gesehen, und wo ich leicht verraten werden konnte; auch dacht ich vielleicht nur allein noch daran, wie ich mich bei Herrn *John* gezeigt, und es war mir eine drückende Erinnerung; demnach wollt ich hier bloß Probe halten, um anderswo leichter und zuversichtlicher auftreten zu können – doch fand sich, was mich eine Zeit lang an meiner Eitelkeit festhielt: das ist im Menschen, wo der Anker am zuverlässigsten Grund faßt.

Eben die schöne *Fanny*, der ich am dritten Ort wieder begegnete, schenkte mir, ohne sich zu erinnern, mich jemals gesehen zu haben, einige Aufmerksamkeit, denn jetzt hatt ich Witz und Verstand. – Wann ich redete, hörte man zu, und ich wußte selber nicht, wie ich zu der Kunst gekommen war, das Gespräch so leicht zu führen und zu beherrschen. Der Eindruck, den ich auf die Schöne gemacht zu haben einsah, machte aus mir, was sie eben begehrte, einen Narren, und ich folgte ihr seither mit tausend Mühen durch Schatten und Dämmerung, wo ich nur konnte. Ich war nur eitel darauf, sie über mich eitel zu machen, und konnte mir selbst mit dem besten Willen nicht den Rausch aus dem Kopf ins Herz zwingen.

Aber wozu die ganz gemeine Geschichte dir lang und breit wiederholen? – Du selber hast sie mir oft genug von andern Ehrenleuten erzählt. – Zu dem alten, wohlbekannten Spiele, worin ich gutmütig eine abgedroschene Rolle übernommen, kam freilich eine ganz eigens gedichtete Katastrophe hinzu, mir und ihr und allen unerwartet.

Da ich an einem schönen Abend nach meiner Gewohnheit eine Gesellschaft in einem Garten versammelt hatte, wandelte ich mit der Herrin Arm in Arm in einiger Entfernung von den übrigen Gästen, und bemühte mich, ihr Redensarten vorzudrechseln. Sie sah sittig vor sich nieder und erwiderte leise den Druck meiner Hand; da trat unversehens hinter uns der Mond aus den Wolken hervor – und sie sah nur *ihren* Schatten vor sich hinfallen. Sie fuhr zusammen und blickte bestürzt mich an, dann wieder auf die Erde, mit dem Auge meinen Schatten begehrend; und was in ihr vorging, malte sich so sonderbar in ihren Mienen, daß ich in ein lautes Gelächter hätte ausbrechen mögen, wenn es mir nicht selber eiskalt über den Rükken gelaufen wäre.

Ich ließ sie aus meinem Arm in eine Ohnmacht sinken, schoß wie ein Pfeil durch die entsetzten Gäste, erreichte die Tür, warf mich in den ersten Wagen, den ich da haltend fand, und fuhr nach der Stadt zurück, wo ich dies Mal zu meinem Unheil den vorsichtigen *Bendel* gelassen hatte. Er erschrak, als er mich sah, ein Wort entdeckte ihm alles. Es wurden auf der Stelle Postpferde geholt. Ich nahm nur einen meiner Leute mit mir, einen abgefeimten Spitzbuben, namens *Rascal*, der sich mir durch seine Gewandtheit notwendig zu machen gewußt, und der nichts vom heutigen Vorfall ahnen konnte. Ich legte in derselben Nacht noch dreißig Meilen zurück. *Bendel* blieb hinter mir, mein Haus aufzulösen, Gold zu spenden und mir das Nötigste nachzubringen. Als er mich am andern Tage einholte, warf ich mich in seine Arme, und schwur ihm, nicht etwa keine Torheit mehr zu begehen, sondern nur künftig vorsichtiger zu sein. Wir setzten unsre Reise ununterbrochen fort, über die Grenze und das Gebirg, und erst am andern Abhang, durch das hohe Bollwerk von jenem Unglücksboden getrennt, ließ ich mich bewegen, in einem nah gelegenen und wenig besuchten Badeort von den überstandenen Mühseligkeiten auszurasten.

IV

Ich werde in meiner Erzählung schnell über eine Zeit hineilen müssen, bei der ich wie gerne! verweilen würde, wenn ich ihren lebendigen Geist in der Erinnerung herauf zu beschwören vermöchte. Aber die Farbe, die sie belebte und nur wieder beleben kann, ist in mir verloschen, und wann ich in meiner Brust wieder finden will, was sie damals so mächtig erhob, die Schmerzen und das Glück, den frommen Wahn, – da schlag ich vergebens an einen Felsen, der keinen lebendigen Quell mehr gewährt, und der Gott ist von mir gewichen. Wie verändert blickt sie mich jetzt an, diese vergangene Zeit! – Ich sollte dort in dem Bade eine heroische Rolle tragieren; schlecht einstudiert, und ein Neuling auf der Bühne, vergaff ich mich aus dem Stück heraus in ein Paar blaue Augen. Die Eltern, vom Spiele getäuscht, bieten alles auf, den Handel nur schnell fest zu machen und die gemeine Posse beschließt eine Verhöhnung. Und das ist alles, alles! – Das kommt mir albern und abgeschmackt vor und schrecklich wiederum, daß so mir vorkommen kann, was damals so reich, so groß die Brust mir schwellte. *Mina*, wie ich damals weinte, als ich dich verlor, so wein ich jetzt, dich auch in mir verloren zu haben. Bin ich denn so alt geworden? – O traurige Vernunft! Nur noch ein Pulsschlag jener Zeit, ein Moment jenes Wahnes, – aber nein! einsam auf dem hohen, öden Meere deiner bittern Flut, und längst aus dem letzten Pokale der Champagner Elfe entsprüht!

Ich hatte *Bendel* mit einigen Goldsäcken voraus geschickt, um mir im Städtchen eine Wohnung nach meinen Bedürfnissen einzurichten. Er hatte dort viel Geld ausgestreut, und sich über den vornehmen Fremden, dem er diente, etwas unbestimmt ausgedrückt, denn ich wollte nicht genannt sein, das brachte die guten Leute auf sonderbare Gedanken. Sobald mein Haus zu meinem Empfang bereit war, kam *Bendel* wieder zu mir und holte mich dahin ab. Wir machten uns auf die Reise.

Ungefähr eine Stunde vom Orte auf einem sonnigen Plan ward uns der Weg durch eine festlich geschmückte Menge versperrt. Der Wagen hielt. Musik, Glockengeläute, Kanonenschüsse wurden gehört, ein lautes Vivat durchdrang die Luft, – vor dem Schlage des Wagens erschien in weißen Kleidern ein Chor Jungfrauen von ausnehmender Schönheit, die aber vor der Einen wie die Sterne der Nacht vor der Sonne verschwanden. Sie trat aus der Mitte der Schwestern hervor; die hohe zarte Bildung kniete verschämt errötend vor mir nieder, und hielt mir auf seidenem Kissen einen aus Lorbeer, Ölzweigen und Rosen geflochtenen Kranz entgegen, indem sie von Majestät, Ehrfurcht und Liebe einige Worte sprach, die ich nicht verstand, aber deren zauberischer Silberklang mein Ohr und Herz berauschte, – es war mir, als wäre schon einmal die himmlische Erscheinung an mir vorüber gewallt. Der Chor fiel ein und sang das Lob eines guten Königs und das Glück seines Volkes.

Und dieser Auftritt, lieber Freund, mitten in der Sonne! – Sie kniete noch immer zwei Schritte vor mir, und ich, ohne Schatten, konnte die Kluft nicht überspringen, nicht wieder vor dem Engel auf die Knie fallen. O, was hätt ich nicht da für einen Schatten gegeben! Ich mußte meine Scham, meine Angst, meine Verzweiflung tief in den Grund meines Wagens verbergen. *Bendel* besann sich endlich für mich, er sprang von der andern Seite aus dem Wagen heraus, ich rief ihn noch zurück und reichte ihm aus meinem Kästchen, das mir eben zur Hand lag, eine reiche diamantene Krone, die die schöne *Fanny* hatte zieren sollen. Er trat vor, und sprach im Namen seines Herrn, welcher solche Ehrenbezeigungen nicht annehmen könne noch wolle: es müsse hier ein Irrtum vorwalten; jedoch seien die guten Einwohner der Stadt für ihren guten Willen bedankt. Er nahm indes den dargehaltenen Kranz von seinem Ort und legte den brillantenen Reif an dessen Stelle; dann reichte er ehrerbietig der schönen Jungfrau die Hand zum Aufstehen, entfernte mit einem Wink Geistlichkeit, *Magistratus* und alle Deputationen. Niemand ward weiter vorgelassen. Er hieß den Haufen sich teilen und den Pferden Raum geben, schwang sich wieder in den Wagen und fort gings weiter in gestrecktem Galopp unter einer aus Laubwerk und Blumen erbauten Pforte hinweg dem Städtchen zu. – Die Kanonen wurden immer frischweg abgefeuert. – Der Wagen hielt vor meinem Hause; ich sprang behend in die Tür, die Menge teilend, die die Begierde, mich zu sehen, herbeigerufen hatte. Der Pöbel schrie Vivat unter meinem Fenster, und ich ließ doppelte Dukaten daraus regnen. Am Abend war die Stadt freiwillig erleuchtet. –

Und ich wußte immer noch nicht, was das alles bedeuten sollte und für wen ich angesehen wurde. Ich schickte *Rascaln* auf Kundschaft aus. Er ließ sich denn erzählen, wasmaßen man bereits sichere Nachrichten gehabt, der gute König von Preußen reise unter dem Namen eines Grafen durch das Land; wie mein Adjutant erkannt worden sei und wie er sich und mich verraten habe; wie groß endlich die Freude gewesen, da man die Gewißheit gehabt, mich im Orte selbst zu besitzen. Nun sah man freilich ein, da ich offenbar das strengste Inkognito beobachten wolle, wie sehr man Unrecht gehabt, den Schleier so zudringlich zu lüften. Ich hätte aber so huldreich, so gnadenvoll gezürnt, – ich würde gewiß dem guten Herzen verzeihen müssen.

Meinem Schlingel kam die Sache so spaßhaft vor, daß er mit strafenden Reden sein Möglichstes tat, die guten Leute einstweilen in ihrem Glauben zu bestärken. Er stattete mir einen sehr komischen Bericht ab, und da er mich dadurch erheitert sah, gab er mir selbst seine verübte Bosheit zum Besten. – Muß ichs bekennen? Es schmeichelte mir doch, sei es auch nur so, für das verehrte Haupt angesehen worden zu sein.

Ich hieß zu dem morgenden Abend unter den Bäumen, die den Raum vor meinem Hause beschatteten, ein Fest bereiten und die ganze Stadt dazu einladen. Der geheimnisreichen Kraft meines Säkkels, *Bendels* Bemühungen und der behenden Erfindsamkeit *Rascals* gelang es, selbst die Zeit zu besiegen. Es ist wirklich erstaunlich, wie reich und schön sich alles in den wenigen Stunden anordnete. Die Pracht und der Überfluß, die da sich erzeugten; auch die sinnreiche Erleuchtung war so weise verteilt, daß ich mich ganz sicher fühlte. Es blieb mir nichts zu erinnern, ich mußte meine Diener loben.

Es dunkelte der Abend. Die Gäste erschienen und wurden mir vorgestellt. Es ward die Majestät nicht mehr berührt; aber ich hieß in tiefer Ehrfurcht und Demut: Herr Graf. Was sollt ich tun? Ich ließ mir den Grafen gefallen und blieb von Stund an der Graf Peter. Mitten im festlichen Gewühle begehrte meine Seele nur nach der Einen. Spät erschien sie, sie, die die Krone war und trug. Sie folgte sittsam ihren Eltern, und schien nicht zu wissen, daß sie die Schönste sei. Es wurden mir der Herr Forstmeister, seine Frau und seine Tochter vorgestellt. Ich wußte den Alten viel Angenehmes und Verbindliches zu sagen; vor der Tochter stand ich wie ein ausgescholtener Knabe da, und vermochte kein Wort hervor zu lallen. Ich bat sie endlich stammelnd, dies Fest zu würdigen, das Amt, dessen Zeichen sie schmückte, darin zu verwalten. Sie bat verschämt mit einem rührenden Blick um Schonung; aber verschämter vor ihr, als sie selbst, brachte ich ihr als erster Untertan meine Huldigung in tiefer Ehrfurcht, und der Wink des Grafen ward allen Gästen ein Gebot, dem nachzuleben sich jeder freudig beeiferte. Majestät, Unschuld und Grazie beherrschten mit der Schönheit im Bunde ein frohes Fest. Die glücklichen Eltern *Minas* glaubten ihnen nur zu Ehren ihr Kind erhöht; ich selber war in einem unbeschreiblichen Rausch. Ich ließ alles, was ich noch von den Juwelen hatte, die ich damals, um beschwerliches Gold los zu werden, gekauft, alle Perlen, alles Edelgestein in zwei verdeckte Schüsseln legen, und bei Tische unter dem Namen der Königin ihren Gespielinnen und allen Damen herumreichen; Gold ward indessen ununterbrochen über die gezogenen Schranken unter das jubelnde Volk geworfen.

Bendel am andern Morgen eröffnete mir im Vertrauen, der Verdacht, den er längst gegen *Rascals* Redlichkeit gehegt, sei nunmehr zur Gewißheit geworden. Er habe gestern ganze Säcke Goldes unterschlagen. »Laß uns«, erwidert' ich, »dem armen Schelmen die kleine Beute gönnen; ich spende gern alles, warum nicht auch ihm?

Gestern hat er mir, haben mir alle neuen Leute, die du mir gegeben, redlich gedient, sie haben mir froh ein frohes Fest begehen helfen.«

Es war nicht weiter die Rede davon. *Rascal* blieb der Erste meiner Dienerschaft, *Bendel* war aber mein Freund und mein Vertrauter. Dieser war gewohnt worden, meinen Reichtum als unerschöpflich zu denken, und er spähte nicht nach dessen Quellen; er half mir vielmehr, in meinen Sinn eingehend, Gelegenheiten ersinnen, ihn darzutun und Gold zu vergeuden. Von jenem Unbekannten, dem blassen Schleicher, wußt er nur so viel: ich dürfe allein durch ihn von dem Fluche erlöst werden, der auf mir laste, und fürchte ihn, auf dem meine einzige Hoffnung ruhe. Übrigens sei ich davon überzeugt, er könne mich überall auffinden, ich ihn nirgends, darum ich, den versprochenen Tag erwartend, jede vergebliche Nachsuchung eingestellt.

Die Pracht meines Festes und mein Benehmen dabei erhielten anfangs die starkgläubigen Einwohner der Stadt bei ihrer vorgefaßten Meinung. Es ergab sich freilich sehr bald aus den Zeitungen, daß die ganze fabelhafte Reise des Königs von Preußen ein bloßes ungegründetes Gerücht gewesen. Ein König war ich aber nun einmal, und mußte schlechterdings ein König bleiben, und zwar einer der reichsten und königlichsten, die es immer geben mag. Nur wußte man nicht recht, welcher. Die Welt hat nie Grund gehabt, über Mangel an Monarchen zu klagen, am wenigsten in unsern Tagen; die guten Leute, die noch keinen mit Augen gesehen, rieten mit gleichem Glück bald auf diesen, bald auf jenen – *Graf Peter* blieb immer, der er war. –

Einst erschien unter den Badegästen ein Handelsmann, der Bankerott gemacht hatte, um sich zu bereichern, der allgemeiner Achtung genoß und einen breiten, obgleich etwas blassen Schatten von sich warf. Er wollte hier das Vermögen, das er gesammelt, zum Prunk ausstellen, und es fiel sogar ihm ein, mit mir wetteifern zu wollen. Ich sprach meinem Säckel zu, und hatte sehr bald den armen Teufel so weit, daß er, um sein Ansehen zu retten, abermals Bankerott machen mußte und über das Gebirge ziehen. So ward ich ihn los. – Ich habe in dieser Gegend viele Taugenichtse und Müßiggänger gemacht!

Bei der königlichen Pracht und Verschwendung, womit ich mir alles unterwarf, lebt' ich in meinem Haus sehr einfach und eingezogen. Ich hatte mir die größte Vorsicht zur Regel gemacht, es durfte unter keinem Vorwand kein anderer als *Bendel* die Zimmer, die ich bewohnte, betreten. So lange die Sonne schien, hielt ich mich mit ihm darin verschlossen, und es hieß, der Graf arbeite in seinem Kabinet. Mit diesen Arbeiten standen die häufigen Kuriere in Verbindung, die ich um jede Kleinigkeit abschickte und erhielt. – Ich nahm nur am Abend unter meinen Bäumen, oder in meinem nach *Bendels* Angabe geschickt und reich erleuchteten Saale Gesellschaft an. Wenn ich ausging, wobei mich stets *Bendel* mit Argusaugen bewachen mußte, so war es nur nach dem Förstergarten, und um der Einen Willen; denn meines Lebens innerlichstes Herz war meine Liebe.

O mein guter *Chamisso*, ich will hoffen, du habest noch nicht vergessen, was Liebe sei! Ich lasse dir hier vieles zu ergänzen. *Mina* war wirklich ein liebewertes, gutes, frommes Kind. Ich hatte ihre ganze Phantasie an mich gefesselt, sie wußte in ihrer Demut nicht, womit sie wert gewesen, daß ich nur nach ihr geblickt; und sie vergalt Liebe um Liebe, mit der vollen jugendlichen Kraft eines unschuldigen Herzens. Sie liebte wie ein Weib, ganz hin sich opfernd; selbstvergessen, hingegeben den nur meinend, der ihr Leben war, unbekümmert, solle sie selbst zu Grunde gehen, das heißt, sie liebte wirklich. –

Ich aber – o welche schreckliche Stunden – schrecklich! und würdig dennoch, daß ich sie zurückwünsche – hab ich oft an *Bendels* Brust verweint, als nach dem ersten bewußtlosen Rausch ich mich besonnen, mich selbst scharf angeschaut, der ich, ohne Schatten, mit tükkischer Selbstsucht diesen Engel verderbend, die reine Seele an mich gelogen und gestohlen! Dann beschloß ich, mich ihr selber zu verraten; dann gelobt' ich mit teuren Eidschwüren, mich von ihr zu reißen und zu entfliehen; dann brach ich wieder in Tränen aus und verabredete mit *Bendeln*, wie ich sie auf den Abend im Förstergarten besuchen wolle. –

Zu andern Zeiten log ich mir selber vom nahe bevorstehenden Besuch des grauen Unbekannten große Hoffnungen vor, und weinte wieder, wenn ich daran zu glauben vergebens versucht hatte. Ich hatte den Tag ausgerechnet, wo ich den Furchtbaren wieder zu se-

hen erwartete; denn er hatte gesagt, in Jahr und Tag, und ich glaubte an sein Wort.
Die Eltern waren gute, ehrbare, alte Leute, die ihr einziges Kind sehr liebten; das ganze Verhältnis überraschte sie, als es schon bestand, und sie wußten nicht, was sie dabei tun sollten. Sie hatten früher nicht geträumt, der *Graf Peter* könne nur an ihr Kind denken, nun liebte er sie gar und ward wieder geliebt. – Die Mutter war wohl eitel genug, an die Möglichkeit einer Verbindung zu denken und darauf hinzuarbeiten; der gesunde Menschenverstand des Alten gab solchen überspannten Vorstellungen nicht Raum. Beide waren überzeugt von der Reinheit meiner Liebe – sie konnten nichts tun, als für ihr Kind beten.
Es fällt mir ein Brief in die Hand, den ich noch aus dieser Zeit von *Mina* habe. – Ja, das sind ihre Züge! Ich will dir ihn abschreiben.
»Bin ein schwaches, törichtes Mädchen, könnte mir einbilden, daß mein Geliebter, weil ich ihn innig, innig liebe, dem armen Mädchen nicht weh tun möchte. – Ach, Du bist so gut, so unaussprechlich gut; aber mißdeute mich nicht. Du sollst mir nichts opfern, mir nichts opfern wollen; o Gott, ich könnte mich hassen, wenn Du das tätest. Nein – Du hast mich unendlich glücklich gemacht, Du hast mich Dich lieben gelehrt. Zeuch hin! – Weiß doch mein Schicksal, *Graf Peter* gehört nicht mir, gehört der Welt an. Will stolz sein, wenn ich höre: das ist er gewesen, und das war er wieder, und das hat er vollbracht; da haben sie ihn angebetet, und da haben sie ihn vergöttert. Siehe, wenn ich das denke, zürne ich Dir, daß Du bei einem einfältigen Kinde Deiner hohen Schicksale vergessen kannst. – Zeuch hin, sonst macht der Gedanke mich noch unglücklich, die ich, ach! durch Dich so glücklich, so selig bin. – Hab ich nicht auch einen Ölzweig und eine Rosenknospe in Dein Leben geflochten wie in den Kranz, den ich Dir überreichen durfte? Habe Dich im Herzen, mein Geliebter, fürchte nicht, von mir zu gehen – werde sterben, ach! so selig, so unaussprechlich selig durch Dich.« –
Du kannst dir denken, wie mir die Worte durchs Herz schneiden mußten. Ich erklärte ihr, ich sei nicht das, wofür man mich anzusehen schien; ich sei nur ein reicher, aber unendlich elender Mann. Auf mir ruhe ein Fluch, der das einzige Geheimnis zwischen ihr und mir sein solle, weil ich noch nicht ohne Hoffnung sei, daß er gelöst

werde. Dies sei das Gift meiner Tage, daß ich sie mit in den Abgrund hinreißen könne, sie, die das einzige Licht, das einzige Glück, das einzige Herz meines Lebens sei. Dann weinte sie wieder, daß ich unglücklich war. Ach, sie war so liebevoll, so gut! Um eine Träne nur mir zu erkaufen, hätte sie, mit welcher Seligkeit! sich selbst ganz hingeopfert.

Sie war indes weit entfernt, meine Worte richtig zu deuten, sie ahnete nun in mir irgend einen Fürsten, den ein schwerer Bann getroffen, irgend ein hohes, geächtetes Haupt, und ihre Einbildungskraft malte sich geschäftig unter heroischen Bildern den Geliebten herrlich aus.

Einst sagte ich ihr: »*Mina*, der letzte Tag im künftigen Monat kann mein Schicksal ändern und entscheiden – geschieht es nicht, so muß ich sterben, weil ich dich nicht unglücklich machen will.« – Sie verbarg weinend ihr Haupt an meiner Brust. – »Ändert sich dein Schicksal, laß mich nur dich glücklich wissen, ich habe keinen Anspruch an dich. – Bist du elend, binde mich an dein Elend, daß ich es dir tragen helfe.« –

»Mädchen, Mädchen, nimm es zurück, das rasche Wort, das törichte, das deinen Lippen entflohen – und kennst du es, dieses Elend, kennst du ihn, diesen Fluch? Weißt du, wer dein Geliebter – – was er –? Siehst du mich nicht krampfhaft zusammenschaudern, und vor dir ein Geheimnis haben?« Sie fiel schluchzend mir zu Füßen, und wiederholte mit Eidschwur ihre Bitte. –

Ich erklärte mich gegen den hereintretenden Forstmeister, meine Absicht sei, am ersten des nächstkünftigen Monats um die Hand seiner Tochter anzuhalten – ich setzte diese Zeit fest, weil sich bis dahin manches ereignen dürfte, was Einfluß auf mein Schicksal haben könnte. Unwandelbar sei nur meine Liebe zu seiner Tochter. –

Der gute Mann erschrak ordentlich, als er solche Worte aus dem Munde des *Grafen Peter* vernahm. Er fiel mir um den Hals, und ward wieder ganz verschämt, sich vergessen zu haben. Nun fiel es ihm ein, zu zweifeln, zu erwägen und zu erforschen; er sprach von Mitgift, von Sicherheit, von Zukunft für sein liebes Kind. Ich dankte ihm, mich daran zu mahnen. Ich sagte ihm, ich wünsche in dieser Gegend, wo ich geliebt zu sein schien, mich anzusiedeln und

ein sorgenfreies Leben zu führen. Ich bat ihn, die schönsten Güter, die im Lande ausgeboten würden, unter dem Namen seiner Tochter zu kaufen, und die Bezahlung auf mich anzuweisen. Es könne darin ein Vater dem Liebenden am Besten dienen. – Es gab ihm viel zu tun, denn überall war ihm ein Fremder zuvorgekommen; er kaufte auch nur für ungefähr eine Million.
Daß ich ihn damit beschäftigte, war im Grunde eine unschuldige List, um ihn zu entfernen, und ich hatte schon ähnliche mit ihm gebraucht, denn ich muß gestehen, daß er etwas lästig war. Die gute Mutter war dagegen etwas taub, und nicht wie er auf die Ehre eifersüchtig, den Herrn Grafen zu unterhalten.
Die Mutter kam hinzu, die glücklichen Leute drangen in mich, den Abend länger unter ihnen zu bleiben; ich durfte keine Minute weilen: ich sah schon den aufgehenden Mond am Horizonte dämmern. – Meine Zeit war um. –
Am nächsten Abend ging ich wieder nach dem Förstergarten. Ich hatte den Mantel weit über die Schultern geworfen, den Hut tief in die Augen gedrückt, ich ging auf *Mina* zu; wie sie aufsah, und mich anblickte, machte sie eine unwillkürliche Bewegung; da stand mir wieder klar vor der Seele die Erscheinung jener schaurigen Nacht, wo ich mich im Mondschein ohne Schatten gezeigt. Sie war es wirklich. Hatte sie mich aber auch jetzt erkannt? Sie war still und gedankenvoll – mir lag es zentnerschwer auf der Brust – ich stand von meinem Sitz auf. Sie warf sich still weinend an meine Brust. Ich ging.
Nun fand ich sie öfters in Tränen, mir wards finster und finsterer um die Seele, – nur die Eltern schwammen in überschwenglicher Glückseligkeit; der verhängnisvolle Tag rückte heran, bang und dumpf wie eine Gewitterwolke. Der Vorabend war da – ich konnte kaum mehr atmen. Ich hatte vorsorglich einige Kisten mit Gold angefüllt, ich wachte die zwölfte Stunde heran. – Sie schlug. –
Nun saß ich da, das Auge auf die Zeiger der Uhr gerichtet, die Sekunden, die Minuten zählend wie Dolchstiche. Bei jedem Lärm, der sich regte, fuhr ich auf, der Tag brach an. Die bleiernen Stunden verdrängten einander, es ward Mittag, Abend, Nacht; es rückten die Zeiger, welkte die Hoffnung; es schlug Eilf, und nichts erschien, die letzten Minuten der letzten Stunde fielen, und nichts

erschien, es schlug der erste Schlag der zwölften Stunde, und ich sank hoffnungslos in unendlichen Tränen auf mein Lager zurück. Morgen sollt ich – auf immer schattenlos, um die Hand der Geliebten anhalten; ein banger Schlaf drückte mir gegen den Morgen die Augen zu.

V

Es war noch früh, als mich Stimmen weckten, die sich in meinem Vorzimmer, in heftigem Wortwechsel, erhoben. Ich horchte auf. – *Bendel* verbot meine Tür; *Rascal* schwor hoch und teuer, keine Befehle von seines Gleichen anzunehmen, und bestand darauf, in meine Zimmer einzudringen. Der gütige *Bendel* verwies ihm, daß solche Worte, falls sie zu meinen Ohren kämen, ihn um einen vorteilhaften Dienst bringen würden. *Rascal* drohte, Hand an ihn zu legen, wenn er ihm den Eingang noch länger vertreten wollte.

Ich hatte mich halb angezogen, ich riß zornig die Tür auf und fuhr auf *Rascaln* zu – »Was willst du, Schurke – –« Er trat zwei Schritte zurück und antwortete ganz kalt: »Sie untertänigst bitten, Herr Graf, mir doch ein Mal Ihren Schatten sehen zu lassen, – die Sonne scheint eben so schön auf dem Hofe.« –

Ich war wie vom Donner gerührt. Es dauerte lange, bis ich die Sprache wieder fand. – »Wie kann ein Knecht gegen seinen Herrn –?« Er fiel mir ganz ruhig in die Rede: »Ein Knecht kann ein sehr ehrlicher Mann sein und einem Schattenlosen nicht dienen wollen, ich fordere meine Entlassung.« Ich mußte andere Saiten aufziehen. »Aber *Rascal*, lieber *Rascal*, wer hat dich auf die unglückliche Idee gebracht, wie kannst du denken – –?« Er fuhr im selben Tone fort: »Es wollen Leute behaupten, Sie hätten keinen Schatten – und kurz, Sie zeigen mir Ihren Schatten, oder geben mir meine Entlassung.«

Bendel, bleich und zitternd, aber besonnener als ich, machte mir ein Zeichen, ich nahm zu dem alles beschwichtigenden Golde meine Zuflucht, – auch das hatte seine Macht verloren – er warfs mir vor die Füße: »Von einem Schattenlosen nehme ich nichts an.« Er kehrte mir den Rücken und ging, den Hut auf dem Kopf, ein Liedchen pfeifend, langsam aus dem Zimmer. Ich stand mit *Bendel* da wie versteint, gedanken- und regungslos ihm nachsehend.

Schwer aufseufzend und den Tod im Herzen, schickt' ich mich endlich an, mein Wort zu lösen, und, wie ein Verbrecher vor seinen Richtern, in dem Förstergarten zu erscheinen. Ich stieg in der dunklen Laube ab, welche nach mir benannt war, und wo sie mich auch dies Mal erwarten mußten. Die Mutter kam mir sorgenfrei und freudig entgegen. *Mina* saß da, bleich und schön wie der erste Schnee, der manchmal im Herbste die letzten Blumen küßt, und gleich in bittres Wasser zerfließen wird. Der Forstmeister, ein geschriebenes Blatt in der Hand, ging heftig auf und ab, und schien vieles in sich zu unterdrücken, was, mit fliegender Röte und Blässe wechselnd, sich auf seinem sonst unbeweglichen Gesichte malte. Er kam auf mich zu, als ich hereintrat, und verlangte mit oft unterbrochenen Worten, mich allein zu sprechen. Der Gang, auf den er mich, ihm zu folgen, einlud, führte nach einem freien besonnten Teile des Gartens – ich ließ mich stumm auf einen Sitz nieder, und es erfolgte ein langes Schweigen, das selbst die gute Mutter nicht zu unterbrechen wagte.

Der Forstmeister stürmte immer noch ungleichen Schrittes die Laube auf und ab, er stand mit einem Mal vor mir still, blickte ins Papier, das er hielt, und fragte mich mit prüfendem Blick: »Sollte Ihnen, Herr Graf, ein gewisser *Peter Schlemihl* wirklich nicht unbekannt sein?« Ich schwieg – »Ein Mann von vorzüglichem Charakter und von besonderen Gaben –« Er erwartete eine Antwort. – »Und wenn ich selber der Mann wäre?« – »dem«, fügte er heftig hinzu, »sein Schatten abhanden gekommen ist!!« – »O meine Ahnung, meine Ahnung!« rief *Mina* aus, »ja ich weiß es längst, er hat keinen Schatten!« und sie warf sich in die Arme der Mutter, welche erschreckt, sie krampfhaft an sich schließend, ihr Vorwürfe machte, daß sie zum Unheil solch ein Geheimnis in sich verschlossen. Sie aber war wie Arethusa in einen Tränenquell gewandelt, der beim Klang meiner Stimme häufiger floß, und bei meinem Nahen stürmisch aufbrauste.

»Und Sie haben«, hub der Forstmeister grimmig wieder an, »und Sie haben mit unerhörter Frechheit diese und mich zu betrügen keinen Anstand genommen; und Sie geben vor, sie zu lieben, die Sie so

weit heruntergebracht haben? Sehen Sie, wie sie da weint und ringt. O schrecklich! schrecklich!« –
Ich hatte dergestalt alle Besinnung verloren, daß ich, wie irre redend, anfing, es wäre doch am Ende ein Schatten, nichts als ein Schatten, man könne auch ohne das fertig werden, und es wäre nicht der Mühe wert, solchen Lärm davon zu erheben. Aber ich fühlte so sehr den Ungrund von dem, was ich sprach, daß ich von selbst aufhörte, ohne daß er mich einer Antwort gewürdigt hätte. Ich fügte noch hinzu, was man ein Mal verloren, könne man ein ander Mal wieder finden.
Er fuhr mich zornig an. – »Gestehen Sie mirs, mein Herr, gestehen Sie mirs, wie sind Sie um Ihren Schatten gekommen?« Ich mußte wieder lügen: »Es trat mir dereinst ein ungeschlachter Mann so flämisch in meinen Schatten, daß er ein großes Loch darein riß – ich habe ihn nur zum Ausbessern gegeben, denn Gold vermag viel, ich habe ich ihn schon gestern wieder bekommen sollen.« –
»Wohl, mein Herr, ganz wohl!« erwiderte der Forstmeister, »Sie werben um meine Tochter, das tun auch andere, ich habe als ein Vater für sie zu sorgen, ich gebe Ihnen drei Tage Frist, binnen welcher Sie sich nach einem Schatten umtun mögen; erscheinen Sie binnen drei Tagen vor mir mit einem wohlangepaßten Schatten, so sollen Sie mir willkommen sein: am vierten Tage aber – das sag ich Ihnen – ist meine Tochter die Frau eines andern.« – Ich wollte noch versuchen, ein Wort an *Mina* zu richten, aber sie schloß sich, heftiger schluchzend, fester an ihre Mutter, und diese winkte mir stillschweigend, mich zu entfernen. Ich schwankte hinweg, und mir wars, als schlösse sich hinter mir die Welt zu.
Der liebevollen Aufsicht *Bendels* entsprungen, durchschweifte ich in irrem Lauf Wälder und Fluren. Angstschweiß troff von meiner Stirne, ein dumpfes Stöhnen entrang sich meiner Brust, in mir tobte Wahnsinn. –
Ich weiß nicht, wie lange es so gedauert haben mochte, als ich mich auf einer sonnigen Haide beim Ärmel anhalten fühlte. – Ich stand still und sah mich um – – es war der Mann im grauen Rock, der sich nach mir außer Atem gelaufen zu haben schien. Er nahm sogleich das Wort:
»Ich hatte mich auf den heutigen Tag angemeldet, Sie haben die

Zeit nicht erwarten können. Es steht aber alles noch gut, Sie nehmen Rat an, tauschen Ihren Schatten wieder ein, der Ihnen zu Gebote steht, und kehren sogleich wieder um. Sie sollen in dem Förstergarten willkommen sein, und alles ist nur ein Scherz gewesen; den *Rascal*, der Sie verraten hat und um Ihre Braut wirbt, nehm ich auf mich, der Kerl ist reif.«

Ich stand noch wie im Schlafe da. – »Auf den heutigen Tag angemeldet –?« Ich überdachte noch einmal die Zeit – er hatte Recht, ich hatte mich stets um einen Tag verrechnet. Ich suchte mit der rechten Hand nach dem Säckel auf meiner Brust, – er erriet meine Meinung und trat zwei Schritte zurück.

»Nein, Herr Graf, der ist in zu guten Händen, den behalten Sie.« – Ich sah ihn mit stieren Augen, verwundert fragend an, er fuhr fort: »Ich erbitte mir bloß eine Kleinigkeit zum Andenken, Sie sind nur so gut und unterschreiben mir den Zettel da.« – Auf dem Pergamente standen die Worte:

»Kraft dieser meiner Unterschrift vermache ich dem Inhaber dieses meine Seele nach ihrer natürlichen Trennung von meinem Leibe.«

Ich sah mit stummem Staunen die Schrift und den grauen Unbekannten abwechselnd an. – Er hatte unterdessen mit einer neu geschnittenen Feder einen Tropfen Bluts aufgefangen, der mir aus einem frischen Dornriß auf die Hand floß, und hielt sie mir hin. – »Wer sind Sie denn?« frug ich endlich. »Was tuts«, gab er mir zur Antwort, »und sieht man es mir nicht an? Ein armer Teufel, gleichsam so eine Art von Gelehrten und Physikus, der von seinen Freunden für vortreffliche Künste schlechten Dank erntet, und für sich selber auf Erden keinen andern Spaß hat als sein bißchen Experimentieren – aber unterschreiben Sie doch. Rechts da unten: *Peter Schlemihl.*«

Ich schüttelte mit dem Kopf und sagte: »Verzeihen Sie mein Herr, das unterschreibe ich nicht.« – »Nicht?« wiederholte er verwundert, »und warum nicht?«

»Es scheint mir doch gewissermaßen bedenklich, meine Seele an meinen Schatten zu setzen.« – – »So, so!« wiederholte er, »bedenklich«, und er brach in ein lautes Gelächter gegen mich aus. »Und, wenn ich fragen darf, was ist denn das für ein Ding, Ihre Seele? haben

Sie es je gesehen, und was denken Sie damit anzufangen, wenn Sie einst tot sind? Seien Sie doch froh, einen Liebhaber zu finden, der Ihnen bei Lebenszeit noch den Nachlaß dieses X, dieser galvanischen Kraft oder polarisierenden Wirksamkeit, und was alles das närrische Ding sein soll, mit etwas Wirklichem bezahlen will, nämlich mit Ihrem leibhaftigen Schatten, durch den Sie zu der Hand Ihrer Geliebten und zu der Erfüllung aller Ihrer Wünsche gelangen können. Wollen Sie lieber selbst das arme junge Blut dem niederträchtigen Schurken, dem *Rascal*, zustoßen und ausliefern? – Nein, das müssen Sie doch mit eigenen Augen ansehen; kommen Sie, ich leihe Ihnen die Tarnkappe hier« (er zog etwas aus der Tasche) »und wir wallfahrten ungesehen nach dem Förstergarten.« –

Ich muß gestehen, daß ich mich überaus schämte, von diesem Manne ausgelacht zu werden. Er war mir von Herzensgrunde verhaßt, und ich glaube, daß mich dieser persönliche Widerwille mehr als Grundsätze oder Vorurteile abhielt, meinen Schatten, so notwendig er mir auch war, mit der begehrten Unterschrift zu erkaufen. Auch war mir der Gedanke unerträglich, den Gang, den er mir antrug, in seiner Gesellschaft zu unternehmen. Diesen häßlichen Schleicher, diesen hohnlächelnden Kobold, zwischen mich und meine Geliebte, zwei blutig zerrissene Herzen, spöttisch hintreten zu sehen, empörte mein innigstes Gefühl. Ich nahm, was geschehen war, als verhängt an, mein Elend als unabwendbar, und mich zu dem Manne kehrend, sagte ich ihm:

»Mein Herr, ich habe Ihnen meinen Schatten für diesen an sich sehr vorzüglichen Säckel verkauft, und es hat mich genug gereut. Kann der Handel zurückgehen, in Gottes Namen!« Er schüttelte mit dem Kopf und zog ein sehr finsteres Gesicht. Ich fuhr fort: – »So will ich Ihnen auch weiter nichts von meiner Habe verkaufen, sei es auch um den angebotenen Preis meines Schattens, und unterschreibe also nichts. Daraus läßt sich auch abnehmen, daß die Verkappung, zu der Sie mich einladen, ungleich belustigender für Sie als für mich ausfallen müßte; halten Sie mich also für entschuldigt, und da es einmal nicht anders ist, – laßt uns scheiden!«

»Es ist mir leid, Monsieur *Schlemihl*, daß Sie eigensinnig das Geschäft von der Hand weisen, das ich Ihnen freundschaftlich anbot. Indessen, vielleicht bin ich ein ander Mal glücklicher. Auf baldiges

Wiedersehen! – A propos, erlauben Sie mir noch, Ihnen zu zeigen, daß ich die Sachen, die ich kaufe, keineswegs verschimmeln lasse, sondern in Ehren halte, und daß sie bei mir gut aufgehoben sind.« –

Er zog sogleich meinen Schatten aus der Tasche, und ihn mit einem geschickten Wurf auf der Haide entfaltend, breitete er ihn auf der Sonnenseite zu seinen Füßen aus, so, daß er zwischen den beiden ihm aufwartenden Schatten, dem meinen und dem seinen daher ging, denn meiner mußte ihm gleichfalls gehorchen und nach allen seinen Bewegungen sich richten und bequemen.

Als ich nach so langer Zeit einmal meinen armen Schatten wieder sah, und ihn zu solchem schnöden Dienste herabgewürdigt fand, eben als ich um seinetwillen in so namenloser Not war, da brach mir das Herz, und ich fing bitterlich zu weinen an. Der Verhaßte stolzierte mit dem mir abgejagten Raub, und erneuerte unverschämt seinen Antrag:

»Noch ist er für Sie zu haben, ein Federzug, und Sie retten damit die arme unglückliche *Mina* aus des Schuftes Klauen in des hochgeehrten Herrn Grafen Arme – wie gesagt, nur ein Federzug.« Meine Tränen brachen mit erneuter Kraft hervor, aber ich wandte mich weg, und winkte ihm, sich zu entfernen.

Bendel, der voller Sorgen meine Spuren bis hieher verfolgt hatte, traf in diesem Augenblick ein. Als mich die treue, fromme Seele weinend fand, und meinen Schatten, denn er war nicht zu verkennen, in der Gewalt des wunderlichen grauen Unbekannten sah, beschloß er gleich, sei es auch mit Gewalt, mich in den Besitz meines Eigentums wieder herzustellen, und da er selbst mit dem zarten Dinge nicht umzugehen verstand, griff er gleich den Mann mit Worten an, und ohne vieles Fragen gebot er ihm stracks, mir das Meine unverzüglich verabfolgen zu lassen. Dieser, statt aller Antwort, kehrte dem unschuldigen Burschen den Rücken und ging. *Bendel* aber erhob den Kreuzdornknüttel, den er trug, und, ihm auf den Fersen folgend, ließ er ihn schonungslos unter wiederholtem Befehl, den Schatten herzugeben, die volle Kraft seines nervichten Armes fühlen. Jener, als sei er solcher Behandlung gewohnt, bückte den Kopf, wölbte die Schultern, und zog stillschweigend ruhigen Schrittes seinen Weg über die Haide weiter, mir meinen Schatten zugleich und meinen treuen Diener entführend. Ich hörte lange noch den dumpfen Schall durch die Einöde dröhnen, bis er sich endlich in der Entfernung verlor. Einsam war ich wie vorher mit meinem Unglück.

VI

Allein zurückgeblieben auf der öden Haide, ließ ich unendlichen Tränen freien Lauf, mein armes Herz von namenloser banger Last erleichternd. Aber ich sah meinem überschwenglichen Elend keine Grenzen, keinen Ausgang, kein Ziel, und ich sog besonders mit grimmigem Durst an dem neuen Gifte, das der Unbekannte in meine Wunden gegossen. Als ich *Minas* Bild vor meine Seele rief, und die geliebte, süße Gestalt bleich und in Tränen mir erschien, wie ich sie zuletzt in meiner Schmach gesehen, da trat frech und höhnend *Rascals* Schemen zwischen sie und mich, ich verhüllte mein Gesicht und floh durch die Einöde, aber die scheußliche Erscheinung gab mich nicht frei, sondern verfolgte mich im Laufe, bis ich atemlos an den Boden sank und die Erde mit erneuertem Tränenquell befeuchtete.
Und alles um einen Schatten! Und diesen Schatten hätte mir ein Federzug wieder erworben. Ich überdachte den befremdenden Antrag und meine Weigerung. Es war wüst in mir, ich hatte weder Urteil noch Fassungsvermögen mehr.
Der Tag verging, ich stillte meinen Hunger mit wilden Früchten, meinen Durst im nächsten Bergstrom; die Nacht brach ein, ich lagerte mich unter einem Baum. Der feuchte Morgen weckte mich aus einem schweren Schlaf, in dem ich mich selber wie im Tode röcheln hörte. *Bendel* mußte meine Spur verloren haben, und es freute mich, es zu denken. Ich wollte nicht unter die Menschen zurückkehren, vor welchen ich schreckhaft floh, wie das scheue Wild des Gebirges. So verlebte ich drei bange Tage.
Ich befand mich am Morgen des vierten auf einer sandigen Ebene, welche die Sonne beschien, und saß auf Felsentrümmern in ihrem Strahl, denn ich liebte jetzt, ihren lang entbehrten Anblick zu genießen. Ich nährte still mein Herz mit seiner Verzweiflung. Da schreckte mich ein leises Geräusch auf, ich warf, zur Flucht bereit,

den Blick um mich her, ich sah niemand; aber es kam auf dem sonnigen Sande an mir vorbei geglitten ein Menschenschatten, dem meinigen nicht unähnlich, welcher, allein daher wandelnd, von seinem Herrn abgekommen zu sein schien.
Da erwachte in mir ein mächtiger Trieb: »Schatten, dacht ich, suchst du deinen Herrn? der will ich sein.« Und ich sprang hinzu, mich seiner zu bemächtigen; ich dachte nämlich, daß, wenn es mir glückte, in seine Spur zu treten, so daß er mir an die Füße käme, er wohl daran hängen bleiben würde, und sich mit der Zeit an mich gewöhnen.
Der Schatten auf meine Bewegung nahm vor mir die Flucht, und ich mußte auf den leichten Flüchtling eine angestrengte Jagd beginnen, zu der mich allein der Gedanke, mich aus der furchtbaren Lage, in der ich war, zu retten, mit hinreichenden Kräften ausrüsten konnte. Er floh einem freilich noch entfernten Walde zu, in dessen Schatten ich ihn notwendig hätte verlieren müssen, ich sahs, ein Schreck durchzuckte mir das Herz, fachte meine Begierde an, beflügelte meinen Lauf – ich gewann sichtbarlich auf den Schatten, ich kam ihm nach und nach näher, ich mußte ihn erreichen. Nun hielt er plötzlich an und kehrte sich nach mir um. Wie der Löwe auf seine Beute, so schoß ich mit einem gewaltigen Sprunge hinzu, um ihn in Besitz zu nehmen – und traf unerwartet und hart auf körperlichen Widerstand. Es wurden mir unsichtbar die unerhörtesten Rippenstöße erteilt, die wohl je ein Mensch gefühlt hat.
Die Wirkung des Schreckens war in mir, die Arme krampfhaft zuzuschlagen und fest zu drücken, was ungesehen vor mir stand. Ich stürzte in der schnellen Handlung vorwärts gestreckt auf den Boden; rückwärts aber unter mir ein Mensch, den ich umfaßt hielt und der jetzt erst sichtbar erschien.
Nun ward mir auch das ganze Ereignis sehr natürlich erklärbar. Der Mann mußte das unsichtbare Vogelnest, welches den, der es hält, nicht aber seinen Schatten, unsichtbar macht, erst getragen und jetzt weggeworfen haben. Ich spähete mit dem Blick umher, entdeckte gar bald den Schatten des unsichtbaren Nestes selbst, sprang auf und hinzu und verfehlte nicht den teuern Raub. Ich hielt unsichtbar, schattenlos das Nest in Händen.
Der schnell sich aufrichtende Mann, sich sogleich nach seinem be-

glückten Bezwinger umsehend, erblickte auf der weiten sonnigen Ebene weder ihn, noch dessen Schatten, nach dem er besonders ängstlich umher lauschte. Denn daß ich an und für sich schattenlos war, hatte er vorher nicht Muße gehabt, zu bemerken, und konnte es nicht vermuten. Als er sich überzeugt, daß jede Spur verschwunden, kehrte er in der höchsten Verzweiflung die Hand gegen sich selber und raufte sich das Haar aus. Mir aber gab der errungene Schatz die Möglichkeit und die Begierde zugleich, mich wieder unter die Menschen zu mischen. Es fehlte mir nicht an Vorwand gegen mich selber, meinen schnöden Raub zu beschönigen, oder vielmehr, ich bedurfte solches nicht, und, jedem Gedanken der Art zu entweichen, eilte ich hinweg, nach dem Unglücklichen nicht zurückschauend, dessen ängstliche Stimme ich mir noch lange nachschallen hörte. So wenigstens kamen mir damals alle Umstände dieses Ereignisses vor.

Ich brannte, nach dem Förstergarten zu gehen und durch mich selbst die Wahrheit dessen zu erkennen, was mir jener Verhaßte verkündigt hatte; ich wußte aber nicht, wo ich war, ich bestieg, um mich in der Gegend umzuschauen, den nächsten Hügel, ich sah von seinem Gipfel das nahe Städtchen und den Förstergarten zu meinen Füßen liegen. – Heftig klopfte mir das Herz, und Tränen einer andern Art, als die ich bis dahin vergossen, traten mir in die Augen: ich sollte sie wiedersehen. – Bange Sehnsucht beschleunigte meine Schritte auf dem richtigsten Pfad hinab. Ich kam ungesehen an einigen Bauern vorbei, die aus der Stadt kamen. Sie sprachen von mir, *Rascaln* und dem Förster; ich wollte nichts anhören, ich eilte vorüber.

Ich trat in den Garten, alle Schauer der Erwartung in der Brust – mir schallte es wie ein Lachen entgegen, mich schauderte, ich warf einen schnellen Blick um mich her; ich konnte niemanden entdekken. Ich schritt weiter vor, mir wars, als vernähme ich neben mir ein Geräusch wie von Menschentritten; es war aber nichts zu sehen: ich dachte mich von meinem Ohr getäuscht. Es war noch früh, niemand in *Graf Peters* Laube, noch leer der Garten; ich durchschweifte die bekannten Gänge, ich drang bis nach dem Wohnhause vor. Dasselbe Geräusch verfolgte mich vernehmlicher. Ich setzte mich mit angstvollem Herzen auf eine Bank, die im sonnigen

Raume der Haustür gegenüber stand. Es ward mir, als hörte ich den ungesehenen Kobold sich hohnlachend neben mich setzen. Der Schlüssel ward in der Tür gedreht, sie ging auf, der Forstmeister trat heraus, mit Papieren in der Hand. Ich fühlte mir wie Nebel über den Kopf ziehn, ich sah mich um, und – Entsetzen! – der Mann im grauen Rock saß neben mir, mit satanischem Lächeln auf mich blikkend. – Er hatte mir seine Tarnkappe mit über den Kopf gezogen, zu seinen Füßen lagen sein und mein Schatten friedlich neben einander; er spielte nachlässig mit dem bekannten Pergament, das er in der Hand hielt, und, indem der Forstmeister, mit den Papieren beschäftigt, im Schatten der Laube auf- und abging – beugte er sich vertraulich zu meinem Ohr und flüsterte mir die Worte:

»So hätten Sie denn doch meine Einladung angenommen, und da säßen wir einmal zwei Köpfe unter einer Kappe! – Schon recht! schon recht! Nun geben Sie mir aber auch mein Vogelnest zurück, Sie brauchen es nicht mehr und sind ein zu ehrlicher Mann, um es mir vorenthalten zu wollen – doch keinen Dank dafür, ich versichere Sie, daß ich es Ihnen von Herzen gern geliehen habe.« – Er nahm es unweigerlich aus meiner Hand, steckte es in die Tasche und lachte mich abermals aus und zwar so laut, daß sich der Forstmeister nach dem Geräusch umsah. – Ich saß wie versteinert da.

»Sie müssen mir doch gestehen«, fuhr er fort, »daß so eine Kappe viel bequemer ist. Sie deckt doch nicht nur ihren Mann, sondern auch seinen Schatten mit, und noch so viele andere, als er mitzunehmen Lust hat. Sehen Sie, heute führ ich wieder ihrer zwei.« – Er lachte wieder. »Merken Sie sichs, *Schlemihl*, was man Anfangs mit Gutem nicht will, das muß man am Ende doch gezwungen. Ich dächte noch, Sie kauften mir das Ding ab, nähmen die Braut zurück (denn noch ist es Zeit), und wir ließen den *Rascal* am Galgen baumeln, das wird uns ein Leichtes, so lange es am Stricke nicht fehlt. – Hören Sie, ich gebe Ihnen noch meine Mütze in den Kauf.«

Die Mutter trat heraus, und das Gespräch begann. – »Was macht *Mina*?« – »Sie weint.« – »Einfältiges Kind! es ist doch nicht zu ändern!« – »Freilich nicht; aber sie so früh einem andern zu geben – – O Mann, du bist grausam gegen dein eigenes Kind.« – »Nein, Mutter, das siehst du sehr falsch. Wenn sie, noch bevor sie ihre doch kindischen Tränen ausgeweint hat, sich als die Frau eines sehr reichen und geehrten Mannes findet, wird sie getrostet aus ihrem Schmerze wie aus einem Traum erwachen und Gott und uns danken; das wirst du sehen!« – »Gott gebe es!« – »Sie besitzt freilich jetzt sehr ansehnliche Güter; aber nach dem Aufsehen, das die unglückliche Geschichte mit dem Abenteurer gemacht hat, glaubst du, daß sich sobald eine andere, für sie so passende Partie als der Herr *Rascal* finden möchte? Weißt du, was für ein Vermögen er besitzt, der Herr *Rascal*? Er hat für sechs Millionen Güter hier im Lande, frei von allen Schulden, bar bezahlt. Ich habe die Dokumente in den Händen gehabt! Er wars, der mir überall das Beste vorweg genommen hat; und außerdem im Portefeuille Papiere auf *Thomas John* für circa viertehalb Millionen.« – »Er muß sehr viel gestohlen haben.« – »Was sind das wieder für Reden! Er hat weislich gespart, wo verschwendet wurde.« – »Ein Mann, der die Livree getragen hat.« – »Dummes Zeug! er hat doch einen untadligen Schatten.« – »Du hast Recht, aber – –«

Der Mann im grauen Rock lachte und sah mich an. Die Türe ging auf, und *Mina* trat heraus. Sie stützte sich auf den Arm einer Kammerfrau, stille Tränen flossen auf ihre schönen blassen Wangen. Sie setzte sich in einen Sessel, der für sie unter den Linden bereitet war, und ihr Vater nahm einen Stuhl neben ihr. Er faßte zärtlich ihre Hand und redete sie, die heftig zu weinen begann, mit zarten Worten an:

»Du bist mein gutes, liebes Kind, du wirst auch vernünftig sein, wirst nicht deinen alten Vater betrüben wollen, der nur dein Glück will; ich begreife es wohl, liebes Herz, daß es dich sehr erschüttert hat, du bist wunderbar deinem Unglück entkommen! Bevor wir den schändlichen Betrug entdeckt, hast du diesen Unwürdigen sehr geliebt! siehe, *Mina*, ich weiß es und mache dir keine Vorwürfe darüber. Ich selber, liebes Kind, habe ihn auch geliebt, so lange ich ihn für einen großen Herrn angesehen habe. Nun siehst du selber ein, wie anders alles geworden. Was! ein jeder Pudel hat ja seinen Schatten, und mein liebes einziges Kind sollte einen Mann – – Nein, du denkst auch gar nicht mehr an ihn. – Höre, *Mina*, nun wirbt ein Mann um dich, der die Sonne nicht scheut, ein geehrter Mann, der freilich kein Fürst ist, aber zehn Millionen, zehn Mal mehr als du in Vermögen besitzt, ein Mann, der mein liebes Kind glücklich machen wird. Erwidere mir nichts, widersetze dich nicht, sei meine gute, gehorsame Tochter, laß deinen liebenden Vater für dich sorgen, deine Tränen trocknen. Versprich mir, dem Herrn *Rascal* deine Hand zu geben. – Sage, willst du mir dies versprechen?«

Sie antwortete mit erstorbener Stimme: »Ich habe keinen Willen, keinen Wunsch fürder auf Erden. Geschehe mit mir, was mein Vater will.« Zugleich ward Herr *Rascal* angemeldet und trat frech in den Kreis. *Mina* lag in Ohnmacht. Mein verhaßter Gefährte blickte mich zornig an und flüsterte mir die schnellen Worte: »Und das könnten Sie erdulden! Was fließt Ihnen denn statt des Blutes in den Adern?« Er ritzte mir mit einer raschen Bewegung eine leichte Wunde in die Hand, es floß Blut, er fuhr fort: »Wahrhaftig! rotes Blut! – So unterschreiben Sie!« Ich hatte das Pergament und die Feder in Händen.

VII

Ich werde mich deinem Urteile bloß stellen, lieber *Chamisso*, und es nicht zu bestechen suchen. Ich selbst habe lange strenges Gericht an mir selber vollzogen, denn ich habe den quälenden Wurm in meinem Herzen genährt. Es schwebte immerwährend dieser ernste Moment meines Lebens vor meiner Seele, und ich vermocht es nur zweifelnden Blickes mit Demut und Zerknirschung anzuschauen. – Lieber Freund, wer leichtsinnig nur den Fuß aus der geraden Straße setzt, der wird unversehens in andere Pfade abgeführt, die abwärts und immer abwärts ihn ziehen; er sieht dann umsonst die Leitsterne am Himmel schimmern, ihm bleibt keine Wahl, er muß unaufhaltsam den Abhang hinab, und sich selbst der Nemesis opfern. Nach dem übereilten Fehltritt, der den Fluch auf mich geladen, hatt ich durch Liebe frevelnd in eines andern Wesens Schicksal mich gedrängt; was blieb mir übrig, als, wo ich Verderben gesäet, wo schnelle Rettung von mir geheischt ward, eben rettend blindlings hinzu zu springen? denn die letzte Stunde schlug. – Denke nicht so niedrig von mir, mein *Adelbert*, als zu meinen, es hätte mich irgend ein geforderter Preis zu teuer gedünkt, ich hätte mit irgend etwas, was nur mein war, mehr als eben mit Gold gekargt. – Nein, *Adelbert*; aber mit unüberwindlichem Hasse gegen diesen rätselhaften Schleicher auf krummen Wegen war meine Seele angefüllt. Ich mochte ihm Unrecht tun, doch empörte mich jede Gemeinschaft mit ihm. – Auch hier trat, wie so oft schon in mein Leben, und wie überhaupt so oft in die Weltgeschichte, ein Ereignis an die Stelle einer Tat. Später habe ich mich mit mir selber versöhnt. Ich habe erstlich die Notwendigkeit verehren lernen, und was ist mehr als die getane Tat, das geschehene Ereignis, ihr Eigentum! Dann hab ich auch diese Notwendigkeit als eine weise Fügung verehren lernen, die durch das gesammte große Getrieb weht, darin wir bloß als mitwirkende, getriebene treibende Räder eingreifen; was sein soll, muß geschehen, was sein sollte, geschah, und nicht ohne jene Fügung, die ich endlich noch in meinem Schicksale und dem Schicksale derer, die das meine mit angriff, verehren lernte.

Ich weiß nicht, ob ich es der Spannung meiner Seele unter dem Drange so mächtiger Empfindungen zuschreiben soll, ob der Erschöpfung meiner physischen Kräfte, die während der letzten Tage ungewohntes Darben geschwächt, ob endlich dem zerstörenden Aufruhr, den die Nähe dieses grauen Unholdes in meiner ganzen Natur erregte; genug, es befiel mich, als es an das Unterschreiben ging, eine tiefe Ohnmacht, und ich lag eine lange Zeit wie in den Armen des Todes.

Fußstampfen und Fluchen waren die ersten Töne, die mein Ohr trafen, als ich zum Bewußtsein zurückkehrte; ich öffnete die Augen, es war dunkel, mein verhaßter Begleiter war scheltend um mich bemüht. »Heißt das nicht, wie ein altes Weib sich aufführen! – Man raffe sich auf und vollziehe frisch, was man beschlossen, oder hat man sich anders besonnen und will lieber greinen?« – Ich richtete mich mühsam auf von der Erde, wo ich lag, und schaute schweigend um mich. Es war später Abend, aus dem hellerleuchteten Försterhause erscholl festliche Musik, einzelne Gruppen von Menschen wallten durch die Gänge des Gartens. Ein Paar traten im Gespräche näher und nahmen Platz auf der Bank, worauf ich früher gesessen hatte. Sie unterhielten sich von der an diesem Morgen vollzogenen Verbindung des reichen Herrn *Rascal* mit der Tochter des Hauses. – Es war also geschehen. –

Ich streifte mit der Hand die Tarnkappe des sogleich mir verschwindenden Unbekannten von meinem Haupte weg, und eilte stillschweigend, in die tiefste Nacht des Gebüsches mich versenkend, den Weg über *Graf Peters* Laube einschlagend, dem Ausgange des Gartens zu. Unsichtbar aber geleitete mich mein Plagegeist, mich mit scharfen Worten verfolgend. »Das ist also der Dank für die Mühe, die man genommen hat, Monsieur, der schwache Nerven hat, den langen lieben Tag hindurch zu pflegen. Und man soll den Narren im Spiele abgeben. Gut, Herr Trotzkopf, fliehn Sie nur vor mir, wir sind doch unzertrennlich. Sie haben mein Gold und ich Ihren Schatten; das läßt uns beiden keine Ruhe. – Hat man je gehört, daß ein Schatten von seinem Herrn gelassen hätte? Ihrer zieht mich Ihnen nach, bis Sie ihn wieder zu Gnaden annehmen und ich ihn los bin. Was Sie versäumt haben, aus frischer Lust zu tun, werden Sie nur zu spät aus Überdruß und Langeweile nachholen müssen; man entgeht seinem Schicksale nicht.« Er sprach aus demselben Tone fort und fort; ich floh umsonst, er ließ nicht nach, und immer gegenwärtig, redete er höhnend von Gold und Schatten. Ich konnte zu keinem eigenen Gedanken kommen.

Ich hatte durch menschenleere Straßen einen Weg nach meinem Hause eingeschlagen. Als ich davor stand und es ansah, konnte ich es kaum erkennen; hinter den eingeschlagenen Fenstern brannte kein Licht. Die Türen waren zu, kein Dienervolk regte sich mehr darin. Er lachte laut neben mir: »Ja, ja, so gehts! Aber Ihren *Bendel* finden Sie wohl daheim, den hat man jüngst vorsorglich so müde nach Hause geschickt, daß er es wohl seitdem gehütet haben wird.« Er lachte wieder. »Der wird Geschichten zu erzählen haben! – Wohlan denn! für heute gute Nacht, auf baldiges Wiedersehen!«

Ich hatte wiederholt geklingelt, es erschien Licht; *Bendel* frug von innen, wer geklingelt habe. Als der gute Mann meine Stimme erkannte, konnte er seine Freude kaum bändigen; die Tür flog auf, wir lagen weinend einander in den Armen. Ich fand ihn sehr verändert, schwach und krank; mir war aber das Haar ganz grau geworden.

Er führte mich durch die verödeten Zimmer nach einem innern, verschont gebliebenen Gemach; er holte Speise und Trank herbei, wir setzten uns, er fing wieder an zu weinen. Er erzählte mir, daß er letzthin den grau gekleideten dürren Mann, den er mit meinem Schatten angetroffen hatte, so lange und so weit geschlagen habe,

bis er selbst meine Spur verloren und vor Müdigkeit hingesunken sei; daß nachher, wie er mich nicht wieder finden gekonnt, er nach Hause zurückgekehrt, wo bald darauf der Pöbel auf *Rascals* Anstiften herangestürmt, die Fenster eingeschlagen und seine Zerstörungslust gebüßt. So hatten sie an ihrem Wohltäter gehandelt. Meine Dienerschaft war aus einander geflohen. Die örtliche Polizei hatte mich als verdächtig aus der Stadt verwiesen, und mir eine Frist von vier und zwanzig Stunden festgesetzt, um deren Gebiet zu verlassen. Zu dem, was mir von *Rascals* Reichtum und Vermählung bekannt war, wußte er noch vieles hinzuzufügen. Dieser Bösewicht, von dem alles ausgegangen, was hier gegen mich geschehen war, mußte von Anbeginn mein Geheimnis besessen haben; es schien, er habe, vom Golde angezogen, sich an mich zu drängen gewußt, und schon in der ersten Zeit einen Schlüssel zu jenem Goldschrank sich verschafft, wo er den Grund zu dem Vermögen gelegt, das noch zu vermehren er jetzt verschmähen konnte.
Das alles erzählte mir *Bendel* unter häufigen Tränen, und weinte dann wieder vor Freuden, daß er mich wieder sah, mich wieder hatte, und daß, nachdem er lang gezweifelt, wohin das Unglück mich gebracht haben möchte, er mich es ruhig und gefaßt ertragen sah. Denn solche Gestaltung hatte nun die Verzweiflung in mir genommen. Ich sah mein Elend riesengroß, unwandelbar vor mir, ich hatte ihm meine Tränen ausgeweint, es konnte kein Geschrei mehr aus meiner Brust pressen, ich trug ihm kalt und gleichgültig mein entblößtes Haupt entgegen.
»*Bendel*«, hub ich an, »du weißt mein Los. Nicht ohne früheres Verschulden trifft mich schwere Strafe. Du sollst länger nicht, unschuldiger Mann, dein Schicksal an das meine binden, ich will es nicht. Ich reite die Nacht noch fort, sattle mir ein Pferd, ich reite allein; du bleibst, ich wills. Es müssen hier noch einige Kisten Goldes liegen, das behalte du. Ich werde allein unstät in der Welt wandern; wann mir aber je eine heitere Stunde wieder lacht und das Glück mich versöhnt anblickt, dann will ich deiner getreu gedenken, denn ich habe an deiner getreuen Brust in schweren, schmerzlichen Stunden geweint.«
Mit gebrochenem Herzen mußte der Redliche diesem letzten Befehle seines Herrn, worüber er in der Seele erschrak, gehorchen; ich

war seinen Bitten, seinen Vorstellungen taub, blind seinen Tränen; er führte mir das Pferd vor. Ich drückte noch einmal den Weinenden an meine Brust, schwang mich in den Sattel und entfernte mich unter dem Mantel der Nacht von dem Grabe meines Lebens, unbekümmert, welchen Weg mein Pferd mich führen werde; denn ich hatte weiter auf Erden kein Ziel, keinen Wunsch, keine Hoffnung.

VIII

Es gesellte sich bald ein Fußgänger zu mir, welcher mich bat, nachdem er eine Weile neben meinem Pferde geschritten war, da wir doch denselben Weg hielten, einen Mantel, den er trug, hinten auf mein Pferd legen zu dürfen; ich ließ es stillschweigend geschehen. Er dankte mir mit leichtem Anstand für den leichten Dienst, lobte mein Pferd, nahm daraus Gelegenheit, das Glück und die Macht der Reichen hoch zu preisen, und ließ sich, ich weiß nicht wie, in eine Art von Selbstgespräch ein, bei dem er mich bloß zum Zuhörer hatte.

Er entfaltete seine Ansichten von dem Leben und der Welt, und kam sehr bald auf die Metaphysik, an die die Forderung erging, das Wort aufzufinden, das aller Rätsel Lösung sei. Er setzte die Aufgabe mit vieler Klarheit aus einander und schritt fürder zu deren Beantwortung.

Du weißt, mein Freund, daß ich deutlich erkannt habe, seitdem ich den Philosophen durch die Schule gelaufen, daß ich zur philosophischen Spekulation keineswegs berufen bin, und daß ich mir dieses Feld völlig abgesprochen habe; ich habe seither vieles auf sich beruhen lassen, vieles zu wissen und zu begreifen Verzicht geleistet und bin, wie du es mir selber geraten, meinem geraden Sinn vertrauend, der Stimme in mir, so viel es in meiner Macht gewesen, auf dem eigenen Wege gefolgt. Nun schien mir dieser Redekünstler mit großem Talent ein fest gefügtes Gebäude aufzuführen, das, in sich selbst begründet, sich emportrug und wie durch eine innere Notwendigkeit bestand. Nur vermißt' ich ganz in ihm, was ich eben darin hätte suchen wollen, und so ward es mir zu einem bloßen Kunstwerk, dessen zierliche Geschlossenheit und Vollendung dem

Auge allein zur Ergötzung diente; aber ich hörte dem wohlberedeten Manne gerne zu, der meine Aufmerksamkeit von meinem Leiden auf sich selbst abgelenkt, und ich hätte mich willig ihm ergeben, wenn er meine Seele wie meinen Verstand in Anspruch genommen hätte.

Mittlerweile war die Zeit hingegangen, und unbemerkt hatte schon die Morgendämmerung den Himmel erhellt; ich erschrak, als ich mit einem Mal aufblickte und im Osten die Pracht der Farben sich entfalten sah, die die nahe Sonne verkünden, und gegen sie war in dieser Stunde, wo die Schlagschatten mit ihrer ganzen Ausdehnung prunken, kein Schutz, kein Bollwerk in der offenen Gegend zu ersehen! und ich war nicht allein! Ich warf einen Blick auf meinen Begleiter und erschrak wieder. – Es war kein anderer als der Mann im grauen Rock.

Er lächelte über meine Bestürzung, und fuhr fort, ohne mich zum Wort kommen zu lassen: »Laßt doch, wie es einmal in der Welt Sitte ist, unsern wechselseitigen Vorteil uns auf eine Weile verbinden, zu scheiden haben wir immer noch Zeit. Die Straße hier längs dem Gebirge, ob Sie gleich noch nicht daran gedacht haben, ist doch die einzige, die Sie vernünftiger Weise einschlagen können; hinab in das Tal dürfen Sie nicht und über das Gebirg werden Sie noch weniger zurückkehren wollen, von wo Sie hergekommen sind – diese ist auch gerade meine Straße. – Ich sehe Sie schon vor der aufgehenden Sonne erblassen. Ich will Ihnen Ihren Schatten auf die Zeit unserer Gesellschaft leihen, und Sie dulden mich dafür in Ihrer Nähe; Sie haben so Ihren *Bendel* nicht mehr bei sich; ich will Ihnen gute Dienste leisten. Sie lieben mich nicht, das ist mir leid. Sie können mich darum doch benutzen. Der Teufel ist nicht so schwarz, als man ihn malt. Gestern haben Sie mich geärgert, das ist wahr, heute will ichs Ihnen nicht nachtragen, und ich habe Ihnen schon den Weg bis hieher verkürzt, das müssen Sie selbst gestehen. – Nehmen Sie doch nur einmal Ihren Schatten auf Probe wieder an.«

Die Sonne war aufgegangen, auf der Straße kamen uns Menschen entgegen; ich nahm, obgleich mit innerlichem Widerwillen, den Antrag an. Er ließ lächelnd meinen Schatten zur Erde gleiten, der alsbald seine Stelle auf des Pferdes Schatten einnahm und lustig ne-

ben mir her trabte. Mir war sehr seltsam zu Mut. Ich ritt an einem Trupp Landleute vorbei, die vor einem wohlhabenden Mann ehrerbietig mit entblößtem Haupte Platz machten. Ich ritt weiter und blickte gierigen Auges und klopfenden Herzens seitwärts vom Pferde her auf diesen sonst meinen Schatten, den ich jetzt von einem Fremden, ja, von einem Feinde, erborgt hatte.
Dieser ging unbekümmert neben her, und pfiff eben ein Liedchen. Er zu Fuß, ich zu Pferd, ein Schwindel ergriff mich, die Versuchung war zu groß, ich wandte plötzlich die Zügel, drückte beide Sporen an, und so in voller Carriere einen Seitenweg eingeschlagen; aber ich entführte den Schatten nicht, der bei der Wendung vom Pferd glitt und seinen gesetzmäßigen Eigentümer auf der Landstraße erwartete. Ich mußte beschämt umlenken; der Mann im grauen Rocke, als er ungestört sein Liedchen zu Ende gebracht, lachte mich aus, setze nur den Schatten wieder zurecht und belehrte mich, er würde erst an mir festhangen und bei mir bleiben wollen, wann ich ihn wiederum als rechtmäßiges Eigentum besitzen würde. »Ich halte Sie«, fuhr er fort, »am Schatten fest, und Sie kommen mir nicht los. Ein reicher Mann, wie Sie, braucht einmal einen Schatten, das ist nicht anders, Sie sind nur darin zu tadeln, daß Sie es nicht früher eingesehen haben.« –
Ich setzte meine Reise auf derselben Straße fort; es fanden sich bei mir alle Bequemlichkeiten des Lebens und selbst ihre Pracht wieder ein; ich konnte mich frei und leicht bewegen, da ich einen, obgleich nur erborgten, Schatten besaß, und ich flößte überall die Ehrfurcht ein, die der Reichtum gebietet; aber ich hatte den Tod im Herzen. Mein wundersamer Begleiter, der sich selbst für den unwürdigen Diener des reichsten Mannes in der Welt ausgab, war von einer außerordentlichen Dienstfertigkeit, über die Maßen gewandt und geschickt, der wahre Inbegriff eines Kammerdieners für einen reichen Mann; aber er wich nicht von meiner Seite, und führte unaufhörlich das Wort gegen mich, stets die größte Zuversicht an den Tag legend, daß ich endlich, sei es auch nur, um ihn los zu werden, den Handel mit dem Schatten abschließen würde. – Er war mir eben so lästig als verhaßt. Ich konnte mich ordentlich vor ihm fürchten. Ich hatte mich von ihm abhängig gemacht. Er hielt mich, nachdem er mich in die Herrlichkeit der Welt, die ich floh, zurück-

geführt hatte. Ich mußte seine Beredsamkeit über mich ergehen lassen, und fühlte schier, er habe Recht. Ein Reicher muß in der Welt einen Schatten haben, und sobald ich den Stand behaupten wollte, den er mich wieder geltend zu machen verleitet hatte, war nur ein Ausgang zu ersehen. Dieses aber stand bei mir fest; nachdem ich meine Liebe hingeopfert, nachdem mir das Leben verblaßt war, wollt ich meine Seele nicht, sei es um alle Schatten der Welt, dieser Kreatur verschreiben. Ich wußte nicht, wie es enden sollte.
Wir saßen einst vor einer Höhle, welche die Fremden, die das Gebirg bereisen, zu besuchen pflegen. Man hört dort das Gebrause unterirdischer Ströme aus ungemessener Tiefe heraufschallen, und kein Grund scheint den Stein, den man hineinwirft, in seinem hallenden Fall aufzuhalten. Er malte mir, wie er öfters tat, mit verschwenderischer Einbildungskraft und im schimmernden Reize der glänzendsten Farben sorgfältig ausgeführte Bilder von dem, was ich in der Welt kraft meines Säckels ausführen würde, wenn ich erst meinen Schatten wieder in meiner Gewalt hätte. Die Ellenbogen auf die Knie gestützt, hielt ich mein Gesicht in meinen Händen verborgen und hörte dem Falschen zu, das Herz zwiefach geteilt zwischen der Verführung und dem strengen Willen in mir. Ich konnte bei solchem innerlichen Zwiespalt länger nicht ausdauern und begann den entscheidenden Kampf.
»Sie scheinen, mein Herr, zu vergessen, daß ich Ihnen zwar erlaubt habe, unter gewissen Bedingungen in meiner Begleitung zu bleiben, daß ich mir aber meine völlige Freiheit vorbehalten habe.« – »Wenn Sie befehlen, so pack ich ein.« Die Drohung war ihm geläufig. Ich schwieg; er setzte sich gleich daran, meinen Schatten wieder zusammenzurollen. Ich erblaßte, aber ich ließ es stumm geschehen. Es erfolgte ein langes Stillschweigen. Er nahm zuerst das Wort:
»Sie können mich nicht leiden, mein Herr, Sie hassen mich, ich weiß es; doch warum hassen Sie mich? Ist es etwa, weil Sie mich auf öffentlicher Straße angefallen und mir mein Vogelnest mit Gewalt zu rauben gemeint? oder ist es darum, daß Sie mein Gut, den Schatten, den Sie Ihrer bloßen Ehrlichkeit anvertraut glaubten, mir diebischer Weise zu entwenden gesucht haben? Ich meinerseits hasse Sie darum nicht; ich finde ganz natürlich, daß Sie alle Ihre Vorteile, List und Gewalt geltend zu machen suchen; daß Sie übrigens die

allerstrengsten Grundsätze haben und wie die Ehrlichkeit selbst denken, ist eine Liebhaberei, wogegen ich auch nichts habe. – Ich denke in der Tat nicht so streng als Sie; ich handle bloß, wie Sie denken. Oder hab ich Ihnen etwa irgend wann den Daumen auf die Gurgel gedrückt, um Ihre werteste Seele, zu der ich einmal Lust habe, an mich zu bringen? Hab ich von wegen meines ausgetauschten Säckels einen Diener auf Sie losgelassen? hab ich Ihnen damit durchzugehen versucht?« Ich hatte dagegen nichts zu erwidern; er fuhr fort: »Schon recht, mein Herr, schon recht! Sie können mich nicht leiden; auch das begreife ich wohl und verarge es Ihnen weiter nicht. Wir müssen scheiden, das ist klar, und auch Sie fangen an, mir sehr langweilig vorzukommen. Um sich also meiner ferneren beschämenden Gegenwart völlig zu entziehen, rate ich es Ihnen noch einmal: kaufen Sie mir das Ding ab.« – Ich hielt ihm den Säkkel hin: »Um den Preis.« – »Nein!« – Ich seufzte schwer auf und nahm wieder das Wort: »Auch also. Ich dringe darauf, mein Herr, laßt uns scheiden, vertreten Sie mir länger nicht den Weg auf einer Welt, die hoffentlich geräumig genug ist für uns beide.« Er lächelte und erwiderte: »Ich gehe, mein Herr, zuvor aber will ich Sie unterrichten, wie Sie mir klingeln können, wenn Sie je Verlangen nach Ihrem untertänigsten Knecht tragen sollten: Sie brauchen nur Ihren Säckel zu schütteln, daß die ewigen Goldstücke darinnen rasseln, der Ton zieht mich augenblicklich an. Ein jeder denkt auf seinen Vorteil in dieser Welt: Sie sehen, daß ich auf Ihren zugleich bedacht bin, denn ich eröffne Ihnen offenbar eine neue Kraft! – O dieser Säckel! – Und hätten gleich die Motten Ihren Schatten schon aufgefressen, der würde noch ein starkes Band zwischen uns sein. Genug, Sie haben mich an meinem Gold, befehlen Sie auch in der Ferne über Ihren Knecht, Sie wissen, daß ich mich meinen Freunden dienstfertig genug erweisen kann, und daß die Reichen besonders gut mit mir stehen; Sie haben es selbst gesehen. – Nur Ihren Schatten, mein Herr – das lassen Sie sich gesagt sein – nie wieder als unter einer einzigen Bedingung.«

Gestalten der alten Zeit traten vor meine Seele. Ich frug ihn schnell: »Hatten Sie eine Unterschrift vom Herrn *John*?« – Er lächelte. – »Mit einem so guten Freund hab ich es keineswegs nötig gehabt.« – »Wo ist er? bei Gott, ich will es wissen!« Er steckte zögernd die

Hand in die Tasche, und daraus, bei den Haaren hervorgezogen, erschien *Thomas Johns* bleiche, entstellte Gestalt, und die blauen Leichenlippen bewegten sich zu schweren Worten: »Justo judicio Dei judicatus sum; Justo judicio Dei condemnatus sum.« Ich entsetzte mich und, schnell den klingenden Säckel in den Abgrund werfend, sprach ich zu ihm die letzten Worte: »So beschwör ich dich im Namen Gottes, Entsetzlicher! hebe dich von dannen und lasse dich nie wieder vor meinen Augen blicken!« Er erhub sich finster und verschwand sogleich hinter den Felsenmassen, die den wild bewachsenen Ort begrenzten.

IX

Ich saß da ohne Schatten und ohne Geld; aber ein schweres Gewicht war von meiner Brust genommen, ich war heiter. Hätte ich nicht auch meine Liebe verloren, oder hätt ich mich nur bei deren Verlust vorwurfsfrei gefühlt, ich glaube, ich hätte glücklich sein können – ich wußte aber nicht, was ich anfangen sollte. Ich durchsuchte meine Taschen und fand noch einige Goldstücke darin; ich zählte sie und lachte. – Ich hatte meine Pferde unten im Wirtshause, ich schämte mich, dahin zurückzukehren, ich mußte wenigstens den Untergang der Sonne erwarten; sie stand noch hoch am Himmel. Ich legte mich in den Schatten der nächsten Bäume und schlief ruhig ein.

Anmutige Bilder verwoben sich mir im luftigen Tanze zu einem gefälligen Traum. *Mina,* einen Blumenkranz in den Haaren, schwebte an mir vorbei, und lächelte mich freundlich an. Auch der ehrliche *Bendel* war mit Blumen bekränzt, und eilte mit freundlichem Gruße vorüber. Viele sah ich noch, und wie mich dünkt, auch dich, *Chamisso*, im fernen Gewühl; ein helles Licht schien, es hatte aber keiner einen Schatten, und was seltsamer ist, es sah nicht übel aus, – Blumen und Lieder, Liebe und Freude unter Palmenhainen. – Ich konnte die beweglichen, leicht verwehten, lieblichen Gestalten weder festhalten noch deuten; aber ich weiß, daß ich gerne solchen Traum träumte und mich vor dem Erwachen in acht nahm; ich wachte wirklich schon, und hielt noch die Augen zu, um die weichenden Erscheinungen länger vor meiner Seele zu behalten.

Ich öffnete endlich die Augen, die Sonne stand noch am Himmel, aber im Osten; ich hatte die Nacht verschlafen. Ich nahm es für ein Zeichen, daß ich nicht nach dem Wirtshause zurückkehren sollte. Ich gab leicht, was ich dort noch besaß, verloren, und beschloß, eine Nebenstraße, die durch den waldbewachsenen Fuß des Gebirges führte, zu Fuß einzuschlagen, dem Schicksal es anheim stellend, was es mit mir vorhatte, zu erfüllen. Ich schaute nicht hinter mich zurück, und dachte auch nicht daran, an *Bendel*, den ich reich zurückgelassen hatte, mich zu wenden, welches ich allerdings gekonnt hätte. Ich sah mich an auf den neuen Charakter, den ich in der Welt bekleiden sollte: mein Anzug war sehr bescheiden. Ich hatte eine alte schwarze Kurtka an, die ich schon in Berlin getragen, und die mir, ich weiß nicht wie, zu dieser Reise erst wieder in die Hand gekommen war. Ich hatte sonst eine Reisemütze auf dem Kopf und ein Paar alte Stiefel an den Füßen. Ich erhob mich, schnitt mir an selbiger Stelle einen Knotenstock zum Andenken, und trat sogleich meine Wanderung an.

Ich begegnete im Wald einem alten Bauern, der mich freundlich begrüßte, und mit dem ich mich in Gespräch einließ. Ich erkundigte mich wie ein wißbegieriger Reisender erst nach dem Wege, dann nach der Gegend und deren Bewohnern, den Erzeugnissen des Gebirges und derlei mehr. Er antwortete verständig und redselig auf meine Fragen. Wir kamen an das Bette eines Bergstromes, der über einen weiten Strich des Waldes seine Verwüstung verbreitet hatte. Mich schauderte innerlich vor dem sonnenhellen Raum; ich ließ den Landmann vorangehen. Er hielt aber mitten im gefährlichen Orte still und wandte sich zu mir, um mir die Geschichte dieser Verwüstung zu erzählen. Er bemerkte bald, was mir fehlte, und hielt mitten in seiner Rede ein: »Aber wie geht denn das zu, der Herr hat ja keinen Schatten!« – »Leider! Leider!« erwiderte ich seufzend. »Es sind mir während einer bösen langen Krankheit Haare, Nägel und Schatten ausgegangen. Seht, Vater, in meinem Alter die Haare, die ich wieder gekriegt habe, ganz weiß, die Nägel sehr kurz, und der Schatten, der will noch nicht wieder wachsen.« – »Ei! ei!« versetzte der alte Mann kopfschüttelnd, »keinen Schatten, das ist bös! das war eine böse Krankheit, die der Herr gehabt hat.« Aber er hub seine Erzählung nicht wieder an, und bei dem nächsten Querweg,

der sich darbot, ging er, ohne ein Wort zu sagen, von mir ab. – Bittere Tränen zitterten aufs neue auf meinen Wangen, und meine Heiterkeit war hin.
Ich setzte traurigen Herzens meinen Weg fort und suchte ferner keines Menschen Gesellschaft. Ich hielt mich im dunkelsten Walde, und mußte manchmal, um über einen Strich, wo die Sonne schien, zu kommen, stundenlang darauf warten, daß mir keines Menschen Auge den Durchgang verbot. Am Abend suchte ich Herberge in den Dörfern zu nehmen. Ich ging eigentlich nach einem Bergwerk im Gebirge, wo ich Arbeit unter der Erde zu finden gedachte; denn davon abgesehen, daß meine jetzige Lage mir gebot, für meinen Lebensunterhalt selbst zu sorgen, habe ich dieses wohl erkannt, daß mich allein angestrengte Arbeit gegen meine zerstörenden Gedanken schützen könnte.
Ein paar regnichte Tage förderten mich leicht auf dem Weg, aber auf Kosten meiner Stiefel, deren Sohlen für den *Grafen Peter* und nicht für den Fußknecht berechnet worden. Ich ging schon auf den bloßen Füßen. Ich mußte ein Paar neue Stiefel anschaffen. Am nächsten Morgen besorgte ich dieses Geschäft mit vielem Ernst in einem Flecken, wo Kirmeß war, und wo in einer Bude alte und neue Stiefel zu Kauf standen. Ich wählte und handelte lange. Ich mußte auf ein Paar neue, die ich gern gehabt hätte, Verzicht leisten: mich schreckte die unbillige Forderung. Ich begnügte mich also mit alten, die noch gut und stark waren, und die mir der schöne blondlockige Knabe, der die Bude hielt, gegen gleich bare Bezahlung freundlich lächelnd einhändigte, indem er mir Glück auf den Weg wünschte. Ich zog sie gleich an und ging zum nördlich gelegenen Tor aus dem Ort.
Ich war in meinen Gedanken sehr vertieft, und sah kaum, wo ich den Fuß hinsetzte, denn ich dachte an das Bergwerk, wo ich auf den Abend noch anzulangen hoffte, und wo ich nicht recht wußte, wie ich mich ankündigen sollte. Ich war noch keine zweihundert Schritte gegangen, als ich bemerkte, daß ich aus dem Wege gekommen war; ich sah mich danach um, ich befand mich in einem wüsten, uralten Tannenwalde, woran die Axt nie gelegt worden zu sein schien. Ich drang noch einige Schritte vor, ich sah mich mitten unter öden Felsen, die nur mit Moos und Steinbrucharten bewach-

sen waren, und zwischen welchen Schnee- und Eisfelder lagen. Die Luft war sehr kalt, ich sah mich um, der Wald war hinter mir verschwunden. Ich machte noch einige Schritte – um mich herrschte die Stille des Todes, unabsehbar dehnte sich das Eis, worauf ich stand, und worauf ein dichter Nebel schwer ruhte; die Sonne stand blutig am Rande des Horizontes. Die Kälte war unerträglich. Ich wußte nicht, wie mir geschehen war, der erstarrende Frost zwang mich, meine Schritte zu beschleunigen, ich vernahm nur das Gebrause ferner Gewässer. Ein Schritt, und ich war am Eisufer eines Oceans. Unzählbare Heerden von Seehunden stürzten sich vor mir rauschend in die Flut. Ich folgte diesem Ufer, ich sah wieder nackte Felsen, Land, Birken- und Tannenwälder, ich lief noch ein paar Minuten gerade vor mir hin. Es war erstickend heiß, ich sah mich um, ich stand zwischen schön gebauten Reisfeldern unter Maulbeerbäumen. Ich setzte mich in deren Schatten, ich sah nach meiner Uhr, ich hatte vor nicht einer Viertelstunde den Marktflecken verlassen, – ich glaubte zu träumen, ich biß mich in die Zunge, um mich zu erwecken; aber ich wachte wirklich. – Ich schloß die Augen zu, um meine Gedanken zusammen zu fassen. – Ich hörte vor mir seltsame Silben durch die Nase zählen; ich blickte auf: zwei Chinesen, an der asiatischen Gesichtsbildung unverkennbar, wenn ich auch ihrer Kleidung keinen Glauben beimessen wollte, redeten mich mit landesüblichen Begrüßungen in ihrer Sprache an; ich stand auf und trat zwei Schritte zurück. Ich sah sie nicht mehr, die Landschaft war ganz verändert: Bäume, Wälder, statt der Reisfelder. Ich betrachtete diese Bäume und die Kräuter, die um mich blühten; die ich kannte, waren südöstlich asiatische Gewächse: ich wollte auf den einen Baum zugehen, ein Schritt – und wiederum alles verändert. Ich trat nun an wie ein Rekrut, der geübt wird, und schritt langsam, gesetzt einher. Wunderbare veränderliche Länder, Fluren, Auen, Gebirge, Steppen, Sandwüsten, entrollten sich vor meinem staunenden Blick; es war kein Zweifel, ich hatte Siebenmeilenstiefel an den Füßen.

X

Ich fiel in stummer Andacht auf meine Knie und vergoß Tränen des Dankes – denn klar stand plötzlich meine Zukunft vor meiner Seele. Durch frühe Schuld von der menschlichen Gesellschaft ausgeschlossen, ward ich zum Ersatz an die Natur, die ich stets geliebt, gewiesen, die Erde mir zu einem reichen Garten gegeben, das Studium zur Richtung und Kraft meines Lebens, zu ihrem Ziel die Wissenschaft. Es war nicht ein Entschluß, den ich faßte. Ich habe nur seitdem, was da hell und vollendet im Urbild vor mein inneres Auge trat, getrau mit stillem, strengem, unausgesetztem Fleiß darzustellen gesucht, und meine Selbstzufriedenheit hat von dem Zusammenfallen des Dargestellten mit dem Urbild abgehangen.

Ich raffte mich auf, um ohne Zögern mit flüchtigem Überblick Besitz von dem Felde zu nehmen, wo ich künftig ernten wollte. – Ich stand auf den Höhen des Tibet, und die Sonne, die mir vor wenigen Stunden aufgegangen war, neigte sich hier schon am Abendhimmel, ich durchwanderte Asien von Osten gegen Westen, sie in ihrem Lauf einholend, und trat in Afrika ein. Ich sah mich neugierig darin um, indem ich es wiederholt in allen Richtungen durchmaß. Wie ich durch Ägypten die alten Pyramiden und Tempel angaffte, erblickte ich in der Wüste unfern des hunderttorigen Theben die Höhlen, wo christliche Einsiedler sonst wohnten. Es stand plötzlich fest und klar in mir, hier ist dein Haus. – Ich erkor eine der verborgensten, die zugleich geräumig, bequem und den Schakalen unzugänglich war, zu meinem künftigen Aufenthalte, und setzte meinen Stab weiter.

Ich trat bei den Herkulessäulen nach Europa über, und nachdem ich seine südlichen und nördlichen Provinzen in Augenschein genommen, trat ich von Nordasien über den Polargletscher nach Grönland und Amerika über, durchschweifte die beiden Teile dieses Kontinents, und der Winter, der schon im Süden herrschte, trieb mich schnell vom Cap Horn nordwärts zurück.

Ich verweilte mich, bis es im östlichen Asien Tag wurde, und setzte erst nach einiger Ruh meine Wanderung fort. Ich verfolgte durch beide Amerika die Bergketten, die die höchsten bekannten Unebenheiten unserer Kugel in sich faßt. Ich schritt langsam und vorsichtig von Gipfel zu Gipfel, bald über flammende Vulkane, bald über beschneite Kuppeln, oft mit Mühe atmend, ich erreichte den Eliasberg, und sprang über die Beringsstraße nach Asien. – Ich verfolgte dessen westliche Küste in ihren vielfachen Wendungen, und untersuchte mit besonderer Aufmerksamkeit, welche der dort gelegenen Inseln mir zugänglich wären. Von der Halbinsel Malakka trugen mich meine Stiefel auf Sumatra, Java, Bali und Lamboc, ich versuchte, selbst oft mit Gefahr, und dennoch immer vergebens, mir über die kleinern Inseln und Felsen, wovon dieses Meer starrt, einen Übergang nordwestlich nach Borneo und andern Inseln dieses Archipelagus zu bahnen. Ich mußte die Hoffnung aufgeben. Ich setzte mich endlich auf die äußerste Spitze von Lamboc nieder und, das Gesicht gegen Süden und Osten gewendet, weint' ich wie am festverschlossenen Gitter meines Kerkers, daß ich doch so bald meine Begrenzung gefunden. Das merkwürdige, zum Verständnis der Erde und ihres sonnengewirkten Kleides, der Pflanzen- und Tierwelt, so wesentlich notwendige Neuholland und die Südsee mit ihren Zoophyteninseln waren mir untersagt, und so war im Ursprunge schon alles, was ich sammeln und erbauen sollte, bloßes Fragment zu bleiben verdammt. – O mein *Adelbert*, was ist es doch um die Bemühungen der Menschen!

Oft habe ich im strengsten Winter der südlichen Halbkugel vom Cap Horn aus jene zweihundert Schritte, die mich etwa vom Land van Diemen und Neuholland trennten, selbst unbekümmert um die Rückkehr, und sollte sich dieses schlechte Land über mich, wie der Deckel meines Sarges, schließen, über den Polargletscher westwärts zurück zu legen versucht, habe über Treibeis mit törichter Wagnis verzweiflungsvolle Schritte getan, der Kälte und dem Meere Trotz geboten. Umsonst, noch bin ich auf Neuholland nicht gewesen – ich kam dann jedes Mal auf Lamboc zurück und setzte mich auf seine äußerste Spitze nieder, und weinte wieder, das Gesicht gen Süden und Osten gewendet, wie am festverschlossenen Gitter meines Kerkers.

Ich riß mich endlich von dieser Stelle, und trat mit traurigem Herzen wieder in das innere Asien, ich durchschweifte es fürder, die Morgendämmerung nach Westen verfolgend, und kam noch in der Nacht in die Thebais zu meinem vorbestimmten Hause, das ich in den gestrigen Nachmittagsstunden berührt hatte.

Sobald ich etwas ausgeruht und es Tag über Europa war, ließ ich meine erste Sorge sein, alles anzuschaffen, was ich bedurfte. – Zuvörderst Hemmschuhe, denn ich hatte erfahren, wie unbequem es sei, seinen Schritt nicht anders verkürzen zu können, um nahe Gegenstände gemächlich zu untersuchen, als indem man die Stiefel auszieht. Ein Paar Pantoffeln, übergezogen, hatten völlig die Wirkung, die ich mir davon versprach und späterhin trug ich sogar deren immer zwei Paar bei mir, weil ich öfters welche von den Füßen warf, ohne Zeit zu haben, sie aufzuheben, wann Löwen, Menschen oder Hyänen mich beim Botanisieren aufschreckten. Meine sehr gute Uhr war auf die kurze Dauer meiner Gänge ein vortreffliches Chronometer. Ich brauchte noch außerdem einen Sextanten, einige physikalische Instrumente und Bücher.

Ich machte, dieses alles herbeizuschaffen, etliche bange Gänge nach London und Paris, die ein mir günstiger Nebel eben beschattete. Als der Rest meines Zaubergoldes erschöpft war, bracht ich leicht zu findendes afrikanisches Elfenbein als Bezahlung herbei, wobei ich freilich die kleinsten Zähne, die meine Kräfte nicht überstiegen, auswählen mußte. Ich ward bald mit allem versehen und ausgerüstet, und ich fing sogleich als privatisierender Gelehrter meine neue Lebensweise an.

Ich streifte auf der Erde umher, bald ihre Höhen, bald die Temperatur ihrer Quellen und die der Luft messend, bald Tiere beobachtend, bald Gewächse untersuchend; ich eilte von dem Äquator nach dem Pole, von der einen Welt nach der andern, Erfahrungen mit Erfahrungen vergleichend. Die Eier der afrikanischen Strauße oder der nördlichen Seevögel, und Früchte, besonders der Tropenpalmen und Bananen, waren meine gewöhnlichste Nahrung. Für mangelndes Glück hatte ich als Surrogat die Nicotiana, und für menschliche Teilnahme und Bande die Liebe eines treuen Pudels, der mir meine Höhle in der Thebais bewachte, und, wann ich mit neuen Schätzen beladen zu ihm zurückkehrte, freudig an mich sprang, und es mich doch menschlich empfinden ließ, daß ich nicht allein auf der Erde sei. Noch sollte mich ein Abenteuer unter die Menschen zurückführen.

XI

Als ich einst auf Nordlands Küsten, meine Stiefel gehemmt, Flechten und Algen sammelte, trat mir unversehens um die Ecke eines Felsens ein Eisbär entgegen. Ich wollte nach weggeworfenen Pantoffeln auf eine gegenüber liegende Insel treten, zu der mir ein dazwischen aus den Wellen hervorragender nackter Felsen den Übergang bahnte. Ich trat mit dem einen Fuß auf den Felsen fest auf, und stürzte auf der andern Seite in das Meer, weil mir unbemerkt der Pantoffel am andern Fuß haften geblieben war.

Die große Kälte ergriff mich, ich rettete mit Mühe mein Leben aus dieser Gefahr; sobald ich Land hielt, lief ich, so schnell ich konnte, nach der libyschen Wüste, um mich da an der Sonne zu trocknen. Wie ich ihr aber ausgesetzt war, brannte sie mir so heiß auf den Kopf, daß ich sehr krank wieder nach Norden taumelte. Ich suchte durch heftige Bewegung mir Erleichterung zu verschaffen, und lief mit unsichern raschen Schritten von Westen nach Osten und von Osten nach Westen. Ich befand mich bald in dem Tag und bald in der Nacht, bald im Sommer und bald in der Winterkälte.

Ich weiß nicht, wie lange ich mich so auf der Erde herumtaumelte. Ein brennendes Fieber glühte durch meine Adern, ich fühlte mit großer Angst die Besinnung mich verlassen. Noch wollte das Unglück, daß ich bei so unvorsichtigem Laufen jemanden auf den Fuß trat. Ich mochte ihm weh getan haben; ich erhielt einen starken Stoß und ich fiel hin. –

Als ich zuerst zum Bewußtsein zurückkehrte, lag ich gemächlich in einem guten Bette, das unter vielen andern Betten in einem geräumigen und schönen Saale stand. Es saß mir jemand zu Häupten; es gingen Menschen durch den Saal von einem Bette zum andern. Sie kamen vor das meine und unterhielten sich von mir. Sie nannten mich aber *Numero Zwölf*, und an der Wand zu meinen Füßen stand doch ganz gewiß, es war keine Täuschung, ich konnte es deutlich lesen, auf schwarzer Marmortafel mit großen goldenen Buchstaben mein Name

PETER SCHLEMIHL

ganz richtig geschrieben. Auf der Tafel standen noch unter meinem Namen zwei Reihen Buchstaben, ich war aber zu schwach, um sie zusammen zu bringen, ich machte die Augen wieder zu. –

Ich hörte etwas, worin von *Peter Schlemihl* die Rede war, laut und vernehmlich ablesen, ich konnte aber den Sinn nicht fassen; ich sah einen freundlichen Mann und eine sehr schöne Frau in schwarzer Kleidung vor meinem Bette erscheinen. Die Gestalten waren mir nicht fremd, und ich konnte sie nicht erkennen.

Es verging einige Zeit, und ich kam wieder zu Kräften. Ich hieß *Numero Zwölf*, und *Numero Zwölf* galt seines langen Bartes wegen für einen Juden, darum er aber nicht minder sorgfältig gepflegt wurde. Daß er keinen Schatten hatte, schien unbemerkt geblieben zu sein. Meine Stiefel befanden sich, wie man mich versicherte, nebst allem, was man bei mir gefunden, als ich hierher gebracht worden, in gutem und sicherm Gewahrsam, um mir nach meiner Genesung wieder zugestellt zu werden. Der Ort, worin ich krank lag, hieß das SCHLEMIHLIUM; was täglich von *Peter Schlemihl* abgelesen wurde, war eine Ermahnung, für denselben, als den Urheber und Wohltäter dieser Stiftung, zu beten. Der freundliche Mann, den ich an meinem Bette gesehen hatte, war *Bendel*, die schöne Frau war *Mina*.

Ich genas unerkannt im *Schlemihlio* und erfuhr noch mehr, ich war in *Bendels* Vaterstadt, wo er aus dem Überrest meines sonst nicht gesegneten Goldes dieses Hospitium, wo Unglückliche mich segneten, unter meinem Namen gestiftet hatte, und er führte über dasselbe die Aufsicht. *Mina* war Witwe, ein unglücklicher Kriminalprozeß hatte dem Herrn *Rascal* das Leben und ihr selbst ihr mehrstes Vermögen gekostet. Ihre Eltern waren nicht mehr. Sie lebte hier als eine gottesfürchtige Witwe und übte Werke der Barmherzigkeit.

Sie unterhielt sich einst am Bette Numero Zwölf mit dem Herrn Bendel: »Warum, edle Frau, wollen Sie sich so oft der bösen Luft, die hier herrscht, aussetzen? Sollte denn das Schicksal mit Ihnen so hart sein, daß Sie zu sterben begehrten?« – »Nein, Herr *Bendel*, seit ich meinen langen Traum ausgeträumt habe und in mir selber erwacht bin, geht es mir wohl; seitdem wünsche ich nicht mehr und fürchte nicht mehr den Tod. Seitdem denke ich heiter an Vergangenheit und Zukunft. Ist es nicht auch mit stillem innerlichen Glück, daß Sie jetzt auf so gottselige Weise Ihrem Herrn und Freunde dienen?« – »Sei Gott gedankt, ja, edle Frau. Es ist uns doch wundersam ergangen, wir haben viel Wohl und bitteres Weh unbedachtsam aus dem vollen Becher geschlürft. Nun ist er leer; nun möchte einer meinen, das sei alles nur die Probe gewesen, und, mit kluger Einsicht gerüstet, den wirklichen Anfang erwarten. Ein anderer ist nun der wirkliche Anfang, und man wünscht das erste Gaukelspiel nicht zurück, und ist dennoch im Ganzen froh, es, wie es war, gelebt zu haben. Auch find ich in mir das Zutrauen, daß es nun unserm alten Freunde besser ergehen muß als damals.« – »Auch in mir«, erwiderte die schöne Witwe, und sie gingen an mir vorüber.

Dieses Gespräch hatte einen tiefen Eindruck in mir zurückgelassen; aber ich zweifelte im Geiste, ob ich mich zu erkennen geben oder unerkannt von dann gehen sollte. – Ich entschied mich. Ich ließ mir Papier und Bleistift geben und schrieb die Worte:

> »Auch Eurem alten Freunde ergeht es nun besser als damals, und, büßet er, so ist es Buße der Versöhnung.«

Hierauf begehrte ich, mich anzuziehen, da ich mich stärker befände. Man holte den Schlüssel zu dem kleinen Schrank, der neben meinem Bette stand, herbei. Ich fand alles, was mir gehörte, darin. Ich legte meine Kleider an, hing meine botanische Kapsel, worin ich mit Freuden meine nordischen Flechten wieder fand, über meine schwarze Kurtka um, zog meine Stiefel an, legte den geschriebenen Zettel auf mein Bett, und so wie die Tür aufging, war ich schon weit auf dem Wege nach der Thebais.

Wie ich längs der syrischen Küste den Weg, auf dem ich mich zum letzten Mal vom Hause entfernt hatte, zurücklegte, sah ich mir meinen armen *Figaro* entgegen kommen. Dieser vortreffliche Pudel schien seinem Herrn, den er lange zu Hause erwartet haben mochte, auf der Spur nachgehen zu wollen. Ich stand still und rief ihm zu. Er sprang bellend an mich mit tausend rührenden Äußerungen seiner unschuldigen ausgelassenen Freude. Ich nahm ihn unter den Arm, denn freilich konnte er mir nicht folgen, und brachte ihn mit mir wieder nach Hause.

Ich fand dort alles in der alten Ordnung und kehrte nach und nach, so wie ich wieder Kräfte bekam, zu meinen vormaligen Beschäftigungen und zu meiner alten Lebensweise zurück. Nur daß ich mich ein ganzes Jahr hindurch der mir ganz unzuträglichen Polarkälte enthielt.

Und so, mein lieber *Chamisso*, leb ich noch heute. Meine Stiefel nutzen sich nicht ab, wie das sehr gelehrte Werk des berühmten *Tieckius, de rebus gestis Pollicilli*, es mich anfangs befürchten lassen. Ihre Kraft bleibt ungebrochen; nur meine Kraft geht dahin, doch hab ich den Trost, sie an einen Zweck in fortgesetzter Richtung und nicht fruchtlos verwendet zu haben. Ich habe, so weit meine Stiefel gereicht, die Erde, ihre Gestaltung, ihre Höhen, ihre Temperatur, ihre Atmosphäre in ihrem Wechsel, die Erscheinungen ihrer magnetischen Kraft, das Leben auf ihr, besonders im Pflanzenreiche, gründlicher kennen gelernt als vor mir irgend ein Mensch. Ich habe die Tatsachen mit möglichster Genauigkeit in klarer Ordnung aufgestellt in mehreren Werken, meine Folgerungen und Ansichten flüchtig in einigen Abhandlungen niedergelegt. – Ich habe die Geographie vom Innern von Afrika und von den nördlichen Polarländern, vom Innern von Asien und von seinen östlichen Küsten festgesetzt. Meine *Historia stirpium plantarum utriusque orbis* steht da als ein großes Fragment der *Flora universalis terrae*, und als ein Glied meines *Systema naturae*. Ich glaube, darin nicht bloß die Zahl der bekannten Arten mäßig um mehr als ein Drittel vermehrt zu haben, sondern auch etwas für das natürliche System und für die Geographie der Pflanzen getan zu haben. Ich arbeite jetzt fleißig an meiner Fauna. Ich werde Sorge tragen, daß vor meinem Tode meine Manuskripte bei der Berliner Universität niedergelegt werden.

Und dich, mein lieber *Chamisso*, hab ich zum Bewahrer meiner wundersamen Geschichte erkoren, auf daß sie vielleicht, wenn ich von der Erde verschwunden bin, manchen ihrer Bewohner zur nützlichen Lehre gereichen könne. Du aber, mein Freund, willst du unter den Menschen leben, so lerne verehren zuvörderst den Schatten, sodann das Geld. Willst du nur dir und deinem bessern Selbst leben, o so brauchst du keinen Rat.

Explicit

E. T. A. HOFFMANN

Rat Krespel

Der Mann..., von dem ich sprechen will, ist niemand anders als der Rat Krespel in H–.

Dieser Rat Krespel war nämlich in der Tat einer der allerwunderlichsten Menschen, die mir jemals im Leben vorgekommen. Als ich nach H– zog, um mich einige Zeit dort aufzuhalten, sprach die ganze Stadt von ihm, weil soeben einer seiner allernärrischsten Streiche in voller Blüte stand. Krespel war berühmt als gelehrter gewandter Jurist und als tüchtiger Diplomatiker. Ein nicht eben bedeutender regierender Fürst in Deutschland hatte sich an ihn gewandt, um ein Memorial auszuarbeiten, das die Ausführung seiner rechtsbegründeten Ansprüche auf ein gewisses Territorium zum Gegenstand hatte, und das er dem Kaiserhofe einzureichen gedachte. Das geschah mit dem glücklichsten Erfolg, und da Krespel einmal geklagt hatte, daß er nie eine Wohnung seiner Bequemlichkeit gemäß finden könne, übernahm der Fürst um ihn für jenes Memorial zu lohnen, die Kosten eines Hauses, das Krespel ganz nach seinem Gefallen aufbauen lassen sollte. Auch den Platz dazu wollte der Fürst nach Krespels Wahl ankaufen lassen; das nahm Krespel indessen nicht an, vielmehr blieb er dabei, daß das Haus in seinem vor dem Tor in der schönsten Gegend gelegenen Garten erbaut werden solle. Nun kaufte er alle nur mögliche Materialien zusammen und ließ sie herausfahren; dann sah man ihn, wie er tagelang in seinem sonderbaren Kleide (das er übrigens selbst angefertigt nach bestimmten eigenen Prinzipien) den Kalk löschte, den Sand siebte, die Mauersteine in regelmäßige Haufen aufsetzte usw. Mit irgendeinem Baumeister hatte er nicht gesprochen, an irgendeinen Riß nicht gedacht. An einem guten Tage ging er indessen zu einem tüchtigen Mauermeister in H– und bat ihn, sich morgen bei Anbruch des Tages mit sämtlichen Gesellen und Burschen, vielen Handlangern usw. in dem Garten einzufinden, und sein Haus zu bauen. Der Baumeister fragte natürlicherweise nach dem Bauriß, und erstaunte nicht wenig, als Krespel erwiderte, es bedürfe dessen gar nicht, und es werde sich schon alles, wie es sein solle, fügen. Als der Meister anderen Morgens mit seinen Leuten an Ort und Stelle kam, fand er einen im regelmäßigen Viereck gezogenen Graben, und Krespel sprach: »Hier soll das Fundament meines Hauses gelegt werden, und dann bitte ich die vier Mauern so lange heraufzuführen, bis ich sage, nun ist's hoch genug.« – »Ohne Fenster und Türen, ohne Quermauern?« fiel der Meister, wie über Krespels Wahnsinn erschrocken, ein. »So wie ich es Ihnen sage, bester Mann«, erwiderte Krespel sehr ruhig, »das übrige wird sich alles finden.« Nur das Versprechen reicher Belohnung konnte den Meister bewegen, den unsinnigen Bau zu unternehmen; aber nie ist einer lustiger geführt worden, denn unter beständigem Lachen der Arbeiter, die die Arbeitsstätte nie verließen, da es Speis und Trank vollauf gab, stiegen die vier Mauern unglaublich schnell in die Höhe, bis eines Tages Krespel rief: »Halt!« Da schwieg Kell und Hammer, die Arbeiter stiegen von den Gerüsten herab, und indem sie den Krespel im Kreis umgaben, sprach es aus jedem lachenden Gesicht: »Aber wie nun weiter?« – »Platz!« rief Krespel, lief nach einem Ende des Gartens und schritt dann langsam auf sein Viereck los, dicht an der Mauer schüttelte er unwillig den Kopf, lief nach dem andern Ende des Gartens, schritt wieder auf das Viereck los, und machte es wie zuvor. Noch einige Male wiederholte er das Spiel, bis er endlich mit der spitzen Nase hart an die Mauern anlaufend, laut schrie: »Heran, heran ihr Leute, schlagt mir die Tür ein, hier schlagt mir eine Tür ein!« – Er gab Länge und Breite genau nach Fuß und Zoll an, und es geschah, wie er geboten. Nun schritt er hinein in das Haus, und lächelte wohlgefällig, als der Meister bemerkte, die Mauern hätten gerade die Höhe eines tüchtigen zweistöckigen Hauses. Krespel ging in dem innern Raum bedächtig auf und ab, hinter ihm her die Maurer mit Hammer und Hacke und sowie er rief: »Hier ein Fenster sechs Fuß hoch, vier Fuß breit! – dort ein Fensterchen drei Fuß hoch, zwei Fuß breit!« so wurde es flugs eingeschlagen. Gerade während dieser Operation kam ich nach H–, und es war höchst ergötzlich anzusehen, wie Hunderte von Menschen um den Garten herumstanden, und allemal laut aufjubelten, wenn die Steine herausflogen, und wieder ein neues Fenster entstand, da wo man es gar nicht vermutet hatte. Mit dem übrigen Ausbau des Hauses und mit allen Arbeiten, die dazu nötig waren, machte es Krespel auf ebendieselbe Weise, indem sie alles an Ort und Stelle nach seiner augenblicklichen Angabe verfertigen mußten. Die Possierlichkeit des ganzen Unternehmens, die gewonnene Überzeugung, daß alles am Ende sich besser zusammengeschickt als zu erwarten stand, vorzüglich aber Krespels Freigebigkeit, die ihm freilich nichts kostete, erhielt aber alle bei guter Laune. So wurden die Schwierigkeiten, die die abenteuerliche Art zu bauen herbeiführen mußte, überwunden und in kurzer Zeit stand ein völlig eingerichtetes Haus da, welches von der Außenseite den tollsten Anblick gewährte, da kein Fenster dem andern gleich war usw., dessen innere Einrichtung aber eine ganz eigene Wohlbehaglichkeit erregte. Alle die hineinkamen, versicherten dies, und ich selbst fühlte es, als Krespel nach näherer Bekanntschaft mich hineinführte. Bis jetzt hatte ich nämlich mit dem seltsamen Manne noch nicht gesprochen, der Bau beschäftigte ihn so sehr, daß er nicht einmal sich bei dem Professor M... dienstags, wie er sonst pflegte, zum Mittagessen einfand, und ihm, als er ihn besonders eingeladen, sagen ließ, vor dem Einweihungsfeste seines Hauses käme er mit keinem Tritt aus der Tür. Alle Freunde und Bekannte verspitzten sich auf ein großes Mahl, Krespel hatte aber niemanden gebeten, als sämtliche Meister, Gesellen, Bursche und Handlanger, die sein Haus erbaut. Er bewirtete sie mit den feinsten Speisen; Maurerbursche fraßen rücksichtslos Rebhuhnpasteten, Tischlerjungen hobelten mit Glück an gebratenen Fasanen, und hungrige Handlanger langten diesmal sich selbst die vortrefflichsten Stücke aus dem Trüffelfrikassee zu. Des Abends kamen die Frauen und Töchter, und es begann ein großer Ball. Krespel walzte etwas weniges mit den Meisterfrauen, setzte sich aber dann zu den Stadtmusikanten, nahm eine Geige und dirigierte die Tanzmusik bis zum hellen Morgen. Den Dienstag nach diesem Feste, welches den Rat Krespel als Volksfreund darstellte, fand ich ihn endlich zu meiner nicht geringen Freude bei dem Professor M... Verwunderlicheres als Krespels Betragen kann man nicht erfinden. Steif und ungelenk in der Bewegung glaubte man jeden Augenblick, er würde irgendwo anstoßen, irgendeinen Schaden anrichten, das geschah aber nicht, und man wußte es schon, denn die Hausfrau erblaßte nicht im mindesten, als er mit gewaltigem Schritt um den mit den schönsten Tassen besetzten Tisch sich herumschwang, als er gegen den bis zum Boden reichenden Spiegel manövrierte, als er selbst einen Blumentopf von herrlich gemaltem Porzellan ergriff und in der Luft herumschwenkte, als ob er die Farben spielen lassen wolle. Überhaupt besah Krespel vor Tische alles in des Professors Zimmer auf das genaueste, er langte sich auch wohl, auf den gepolsterten Stuhl steigend, ein Bild von der Wand herab, und hing es wieder auf. Dabei sprach er viel und heftig, bald (bei Tische wurde es auffallend) sprang er schnell von einer Sache auf die andere, bald konnte er von einer Idee gar nicht loskommen, immer sie wieder ergreifend, geriet er in allerlei wunderliche Irrgänge, und konnte sich nicht wieder finden, bis ihn etwas anders erfaßte. Sein Ton war bald rauh und heftig schreiend, bald leise gedehnt, singend, aber immer paßte er nicht zu dem, was Krespel sprach. Es war von Musik die Rede, man rühmte einen neuen Komponisten, da lächelte Krespel, und sprach mit seiner leisen singenden Stimme: »Wollt ich doch, daß der schwarzgefiederte Satan den verruchten Tonverdreher zehntausend Millionen Klafter tiefer in den Abgrund der Hölle schlüge!« – Dann fuhr er heftig und wild heraus: »Sie ist ein Engel des Himmels, nichts als reiner Gott geweihter Klang und Ton! – Licht und Sternbild alles Gesanges!« – Und dabei standen ihm Tränen in den Augen. Man mußte sich erinnern, daß vor einer Stunde von einer berühmten Sängerin gesprochen worden. Es wurde ein Hasenbraten verzehrt, ich bemerkte, daß Krespel die Knochen auf seinem Teller vom Fleische sorglich säuberte, und genaue Nachfrage nach den Hasenpfoten hielt, die ihm des Professors fünfjähriges Mädchen mit sehr freundlichem Lächeln brachte. Die Kinder hatten überhaupt den Rat schon während des Essens sehr freundlich angeblickt, jetzt standen sie auf und nahten sich ihm, jedoch in scheuer Ehrfurcht und nur auf drei Schritte. Was soll denn das werden, dachte ich im Innern. Das Dessert wurde aufgetragen; da zog der Rat ein Kistchen aus der Tasche, in dem eine kleine stählerne Drehbank lag, die schrob er sofort an den Tisch fest, und nun drechselte er mit unglaublicher Geschicklichkeit und Schnelligkeit aus den Hasenknochen allerlei winzig kleine Döschen und Büchschen und

Kügelchen, die die Kinder jubelnd empfingen. Im Moment des Aufstehens von der Tafel fragte des Professors Nichte: »Was macht denn unsere Antonie, lieber Rat?« – Krespel schnitt ein Gesicht, als wenn jemand in eine bittere Pomeranze beißt, und dabei aussehen will, als wenn er Süßes genossen; aber bald verzog sich dies Gesicht zur graulichen Maske, aus der recht bitterer, grimmiger, ja wie es mir schien, recht teuflischer Hohn herauslachte. »Unsere? Unsere liebe Antonie?« frug er mit gedehntem, unangenehm singenden Tone. Der Professor kam schnell heran; in dem strafenden Blick, den er der Nichte zuwarf, las ich, daß sie eine Saite berührt hatte, die in Krespels Innerm widrig dissonieren mußte. »Wie steht es mit den Violinen«, frug der Professor recht lustig, indem er den Rat bei beiden Händen erfaßte. Da heiterte sich Krespels Gesicht auf, und er erwiderte mit seiner starken Stimme: »Vortrefflich, Professor, erst heute hab ich die treffliche Geige von Amati, von der ich neulich erzählte, welch ein Glücksfall sie mir in die Hände gespielt, erst heute habe ich sie aufgeschnitten. Ich hoffe, Antonie wird das übrige sorgfältig zerlegt haben.« – »Antonie ist ein gutes Kind«, sprach der Professor. »Ja, wahrhaftig, das ist sie!« schrie der Rat, indem er sich schnell umwandte, und mit einem Griff Hut und Stock erfassend, schnell zur Türe hinaussprang. Im Spiegel erblickte ich, daß ihm helle Tränen in den Augen standen.

Sobald der Rat fort war, drang ich in den Professor, mir doch nur gleich zu sagen, was es mit den Violinen und vorzüglich mit Antonien für eine Bewandtnis habe. »Ach«, sprach der Professor, »wie denn der Rat überhaupt ein ganz wunderlicher Mensch ist, so treibt er auch das Violinbauen auf ganz eigene tolle Weise.« »Violinenbauen?« fragte ich ganz erstaunt. »Ja«, fuhr der Professor fort, »Krespel verfertigt nach dem Urteil der Kenner die herrlichsten Violinen, die man in neuerer Zeit nur finden kann; sonst ließ er manchmal, war ihm eine besonders gelungen, andere darauf spielen, das ist aber seit einiger Zeit ganz vorbei. Hat Krespel eine Violine gemacht, so spielt er selbst eine oder zwei Stunden darauf, und zwar mit höchster Kraft, mit hinreißendem Ausdruck, dann hängt er sie aber zu den übrigen, ohne sie jemals wieder zu berühren oder von andern berühren zu lassen. Ist nur irgendeine Violine von einem alten vorzüglichen Meister aufzutreiben, so kauft sie der Rat um jeden Preis, den man ihm stellt. Ebenso wie seine Geigen, spielt er sie aber nur ein einziges Mal, dann nimmt er sie auseinander, um ihre innere Struktur genau zu untersuchen, und wirft, findet er nach seiner Einbildung nicht das, was er gerade suchte, die Stücke unmutig in einen großen Kasten, der schon voll Trümmer zerlegter Violinen ist.« – »Wie ist es aber mit Antonien?« frug ich schnell und heftig. »Das ist nun«, fuhr der Professor fort, »das ist nun eine Sache, die den Rat mich könnte in höchstem Grade verabscheuen lassen, wenn ich nicht überzeugt wäre, daß bei dem im tiefsten Grunde bis zur Weichlichkeit gutmütigen Charakter des Rates es damit eine besondere geheime Bewandtnis haben müsse. Als vor mehreren Jahren der Rat hieher nach H– kam, lebte er anachoretisch mit einer alten Haushälterin in einem finstern Hause auf der – Straße. Bald erregte er durch seine Sonderbarkeiten die Neugierde der Nachbarn, und sogleich als er dies merkte, suchte und fand er Bekanntschaften. Eben wie in meinem Hause gewöhnte man sich überall so an ihn, daß er unentbehrlich wurde. Seines rauhen Äußeren unerachtet, liebten ihn sogar die Kinder, ohne ihn zu belästigen, denn trotz aller Freundlichkeit behielten sie eine gewisse scheue Ehrfurcht, die ihn vor allem Zudringlichen schützte. Wie er die Kinder durch allerlei Künste zu gewinnen weiß, haben Sie heute gesehen. Wir hielten ihn alle für einen Hagestolz, und er widersprach dem nicht. Nachdem er sich einige Zeit hier aufgehalten, reiste er ab, niemand wußte wohin, und kam nach einigen Monaten wieder. Den andern Abend nach seiner Rückkehr waren Krespels Fenster ungewöhnlich erleuchtet, schon dies machte die Nachbarn aufmerksam, bald vernahm man aber die ganz wunderherrliche Stimme eines Frauenzimmers von einem Pianoforte begleitet. Dann wachten die Töne einer Violine auf, und stritten in regem feurigen Kampfe mit der Stimme. Man hörte gleich, daß es der Rat war, der spielte. – Ich selbst mischte mich unter die zahlreiche Menge, die das wundervolle Konzert vor dem Hause des Rates versammelt hatte, und ich muß Ihnen gestehen, daß gegen die Stimme, gegen den ganz eigenen tief in das Innerste dringenden Vortrag der Unbekannten mir der Gesang der berühmtesten Sängerinnen, die ich gehört, matt und ausdruckslos schien. Nie hatte ich eine Ahnung von diesen lang ausgehaltenen Tönen, von diesen Nachtigallwirbeln, von diesem Auf- und Abwogen, von diesem Steigen bis zur Stärke des Orgellautes, von diesem Sinken bis zum leisesten Hauch. Nicht einer war, den der süßeste Zauber nicht umfing, und nur leise Seufzer gingen in der tiefen Stille auf, wenn die Sängerin schwieg. Es mochte schon Mitternacht sein, als man den Rat sehr heftig reden hörte, eine andere männliche Stimme schien, nach dem Tone zu urteilen, ihm Vorwürfe zu machen, dazwischen klagte ein Mädchen in abgebrochenen Reden. Heftiger und heftiger schrie der Rat, bis er endlich in jenen gedehnten singenden Ton fiel, den Sie kennen. Ein lauter Schrei des Mädchens unterbrach ihn, dann wurde es totenstille, bis plötzlich es die Treppe herabpolterte, und ein junger Mensch schluchzend hinausstürzte, der sich in eine nahe stehende Postchaise warf, und rasch davonfuhr. Tags darauf erschien der Rat sehr heiter, und niemand hatte den Mut, ihn nach der Begebenheit der vorigen Nacht zu fragen. Die Haushälterin sagte aber auf Befragen, daß der Rat ein bildhübsches, blutjunges Mädchen mitgebracht, die er Antonie nenne, und die eben so schön gesungen. Auch sei ein junger Mann mitgekommen, der sehr zärtlich mit Antonien getan, und wohl ihr Bräutigam sein müsse. Der habe aber, weil es der Rat durchaus gewollt, schnell abreisen müssen. – In welchem Verhältnis Antonie mit dem Rat stehet, ist bis jetzt ein Geheimnis, aber so viel ist gewiß, daß er das arme Mädchen auf die gehässigste Weise tyrannisiert. Er bewacht sie, wie der Doktor Bartolo im Barbier von Sevilien, seine Mündel; kaum darf sie sich am Fenster blicken lassen. Führt er sie auf inständiges Bitten einmal in Gesellschaft, so verfolgt er sie mit Argusblicken, und leidet durchaus nicht, daß sich irgendein musikalischer Ton hören lasse, viel weniger daß Antonie singe, die übrigens auch in seinem Hause nicht mehr singen darf. Antoniens Gesang in jener Nacht ist daher unter dem Publikum der Stadt zu einer Fantasie und Gemüt aufregenden Sage von einem herrlichen Wunder geworden, und selbst die, welche sie gar nicht hörten, sprechen oft, versucht sich eine Sängerin hier am Orte: ›Was ist denn das für ein gemeines Quinkelieren? – Nur Antonie vermag zu singen.‹« –

Ihr wißt, daß ich auf solche fantastische Dinge ganz versessen bin, und könnt wohl denken, wie notwendig ich es fand, Antoniens Bekanntschaft zu machen. Jene Äußerungen des Publikums über

Antoniens Gesang hatte ich selbst schon öfters vernommen, aber ich ahnte nicht, daß die Herrliche am Orte sei, und in den Banden des wahnsinnigen Krespels wie eines tyrannischen Zauberers liege. Natürlicherweise hörte ich auch sogleich in der folgenden Nacht Antoniens wunderbaren Gesang, und da sie mich in einem herrlichen Adagio (lächerlicherweise kam es mir vor, als hätte ich es selbst komponiert) auf das rührendste beschwor sie zu retten, so war ich bald entschlossen, ein zweiter Astolfo in Krespels Haus wie in Alzinens Zauberburg einzudringen, und die Königin des Gesanges aus schmachvollen Banden zu befreien.
Es kam alles anders, wie ich es mir gedacht hatte; denn kaum hatte ich den Rat zwei- bis dreimal gesehen, und mit ihm eifrig über die beste Struktur der Geigen gesprochen, als er mich selbst einlud, ihn in seinem Hause zu besuchen. Ich tat es, und er zeigte mir den Reichtum seiner Violinen. Es hingen deren wohl dreißig in einem Kabinett, unter ihnen zeichnete sich eine durch alle Spuren der hohen Altertümlichkeit (geschnitzten Löwenkopf usw.) aus, und sie schien, höher gehenkt und mit einer darüber angebrachten Blumenkrone, als Königin den andern zu gebieten. »Diese Violine«, sprach Krespel, nachdem ich ihn darum befragt, »diese Violine ist ein sehr merkwürdiges, wunderbares Stück eines unbekannten Meisters, wahrscheinlich aus Tartinis Zeiten. Ganz überzeugt bin ich, daß in der innern Struktur etwas Besonderes liegt, und daß, wenn ich sie zerlegte, sich mir ein Geheimnis erschließen würde, dem ich längst nachspürte, aber – lachen Sie mich nur aus, wenn Sie wollen – dies tote Ding, dem ich selbst doch nur erst Leben und Laut gebe, spricht oft aus sich selbst zu mir auf wunderliche Weise, und es war mir, da ich zum ersten Male darauf spielte, als wär ich nur der Magnetiseur, der die Somnambule zu erregen vermag, daß sie selbsttätig ihre innere Anschauung in Worten verkündet. – Glauben Sie ja nicht, daß ich geckhaft genug bin, von solchen Fantastereien auch nur das mindeste zu halten, aber eigen ist es doch, daß ich es nie über mich erhielt, jenes dumme tote Ding dort aufzuschneiden. Lieb ist es mir jetzt, daß ich es nicht getan, denn seitdem Antonie hier ist, spiele ich ihr zuweilen etwas auf dieser Geige vor. – Antonie hört es gern – gar gern.« Die Worte sprach der Rat mit sichtlicher Rührung, das ermutigte mich zu den Worten: »O mein

bester Herr Rat, wollten Sie das nicht in meiner Gegenwart tun?« Krespel schnitt aber sein süßsaures Gesicht, und sprach mit gedehntem singenden Ton: »Nein, mein bester Herr Studiosus!« Damit war die Sache abgetan. Nun mußte ich noch mit ihm allerlei zum Teil kindische Raritäten besehen; endlich griff er in ein Kistchen, und holte ein zusammengelegtes Papier heraus, das er mir in die Hand drückte, sehr feierlich sprechend: »Sie sind ein Freund der Kunst, nehmen Sie dies Geschenk als ein teures Andenken, das Ihnen ewig über alles wert bleiben muß.« Dabei schob er mich bei beiden Schultern sehr sanft nach der Tür zu, und umarmte mich an der Schwelle. Eigentlich wurde ich doch von ihm auf symbolische Weise zur Tür hinausgeworfen. Als ich das Papierchen aufmachte, fand ich ein ungefähr ein Achtel-Zoll langes Stückchen einer Quinte, und dabei geschrieben: »Von der Quinte, womit der selige Stamitz seine Geige bezogen hatte, als er sein letztes Konzert spielte.« – Die schnöde Abfertigung, als ich Antoniens erwähnte, schien mir zu beweisen, daß ich sie wohl nie zu sehen bekommen würde; dem war aber nicht so, denn als ich den Rat zum zweiten Male besuchte, fand ich Antonien in seinem Zimmer, ihm helfend bei dem Zusammensetzen einer Geige. Antoniens Äußeres machte auf den ersten Anblick keinen starken Eindruck, aber bald konnte man nicht loskommen von dem blauen Auge und den holden Rosenlippen der ungemein zarten lieblichen Gestalt. Sie war sehr blaß, aber wurde etwas Geistreiches und Heiteres gesagt, so flog in süßem Lächeln ein feuriges Inkarnat über die Wangen hin, das jedoch bald im rötlichen Schimmer erblaßte. Ganz unbefangen sprach ich mit Antonien, und bemerkte durchaus nichts von den Argusblikken Krespels, wie sie der Professor ihm angedichtet hatte, vielmehr blieb er ganz in gewöhnlichem Geleise, ja er schien sogar meiner Unterhaltung mit Antoniens Beifall zu geben. So geschah es, daß ich öfter den Rat besuchte, und wechselseitiges Aneinandergewöhnen dem kleinen Kreise von uns dreien eine wunderbare Wohlbehaglichkeit gab, die uns bis ins Innerste hinein erfreute. Der Rat blieb mit seinen höchst seltsamen Skurrilitäten mir sehr ergötzlich; aber doch war es wohl nur Antonie, die mit unwiderstehlichem Zauber mich hinzog, und mich manches ertragen ließ, dem ich sonst ungeduldig, wie ich damals war, entronnen. In das Eigentümliche Seltsame des Rates mischte sich nämlich gar zu oft Abgeschmacktes und Langweiliges, vorzüglich zuwider war es mir aber, daß er, sobald ich das Gespräch auf Musik, insbesondere auf Gesang lenkte, er mit seinem diabolisch lächelnden Gesicht und seinem widrig singenden Tone einfiel, etwas ganz Heterogenes, mehrenteils Gemeines, auf die Bahn bringend. An der tiefen Betrübnis, die dann aus Antoniens Blicken sprach, merkte ich wohl, daß es nur geschah, um irgendeine Aufforderung zum Gesange mir abzuschneiden. Ich ließ nicht nach. Mit den Hindernissen, die mir der Rat entgegenstellte, wuchs mein Mut sie zu übersteigen, ich mußte Antoniens Gesang hören, um nicht in Träumen und Ahnungen dieses Gesanges zu verschwimmen. Eines Abends war Krespel bei besonders guter Laune; er hatte eine alte Cremoneser Geige zerlegt, und gefunden, daß der Stimmstock um eine halbe Linie schräger als sonst gestellt war. Wichtige, die Praxis bereichernde Erfahrung! – Es gelang mir, ihn über die wahre Art des Violinenspielens in Feuer zu setzen. Der großen wahrhaftigen Sängern abgehorchte Vortrag der alten Meister, von dem Krespel sprach, führte von selbst die Bemerkung herbei, daß jetzt gerade umgekehrt der Gesang sich nach den erkünstelten Sprüngen und Läufen der Instrumentalisten verbilde. »Was ist unsinniger«, rief ich, vom Stuhle aufspringend, hin zum Pianoforte laufend, und es schnell öffnend: »Was ist unsinniger als solche vertrackte Manieren, welche, statt Musik zu sein, dem Tone über den Boden hingeschütteter Erbsen gleichen.« Ich sang manche der modernen Fermaten, die hin und her laufen, und schnurren wie ein tüchtig losgeschnürter Kreisel, einzelne schlechte Akkorde dazu anschlagend. Übermäßig lachte Krespel und schrie: »Haha! mich dünkt, ich höre unsere deutschen Italiener oder unsere italienischen Deutschen, wie sie sich in einer Arie von Pucitta oder Portogallo oder sonst einem *Maestro di Capella* oder vielmehr *Schiavo d'un primo uomo* übernehmen.« Nun, dachte ich, ist der Zeitpunkt da. »Nicht wahr«, wandte ich mich zu Antonien, »nicht wahr, von dieser Singerei weiß Antonien nichts?« und zugleich intonierte ich ein herrliches, seelenvolles Lied vom alten Leonardo Leo. Da glühten Antoniens Wangen, Himmelsglanz blitzte aus den neubeseelten Augen, sie sprang an das Pianoforte – sie öffnete die Lippen. Aber in demselben Augenblick drängte sie Krespel fort, ergriff mich bei den Schultern, und schrie im kreischenden Tenor – »Söhnchen – Söhnchen – Söhnchen.« – Und gleich fuhr er fort, sehr leise singend, und in höflich gebeugter Stellung meine Hand ergreifend: »In der Tat, mein höchst verehrungswürdiger Herr Studiosus, in der Tat, gegen alle Lebensart, gegen alle guten Sitten würde es anstoßen, wenn ich laut und lebhaft den Wunsch äußerte, daß Ihnen hier auf der Stelle gleich der höllische Satan mit glühenden Krallenfäusten sanft das Genick abstieße, und Sie auf die Weise gewissermaßen kurz expedierte; aber davon abgesehen müssen Sie eingestehen, Liebwertester! daß es bedeutend dunkelt, und da heute keine Laterne brennt, könnten Sie, würfe ich Sie auch gerade nicht die Treppe herab, doch Schaden leiden an Ihren lieben Gebeinen. Gehen Sie fein zu Hause; und erinnern Sie sich freundschaftlichst Ihres wahren Freundes, wenn Sie ihn etwa nie mehr – verstehen Sie wohl? – nie mehr zu Hause antreffen sollten?« – Damit umarmte er mich, und drehte sich, mich festhaltend, langsam mit mir zur Türe heraus, so daß ich Antonien mit keinem Blick mehr anschauen konnte. Ihr gesteht, daß es in meiner Lage nicht möglich war, den Rat zu prügeln, welches doch eigentlich hätte geschehen müssen. Der Professor lachte mich sehr aus, und versicherte, daß ich es nun mit dem Rat auf immer verdorben hätte. Den schmachtenden ans Fenster heraufblickenden Amoroso, den verliebten Abenteurer zu machen, dazu war Antonie mir zu wert, ich möchte sagen zu heilig. Im Innersten zerrissen verließ ich H– aber wie es zu gehen pflegt, die grellen Farben des Fantasiegebildes verblaßten, und Antonie – ja selbst Antoniens Gesang, den ich nie gehört, leuchtete oft in mein tiefstes Gemüt hinein, wie ein sanfter tröstender Rosenschimmer.

Nach zwei Jahren war ich schon in B... angestellt, als ich eine Reise nach dem südlichen Deutschland unternahm. Im duftigen Abendrot erhoben sich die Türme von H–; so wie ich näher und näher kam ergriff mich ein unbeschreibliches Gefühl der peinlichsten Angst; wie eine schwere Last hatte es sich über meine Brust gelegt, ich konnte nicht atmen; ich mußte heraus aus dem Wagen ins Freie. Aber bis zum physischen Schmerz steigerte sich meine Beklemmung. Mir war es bald als hörte ich die Akkorde eines feierlichen Chorals durch die Lüfte schweben – die Töne wurden deutlicher, ich unterschied Männerstimmen, die einen geistlichen Choral absangen. – »Was ist das? – was ist das?« rief ich, indem es wie ein glühender Dolch durch meine Brust fuhr! – »Sehen Sie denn nicht«, erwiderte der neben mir fahrende Postillion, »sehen Sie es denn nicht? da drüben auf dem Kirchhof begraben sie einen!« In der Tat befanden wir uns in der Nähe des Kirchhofes, und ich sah einen Kreis schwarzgekleideter Menschen um ein Grab stehen, das man zuzuschütten im Begriff stand. Die Tränen stürzten mir aus den Augen, es war als begrübe man dort alle Lust, alle Freude des Lebens. Rasch vorwärts von dem Hügel herabgeschritten, konnte ich nicht mehr in den Kirchhof hineinsehen, der Choral schwieg, und ich bemerkte unfern des Tores schwarzgekleidete Menschen, die von dem Begräbnis zurückkamen. Der Professor mit seiner Nichte am Arm, beide in tiefer Trauer schritten dicht bei mir vorüber, ohne mich zu bemerken. Die Nichte hatte das Tuch vor die Augen gedrückt und schluchzte heftig. Es war mir unmöglich in die Stadt hineinzugehen, ich schickte meinen Bedienten mit dem Wagen nach dem gewohnten Gasthofe, und lief in die mir wohlbekannte Gegend heraus, um so eine Stimmung loszuwerden, die vielleicht nur physische Ursachen, Erhitzung auf der Reise usw. haben konnte. Als ich in die Allee kam, welche nach einem Lustorte führt, ging vor mir das sonderbarste Schauspiel auf. Rat Krespel wurde von zwei Trauermännern geführt, denen er durch allerlei seltsame Sprünge entrinnen zu wollen schien. Er war, wie gewöhnlich, in seinem wunderlichen grauen, selbst zugeschnittenen Rock gekleidet, nur hing von dem kleinen dreieckigen Hütchen, das er martialisch auf ein Ohr gedrückt, ein sehr langer schmaler Trauerflor herab, der in der Luft hin und her flatterte. Um den Leib hatte er ein schwarzes Degengehenk geschnallt, doch statt des Degens einen langen Violinbogen hineingesteckt. Eiskalt fuhr es mir durch die Glieder; der ist wahnsinnig, dacht ich, indem ich langsam folgte. Die Männer führten den Rat bis an sein Haus, da umarmte er sie mit lautem Lachen. Sie verließen ihn, und nun fiel sein Blick auf mich, der dicht neben ihm stand. Er sah mich lange starr an, dann rief er dumpf: »Willkommen Herr Studiosus! – Sie verstehen es ja auch« – damit packte er mich beim Arm und riß mich fort in das Haus – die Treppe herauf in das Zimmer hinein, wo die Violinen hingen. Alle waren mit schwarzem Flor umhüllt: die Violine des alten Meisters fehlte, an ihrem Platze hing ein Zypressenkranz. – Ich wußte was geschehen – »Antonie! ach Antonie!« schrie ich auf in trostlosem Jammer. Der Rat stand wie erstarrt mit übereinandergeschlagenen Armen neben mir. Ich zeigte nach dem Zypressenkranz. »Als sie starb«, sprach der Rat sehr dumpf und feierlich: »als sie starb, zerbrach mit dröhnendem Krachen der Stimmstock in jener Geige, und der Resonanzboden riß sich auseinander. Die Getreue konnte nur mit ihr, in ihr leben; sie liegt bei ihr im Sarge, sie ist mit ihr begraben worden.« – Tief erschüttert sank ich in einen Stuhl, aber der Rat fing an, mit rauhem Ton ein lustig Lied zu singen, und es war recht graulich anzusehen, wie er auf einem Fuße dazu herumsprang, und der Flor (er hatte den Hut auf dem Kopfe) im Zimmer und an den aufgehängten Violinen herumstrich; ja ich konnte mich eines überlauten Schreies nicht erwehren, als der Flor bei einer raschen Wendung des Rates über mich herfuhr; es war mir, als wollte er mich verhüllt herabziehen in den schwarzen entsetzlichen Abgrund des Wahnsinns. Da stand der Rat plötzlich stille, und sprach in seinem singenden Ton: »Söhnchen? – Söhnchen? – warum schreist du so; hast du den Totenengel geschaut? – das geht allemal der Zeremonie vorher!« – Nun trat er in die Mitte des Zimmers, riß den Violinbogen aus dem Gehenke, hielt ihn mit beiden Händen über den Kopf, und zerbrach ihn, daß er in viele Stücke zersplitterte. Laut lachend rief Krespel: »Nun ist der Stab über mich gebrochen, meinst du Söhnchen? nicht wahr? Mitnichten, mitnichten, nun bin ich frei – frei – frei – Heisa frei! – Nun bau ich keine Geigen mehr – keine Geigen mehr – heisa keine Geigen mehr.« – Das sang der Rat nach einer schauerlich lustigen Melodie, indem er wieder auf einem Fuße herumsprang. Voll Grauen wollte ich schnell zur Türe heraus, aber der Rat hielt mich fest, indem er sehr gelassen sprach: »Bleiben Sie, Herr Studiosus, halten Sie diese Ausbrüche des Schmerzes, der mich mit Todesmartern zerreißt, nicht für Wahnsinn, aber es geschieht nur alles deshalb, weil ich mir vor einiger Zeit einen Schlafrock anfertigte, in dem ich aussehen wollte wie das Schicksal oder wie Gott!« – Der Rat schwatzte tolles grauliches Zeug durcheinander, bis er ganz erschöpft zusammensank; auf mein Rufen kam die alte Haushälterin herbei, und ich war froh, als ich mich nur wieder im Freien befand. Nicht einen Augenblick zweifelte ich daran, daß Krespel wahnsinnig geworden, der Professor behauptete jedoch das Gegenteil. »Es gibt Menschen«, sprach er, »denen die Natur oder ein besonderes Verhängnis die Decke wegzog, unter der wir andern unser tolles Wesen unbemerkter treiben. Sie gleichen dünngehäuteten Insekten, die im regen sichtbaren Muskelspiel mißgestaltet erscheinen, ungeachtet sich alles bald wieder in die gehörige Form fügt. Was bei uns Gedanke bleibt, wird dem Krespel alles zur Tat. – Den bittern Hohn, wie der, in das irdische Tun und Treiben eingeschachtete Geist ihn wohl oft bei der Hand hat, führt Krespel aus in tollen Gebärden und geschickten Hasensprüngen. Das ist aber sein Blitzableiter. Was aus der Erde steigt, gibt er wieder der Erde, aber das Göttliche weiß er zu bewahren; und so steht es mit seinem innern Bewußtsein recht gut glaub ich, unerachtet der scheinbaren nach außen herausspringenden Tollheit. Antoniens plötzlicher Tod mag freilich schwer auf ihn lasten, aber ich wette, daß der Rat schon morgenden Tages seinen Eselstritt im gewöhnlichen Geleise weiter forttrabt.« – Beinahe geschah es so, wie der Professor es vorausgesagt. Der Rat schien andern Tages ganz der vorige, nur erklärte er, daß er niemals mehr Violinen bauen, und auch auf keiner jemals mehr spielen wolle. Das hat er, wie ich später erfuhr, gehalten.

Des Professors Andeutungen bestärkten meine innere Überzeugung, daß das nähere so sorgfältig verschwiegene Verhältnis Antoniens zum Rat, ja daß selbst ihr Tod eine schwer auf ihn lastende nicht abzubüßende Schuld sein könne. Nicht wollte ich H– verlassen, ohne ihm das Verbrechen, welches ich ahnete, vorzuhalten; ich wollte ihn bis ins Innerste hinein erschüttern, und so das offene Geständnis der gräßlichen Tat erzwingen. Je mehr ich der Sache nachdachte, desto klarer wurde es mir, daß Krespel ein Bösewicht sein müsse, und desto feuriger, eindringlicher wurde die Rede, die sich wie von selbst zu einem wahren rhetorischen Meisterstück formte. So gerüstet und ganz erhitzt lief ich zu dem Rat. Ich fand ihn, wie er mit sehr ruhiger lächelnder Miene Spielsachen drechselte. »Wie kann nur«, fuhr ich auf ihn los, »wie kann nur auf einen Augenblick Frieden in Ihre Seele kommen, da der Gedanke an die gräßliche Tat Sie mit Schlangenbissen peinigen muß?« – Der Rat sah mich verwundert an, den Meißel beiseite legend. »Wieso? mein Bester«, fragte er; – »setzen Sie sich doch gefälligst auf jenen Stuhl!« – Aber eifrig fuhr ich fort, indem ich mich selbst immer mehr erhitzend, ihn geradezu anklagte, Antonien ermordet zu haben, und ihm mit der Rache der ewigen Macht drohte. Ja, als nicht längst eingeweihte Justizperson, erfüllt von meinem Beruf, ging ich so weit, ihn zu versichern, daß ich alles anwenden würde, der Sache auf die Spur zu kommen, und so ihn dem weltlichen Richter schon hienieden in die Hände zu liefern. – Ich wurde in der Tat etwas verlegen, da nach dem Schlusse meiner gewaltigen pomphaften Rede der Rat, ohne ein Wort zu erwidern, mich sehr ruhig anblickte, als erwarte er, ich müsse noch weiter fortfahren. Das versuchte ich auch in der Tat, aber es kam nun alles so schief, ja so albern heraus, daß ich gleich wieder schwieg. Krespel weidete sich an meiner Verlegenheit, ein boshaftes ironisches Lächeln flog über sein Gesicht. Dann wurde er aber sehr ernst, und sprach mit feierlichem Tone: »Junger Mensch! Du magst mich für närrisch, für wahnsinnig halten, das verzeihe ich dir, da wir beide in demselben Irrenhause eingesperrt sind, und du mich darüber, daß ich Gott der Vater zu sein wähne, nur deshalb schiltst, weil du dich für Gott den Sohn hältst; wie magst du dich aber unterfangen, in ein Leben eindringen zu wollen, seine geheimsten Fäden erfassend, das dir fremd blieb und bleiben muß? Sie ist dahin, und das Geheimnis gelöst!« – Krespel hielt inne, stand auf und schritt die Stube einige Male auf und ab. Ich wagte die Bitte um Aufklärung; er sah mich starr an, faßte mich bei der Hand, und führte mich an das Fenster, beide Flügel öffnend. Mit aufgestützten Armen legte er sich hinaus, und so in den Garten herabblikkend erzählte er mir die Geschichte seines Lebens. – Als er geendet, verließ ich ihn gerührt und beschämt.

Mit Antonien verhielt es sich kürzlich in folgender Art. – Vor zwanzig Jahren trieb die bis zur Leidenschaft gesteigerte Liebhaberei, die besten Geigen alter Meister aufzusuchen und zu kaufen, den Rat nach Italien. Selbst baute er damals noch keine, und unterließ daher auch das Zerlegen jener alten Geigen. In Venedig hörte er die berühmte Sängerin Angela – i, welche damals auf dem *Teatro di S. Benedetto* in den ersten Rollen glänzte. Sein Enthusiasmus galt nicht der Kunst allein, die Signora Angela freilich auf die herrlichste

Weise übte, sondern auch wohl ihrer Engelsschönheit. Der Rat suchte Angelas Bekanntschaft, und trotz aller seiner Schroffheit gelang es ihm, vorzüglich durch sein keckes und dabei höchst ausdrucksvolles Violinspiel sie ganz für sich zu gewinnen. – Das engste Verhältnis führte in wenigen Wochen zur Heirat, die deshalb verborgen blieb, weil Angela sich weder vom Theater, noch von dem Namen, der die berühmte Sängerin bezeichnete, trennen oder ihm auch nur das übeltönende ›Krespel‹ hinzufügen wollte. – Mit der tollsten Ironie beschrieb Krespel die ganz eigene Art, wie Signora Angela, sobald sie seine Frau geworden, ihn marterte und quälte. Aller Eigensinn, alles launische Wesen sämtlicher erster Sängerinnen sei, wie Krespel meinte, in Angelas kleine Figur hineingebannt worden. Wollte er sich einmal in Positur setzen, so schickte ihm Angela ein ganzes Heer von Abbates, Maestros, Akademikos über den Hals, die, unbekannt mit seinem eigentlichen Verhältnis, ihn als den unerträglichsten, unhöflichsten Liebhaber, der sich in die liebenswürdige Laune der Signora nicht zu schicken wisse, ausfilzten. Gerade nach einem solchen stürmischen Auftritt war Krespel auf Angelas Landhaus geflohen, und vergaß, auf seiner Cremoneser Geige fantasierend, die Leiden des Tages. Doch nicht lange dauerte es, als Signora, die dem Rat schnell nachgefahren, in den Saal trat. Sie war gerade in der Laune, die Zärtliche zu spielen, sie umarmte den Rat mit süßen schmachtenden Blicken, sie legte das Köpfchen auf seine Schulter. Aber der Rat, in die Welt seiner Akkorde verstiegen, geigte fort, daß die Wände widerhallten, und es begab sich, daß er mit Arm und Bogen die Signora etwas unsanft berührte. Die sprang aber voller Furie zurück; »*bestia tedesca*«, schrie sie auf, riß dem Rat die Geige aus der Hand, und zerschlug sie an dem Marmortisch in tausend Stücke. Der Rat blieb erstarrt zur Bildsäule vor ihr stehen, dann aber wie aus dem Traume erwacht, faßte er Signora mit Riesenstärke, warf sie durch das Fenster ihres eigenen Lusthauses, und floh, ohne sich weiter um etwas zu bekümmern, nach Venedig – nach Deutschland zurück. Erst nach einiger Zeit wurde es ihm recht deutlich, was er getan; obschon er wußte, daß die Höhe des Fensters vom Boden kaum fünf Fuß betrug, und ihm die Notwendigkeit, Signora bei obbewandten Umständen durchs Fenster zu werfen, ganz einleuchtete, so fühlte er sich doch von peinlicher Unruhe gequält, um so mehr, da Signora ihm nicht undeutlich zu verstehen gegeben, daß sie guter Hoffnung sei. Er wagte kaum Erkundigungen einzuziehen, und nicht wenig überraschte es ihn, als er nach ungefähr acht Monaten einen gar zärtlichen Brief von der geliebten Gattin erhielt, worin sie jenes Vorganges im Landhause mit keiner Silbe erwähnte, und der Nachricht, daß sie von einem herzallerliebsten Töchterchen entbunden, die herzlichste Bitte hinzufügte, daß der *Marito amato e padre felicissimo* doch nur gleich nach Venedig kommen möge. Das tat Krespel nicht, erkundigte sich vielmehr bei einem vertrauten Freunde nach den näheren Umständen, und erfuhr, daß Signora damals leicht wie ein Vogel in das weiche Gras herabgesunken sei, und der Fall oder Sturz durchaus keine andere als psychische Folgen gehabt habe. Signora sei nämlich nach Krespels heroischer Tat wie umgewandelt; von Launen, närrischen Einfällen, von irgendeiner Quälerei ließe sie durchaus nichts mehr verspüren, und der Maestro, der für das nächste Karneval komponiert, sei der glücklichste Mensch unter der Sonne, weil Signora seine Arien ohne hunderttausend Abänderungen, die er sich sonst gefallen lassen müssen, singen wolle. Übrigens habe man alle Ursache, meinte der Freund, es sorgfältig zu verschweigen, wie Angela kuriert worden, da sonst jedes Tages, Sängerinnen durch die Fenster fliegen würden. Der Rat geriet nicht in geringe Bewegung, er bestellte Pferde, er setzte sich in den Wagen. »Halt!« rief er plötzlich. – »Wie«, murmelte er dann in sich hinein: »ist's denn nicht ausgemacht, daß, sobald ich mich blicken lasse, der böse Geist wieder Kraft und Macht erhält über Angela? – Da ich sie schon zum Fenster herausgeworfen, was soll ich nun im gleichen Falle tun? was ist mir noch übrig?« – Er stieg wieder aus dem Wagen, schrieb einen zärtlichen Brief an seine genesene Frau, worin er höflich berührte, wie zart es von ihr sei, ausdrücklich es zu rühmen, daß das Töchterchen gleich ihm ein kleines Mal hinter dem Ohre trage, und – blieb in Deutschland. Der Briefwechsel dauerte sehr lebhaft fort. – Versicherungen der Liebe – Einladungen – Klagen über die Abwesenheit der Geliebten – verfehlte Wünsche – Hoffnungen usw. flogen hin und her von Venedig nach H–, von H– nach Venedig. – Angela kam endlich nach Deutschland, und glänzte, wie bekannt, als Prima Donna auf dem großen Theater in F... Ungeachtet sie gar nicht mehr jung war, riß sie doch alles hin mit dem unwiderstehlichen Zauber ihres wunderbar herrlichen Gesanges. Ihre Stimme hatte damals nicht im mindesten verloren. Antonie war indessen herangewachsen, und die Mutter konnte nicht genug dem Vater schreiben, wie in Antonien eine Sängerin vom ersten Range aufblühe. In der Tat bestätigten dies die Freunde Krespels in F..., die ihm zusetzten doch nur einmal nach F... zu kommen, um die seltne Erscheinung zwei ganz sublimer Sängerinnen zu bewundern. Sie ahneten nicht, in welchem nahen Verhältnis der Rat mit diesem Paare stand. Krespel hätte gar zu gern die Tochter, die recht in seinem Innersten lebte, und die ihm öfters als Traumbild erschien, mit leiblichen Augen gesehen, aber sowie er an seine Frau dachte, wurde es ihm ganz unheimlich zumute, und er blieb zu Hause unter seinen zerschnittenen Geigen sitzen.

Ihr werdet von dem hoffnungsvollen jungen Komponisten B... in F... gehört haben, der plötzlich verscholl, man wußte nicht wie; (oder kanntet ihr ihn vielleicht selbst?) Dieser verliebte sich in Antonien so sehr, daß er, da Antonie seine Liebe recht herzlich erwiderte, die Mutter anlag, doch nur gleich in eine Verbindung zu willigen, die die Kunst heilige. Angela hatte nichts dagegen, und der Rat stimmte um so lieber bei, als des jungen Meisters Kompositionen Gnade gefunden vor seinem strengen Richterstuhl. Krespel glaubte Nachricht von der vollzogenen Heirat zu erhalten, statt derselben kam ein schwarz gesiegelter Brief von fremder Hand überschrieben. Der Doktor R... meldete dem Rat, daß Angela an den Folgen einer Erkältung im Theater heftig erkrankt, und gerade in der Nacht, als am andern Tage Antonie getraut werden sollen, gestorben sei. Ihm, dem Doktor, habe Angela entdeckt, daß sie Krespels Frau, und Antonie seine Tochter sei; er möge daher eilen, sich der Verlassenen anzunehmen. Sosehr auch der Rat von Angelas Hinscheiden erschüttert wurde, war es ihm doch bald, als sei ein störendes unheimliches Prinzip aus seinem Leben gewichen, und er könne nun erst recht frei atmen. Noch denselben Tag reiste er ab nach F... – Ihr könnt nicht glauben, wie herzzerreißend mir der Rat den Moment schilderte, als er Antonien sah. Selbst in der Bizarrerie seines Ausdrucks lag eine wunderbare Macht der Darstellung, die auch nur anzudeuten ich gar nicht imstande bin. – Alle Liebenswür-

digkeit, alle Anmut Angelas wurde Antonien zuteil, der aber die häßliche Kehrseite ganz fehlte. Es gab kein zweideutig Pferdefüßchen, das hin und wieder hervorgucken konnte. Der junge Bräutigam fand sich ein, Antonien mit zartem Sinn den wunderlichen Vater im tiefsten Innern richtig auffassend, sang eine jener Motetten des alten Padre Martini, von denen sie wußte, daß Angela sie dem Rat in der höchsten Blüte ihrer Liebeszeit unaufhörlich vorsingen müssen. Der Rat vergoß Ströme von Tränen, nie hatte er selbst Angela so singen hören. Der Klang von Antoniens Stimme war ganz eigentümlich und seltsam oft dem Hauch der Äolsharfe, oft dem Schmettern der Nachtigall gleichend. Die Töne schienen nicht Raum haben zu können in der menschlichen Brust. Antonie vor Freude und Liebe glühend, sang und sang alle ihre schönsten Lieder und B... spielte dazwischen, wie es nur die wonnetrunkene Begeisterung vermag. Krespel schwamm erst in Entzücken, dann wurde er nachdenklich – still – in sich gekehrt. Endlich sprang er auf, drückte Antonien an seine Brust, und bat sehr leise und dumpf: »Nicht mehr singen, wenn du mich liebst – es drückt mir das Herz ab – die Angst – die Angst – Nicht mehr singen.«
»Nein«, sprach der Rat andern Tages zum Doktor R...; »als während des Gesanges ihre Röte sich zusammenzog in zwei dunkelrote Flecke auf den blassen Wangen, da war es nicht mehr dumme Familienähnlichkeit, da war es das, was ich gefürchtet.« – Der Doktor, dessen Miene vom Anfang des Gesprächs von tiefer Bekümmernis zeigte, erwiderte: »Mag es sein, daß es von zu früher Anstrengung im Singen herrührt, oder hat die Natur es verschuldet, genug Antonie leidet an einem organischen Fehler in der Brust, der eben ihrer Stimme die wundervolle Kraft und den seltsamen, ich möchte sagen über die Sphäre des menschlichen Gesanges hinaustönenden Klang gibt. Aber auch ihr früher Tod ist die Folge davon, denn singt sie fort, so gebe ich ihr noch höchstens sechs Monate Zeit.« Den Rat zerschnitt es im Innern wie mit hundert Schwertern. Es war ihm, als hinge zum ersten Male ein schöner Baum die wunderherrlichen Blüten in sein Leben hinein, und der solle recht an der Wurzel zersägt werden, damit er nie mehr zu grünen und zu blühen vermöge. Sein Entschluß war gefaßt. Er sagte Antonien alles, er stellte ihr die Wahl, ob sie dem Bräutigam folgen und seiner und der

Welt Verlockung nachgeben, so aber früh untergehen, oder ob sie dem Vater noch in seinen alten Tagen nie gefühlte Ruhe und Freude bereiten, so aber noch jahrelang leben wolle. Antonie fiel dem Vater schluchzend in die Arme, er wollte, das Zerreißende der kommenden Momente wohl fühlend, nichts Deutlicheres vernehmen. Er sprach mit dem Bräutigam, aber unerachtet dieser versicherte, daß nie ein Ton über Antoniens Lippen gehen solle, so wußte der Rat doch wohl, daß selbst B... nicht der Versuchung würde widerstehen können, Antonien singen zu hören, wenigstens von ihm selbst komponierte Arien. Auch die Welt, das musikalische Publikum, mocht es auch unterrichtet sein von Antoniens Leiden, gab gewiß die Ansprüche nicht auf, denn dies Volk ist ja, kommt es auf Genuß an, egoistisch und grausam. Der Rat verschwand mit Antonien aus F... und kam nach H–. Verzweiflungsvoll vernahm B... die Abreise. Er verfolgte die Spur, holte den Rat ein, und kam zugleich mit ihm nach H–. – »Nur einmal ihn sehen und dann sterben«, flehte Antonie. »Sterben? – sterben?« rief der Rat in wildem Zorn, eiskalter Schauer durchbebte sein Inneres. – Die Tochter, das einzige Wesen auf der weiten Welt, das nie gekannte Lust in ihm entzündet, das allein ihn mit dem Leben versöhnte, riß sich gewaltsam los von seinem Herzen, und er wollte, daß das Entsetzliche geschehe. – B... mußte an den Flügel, Antonie sang, Krespel spielte lustig die Geige, bis sich jene roten Flecke auf Antoniens Wangen zeigten. Da befahl er einzuhalten; als nun aber B... Abschied nahm von Antonien, sank sie plötzlich mit einem lauten Schrei zusammen. »Ich glaubte« (so erzählte mir Krespel), »ich glaubte sie wäre, wie ich es vorausgesehen, nun wirklich tot und blieb, da ich einmal mich selbst auf die höchste Spitze gestellt hatte, sehr gelassen und mit mir einig. Ich faßte den B..., der in seiner Erstarrung schafsmäßig und albern anzusehen war, bei den Schultern und sprach (der Rat fiel in seinen singenden Ton): ›Da Sie, verehrungswürdigster Klaviermeister, wie Sie gewollt und gewünscht, Ihre liebe Braut wirklich ermordet haben, so können Sie nun ruhig abgehen, es wäre denn, Sie wollten so lange gütigst verziehen, bis ich Ihnen den blanken Hirschfänger durch das Herz renne, damit so meine Tochter, die, wie Sie sehen, ziemlich verblaßt, einige Couleur bekomme durch Ihr sehr wertes Blut. – Rennen Sie nur geschwind, aber ich könnte Ihnen auch ein flinkes Messerchen nachwerfen!‹ – Ich muß wohl bei diesen Worten etwas graulich ausgesehen haben; denn mit einem Schrei des tiefsten Entsetzens sprang er, sich von mir losreißend, fort durch die Türe, die Treppe herab.« – Wie der Rat nun, nach dem B... fortgerannt war, Antonien, die bewußtlos auf der Erde lag, aufrichten wollte, öffnete sie tiefseufzend die Augen, die sich aber bald wieder zum Tode zu schließen schienen. Da brach Krespel aus in lautes, trostloses Jammern. Der von der Haushälterin herbeigerufene Arzt erklärte Antoniens Zustand für einen heftigen aber nicht im mindesten gefährlichen Zufall, und in der Tat erholte sich diese auch schneller, als der Rat es nur zu hoffen gewagt hatte. Sie schmiegte sich nun mit der innigsten kindlichsten Liebe an Krespel; sie ging ein in seine Lieblingsneigungen – in seine tollen Launen und Einfälle. Sie half ihm alte Geigen auseinanderlegen, und neue zusammenleimen. »Ich will nicht mehr singen, aber für dich leben«, sprach sie oft sanft lächelnd zum Vater, wenn jemand sie zum Gesang aufgefordert und sie es abgeschlagen hatte. Solche Momente suchte der Rat indessen ihr so viel möglich zu ersparen, und daher kam es, daß er ungern mit ihr in Gesellschaft ging, und alle Musik sorgfältig vermied. Er wußte es ja wohl, wie schmerzlich es Antonien sein mußte, der Kunst, die sie in solch hoher Vollkommenheit geübt, ganz zu entsagen. Als der Rat jene wunderbare Geige, die er mit Antonien begrub, gekauft hatte und zerlegen wollte, blickte ihn Antonie sehr wehmütig an, und sprach leise bittend: »Auch diese?« – Der Rat wußte selbst nicht, welche unbekannte Macht ihn nötigte, die Geige unzerschnitten zu lassen, und darauf zu spielen. Kaum hatte er die ersten Töne angestrichen, als Antonie laut und freudig rief: »Ach das bin ich ja – ich singe ja wieder.« Wirklich hatten die silberhellen Glockentöne des Instruments etwas ganz Eigenes Wundervolles, sie schienen in der menschlichen Brust erzeugt. Krespel wurde bis in das Innerste gerührt, er spielte wohl herrlicher als jemals, und wenn er in kühnen Gängen mit voller Kraft, mit tiefem Ausdruck auf- und niederstieg, dann schlug Antonien die Hände zusammen, und rief entzückt: »Ach das habe ich gut gemacht! das habe ich gut gemacht!« – Seit dieser Zeit kam eine große Ruhe und Heiterkeit in ihr Leben. Oft sprach sie zum Rate: »Ich möchte wohl etwas singen, Vater!« Dann nahm Krespel die

Geige von der Wand, und spielte Antoniens schönste Lieder, sie war recht aus dem Herzen froh. – Kurz vor meiner Ankunft war es in einer Nacht dem Rat so, als höre er im Nebenzimmer auf seinem Pianoforte spielen, und bald unterschied er deutlich, daß B... nach gewöhnlicher Art präludiere. Er wollte aufstehen, aber wie eine schwere Last lag es auf ihm, wie mit eisernen Banden gefesselt, vermochte er sich nicht zu regen und zu rühren. Nun fiel Antonie ein in leisen hingehauchten Tönen, die immer steigend und steigend zum schmetternden Fortissimo wurden, dann gestalteten sich die wunderbaren Laute zu dem tief ergreifenden Liede, welches B... einst ganz im frommen Stil der alten Meister für Antonie komponiert hatte. Krespel sagte, unbegreiflich sei der Zustand gewesen, in dem er sich befunden, denn eine entsetzliche Angst habe sich gepaart mit nie gefühlter Wonne. Plötzlich umgab ihn eine blendende Klarheit, und in derselben erblickte er B... und Antonien, die sich umschlungen hielten, und sich voll seligem Entzükken anschauten. Die Töne des Liedes und des begleitenden Pianofortes dauerten fort, ohne daß Antonie sichtbar sang oder B... das Fortepiano berührte. Der Rat fiel nun in eine Art dumpfer Ohnmacht, in der das Bild mit den Tönen versank. Als er erwachte, war ihm noch jene fürchterliche Angst aus dem Traume geblieben. Er sprang in Antoniens Zimmer. Sie lag mit geschlossenen Augen, mit holdselig lächelndem Blick, die Hände fromm gefaltet, auf dem Sofa, als schliefe sie, und träumte von Himmelswonne und Freudigkeit. Sie war aber tot. –

JOSEPH FREIHERR VON EICHENDORFF

Das Marmorbild

Es war ein schöner Sommerabend, als Florio, ein junger Edelmann, langsam auf die Tore von Lucca zuritt, sich erfreuend an dem feinen Dufte, der über der wunderschönen Landschaft und den Türmen und Dächern der Stadt vor ihm zitterte, sowie an den bunten Zügen zierlicher Damen und Herren, welche sich zu beiden Seiten der Straße unter den hohen Kastanienalleen fröhlich schwärmend ergingen.

Da gesellte sich, auf zierlichem Zelter desselben Weges ziehend, ein anderer Reiter in bunter Tracht, eine goldene Kette um den Hals und ein samtnes Barett mit Federn über den dunkelbraunen Lokken, freundlich grüßend zu ihm. Beide hatten, so nebeneinander in den dunkelnden Abend hineinreitend, gar bald ein Gespräch angeknüpft, und dem jungen Florio dünkte die schlanke Gestalt des Fremden, sein frisches, keckes Wesen, ja selbst seine fröhliche Stimme so überaus anmutig, daß er gar nicht von demselben wegsehen konnte.

»Welches Geschäft führt Euch nach Lucca?« fragte endlich der Fremde. – »Ich habe eigentlich gar keine Geschäfte«, antwortete Florio ein wenig schüchtern. – »Gar keine Geschäfte? Nun, so seid Ihr sicherlich ein Poet!« versetzte jener lustig lachend. – »Das wohl eben nicht«, erwiderte Florio und wurde über und über rot. »Ich habe mich wohl zuweilen in der fröhlichen Sangeskunst versucht, aber wenn ich dann wieder die alten großen Meister las, wie da alles wirklich da ist und leibt und lebt, was ich mir manchmal heimlich nur wünschte und ahnte, da komm' ich mir vor wie ein schwaches vom Winde verwehtes Lerchenstimmlein unter dem unermeßlichen Himmelsdom.« – »Jeder lobt Gott auf seine Weise«, sagte der Fremde, »und alle Stimmen zusammen machen den Frühling.« Dabei ruhten seine großen, geistreichen Augen mit sichtbarem Wohlgefallen auf dem schönen Jünglinge, der so unschuldig in die dämmernde Welt vor sich hinaussah.

»Ich habe jetzt«, fuhr dieser nun kühner und vertraulicher fort, »das Reisen erwählt und befinde mich wie aus einem Gefängnis erlöst, alle alten Wünsche und Freuden sind nun auf einmal in Freiheit gesetzt. Auf dem Lande in der Stille aufgewachsen, wie lange habe ich da die fernen blauen Berge sehnsüchtig betrachtet, wenn der Frühling wie ein zauberischer Spielmann durch unsern Garten ging und von der wunderschönen Ferne verlockend sang und von großer, unermeßlicher Lust.« – Der Fremde war über die letzten Worte in tiefe Gedanken versunken. »Habt Ihr wohl jemals«, sagte er zerstreut, aber sehr ernsthaft, »von dem wunderbaren Spielmann gehört, der durch seine Töne die Jugend in einen Zauberberg hinein verlockt, aus dem keiner wieder zurückgekehrt ist? Hütet Euch!«
Florio wußte nicht, was er aus diesen Worten des Fremden machen sollte, konnte ihn auch weiter darum nicht befragen; denn sie waren soeben, statt zu dem Tore, unvermerkt dem Zuge der Spaziergänger folgend, an einen weiten, grünen Platz gekommen, auf dem sich ein fröhlich schallendes Reich von Musik, bunten Zelten, Reitern und Spazierengehenden in den letzten Abendgluten schimmernd hin und her bewegte.
»Hier ist gut wohnen«, sagte der Fremde lustig, sich vom Zelter schwingend; »auf baldiges Wiedersehn!« und hiermit war er schnell in dem Gewühle verschwunden.
Florio stand in freudigem Erstaunen einen Augenblick still vor der unerwarteten Aussicht. Dann folgte auch er dem Beispiele seines Begleiters, übergab das Pferd seinem Diener und mischte sich in den muntern Schwarm.
Versteckte Musikchöre erschallten da von allen Seiten aus den blühenden Gebüschen, unter den hohen Bäumen wandelten sittige Frauen auf und nieder und ließen die schönen Augen musternd ergehen über die glänzende Wiese, lachend und plaudernd und mit den bunten Federn nickend im lauen Abendgolde wie ein Blumenbeet, das sich im Winde wiegt. Weiterhin auf einem heitergrünen Plan vergnügten sich mehrere Mädchen mit Ballspielen. Die buntgefiederten Bälle flatterten wie Schmetterlinge, glänzende Bogen hin und her beschreibend, durch die blaue Luft, während die unten im Grünen auf und nieder schwebenden Mädchenbilder den lieblichsten Anblick gewährten. Besonders zog die eine durch ihre

zierliche, fast noch kindliche Gestalt und die Anmut aller ihrer Bewegungen Florios Augen auf sich. Sie hatte einen vollen, bunten Blumenkranz in den Haaren und war recht wie ein fröhliches Bild des Frühlings anzuschauen, wie sie so überaus frisch bald über den Rasen dahinflog, bald sich neigte, bald wieder mit ihren anmutigen Gliedern in die heitere Luft hinauflangte. Durch ein Versehen ihrer Gegnerin nahm ihr Federball eine falsche Richtung und flatterte gerade vor Florio nieder. Er hob ihn auf und überreichte ihn der nacheilenden Bekränzten. Sie stand fast wie erschrocken vor ihm und sah ihn schweigend aus den schönen großen Augen an. Dann verneigte sie sich errötend und eilte schnell wieder zu ihren Gespielinnen zurück. Der größere, funkelnde Strom von Wagen und Reitern, der sich in der Hauptallee langsam und prächtig fortbewegte, wendete indes auch Florio von jenem reizenden Spiele wieder ab, und er schweifte wohl eine Stunde lang allein zwischen den ewig wechselnden Bildern umher.

»Da ist der Sänger Fortunato!« hörte er da auf einmal mehrere Frauen und Ritter neben sich ausrufen. Er sah sich schnell nach dem Platze um, wohin sie wiesen, und erblickte zu seinem großen Erstaunen den anmutigen Fremden, der ihn vorhin hierher begleitet. Abseits auf der Wiese an einen Baum gelehnt, stand er soeben inmitten eines zierlichen Kranzes von Frauen und Rittern, welche seinem Gesange zuhörten, der zuweilen von einigen Stimmen aus dem Kreise holdselig erwidert wurde. Unter ihnen bemerkte Florio auch die schöne Ballspielerin wieder, die in stiller Freudigkeit mit weiten, offenen Augen in die Klänge vor sich hinaussah.

Ordentlich erschrocken gedachte da Florio, wie er vorhin mit dem berühmten Sänger, den er lange dem Rufe nach verehrte, so vertraulich geplaudert, und blieb scheu in einiger Entfernung stehen, um den lieblichen Wettstreit mit zu vernehmen. Er hätte gern die ganze Nacht hindurch dort gestanden, so ermutigend flogen diese Töne ihn an, und er ärgerte sich recht, als Fortunato nun so bald endigte und die ganze Gesellschaft sich von dem Rasen erhob.

Da gewahrte der Sänger den Jüngling in der Ferne und kam sogleich auf ihn zu. Freundlich faßte er ihn bei beiden Händen und führte den Blöden, ungeachtet aller Gegenreden, wie einen lieblichen Gefangenen nach dem nahegelegenen offenen Zelte, wo sich die Gesell-

schaft nun versammelte und ein fröhliches Nachtmahl bereitet hatte. Alle begrüßten ihn wie alte Bekannte, manche schöne Augen ruhten in freudigem Erstaunen auf der jungen, blühenden Gestalt.
Nach mancherlei lustigem Gespräch lagerten sich bald alle um den runden Tisch, der in der Mitte des Zeltes stand. Erquickliche Früchte und Wein in hellgeschliffenen Gläsern funkelten von dem blendendweißen Gedeck, in silbernen Gefäßen dufteten große Blumensträuße, zwischen denen die hübschen Mädchengesichter anmutig hervorsahen; draußen spielten die letzten Abendlichter golden auf dem Rasen und dem Flusse, der spiegelglatt vor dem Zelt dahinglitt. Florio hatte sich fast unwillkürlich zu der niedlichen Ballspielerin gesellt. Sie erkannte ihn sogleich wieder und saß still und schüchtern da, aber die langen furchtsamen Augenwimpern hüteten nur schlecht die dunkelglühenden Blicke.
Es war ausgemacht worden, daß jeder in der Runde seinem Liebchen mit einem kleinen, improvisierten Liedchen zutrinken solle. Der leichte Gesang, der nur gaukelnd wie ein Frühlingswind die Oberfläche des Lebens berührte, ohne es in sich selbst zu versenken, bewegte fröhlich den Kranz heiterer Bilder um die Tafel. Florio war recht innerlichst vergnügt, alle blöde Bangigkeit war von seiner Seele genommen, und er sah fast träumerisch still vor fröhlichen Gedanken zwischen den Lichtern und Blumen in die wunderschöne, langsam in die Abendgluten versinkende Landschaft vor sich hinaus. Und als nun auch an ihn die Reihe kam, seinen Trinkspruch zu sagen, hob er sein Glas in die Höh' und sang:

Jeder nennet froh die Seine,
Ich nur stehe hier alleine,
Denn was früge wohl die Eine,
Wen der Fremdling eben meine?
Und so muß ich wie im Strome dort die Welle
Ungehört verrauschen an des Frühlings Schwelle.

Seine schöne Nachbarin sah bei diesen Worten beinahe schelmisch an ihm herauf und senkte schnell wieder das Köpfchen, da sie seinem Blick begegnete. Aber er hatte so herzlich bewegt gesungen und neigte sich nun mit den schönen bittenden Augen so dringend

herüber, daß sie es willig geschehen ließ, als er sie schnell auf die roten, heißen Lippen küßte. – »Bravo, bravo!« riefen mehrere Herren; ein mutwilliges, aber argloses Lachen erschallte um den Tisch. – Florio stürzte hastig und verwirrt sein Glas hinunter, die schöne Geküßte schaute hochrot in den Schoß und sah so unter dem vollen Blumenkranze unbeschreiblich reizend aus.
So hatte ein jeder der Glücklichen sein Liebchen in dem Kreise sich heiter erkoren. Nur Fortunato allein gehörte allen oder keiner an und erschien fast einsam in dieser anmutigen Verwirrung. Er war ausgelassen lustig, und mancher hätte ihn wohl übermütig genannt, wie er so wildwechselnd in Witz, Ernst und Scherz sich ganz und gar losließ, hätte er dabei nicht wieder mit so frommklaren Augen beinahe wunderbar dreingeschaut. Florio hatte sich fest vorgenommen, ihm über Tische einmal so recht seine Liebe und Ehrfurcht, die er längst für ihn hegte, zu sagen. Aber es wollte heute nicht gelingen, alle leisen Versuche glitten an der spröden Lustigkeit des Sängers ab. Er konnte ihn gar nicht begreifen. –
Draußen war indes die Gegend schon stiller geworden und feierlich, einzelne Sterne traten zwischen den Wipfeln der dunkelnden Bäume hervor, der Fluß rauschte stärker durch die erquickende Kühle. Da war auch zuletzt an Fortunato die Reihe zu singen gekommen. Er sprang rasch auf, griff in seine Gitarre und sang:

Was klingt mir so heiter
Durch Busen und Sinn?
Zu Wolken und weiter –
Wo trägt es mich hin?

Wie auf Bergen hoch bin ich
So einsam gestellt
Und grüße herzinnig,
Was schön auf der Welt.

Ja, Bacchus, dich seh' ich,
Wie göttlich bist du!
Dein Glühen versteh' ich,
Die träumende Ruh'.

O rosenbekränztes
Jünglingsbild,
Dein Auge, wie glänzt es,
Die Flammen so mild!

Ist's Liebe, ist's Andacht,
Was so dich beglückt?
Rings Frühling dich anlacht,
Du sinnest entzückt. –

Frau Venus, du frohe,
So klingend und weich,
In Morgenrots Lohe
Erblick' ich dein Reich.

Auf sonnigen Hügeln
Wie ein Zauberring. –
Zart' Bübchen mit Flügeln
Bedienen dich flink,

Durchsäuseln die Räume
Und laden, was fein,
Als goldene Träume
Zur Königin ein.

Und Ritter und Frauen
Im grünen Revier
Durchschwärmen die Auen,
Wie Blumen zur Zier.

Und jeglicher hegt sich
Sein Liebchen im Arm,
So wirrt und bewegt sich
Der selige Schwarm.

Hier änderte er plötzlich Weise und Ton und fuhr fort:

Die Klänge verrinnen,
Es bleichet das Grün,
Die Frauen stehn sinnend,
Die Ritter schaun kühn.

Und himmlisches Sehnen
Geht singend durchs Blau,
Da schimmert von Tränen
Rings Garten und Au. –

Und mitten im Feste
Erblick' ich, wie mild!
Den stillsten der Gäste.
Woher, einsam Bild?

Mit blühendem Mohne,
Der träumerisch glänzt,
Und Lilienkrone
Erscheint er bekränzt.

Sein Mund schwillt zum Küssen
So lieblich und bleich,
Als brächt' er ein Grüßen
Aus himmlischem Reich.

Eine Fackel wohl trägt er,
Die wunderbar prangt.
»Wo ist einer«, frägt er,
»Den heimwärts verlangt?«

Und manchmal da drehet
Die Fackel er um –
Tiefschauend vergehet
Die Welt und wird stumm.

Und was hier versunken
Als Blumen zum Spiel,
Siehst oben du funkeln
Als Sterne nun kühl.

O Jüngling vom Himmel,
Wie bist du so schön!
Ich lass' das Gewimmel,
Mit dir will ich gehn!

Was will ich noch hoffen?
Hinauf, ach hinauf!
Der Himmel ist offen,
Nimm, Vater, mich auf!

Fortunato war still und alle die übrigen auch, denn wirklich, draußen waren nun die Klänge verronnen und die Musik, das Gewimmel und alle die gaukelnde Zauberei nach und nach verhallend untergegangen vor dem unermeßlichen Sternenhimmel und dem gewaltigen Nachtgesange der Ströme und Wälder. Da trat ein hoher, schlanker Ritter in reichem Geschmeide, das grünlichgoldene Scheine zwischen die im Walde flackernden Lichter warf, in das Zelt herein. Sein Blick aus tiefen Augenhöhlen war irre flammend, das Gesicht schön, aber blaß und wüst. Alle dachten bei seinem plötzlichen Erscheinen unwillkürlich schaudernd an den stillen Gast in Fortunatos Liede. – Er begab sich nach einer flüchtigen Verbeugung gegen die Gesellschaft zu dem Büfett des Zeltwirtes und schlürfte hastig dunkelroten Wein mit den bleichen Lippen in langen Zügen hinunter.
Florio fuhr ordentlich zusammen, als der Seltsame sich darauf vor allen andern zu ihm wandte und ihn als einen früheren Bekannten in Lucca willkommen hieß. Erstaunt und nachsinnend betrachtete er ihn von oben bis unten, denn er wußte sich durchaus nicht zu erinnern, ihn jemals gesehn zu haben. Doch war der Ritter ausnehmend beredt und sprach viel über mancherlei Begebenheiten aus Florios früheren Tagen. Auch war er so genau bekannt mit der Gegend seiner Heimat, dem Garten und jedem heimischen Platz, der Florio herzlich lieb war aus alten Zeiten, daß sich derselbe bald mit der dunkeln Gestalt auszusöhnen anfing.
In die übrige Gesellschaft indes schien Donati, so nannte sich der Ritter, nirgends hineinzupassen. Eine ängstliche Störung, deren Grund sich niemand anzugeben wußte, wurde überall sichtbar. Und da unterdes auch die Nacht nun völlig hereingekommen war, so brachen bald alle auf.
Es begann nun ein wunderliches Gewimmel von Wagen, Pferden, Dienern und hohen Windlichtern, die seltsame Scheine auf das nahe Wasser, zwischen die Bäume und die schönen, wirrenden Gestalten

umherwarfen. Donati erschien in der wilden Beleuchtung noch viel bleicher und schauerlicher, als vorher. Das schöne Fräulein mit dem Blumenkranze hatte ihn beständig mit heimlicher Furcht von der Seite angesehen. Nun, da er gar auf sie zukam, um ihr mit ritterlicher Artigkeit auf den Zelter zu helfen, drängte sie sich scheu an den zurückstehenden Florio, der die Liebliche mit klopfendem Herzen in den Sattel hob. Alles war unterdes reisefertig, sie nickte ihm noch einmal von ihrem zierlichen Sitze freundlich zu, und bald war die ganze schimmernde Erscheinung in die Nacht verschwunden.

Es war Florio recht sonderbar zumute, als er sich plötzlich so allein mit Donati und dem Sänger auf dem weiten, leeren Platze befand. Seine Gitarre im Arme ging der letztere am Ufer des Flusses vor dem Zelte auf und nieder und schien auf neue Weisen zu sinnen, während er einzelne Töne griff, die beschwichtigend über die stille Wiese dahinzogen. Dann brach er plötzlich ab. Ein seltsamer Mißmut schien über seine sonst immer klaren Züge zu fliegen, er verlangte ungeduldig fort.

Alle drei bestiegen daher nun auch ihre Pferde und zogen miteinander der nahen Stadt zu. Fortunato sprach kein Wort unterwegs, desto freundlicher ergoß sich Donati in wohlgesetzten, zierlichen Reden; Florio, noch im Nachklange der Lust, ritt still wie ein träumendes Mädchen zwischen beiden.

Als sie ans Tor kamen, stellte sich Donatis Roß, das schon vorher vor manchem Vorübergehenden gescheut, plötzlich fast gerade in die Höh' und wollte nicht hinein. Ein funkelnder Zornesblitz fuhr, fast verzerrend, über das Gesicht des Reiters und ein wilder, nur halb ausgesprochener Fluch aus den zuckenden Lippen, worüber Florio nicht wenig erstaunte, da ihm solches Wesen zu der sonstigen feinen und besonnenen Anständigkeit des Ritters ganz und gar nicht zu passen schien. Doch faßte sich dieser bald wieder. »Ich wollte Euch bis in die Herberge begleiten«, sagte er lächelnd und mit der gewohnten Zierlichkeit zu Florio gewendet, »aber mein Pferd will es anders, wie Ihr seht. Ich bewohne hier vor der Stadt ein Landhaus, wo ich Euch recht bald bei mir zu sehen hoffe.« – Und hiermit verneigte er sich, und das Pferd, in unbegreiflicher Hast und Angst kaum mehr zu halten, flog pfeilschnell mit ihm in die Dunkelheit fort, daß der Wind hinter ihm dreinpfiff.

»Gott sei Dank«, rief Fortunato aus, »daß ihn die Nacht wieder verschlungen hat! Kam er mir doch wahrhaftig vor, wie einer von den falben, ungestalten Nachtschmetterlingen, die, wie aus einem phantastischen Traume entflogen, durch die Dämmerung schwirren und mit ihrem langen Katzenbarte und gräßlich großen Augen ordentlich ein Gesicht haben wollen.« Florio, der sich mit Donati schon ziemlich befreundet hatte, äußerte seine Verwunderung über dieses harte Urteil. Aber der Sänger, durch solche erstaunliche Sanftmut nur immer mehr gereizt, schimpfte lustig fort und nannte den Ritter, zu Florios heimlichem Ärger, einen Mondscheinjäger, einen Schmachthahn, einen Renommisten in der Melancholie.
Unter solcherlei Gesprächen waren sie endlich bei der Herberge angelangt, und jeder begab sich bald in das ihm angewiesene Gemach.
Florio warf sich angekleidet auf das Ruhebett hin, aber er konnte lange nicht einschlafen. In seiner von den Bildern des Tages aufgeregten Seele wogte und hallte und sang es noch immer fort. Und wie die Türen im Hause nun immer seltener auf und zu gingen, nur manchmal noch eine Stimme erschallte, bis endlich Haus, Stadt und Feld in tiefe Stille versank: da war es ihm, als führe er mit schwanenweißen Segeln einsam auf einem mondbeglänzten Meer. Leise schlugen die Wellen an das Schiff, Sirenen tauchten aus dem Wasser, die alle aussahen wie das schöne Mädchen mit dem Blumenkranze vom vorigen Abend. Sie sang so wunderbar, traurig und ohne Ende, als müsse er vor Wehmut untergehn. Das Schiff neigte sich unmerklich und sank langsam immer tiefer und tiefer. – Da wachte er erschrocken auf.
Er sprang von seinem Bett und öffnete das Fenster. Das Haus lag am Ausgange der Stadt, er übersah einen weiten, stillen Kreis von Hügeln, Gärten und Tälern, vom Monde klar beschienen. Auch da draußen war es überall in den Bäumen und Strömen noch wie ein Verhallen und Nachhallen der vergangenen Lust, als sänge die ganze Gegend leise, gleich den Sirenen, die er im Schlummer gehört. Da konnte er der Versuchung nicht widerstehen. Er ergriff die Gitarre, die Fortunato bei ihm zurückgelassen, verließ das Zimmer und ging leise durch das ruhige Haus hinab. Die Tür unten war nur angelehnt, ein Diener lag eingeschlafen auf der Schwelle. So kam er

unbemerkt ins Freie und wandelte fröhlich zwischen Weingärten durch leere Alleen an schlummernden Hütten vorüber immer weiter fort.

Zwischen den Rebengeländen hinaus sah er den Fluß im Tale; viele weißglänzende Schlösser, hin und wieder zerstreut, ruhten wie eingeschlafene Schwäne unten in dem Meer von Stille. Da sang er mit fröhlicher Stimme:

Wie kühl schweift sich's bei nächt'ger Stunde,
Die Zither treulich in der Hand!
Vom Hügel grüß' ich in die Runde
Den Himmel und das stille Land.

Wie ist das alles so verwandelt,
Wo ich so fröhlich war, im Tal.
Im Wald wie still, der Mond nur wandelt
Nun durch den hohen Buchensaal.

Der Winzer Jauchzen ist verklungen
Und all der bunte Lebenslauf,
Die Ströme nur, im Tal geschlungen,
Sie blicken manchmal silbern auf.

Und Nachtigallen wie aus Träumen
Erwachen oft mit süßem Schall,
Erinnernd rührt sich in den Bäumen
Ein heimlich Flüstern überall.

Die Freude kann nicht gleich verklingen,
Und von des Tages Glanz und Lust
Ist so auch mir ein heimlich Singen
Geblieben in der tiefsten Brust.

Und fröhlich greif' ich in die Saiten;
O Mädchen, jenseits überm Fluß,
Du lauschest wohl und hörst's von weiten
Und kennst den Sänger an dem Gruß!

Er mußte über sich selber lachen, da er am Ende nicht wußte, wem er das Ständchen brachte. Denn die reizende Kleine mit dem Blumenkranze war es lange nicht mehr, die er eigentlich meinte. Die

Musik bei den Zelten, der Traum auf seinem Zimmer und sein die Klänge und den Traum und die zierliche Erscheinung des Mädchens nachträumendes Herz hatten ihr Bild unmerklich und wundersam verwandelt in ein viel schöneres, größeres und herrlicheres, wie er es noch nirgend gesehen.

So in Gedanken schritt er noch lange fort, als er unerwartet bei einem großen, von hohen Bäumen rings umgebenen Weiher anlangte. Der Mond, der eben über die Wipfel trat, beleuchtete scharf ein marmornes Venusbild, das dort dicht am Ufer auf einem Stein stand, als wäre die Göttin soeben erst aus den Wellen aufgetaucht und betrachte nun, selber verzaubert, das Bild der eigenen Schönheit, das der trunkene Wasserspiegel zwischen den leise aus dem Grunde aufblühenden Sternen widerstrahlte. Einige Schwäne beschrieben still ihre einförmigen Kreise um das Bild, ein leises Rauschen ging durch die Bäume ringsumher.

Florio stand wie eingewurzelt im Schauen, denn ihm kam jenes Bild wie eine langgesuchte, nun plötzlich erkannte Geliebte vor, wie eine Wunderblume, aus der Frühlingsdämmerung und träumerischen Stille seiner frühesten Jugend heraufgewachsen. Je länger er hinsah, je mehr schien es ihm, als schlüge es die seelenvollen Augen langsam auf, als wollten sich die Lippen bewegen zum Gruße, als blühe Leben wie ein lieblicher Gesang erwärmend durch die schönen Glieder herauf. Er hielt die Augen lange geschlossen vor Blendung, Wehmut und Entzücken. –

Als er wieder aufblickte, schien auf einmal alles wie verwandelt. Der Mond sah seltsam zwischen Wolken hervor, ein stärkerer Wind kräuselte den Weiher in trübe Wellen, das Venusbild, so fürchterlich weiß und regungslos, sah ihn fast schreckhaft mit den steinernen Augenhöhlen aus der grenzenlosen Stille an. Ein nie gefühltes Grausen überfiel da den Jüngling. Er verließ schnell den Ort, und immer schneller und ohne auszuruhen eilte er durch die Gärten und Weinberge wieder fort, der ruhigen Stadt zu; denn auch das Rauschen der Bäume kam ihm nun wie ein verständiges, vernehmliches Geflüster vor, und die langen, gespenstischen Pappeln schienen mit ihren weitgestreckten Schatten hinter ihm dreinzulangen.

So kam er sichtbar verstört in der Herberge an. Da lag der Schlafende noch auf der Schwelle und fuhr erschrocken auf, als Florio an ihm vorüberstreifte. Florio aber schlug schnell die Tür hinter sich zu und atmete erst tief auf, als er oben sein Zimmer betrat. Hier ging er noch lange auf und nieder, ehe er sich beruhigte. Dann warf er sich aufs Bett und schlummerte endlich unter den seltsamsten Träumen ein.

Am folgenden Morgen saßen Florio und Fortunato unter den hohen, von der Morgensonne durchfunkelten Bäumen vor der Herberge miteinander beim Frühstück. Florio sah blässer, als gewöhnlich, und angenehm überwacht aus. – »Der Morgen«, sagte Fortunato lustig, »ist ein recht kerngesunder wildschöner Gesell, wie er so von den höchsten Bergen in die schlafende Welt hinunterjauchzt und von den Blumen und Bäumen die Tränen schüttelt und wogt und lärmt und singt. Der macht eben nicht sonderlich viel aus den sanften Empfindungen, sondern greift kühl an alle Glieder und lacht einem ins lange Gesicht, wenn man so preßhaft und noch ganz wie in Mondschein getaucht vor ihn hinaustritt.« Florio schämte sich nun, dem Sänger, wie er sich anfangs vorgenommen, etwas von dem schönen Venusbilde zu sagen, und schwieg betreten still. Sein Spaziergang in der Nacht war aber von dem Diener an der Haustür bemerkt und wahrscheinlich verraten worden, und Fortunato fuhr lachend fort: »Nun, wenn Ihr's nicht glaubt, versucht es nur einmal und stellt Euch jetzt hierher und sagt zum Exempel: O schöne, holde Seele, o Mondschein, du Blütenstaub zärtlicher Herzen und so weiter, ob das nicht recht zum Lachen wäre! Und doch wette ich, habt Ihr diese Nacht dergleichen oft gesagt und gewiß ordentlich ernsthaft dabei ausgesehen.« –
Florio hatte sich Fortunato ehedem immer so still und sanftmütig vorgestellt, nun verwundete ihn recht innerlichst die kecke Lustigkeit des geliebten Sängers. Er sagte hastig, und die Tränen traten ihm dabei in die seelenvollen Augen: »Ihr sprecht ja sicherlich anders, als Euch selber zumute ist, und das solltet Ihr nimmermehr tun. Aber ich lasse mich von Euch nicht irremachen, es gibt noch sanfte und hohe Empfindungen, die wohl schamhaft sind, aber sich nicht zu schämen brauchen, und ein stilles Glück, das sich vor dem lauten Tage verschließt und nur dem Sternenhimmel den heiligen

Kelch öffnet wie eine Blume, in der ein Engel wohnt.« – Fortunato sah den Jüngling verwundert an, dann rief er aus: »Nun wahrhaftig, Ihr seid recht ordentlich verliebt!«

Man hatte unterdes Fortunato, der spazierenreiten wollte, sein Pferd vorgeführt. Freundlich streichelte er den gebogenen Hals des zierlich aufgeputzten Rößleins, das mit fröhlicher Ungeduld den Rasen stampfte. Dann wandte er sich noch einmal zu Florio und reichte ihm gutmütig lächelnd die Hand. »Ihr tut mir doch leid«, sagte er, »es gibt gar zu viele sanfte, gute, besonders verliebte junge Leute, die ordentlich versessen sind auf Unglücklichsein. Laßt das, die Melancholie, den Mondschein und alle den Plunder; und geht's auch manchmal wirklich schlimm, nur frisch heraus in Gottes freien Morgen und da draußen sich recht abgeschüttelt, im Gebet aus Herzensgrund – und es müßte wahrlich mit dem Bösen zugehen, wenn Ihr nicht so recht durch und durch fröhlich und stark werdet!« – Und hiermit schwang er sich schnell auf sein Pferd und ritt zwischen den Weinbergen und blühenden Gärten in das farbige, schallende Land hinein, selber so bunt und freudig anzuschauen, wie der Morgen vor ihm.

Florio sah ihm lange nach, bis die Glanzeswogen über dem fernen Meer zusammenschlugen. Dann ging er hastig unter den Bäumen auf und nieder. Ein tiefes, unbestimmtes Verlangen war von den Erscheinungen der Nacht in seiner Seele zurückgeblieben. Dagegen hatte ihn Fortunato durch seine Reden seltsam verstört und verwirrt. Er wußte nun selbst nicht mehr, was er wollte, gleich einem Nachtwandler, der plötzlich bei seinem Namen gerufen wird. Sinnend blieb er oftmals vor der wunderreichen Aussicht in das Land hinab stehen, als wollte er das freudigkräftige Walten da draußen um Auskunft fragen. Aber der Morgen spielte nur einzelne Zauberlichter wie durch die Bäume über ihm in sein träumerisch funkelndes Herz hinein, das noch in anderer Macht stand. Denn drinnen zogen die Sterne noch immerfort ihre magischen Kreise, zwischen denen das wunderschöne Marmorbild mit neuer, unwiderstehlicher Gewalt heraufsah. –

So beschloß er denn endlich, den Weiher wieder aufzusuchen, und schlug rasch denselben Pfad ein, den er in der Nacht gewandelt.

Wie sah aber dort nun alles so anders aus! Fröhliche Menschen durchirrten geschäftig die Weinberge, Gärten und Alleen, Kinder spielten ruhig auf dem sonnigen Rasen vor den Hütten, die ihn in der Nacht unter den traumhaften Bäumen oft gleich eingeschlafenen Sphinxen erschreckt hatten, der Mond stand fern und verblaßt am klaren Himmel, unzählige Vögel sangen lustig im Walde durcheinander. Er konnte gar nicht begreifen, wie ihn damals hier so seltsame Furcht überfallen konnte.

Bald bemerkte er indes, daß er in Gedanken den rechten Weg verfehlte. Er betrachtete aufmerksam alle Plätze und ging zweifelhaft bald zurück, bald wieder vorwärts; aber vergeblich, je emsiger er suchte, je unbekannter und ganz anders kam ihm alles vor.

Lange war er so umhergeirrt. Die Vögel schwiegen schon, der Kreis der Hügel wurde nach und nach immer stiller, die Strahlen der Mittagssonne schillerten sengend über der ganzen Gegend draußen, die wie unter einem Schleier von Schwüle zu schlummern und zu träumen schien. Da kam er unerwartet an ein Tor von Eisengittern, zwischen dessen zierlich vergoldeten Stäben hindurch man in einen weiten, prächtigen Lustgarten hineinsehen konnte. Ein Strom von Kühle und Duft wehte den Ermüdeten erquickend daraus an. Das Tor war nicht verschlossen, er öffnete es leise und trat hinein.

Hohe Buchenhallen empfingen ihn da mit ihren feierlichen Schatten, zwischen denen goldene Vögel wie abgewehte Blüten hin und wieder flatterten, während große, seltsame Blumen, wie sie Florio niemals gesehen, traumhaft mit ihren gelben und roten Glocken in dem leisen Winde hin und her schwankten. Unzählige Springbrunnen plätscherten, mit vergoldeten Kugeln spielend, einförmig in der großen Einsamkeit. Zwischen den Bäumen hindurch sah man in der Ferne einen prächtigen Palast mit hohen, schlanken Säulen hereinschimmern. Kein Mensch war ringsum zu sehen, tiefe Stille herrschte überall. Nur hin und wieder erwachte manchmal eine Nachtigall und sang wie im Schlummer fast schluchzend. Florio betrachtete verwundert Bäume, Brunnen und Blumen, denn es war ihm, als sei das alles lange versunken, und über ihm ginge der Strom der Tage mit leichten, klaren Wellen, und unten länge nur der Garten gebunden und verzaubert und träumte von dem vergangenen Leben.

Er war noch nicht weit vorgedrungen, als er Lautenklänge vernahm, bald stärker, bald wieder in dem Rauschen der Springbrunnen leise verhallend. Lauschend blieb er stehen, die Töne kamen immer näher und näher, da trat plötzlich in dem stillen Bogengange eine hohe, schlanke Dame von wundersamer Schönheit zwischen den Bäumen hervor, langsam wandelnd und ohne aufzublicken. Sie trug eine prächtige, mit goldnem Bildwerk gezierte Laute im Arme, auf der sie, wie in tiefe Gedanken versunken, einzelne Akkorde griff. Ihr langes, goldenes Haar fiel in reichen Locken über die fast bloßen, blendendweißen Achseln bis auf den Rücken hinab; die langen, weiten Ärmel, wie von Blütenschnee gewoben, wurden von zierlichen goldenen Spangen gehalten; den schönen Leib umschloß ein himmelblaues Gewand, ringsum an den Enden mit buntglühenden, wunderbar ineinander verschlungenen Blumen gestickt. Ein heller Sonnenblick durch eine Öffnung des Bogenganges schweifte soeben scharfbeleuchtend über die blühende Gestalt, Florio fuhr innerlich zusammen – es waren unverkennbar die Züge, die Gestalt des schönen Venusbildes, das er heute nacht am Weiher gesehen. – Sie aber sang, ohne den Fremden zu bemerken:

Was weckst du, Frühling, mich von neuem wieder?
Daß all' die alten Wünsche auferstehen,
Geht übers Land ein wunderbares Wehen;
Das schauert mir so lieblich durch die Glieder.

Die schöne Mutter grüßen tausend Lieder,
Die, wieder jung, im Brautkranz süß zu sehen;
Der Wald will sprechen, rauschend Ströme gehen,
Najaden tauchen singend auf und nieder.

Die Rose seh' ich gehn aus grüner Klause
Und, wie so buhlerisch die Lüfte fächeln,
Errötend in die blaue Luft sich dehnen.

So mich auch ruft ihr aus dem stillen Hause –
Und schmerzlich nun muß ich im Frühling lächeln,
Versinkend zwischen Duft und Klang vor Sehnen.

So singend wandelte sie fort, bald in dem Grünen verschwindend, bald wieder erscheinend, immer ferner und ferner, bis sie sich endlich in der Gegend des Palastes ganz verlor. Nun war es auf einmal wieder still, nur die Bäume und Wasserkünste rauschten wie vorher. Florio stand in blühende Träume versunken, es war ihm, als hätte er die schöne Lautenspielerin schon lange gekannt und nur in der Zerstreuung des Lebens wieder vergessen und verloren, als ginge sie nun vor Wehmut zwischen dem Quellenrauschen unter und riefe ihn unaufhörlich, ihr zu folgen. – Tiefbewegt eilte er weiter in den Garten hinein auf die Gegend zu, wo sie verschwunden war. Da kam er unter uralten Bäumen an ein verfallenes Mauerwerk, an dem noch hin und wieder schöne Bildereien halb kenntlich waren. Unter der Mauer auf zerschlagenen Marmorsteinen und Säulenknäufen, zwischen denen hohes Gras und Blumen üppig hervorschossen, lag ein schlafender Mann ausgestreckt. Erstaunt erkannte Florio den Ritter Donati. Aber seine Mienen schienen im Schlafe sonderbar verändert, er sah fast wie ein Toter aus. Ein heimlicher Schauer überfiel Florio bei diesem Anblicke. Er rüttelte den Schlafenden heftig. Donati schlug langsam die Augen auf, und sein erster Blick war so fremd, stier und wild, daß sich Florio ordentlich vor ihm entsetzte. Dabei murmelte er noch zwischen Schlaf und Wachen einige dunkle Worte, die Florio nicht verstand. Als er sich endlich völlig ermuntert hatte, sprang er rasch auf und sah Florio, wie es schien, mit großem Erstaunen an. »Wo bin ich«, rief dieser hastig, »wer ist die edle Herrin, die in diesem schönen Garten wohnt?« – »Wie seid Ihr«, frug dagegen Donati sehr ernst, »in diesen Garten gekommen?« Florio erzählte kurz den Hergang, worüber der Ritter in ein tiefes Nachdenken versank. Der Jüngling wiederholte darauf dringend seine vorigen Fragen, und Donati sagte zerstreut: »Die Dame ist eine Verwandte von mir, reich und gewaltig, ihr Besitztum ist weit im Lande verbreitet. – Ihr findet sie bald da, bald dort – auch in der Stadt Lucca ist sie zuweilen.« Florio fielen die flüchtig hingeworfenen Worte seltsam aufs Herz, denn es wurde ihm nur immer deutlicher, was ihn vorher nur vorübergehend angeflogen, nämlich, daß er die Dame schon einmal in früherer Jugend irgendwo gesehen, doch konnte er sich durchaus nicht klar besinnen.

Sie waren unterdes rasch fortgehend unvermerkt an das vergoldete Gittertor des Gartens gekommen. Es war nicht dasselbe, durch welches Florio vorhin eingetreten. Verwundert sah er sich in der unbekannten Gegend um; weit über die Felder weg lagen die Türme der Stadt im heitern Sonnenglanze. Am Gitter stand Donatis Pferd angebunden und scharrte schnaubend den Boden.
Schüchtern äußerte nun Florio den Wunsch, die schöne Herrin des Gartens künftig einmal wiederzusehen. Donati, der bis dahin noch immer in sich versunken war, schien sich erst hier plötzlich zu besinnen. »Die Dame«, sagte er mit der gewohnten umsichtigen Höflichkeit, »wird sich freuen, Euch kennenzulernen. Heute jedoch würden wir sie stören, und auch mich rufen dringende Geschäfte nach Hause. Vielleicht kann ich Euch morgen abholen.« Und hierauf nahm er in wohlgesetzten Reden Abschied von dem Jüngling, bestieg sein Roß und war bald zwischen den Hügeln verschwunden.
Florio sah ihm lange nach, dann eilte er wie ein Trunkener der Stadt zu. Dort hielt die Schwüle noch alle lebendigen Wesen in den Häusern, hinter den dunkelkühlen Jalousien. Alle Gassen und Plätze waren leer, Fortunato auch noch nicht zurückgekehrt. Dem Glücklichen wurde es hier zu enge in trauriger Einsamkeit. Er bestieg schnell sein Pferd und ritt noch einmal ins Freie hinaus.
»Morgen, morgen!« schallte es in einem fort durch seine Seele. Ihm war es unbeschreiblich wohl. Das schöne Marmorbild war ja lebend geworden und von seinem Steine in den Frühling hinuntergestiegen, der stille Weiher plötzlich verwandelt zur unermeßlichen Landschaft, die Sterne darin zu Blumen und der ganze Frühling ein Bild der Schönen. – Und so durchschweifte er lange die schönen Täler um Lucca, an den prächtigen Landhäusern, Kaskaden und Grotten wechselnd vorüber, bis die Wellen des Abendrots über dem Fröhlichen zusammenschlugen.
Die Sterne standen schon klar am Himmel, als er langsam durch die stillen Gassen nach seiner Herberge zog. Auf einem der einsamen Plätze stand ein großes, schönes Haus, vom Monde hell erleuchtet. Ein Fenster war oben geöffnet, an dem er zwischen künstlich gezogenen Blumen hindurch zwei weibliche Gestalten bemerkte, die in ein lebhaftes Gespräch vertieft schienen. Mit Verwunderung hörte

er mehreremal deutlich seinen Namen nennen. Auch glaubte er in den einzelnen abgerissenen Worten, welche die Luft herüberwehte, die Stimme der wunderbaren Sängerin wiederzuerkennen. Doch konnte er von den im Mondesglanze zitternden Blättern und Blüten nichts genau unterscheiden. Er hielt an, um mehr zu vernehmen. Da bemerkten ihn die beiden Damen, und es wurde auf einmal still droben.

Unbefriedigt ritt Florio weiter, aber wie er soeben um die Straßenecke bog, sah er, daß sich die eine von den Damen, noch einmal ihm nachblickend, zwischen den Blumen hinauslehnte und dann schnell das Fenster schloß.

Am folgenden Morgen, als Florio soeben seine Traumblüten abgeschüttelt und vergnügt aus dem Fenster über die in der Morgensonne funkelnden Türme und Kuppeln der Stadt hinaussah, trat unerwartet der Ritter Donati in das Zimmer. Er war ganz schwarz gekleidet und sah heute ungewöhnlich verstört, hastig und beinah wild aus. Florio erschrak ordentlich vor Freude, als er ihn erblickte, denn er gedachte sogleich der schönen Frau. »Kann ich sie sehen?« rief er ihm schnell entgegen. Donati schüttelte verneinend mit dem Kopfe und sagte, traurig vor sich auf den Boden hinsehend: »Heute ist Sonntag.« – Dann fuhr er rasch fort, sich sogleich wieder ermannend: »Aber zur Jagd wollt' ich Euch abholen.« – »Zur Jagd?« erwiderte Florio höchst verwundert, »heute am heiligen Tage?« – »Nun wahrhaftig«, fiel ihm der Ritter mit einem ingrimmigen, abscheulichen Lachen ins Wort. »Ihr wollt doch nicht etwa mit der Buhlerin unterm Arm zur Kirche wandeln und im Winkel auf dem Fußschemel knien und andächtig Gott helf! sagen, wenn die Frau Base niest.« – »Ich weiß nicht, wie Ihr das meint«, sagte Florio, »und Ihr mögt immer über mich lachen, aber ich könnte heut nicht jagen. Wie da draußen alle Arbeit rastet und Wälder und Felder so geschmückt aussehen zu Gottes Ehre, als zögen Engel durch das Himmelblau über sie hinweg – so still, so feierlich und gnadenreich ist diese Zeit!« – Donati stand in Gedanken am Fenster, und Florio glaubte zu bemerken, daß er heimlich schauderte, wie er so in die Sonntagsstille der Felder hinaussah.

Unterdes hatte sich der Glockenklang von den Türmen der Stadt erhoben und ging wie ein Beten durch die klare Luft. Da schien Donati erschrocken, er griff nach seinem Hut und drang beinah ängstlich in Florio, ihn zu begleiten, der es aber beharrlich verweigerte. »Fort, hinaus!« rief endlich der Ritter halblaut und wie aus tiefster geklemmter Brust herauf, drückte dem erstaunten Jüngling die Hand und stürzte aus dem Hause fort.

Florio wurde recht heimatlich zumute, als darauf der frische, klare Sänger Fortunato, wie ein Bote des Friedens, zu ihm ins Zimmer trat. Er brachte eine Einladung auf morgen abend nach einem Landhause vor der Stadt. »Macht Euch nur gefaßt«, setzte er hinzu, »Ihr werdet dort eine alte Bekannte treffen!« – Florio erschrak ordentlich und fragte hastig: »Wen?« Aber Fortunato lehnte lustig alle Erklärung ab und entfernte sich bald. »Sollte es die schöne Sängerin sein?« dachte Florio still bei sich, und sein Herz schlug heftig.

Er begab sich dann in die Kirche, aber er konnte nicht beten, er war zu fröhlich zerstreut. Müßig schlenderte er durch die Gassen. Da sah alles so rein und festlich aus, schöngeputzte Herren und Damen zogen fröhlich und schimmernd nach den Kirchen. Aber, ach! die Schönste war nicht unter ihnen! – Ihm fiel dabei sein Abenteuer beim gestrigen Heimzuge ein. Er suchte die Gasse auf und fand bald das große, schöne Haus wieder; aber sonderbar! die Tür war geschlossen, alle Fenster fest zu, es schien niemand darin zu wohnen.

Vergeblich schweifte er den ganzen folgenden Tag in der Gegend umher, um nähere Auskunft über seine unbekannte Geliebte zu erhalten, oder sie, womöglich, gar wiederzusehen. Ihr Palast sowie der Garten, den er in jener Mittagsstunde zufällig gefunden, war wie versunken, auch Donati ließ sich nicht erblicken. Ungeduldig schlug daher sein Herz vor Freude und Erwartung, als er endlich am Abend, der Einladung zufolge, mit Fortunato, der fortwährend den Geheimnisvollen spielte, zum Tore hinaus dem Landhause zuritt.

Es war schon völlig dunkel, als sie draußen ankamen. Mitten in einem Garten, wie es schien, lag eine zierliche Villa mit schlanken Säulen, über denen sich von der Zinne ein zweiter Garten von Orangen und vielerlei Blumen duftig erhob. Große Kastanienbäume standen umher und streckten kühn und seltsam beleuchtet ihre Riesenarme zwischen den aus dem Fenster dringenden Scheinen in die Nacht hinaus. Der Herr vom Hause, ein feiner, fröhlicher Mann von mittleren Jahren, den aber Florio früher jemals gesehn zu haben sich nicht erinnerte, empfing den Sänger und seinen Freund herzlich an der Schwelle des Hauses und führte sie die breiten Stufen hinan in den Saal.

Eine fröhliche Tanzmusik scholl ihnen dort entgegen, eine große Gesellschaft bewegte sich bunt und zierlich durcheinander im Glanze unzähliger Lichter, die gleich Sternenkreisen in kristallenen Leuchtern über dem lustigen Schwarme schwebten. Einige tanzten, andere ergötzten sich in lebhaftem Gespräch, viele waren maskiert und gaben unwillkürlich durch ihre wunderliche Erscheinung dem anmutigen Spiele oft plötzlich eine tiefe, fast schauerliche Bedeutung.

Florio stand noch still geblendet, selber wie ein anmutiges Bild, zwischen den schönen schweifenden Bildern. Da trat ein zierliches Mädchen an ihn heran, in griechischem Gewande leicht geschürzt, die schönen Haare in künstliche Kränze geflochten. Eine Larve verbarg ihr halbes Gesicht und ließ die untere Hälfte nur desto rosiger und reizender sehen. Sie verneigte sich flüchtig, überreichte ihm eine Rose und war schnell wieder in dem Schwarme verloren.

In demselben Augenblick bemerkte er auch, daß der Herr vom Hause dicht bei ihm stand, ihn prüfend ansah, aber schnell wegblickte, als Florio sich umwandte. –

Verwundert durchstrich nun der letztere die rauschende Menge. Was er heimlich gehofft, fand er nirgends, und er machte sich beinahe Vorwürfe, dem fröhlichen Fortunato so leichtsinnig auf dieses Meer von Lust gefolgt zu sein, das ihn nun immer weiter von jener einsamen, hohen Gestalt zu verschlagen schien. Sorglos umspülten indes die losen Wellen, schmeichlerisch neckend, den Gedankenvollen und tauschten ihm unmerklich die Gedanken aus. Wohl kommt die Tanzmusik, wenn sie auch nicht unser Innerstes erschüttert und umkehrt, recht wie ein Frühling leise und gewaltig über uns, die Töne tasten zauberisch wie die ersten Sommerblicke nach der Tiefe und wecken alle die Lieder, die unten gebunden schliefen, und Quellen und Blumen und uralte Erinnerungen und das ganze eingefrorene, schwere, stockende Leben wird ein leichter, klarer Strom, auf dem das Herz mit rauschenden Wimpeln den lange aufgegebenen Wünschen fröhlich wieder zuführt. So hatte die allgemeine Lust auch Florio gar bald angesteckt, ihm war recht leicht zumute, als müßten sich alle Rätsel, die so schwül auf ihm lasteten, lösen.

Neugierig suchte er nun die niedliche Griechin wieder auf. Er fand sie in einem lebhaften Gespräch mit andern Masken, aber er bemerkte wohl, daß auch ihre Augen mitten im Gespräch suchend abseits schweiften und ihn schon von fern wahrgenommen hatten. Er forderte sie zum Tanze auf. Sie verneigte sich freundlich, aber ihre bewegliche Lebhaftigkeit schien wie gebrochen, als er ihre Hand berührte und festhielt. Sie folgte ihm still und mit gesenktem Köpfchen, man wußte nicht, ob schelmisch oder traurig. Die Musik begann, und er konnte keinen Blick verwenden von der reizenden Gauklerin, die ihn gleich den Zaubergestalten auf den alten fabelhaften Schildereien umschwebte. »Du kennst mich«, flüsterte sie kaum hörbar ihm zu, als sich einmal im Tanze ihre Lippen flüchtig beinah berührten.

Der Tanz war endlich aus, die Musik hielt plötzlich inne; da glaubte Florio seine schöne Tänzerin am anderen Ende des Saales *noch einmal* wiederzusehen. Es war dieselbe Tracht, dieselben Farben des Gewandes, derselbe Haarschmuck. Das schöne Bild schien unverwandt auf ihn herzusehen und stand fortwährend still im Schwarme der nun überall zerstreuten Tänzer, wie ein heiteres Gestirn zwischen dem leichten, fliegenden Gewölk bald untergeht, bald lieblich wieder erscheint. Die zierliche Griechin schien die Erscheinung nicht zu bemerken oder doch nicht zu beachten, sondern verließ, ohne ein Wort zu sagen, mit einem leisen, flüchtigen Händedrucke eilig ihren Tänzer.

Der Saal war unterdes ziemlich leer geworden. Alles schwärmte in den Garten hinab, um sich in der lauen Luft zu ergehen, auch jenes seltsame Doppelbild war verschwunden. Florio folgte dem Zuge und schlenderte gedankenvoll durch die hohen Bogengänge. Die vielen Lichter warfen einen zauberischen Schein zwischen das zitternde Laub. Die hin und her schweifenden Masken mit ihren veränderten, grellen Stimmen und wunderbarem Aufzuge nahmen sich hier in der ungewissen Beleuchtung noch viel seltsamer und fast gespenstisch aus.

Er war eben, unwillkürlich einen einsamen Pfad einschlagend, ein wenig von der Gesellschaft abgekommen, als er eine liebliche Stimme zwischen den Gebüschen singen hörte:

Über die beglänzten Gipfel,
Fernher kommt es wie ein Grüßen,
Flüsternd neigen sich die Wipfel,
Als ob sie sich wollten küssen.

Ist er doch so schön und milde!
Stimmen gehen durch die Nacht,
Singen heimlich von dem Bilde –
Ach, ich bin so froh erwacht!

Plaudert nicht so laut, ihr Quellen!
Wissen darf es nicht der Morgen,
In der Mondnacht linde Wellen
Senk' ich stille Glück und Sorgen.

Florio folgte dem Gesange und kam auf einen offnen, runden Rasenplatz, in dessen Mitte ein Springbrunnen lustig mit den Funken des Mondlichts spielte. Die Griechin saß wie eine schöne Najade auf dem steinernen Becken. Sie hatte die Larve abgenommen und spielte gedankenvoll mit einer Rose in dem schimmernden Wasserspiegel. Schmeichlerisch schweifte der Mondschein über den blendendweißen Nacken auf und nieder, ihr Gesicht konnte er nicht sehen, denn sie hatte ihm den Rücken zugekehrt. – Als sie die Zweige hinter sich rauschen hörte, sprang das schöne Bildchen rasch auf, steckte die Larve vor und floh, schnell wie ein aufgescheuchtes Reh, wieder zur Gesellschaft zurück.
Florio mischte sich nun auch wieder in die bunten Reihen der Spazierengehenden. Manch zierliches Liebeswort schallte da leise durch die laue Luft, der Mondschein hatte mit seinen unsichtbaren Fäden alle die Bilder wie in ein goldnes Liebesnetz verstrickt, in das nur die Masken mit ihren ungeselligen Parodien manche komische Lücke gerissen. Besonders hatte Fortunato sich diesen Abend mehreremal verkleidet und trieb fortwährend seltsam wechselnd sinnreichen Spuk, immer neu und unerkannt und oft sich selber überraschend durch die Kühnheit und tiefe Bedeutsamkeit seines

Spieles, so daß er manchmal plötzlich still wurde vor Wehmut, wenn die andern sich halb totlachen wollten. –
Die schöne Griechin ließ sich indes nirgends sehen, sie schien es absichtlich zu vermeiden, dem Florio wieder zu begegnen.
Dagegen hatte ihn der Herr vom Hause recht in Beschlag genommen. Künstlich und weit ausholend befragte ihn derselbe weitläufig um sein früheres Leben, seine Reisen und seinen künftigen Lebensplan. Florio konnte dabei gar nicht vertraulich werden, denn Pietro, so hieß jener, sah fortwährend so beobachtend aus, als läge hinter allen den feinen Redensarten irgendein besonderer Anschlag auf der Lauer. Vergebens sann er hin und her, dem Grunde dieser zudringlichen Neugier auf die Spur zu kommen.
Er hatte sich soeben wieder von ihm losgemacht, als er, um den Ausgang einer Allee herumbiegend, mehreren Masken begegnete, unter denen er unerwartet die Griechin wieder erblickte. Die Masken sprachen viel und seltsam durcheinander, die eine Stimme schien ihm bekannt, doch konnte er sich nicht deutlich besinnen. Bald darauf verlor sich eine Gestalt nach der andern, bis er sich am Ende, eh' er sich dessen versah, allein mit dem Mädchen befand. Sie blieb zögernd stehen und sah ihn einige Augenblicke schweigend an. Die Larve war fort, aber ein kurzer, blütenweißer Schleier, mit allerlei wunderlichen, goldgestickten Figuren verziert, verdeckte das Gesichtchen. Er wunderte sich, daß die Scheue nun so allein bei ihm aushielt.
»Ihr habt mich in meinem Gesange belauscht«, sagte sie endlich freundlich. Es waren die ersten lauten Worte, die er von ihr vernahm. Der melodische Klang ihrer Stimme drang ihm durch die Seele, es war, als rührte sie erinnernd an alles Liebe, Schöne und Fröhliche, was er im Leben erfahren. Er entschuldigte seine Kühnheit und sprach verwirrt von der Einsamkeit, die ihn verlockt, seiner Zerstreuung, dem Rauschen der Wasserkunst. – Einige Stimmen näherten sich unterdes dem Platze. Das Mädchen blickte scheu um sich und ging rasch tiefer in die Nacht hinein. Sie schien es gern zu sehen, daß Florio ihr folgte.
Kühn und vertraulich bat er sie nun, sich nicht länger zu verbergen oder doch ihren Namen zu sagen, damit ihre liebliche Erscheinung unter den tausend verwirrenden Bildern des Tages ihm nicht wie-

der verloren ginge. »Laßt das«, erwiderte sie träumerisch, »nehmt die Blumen des Lebens fröhlich, wie sie der Augenblick gibt, und forscht nicht nach den Wurzeln im Grunde, denn unten ist es freudlos und still.« Florio sah sie erstaunt an; er begriff nicht, wie solche rätselhafte Worte in den Mund des heitern Mädchens kamen. Das Mondlicht fiel eben wechselnd zwischen den Bäumen auf ihre Gestalt. Da kam es ihm auch vor, als sei sie nun größer, schlanker und edler als vorhin beim Tanze und am Springbrunnen.

Sie waren indes bis an den Ausgang des Gartens gekommen. Keine Lampe brannte mehr hier, nur manchmal hörte man noch eine Stimme, in der Ferne verhallend. Draußen ruhte der weite Kreis der Gegend still und feierlich im prächtigen Mondschein. Auf einer Wiese, die vor ihnen lag, bemerkte Florio mehrere Pferde und Menschen, in dem Dämmerlichte halbkenntlich durcheinander wirrend.

Hier blieb seine Begleiterin plötzlich stehen. »Es wird mich erfreuen«, sagte sie, »Euch einmal in meinem Hause zu sehen. Unser Freund wird Euch hingeleiten. Lebt wohl!« – Bei diesen Worten schlug sie den Schleier zurück, und Florio fuhr erschrocken zusammen. Es war die wunderbare Schöne, deren Gesang er in jenem mittagschwülen Garten belauscht. – Aber ihr Gesicht, das der Mond hell beschien, kam ihm bleich und regungslos vor, fast wie damals das Marmorbild am Weiher.

Er sah nun, wie sie über die Wiese dahinging, von mehreren reichgeschmückten Dienern empfangen wurde und in einem schnell umgeworfenen schimmernden Jagdkleide einen schneeweißen Zelter bestieg. Wie festgebannt von Staunen, Freude und einem heimlichen Grauen, das ihn innerlichst überschlich, blieb er stehen, bis Pferde, Reiter und die ganze seltsame Erscheinung in die Nacht verschwunden war.

Ein Rufen aus dem Garten weckte ihn endlich aus seinen Träumen. Er erkannte Fortunatos Stimme und eilte, den Freund zu erreichen, der ihn schon längst vermißt und vergebens aufgesucht hatte. Dieser wurde seiner kaum gewahr, als er ihm schon entgegensang:

Still in Luft
Es gebart,
Aus dem Duft
Hebt sich's zart,
Liebchen ruft,
Liebster schweift
Durch die Luft;
Sternwärts greift,
Seufzt und ruft,
Herz wird bang,
Matt wird Duft,
Zeit wird lang –
Mondscheinduft,
Luft in Luft
Bleibt Liebe und Liebste, wie sie gewesen!

»Aber wo seid Ihr denn auch so lange herumgeschwebt?« schloß er endlich lachend. – Um keinen Preis hätte Florio sein Geheimnis verraten können. »Lange?« erwiderte er nur, selber erstaunt. Denn in der Tat war der Garten unterdes ganz leer geworden, alle Beleuchtung fast erloschen, nur wenige Lampen flackerten noch ungewiß, wie Irrlichter, im Winde hin und her.

Fortunato drang nicht weiter in den Jüngling, und schweigend stiegen sie in dem stillgewordenen Hause die Stufen hinan. »Ich löse nun mein Wort«, sagte Fortunato, indem sie auf der Terrasse unter dem Dache der Villa anlangten, wo noch eine kleine Gesellschaft unter dem heiter gestirnten Himmel versammelt war. Florio erkannte sogleich mehrere Gesichter, die er an jenem ersten fröhlichen Abend bei den Zelten gesehen. Mitten unter ihnen erblickte er auch seine schöne Nachbarin wieder. Aber der fröhliche Blumenkranz fehlte heute in den Haaren, ohne Band, ohne Schmuck wallten die schönen Locken um das Köpfchen und den zierlichen Hals. Er stand fast betroffen still bei dem Anblicke. Die Erinnerung an jenen Abend überflog ihn mit einer seltsam wehmütigen Gewalt. Es war ihm, als sei das schon lange her, so ganz anders war alles seitdem geworden. Das Fräulein wurde Bianka genannt und ihm als Pietros Nichte vorgestellt. Sie schien ganz verschüchtert, als er sich ihr näherte, und wagte es kaum, zu ihm aufzublicken. Er äußerte ihr seine Verwunderung, sie diesen Abend hindurch nicht gesehen zu haben. »Ihr habt mich öfter gesehen«, sagte sie leise, und er glaubte dieses Flüstern wiederzuerkennen. – Währenddes wurde sie die Rose an seiner Brust gewahr, welche er von der Griechin erhalten, und schlug errötend die Augen nieder. Florio merkte es wohl, ihm fiel dabei ein, wie er nach dem Tanze die Griechin doppelt gesehen. Mein Gott! dachte er verwirrt bei sich, wer war denn das?

»Es ist gar seltsam«, unterbrach sie ablenkend das Stillschweigen, »so plötzlich aus der lauten Lust in die weite Nacht hinauszutreten. Seht nur, die Wolken gehn oft so schreckhaft wechelnd über den Himmel, daß man wahnsinnig werden müßte, wenn man lange hineinsähe; bald wie ungeheure Mondgebirge mit schwindligen Abgründen und schrecklichen Zacken, ordentlich wie Gesichter, bald wieder wie Drachen, oft plötzlich lange Hälse ausstreckend, und drunter schießt der Fluß heimlich wie eine goldne Schlange durch das Dunkel, das weiße Haus da drüben sieht aus wie ein stilles Marmorbild.« – »Wo?« fuhr Florio, bei diesem Worte heftig erschreckt, aus seinen Gedanken auf. – Das Mädchen sah ihn verwundert an, und beide schwiegen einige Augenblicke still. – »Ihr werdet Lucca verlassen?« sagte sie endlich zögernd und leise, als fürchtete sie sich vor einer Antwort. – »Nein«, erwiderte Florio zerstreut, »doch ja, ja bald, recht sehr bald!« – Sie schien noch etwas sagen zu wollen, wandte aber plötzlich, die Worte zurückdrängend, ihr Gesicht ab in die Dunkelheit.

Er konnte endlich den Zwang nicht länger aushalten. Sein Herz war so voll und gepreßt und doch so überselig. Er nahm schnell Abschied, eilte hinab und ritt ohne Fortunato und alle Begleitung in die Stadt zurück.

Das Fenster in seinem Zimmer stand offen, er blickte flüchtig noch einmal hinaus. Die Gegend draußen lag unkenntlich und still wie eine wunderbar verschränkte Hieroglyphe im zauberischen Mondschein. Er schloß das Fenster fast erschrocken und warf sich auf sein Ruhebett hin, wo er wie ein Fieberkranker in die wunderlichsten Träume versank.

Bianka aber saß noch lange auf der Terrasse oben. Alle andern hatten sich zur Ruhe begeben, hin und wieder erwachte schon manche

Lerche, mit ungewissem Liede hoch durch die stille Luft schweifend; die Wipfel der Bäume fingen an sich unten zu rühren, falbe Morgenlichter flogen wechselnd über ihr erwachtes, von den freigelassenen Locken nachlässig umwalltes Gesicht. – Man sagt, daß einem Mädchen, wenn es in einem aus neunerlei Blumen geflochtenen Kranze einschläft, der künftige Bräutigam im Traume erscheine. So eingeschlummert hatte Bianka nach jenem Abende bei den Zelten Florio im Traume gesehen. – Nun war alles Lüge, er war ja so zerstreut, so kalt und fremde! – Sie zerpflückte die trügerischen Blumen, die sie bis jetzt wie einen Brautkranz aufbewahrt. Dann lehnte sie die Stirn an das kalte Geländer und weinte aus Herzensgrunde.
Mehrere Tage waren seitdem vergangen, da befand sich Florio eines Nachmittags bei Donati auf seinem Landhause vor der Stadt. An einem mit Früchten und kühlem Wein besetzten Tische verbrachten sie die schwülen Stunden unter anmutigen Gesprächen, bis die Sonne schon tief hinabgesunken war. Währenddes ließ Donati seinen Diener auf der Gitarre spielen, der ihr gar liebliche Töne zu entlocken wußte. Die großen, weiten Fenster standen dabei offen, durch welche die lauen Abendlüfte den Duft vielfacher Blumen, mit denen das Fenster besetzt war, hineinwehten. Draußen lag die Stadt im farbigen Duft zwischen den Gärten und Weinbergen, von denen ein fröhliches Schallen durch die Fenster heraufkam. Florio war innerlichst vergnügt, denn er gedachte im stillen immerfort der schönen Frau.
Währenddes ließen sich draußen Waldhörner aus der Ferne vernehmen. Bald näher, bald weiter gaben sie einander unablässig anmutig Antwort von den grünen Bergen. Donati trat ans Fenster. »Das ist die Dame«, sagte er, »die Ihr in dem schönen Garten gesehen habt, sie kehrt soeben von der Jagd nach ihrem Schlosse zurück.« Florio blickte hinaus. Da sah er das Fräulein auf einem schönen Zelter unten über den grünen Anger ziehen. Ein Falke, mit einer goldnen Schnur an ihrem Gürtel befestigt, saß auf ihrer Hand, ein Edelstein an ihrer Brust warf in der Abendsonne lange, grünlichgoldne Scheine über die Wiese hin. Sie nickte freundlich zu ihm herauf.
»Das Fräulein ist nur selten zu Hause«, sagte Donati, »wenn es Euch gefällig wäre, so könnten wir sie noch heute besuchen.« Florio fuhr bei diesen Worten freudig aus dem träumerischen Schauen,

in das er versunken stand, er hätte dem Ritter um den Hals fallen mögen. – Und bald saßen beide draußen zu Pferde.
Sie waren noch nicht lange geritten, als sich der Palast mit seiner heiteren Säulenpracht vor ihnen erhob, ringsum von dem schönen Garten, wie von einem fröhlichen Blumenkranz, umgeben. Von Zeit zu Zeit schwangen sich Wasserstrahlen von den vielen Springbrunnen, wie jauchzend, bis über die Wipfel der Gebüsche, hell im Abendgolde funkelnd. – Florio verwunderte sich, wie er bisher niemals den Garten wiederfinden konnte. Sein Herz schlug laut vor Entzücken und Erwartung, als sie endlich bei dem Schlosse anlangten.
Mehrere Diener eilten herbei, ihnen die Pferde abzunehmen. Das Schloß selbst war ganz von Marmor und seltsam, fast wie ein heidnischer Tempel erbaut. Das schöne Ebenmaß aller Teile, die wie jugendliche Gedanken hochaufstrebenden Säulen, die künstlichen Verzierungen, sämtliche Geschichten aus einer fröhlichen, lange versunkenen Welt darstellend, die schönen, marmornen Götterbilder endlich, die überall in den Nischen umherstanden, alles erfüllte die Seele mit einer unbeschreiblichen Heiterkeit. Sie betraten nun die weite Halle, die durch das ganze Schloß hindurchging. Zwischen den luftigen Säulen glänzte und wehte ihnen überall der Garten duftig entgegen.
Auf den breiten, glattpolierten Stufen, die in den Garten hinabführten, trafen sie endlich auch die schöne Herrin des Palastes, die sie mit großer Anmut willkommen hieß. – Sie ruhte, halb liegend, auf einem Ruhebett von köstlichen Stoffen. Das Jagdkleid hatte sie abgelegt, ein himmelblaues Gewand, von einem wunderbar zierlichen Gürtel zusammengehalten, umschloß die schönen Glieder. Ein Mädchen, neben ihr kniend, hielt ihr einen reichverzierten Spiegel vor, während mehrere andere beschäftigt waren, ihre anmutige Gebieterin mit Rosen zu schmücken. Zu ihren Füßen war ein Kreis von Jungfrauen auf dem Rasen gelagert, die sangen mit abwechselnden Stimmen zur Laute, bald hinreißend fröhlich, bald leise klagend, wie Nachtigallen in warmen Sommernächten einander Antwort geben.
In dem Garten selbst sah man überall ein erfrischendes Wehen und Regen. Viele fremde Herren und Damen wandelten da zwischen

den Rosengebüschen und Wasserkünsten in artigen Gesprächen auf und nieder. Reichgeschmückte Edelknaben reichten Wein und mit Blumen verdeckte Orangen und Früchte in silbernen Schalen umher. Weiter in der Ferne, wie die Lautenklänge und die Abendstrahlen so über die Blumenfelder dahinglitten, erhoben sich hin und her schöne Mädchen, wie aus Mittagsträumen erwachend, aus den Blumen, schüttelten die dunklen Locken aus der Stirn, wuschen sich die Augen in den klaren Springbrunnen und mischten sich dann auch in den fröhlichen Schwarm.
Florios Blicke schweiften wie geblendet über die bunten Bilder, immer mit neuer Trunkenheit wieder zu der schönen Herrin des Schlosses zurückkehrend. Diese ließ sich in ihrem kleinen, anmutigen Geschäft nicht stören. Bald etwas an ihrem dunkeln, duftenden Lockengeflecht verbessernd, bald wieder im Spiegel sich betrachtend, sprach sie dabei fortwährend zu dem Jüngling, mit gleichgültigen Dingen in zierlichen Worten holdselig spielend. Zuweilen wandte sie sich plötzlich um und blickte ihn unter den Rosenkränzen so unbeschreiblich lieblich an, daß es ihm durch die innerste Seele ging. –
Die Nacht hatte indes schon angefangen, zwischen die fliegenden Abendlichter hinein zu dunkeln, das lustige Schallen im Garten wurde nach und nach zum leisen Liebesgeflüster, der Mondschein legte sich zauberisch über die schönen Bilder. Da erhob sich die Dame von ihrem blumigen Sitze und faßte Florio freundlich bei der Hand, um ihn in das Innere ihres Schlosses zu führen, von dem er bewundernd gesprochen. Viele von den andern folgten ihnen nach. Sie gingen einige Stufen auf und nieder, die Gesellschaft zerstreute sich inzwischen lustig, lachend und scherzend durch die vielfachen Säulengänge, auch Donati war im Schwarme verloren, und bald befand sich Florio mit der Dame allein in einem der prächtigsten Gemächer des Schlosses.
Die schöne Führerin ließ sich hier auf mehrere am Boden liegende seidene Kissen nieder. Sie warf dabei, zierlich wechselnd, ihren weiten, blütenweißen Schleier in die mannigfaltigsten Richtungen, immer schönere Formen bald enthüllend, bald lose verbergend. Florio betrachtete sie mit flammenden Augen. Da begann auf einmal draußen in dem Garten ein wunderschöner Gesang. Es war ein

altes, frommes Lied, das er in seiner Kindheit oft gehört und seitdem über den wechselnden Bildern der Reise fast vergessen hatte. Er wurde ganz zerstreut, denn es kam ihm zugleich vor, als wäre es Fortunatos Stimme. – »Kennt Ihr den Sänger?« fragte er rasch die Dame. Diese schien ordentlich erschrocken und verneinte es verwirrt. Dann saß sie lange im stummen Nachsinnen da.

Florio hatte unterdes Zeit und Freiheit, die wunderlichen Verzierungen des Gemaches genau zu betrachten. Es war nur matt durch einige Kerzen erleuchtet, die von zwei ungeheuren, aus der Wand hervorragenden Armen gehalten wurden. Hohe, ausländische Blumen, die in künstlichen Krügen umherstanden, verbreiteten einen berauschenden Duft. Gegenüber stand eine Reihe marmorner Bildsäulen, über deren reizende Formen die schwankenden Lichter lüstern auf und nieder schweiften. Die übrigen Wände füllten köstliche Tapeten mit in Seide gewirkten lebensgroßen Historien von ausnehmender Frische.

Mit Verwunderung glaubte Florio, in allen den Damen, die er in diesen letzteren Schildereien erblickte, die schöne Herrin des Hauses deutlich wiederzuerkennen. Bald erschien sie, den Falken auf der Hand, wie er sie vorhin gesehen hatte, mit einem jungen Ritter auf die Jagd reitend, bald war sie in einem prächtigen Rosengarten vorgestellt, wie ein anderer schöner Edelknabe auf den Knien zu ihren Füßen lag.

Da flog es ihn plötzlich wie von den Klängen des Liedes draußen an, daß er zu Hause in früher Kindheit oftmals ein solches Bild gesehen, eine wunderschöne Dame in derselben Kleidung, einen Ritter zu ihren Füßen, hinten einen weiten Garten mit vielen Springbrunnen und künstlich geschnittenen Alleen, geradeso wie vorhin der Garten draußen erschienen. Auch Abbildungen von Lucca und anderen berühmten Städten erinnerte er sich dort gesehen zu haben.

Er erzählte es nicht ohne tiefe Bewegung der Dame. »Damals«, sagte er, in Erinnerungen verloren, »wenn ich so an schwülen Nachmittagen in dem einsamen Lusthause unseres Gartens vor den alten Bildern stand und die wunderlichen Türme der Städte, die Brücken und Alleen betrachtete, wie da prächtige Karossen fuhren und stattliche Kavaliere einherritten, die Damen in den Wagen begrüßend – da dachte ich nicht, daß das alles einmal lebendig werden würde um mich herum. Mein Vater trat dabei oft zu mir und erzählte mir manch lustiges Abenteuer, das ihm auf seinen jugendlichen Heeresfahrten in der und jener von den abgemalten Städten begegnet. Dann pflegte er gewöhnlich lange Zeit nachdenklich in dem stillen Garten auf und ab zu gehen. – Ich aber warf mich in das tiefste Gras und sah stundenlang zu, wie die Wolken über die schwüle Gegend wegzogen. Die Gräser und Blumen schwankten leise hin und her über mir, als wollten sie seltsame Träume weben, die Bienen summten dazwischen so sommerhaft und in einem fort – ach! das ist alles wie ein Meer von Stille, in dem das Herz vor Wehmut untergehen möchte!« – »Laßt nur das!« sagte hier die Dame wie in Zerstreuung, »ein jeder glaubt mich schon einmal gesehen zu haben, denn mein Bild dämmert und blüht wohl in allen Jugendträumen mit herauf.« Sie streichelte dabei beschwichtigend dem schönen Jüngling die braunen Locken aus der klaren Stirn. – Florio aber stand auf, sein Herz war zu voll und tief bewegt, er trat ans offene Fenster. Da rauschten die Bäume, hin und wieder schlug eine Nachtigall, in der Ferne blitzte es zuweilen. Über den stillen Garten weg zog immerfort der Gesang wie ein klarer, kühler Strom, aus dem die alten Jugendträume herauftauchten. Die Gewalt dieser Töne hatte seine ganze Seele in tiefe Gedanken versenkt, er kam sich auf einmal hier so fremd und wie aus sich selber verirrt vor. Selbst die letzten Worte der Dame, die er sich nicht recht zu deuten wußte, beängstigten ihn sonderbar – da sagte er leise aus tiefstem Grunde der Seele: »Herr Gott, laß mich nicht verlorengehen in der Welt!« Kaum hatte er die Worte innerlichst ausgesprochen, als sich draußen ein trüber Wind, wie von dem herannahenden Gewitter, erhob und ihn verwirrend anwehte. Zu gleicher Zeit bemerkte er an dem Fenstergesimse Gras und einzelne Büschel von Kräutern wie auf altem Gemäuer. Eine Schlange fuhr zischend daraus hervor und stürzte mit dem grünlichgoldnen Schweife sich ringelnd in den Abgrund hinunter.

Erschrocken verließ Florio das Fenster und kehrte zu der Dame zurück. Diese saß unbeweglich still, als lauschte sie. Dann stand sie rasch auf, ging ans Fenster und sprach mit anmutiger Stimme scheltend in die Nacht hinaus. Florio konnte aber nichts verstehen, denn der Sturm riß die Worte gleich mit sich fort. – Das Gewitter schien indes immer näher zu kommen, der Wind, zwischen dem noch immerfort einzelne Töne des Gesanges herzzerreißend heraufflogen, strich pfeifend durch das ganze Haus und drohte die wild hin und her flackernden Kerzen zu verlöschen. Ein langer Blitz erleuchtete soeben das dämmernde Gemach. Da fuhr Florio plötzlich einige Schritte zurück, denn es war ihm, als stünde die Dame starr mit geschlossenen Augen und ganz weißem Antlitz und Armen vor ihm. – Mit dem flüchtigen Blitzesscheine jedoch verschwand auch das schreckliche Gesicht wieder, wie es entstanden. Die alte Dämmerung füllte wieder das Gemach, die Dame sah ihn wieder lächelnd an wie vorhin, aber stillschweigend und wehmütig, wie mit schwerverhaltenen Tränen.

Florio hatte indes, im Schreck zurücktaumelnd, eines von den steinernen Bildern, die an der Wand herumstanden, angestoßen. In demselben Augenblicke begann dasselbe sich zu rühren, die Regung teilte sich schnell den andern mit, und bald erhoben sich alle die Bilder mit furchtbarem Schweigen von ihrem Gestelle. Florio zog seinen Degen und warf einen ungewissen Blick auf die Dame. Als er aber bemerkte, daß dieselbe, bei den indes immer gewaltiger werdenden Tönen des Gesanges im Garten, immer bleicher und bleicher wurde, gleich einer versinkenden Abendröte, worin endlich auch die lieblich spielenden Augensterne unterzugehen schienen, da erfaßte ihn ein tödliches Grauen. Denn auch die hohen Blumen in den Gefäßen fingen an, sich wie buntgefleckte, bäumende Schlangen gräßlich durcheinander zu winden, alle Ritter auf den Wandtapeten sahen auf einmal aus wie er und lachten ihn hähmisch an; die beiden Arme, welche die Kerzen hielten, rangen und reckten sich immer länger, als wolle ein ungeheurer Mann aus der Wand sich hervorarbeiten, der Saal füllte sich mehr und mehr, die Flammen des Blitzes warfen gräßliche Scheine zwischen die Gestalten, durch deren Gewimmel Florio die steinernen Bilder mit solcher Gewalt auf sich losdringen sah, daß ihm die Haare zu Berge standen. Das Grauen überwältigte alle seine Sinne, er stürzte verworren aus dem Zimmer durch die öden, widerhallenden Gemächer und Säulengänge hinab.

Unten im Garten lag seitwärts der stille Weiher, den er in jener ersten Nacht gesehen, mit dem marmornen Venusbilde. – Der Sänger Fortunato, so kam es ihm vor, fuhr abgewendet und hoch aufrecht stehend im Kahne mitten auf dem Weiher, noch einzelne Akkorde in seine Gitarre greifend. – Florio aber hielt auch diese Erscheinung für ein verwirrendes Blendwerk der Nacht und eilte fort und fort, ohne sich umzusehen, bis Weiher, Garten und Palast weit hinter ihm versunken waren. Die Stadt ruhte, hell vom Monde beschienen, vor ihm. Fernab am Horizonte verhallte nur ein leichtes Gewitter, es war eine prächtig klare Sommernacht.

Schon flogen einzelne Lichtstreifen über den Morgenhimmel, als er vor den Toren ankam. Er suchte dort heftig Donatis Wohnung auf, ihn wegen der Begebenheiten dieser Nacht zur Rede zu stellen. Das Landhaus lag auf einem der höchsten Plätze mit der Aussicht über die Stadt und die ganze umliegende Gegend. Er fand daher die anmutige Stelle bald wieder. Aber anstatt der zierlichen Villa, in der er gestern gewesen, stand nur eine niedere Hütte da, ganz von Weinlaub überrankt und von einem kleinen Gärtchen umschlossen. Tauben, in den ersten Morgenstrahlen spiegelnd, gingen girrend auf dem Dache auf und nieder, ein tiefer, heiterer Friede herrschte überall. Ein Mann mit dem Spaten auf der Achsel kam soeben aus dem Hause und sang:

Vergangen ist die finstre Nacht,
Des Bösen Trug und Zaubermacht,
Zur Arbeit weckt der lichte Tag;
Frisch auf, wer Gott noch loben mag!

Er brach sein Lied plötzlich ab, als er den Fremden so bleich und mit verworrenem Haar daherfliegen sah. – Ganz verwirrt fragte Florio nach Donati. Der Gärtner aber kannte den Namen nicht und schien den Fragenden für wahnsinnig zu halten. Seine Tochter dehnte sich auf der Schwelle in die kühle Morgenluft hinauf und sah den Fremden frisch und morgenklar mit den großen, verwunderten Augen an. – »Mein Gott! Wo bin ich denn so lange gewesen!« sagte Florio halb leise in sich und floh eilig zurück durch das Tor und die noch leeren Gassen in die Herberge.

Hier verschloß er sich in sein Zimmer und versank ganz und gar in ein hinstarrendes Nachsinnen. Die unbeschreibliche Schönheit der Dame, wie sie so langsam vor ihm verblich und die anmutigen

Augen untergingen, hatte in seinem tiefsten Herzen eine solche unendliche Wehmut zurückgelassen, daß er sich unwiderstehlich sehnte, hier zu sterben. –
In solchem unseligen Brüten und Träumen blieb er den ganzen Tag und die darauffolgende Nacht hindurch.

Die früheste Morgendämmerung fand ihn schon zu Pferde vor den Toren der Stadt. Das unermüdliche Zureden seines getreuen Dieners hatte ihn endlich zu dem Entschlusse bewogen, diese Gegend gänzlich zu verlassen. Langsam und in sich gekehrt zog er nun die schöne Straße, die von Lucca in das Land hinausführte, zwischen den dunkelnden Bäumen, in denen die Vögel noch schliefen, dahin. Da gesellten sich, nicht gar fern von der Stadt, noch drei andere Reiter zu ihm. Nicht ohne heimlichen Schauer erkannte er in dem einen den Sänger Fortunato. Der andere war Fräulein Biankas Oheim, in dessen Landhause er an jenem verhängnisvollen Abende getanzt. Er wurde von einem Knaben begleitet, der, stillschweigend und ohne viel aufzublicken, neben ihm herritt. Alle drei hatten sich vorgenommen, miteinander das schöne Italien zu durchschweifen, und luden Florio freundlich ein, mit ihnen zu reisen. Er aber verneigte sich schweigend, weder einwilligend noch verneinend, und nahm fortwährend an allen ihren Gesprächen nur geringen Anteil.
Die Morgenröte erhob sich indes immer höher und kühler über der wunderschönen Landschaft vor ihnen. Da sagte der heitere Pietro zu Fortunato: »Seht nur, wie seltsam das Zwielicht über dem Gestein der alten Ruine auf dem Berge dort spielt! Wie oft bin ich, schon als Knabe, mit Erstaunen, Neugier und heimlicher Scheu dort herumgeklettert! Ihr seid so vieler Sagen kundig, könnt Ihr uns nicht Auskunft geben von dem Ursprung und Verfall dieses Schlosses, von dem so wunderliche Gerüchte im Lande gehen?« – Florio warf einen Blick nach dem Berge. In einer großen Einsamkeit lag da altes, verfallenes Gemäuer umher, schöne, halb in die Erde versunkene Säulen und künstlich gehauene Steine, alles von einer üppig blühenden Wildnis grünverschlungener Ranken, Hecken und hohen Unkrauts überdeckt. Ein Weiher befand sich daneben, über dem sich ein zum Teil zertrümmertes Marmorbild erhob, hell vom Morgen angeglüht. Es war offenbar dieselbe Gegend, dieselbe Stelle, wo er

den schönen Garten und die Dame gesehen hatte. – Er schauerte innerlichst zusammen bei dem Anblicke. – Fortunato aber sagte: »Ich weiß ein altes Lied darauf, wenn Ihr damit fürliebnehmen wollt.« – Und hiermit sang er, ohne sich lange zu besinnen, mit seiner klaren, fröhlichen Stimme in die heitere Morgenluft hinaus:

Von kühnen Wunderbildern
Ein großer Trümmerhauf',
In reizendem Verwildern
Ein blühender Garten drauf.

Versunknes Reich zu Füßen,
Vom Himmel fern und nah
Aus andrem Reich ein Grüßen –
Das ist Italia!

Wenn Frühlingslüfte wehen
Hold über'm grünen Plan,
Ein leises Auferstehen
Hebt in den Tälern an.

Da will sich's unten rühren
Im stillen Göttergrab,
Der Mensch kann's schauernd spüren
Tief in die Brust hinab.

Verwirrend in den Bäumen
Gehn Stimmen hin und her,
Ein sehnsuchtsvolles Träumen
Weht übers blaue Meer.

Und unterm duft'gen Schleier,
So oft der Lenz erwacht,
Webt in geheimer Feier
Die alte Zaubermacht.

Frau Venus hört das Locken,
Der Vögel heitern Chor
Und richtet froh erschrocken
Aus Blumen sich empor.

Sie sucht die alten Stellen,
Das lust'ge Säulenhaus,
Schaut lächelnd in die Wellen
Der Frühlingsluft hinaus.

Doch öd' sind nun die Stellen,
Stumm liegt ihr Säulenhaus,
Gras wächst da auf den Schwellen,
Der Wind zieht ein und aus.

Wo sind nun die Gespielen?
Diana schläft im Wald,
Neptunus ruht im kühlen
Meerschloß, das einsam hallt.

Zuweilen nur Sirenen
Noch tauchen aus dem Grund
Und tun in irren Tönen
Die tiefe Wehmut kund. –

Sie selbst muß sinnend stehen
So bleich im Frühlingsschein,
Die Augen untergehen,
Der schöne Leib wird Stein.

Denn über Land und Wogen
Erscheint, so still und mild,
Hoch auf dem Regenbogen
Ein andres Frauenbild.

Ein Kindlein in den Armen
Die Wunderbare hält,
Und himmlisches Erbarmen
Durchdringt die ganze Welt.

Da in den lichten Räumen
Erwacht das Menschenkind
Und schüttelt böses Träumen
Von seinem Haupt geschwind.

Und, wie die Lerche singend,
Aus schwülen Zaubers Kluft
Erhebt die Seele ringend
Sich in die Morgenluft.

Alle waren still geworden über dem Liede. – »Jene Ruine«, sagte endlich Pietro, »wäre also ein ehemaliger Tempel der Venus, wenn ich Euch sonst recht verstanden?« – »Allerdings«, erwiderte Fortunato, »soviel man an der Anordnung des Ganzen und den noch übriggebliebenen Verzierungen abnehmen kann. Auch sagt man, der Geist der schönen Heidengöttin habe keine Ruhe gefunden. Aus der erschrecklichen Stille des Grabes heißt sie das Andenken an die irdische Lust jeden Frühling immer wieder in die grüne Einsamkeit ihres verfallenen Hauses heraufsteigen und durch teuflisches Blendwerk die alte Verführung üben an jungen, sorglosen Gemütern, die dann vom Leben abgeschieden, und doch auch nicht aufgenommen in den Frieden der Toten, zwischen wilder Lust und schrecklicher Reue, an Leib und Seele verloren, umherirren und in der entsetzlichsten Täuschung sich selber verzehren. Gar häufig will man auf demselben Platze Anfechtungen von Gespenstern verspürt haben, wo sich bald eine wunderschöne Dame, bald mehrere ansehnliche Kavaliere sehen lassen und die Vorübergehenden in einen dem Auge vorgestellten erdichteten Garten und Palast führen.« – »Seid Ihr jemals droben gewesen?« fragte hier Florio rasch, aus seinen Gedanken erwachend. – »Erst vorgestern abends«, entgegnete Fortunato. – »Und habt Ihr nichts Erschreckliches gesehen?« »Nichts«, sagte der Sänger, »als den stillen Weiher und die weißen, rätselhaften Steine im Mondlicht umher und den weiten, unendlichen Sternenhimmel darüber. Ich sang ein altes frommes Lied, eines von jenen ursprünglichen Liedern, die, wie Erinnerungen und Nachklänge aus einer andern heimatlichen Welt, durch das Paradiesgärtlein unsrer Kindheit ziehen und ein rechtes Wahrzeichen sind, an dem sich alle Poetischen später in dem älter gewordenen Leben immer wieder erkennen. Glaubt mir, ein redlicher Dichter kann viel wagen, denn die Kunst, die ohne Stolz und Frevel, bespricht und bändigt die wilden Erdengeister, die aus der Tiefe nach uns langen.«

Alle schwiegen, die Sonne ging soeben auf vor ihnen und warf ihre funkelnden Lichter über die Erde. Da schüttelte Florio sich an allen Gliedern, sprengte rasch eine Strecke den andern voraus und sang mit heller Stimme:

Hier bin ich, Herr! Gegrüßt das Licht!
Das durch die stille Schwüle
Der müden Brust gewaltig bricht
Mit seiner strengen Kühle.

Nun bin ich frei! Ich taumle noch
Und kann mich noch nicht fassen –
O Vater, du erkennst mich doch
Und wirst nicht von mir lassen!

Es kommt nach allen heftigen Gemütsbewegungen, die unser ganzes Wesen durchschüttern, eine stillklare Heiterkeit über die Seele, gleichwie die Felder nach einem Gewitter frischer grünen und aufatmen. So fühlte sich auch Florio nun innerlichst erquickt, er blickte wieder recht mutig um sich und erwartete beruhigt die Gefährten, die langsam im Grünen nachgezogen kamen.
Der zierliche Knabe, welcher Pietro begleitete, hatte unterdes auch, wie Blumen vor den ersten Morgenstrahlen, das Köpfchen erhoben. – Da erkannte Florio mit Erstaunen Fräulein Bianka. Er erschrak, wie sie so bleich aussah gegen jenen Abend, da er sie zum erstenmal unter den Zelten in reizendem Mutwillen gesehen. Die Arme war mitten in ihren sorglosen Kinderspielen von der Gewalt der ersten Liebe überrascht worden. Und als dann der heißgeliebte Florio, den dunkeln Mächten folgend, so fremd wurde und sich immer weiter von ihr entfernte, bis sie ihn endlich ganz verloren geben mußte, da versank sie in eine tiefe Schwermut, deren Geheimnis sie niemand anzuvertrauen wagte. Der kluge Pietro wußte es aber wohl und hatte beschlossen, seine Nichte weit fortzuführen und sie in fremden Gegenden und in einem andern Himmelsstrich, wo nicht zu heilen, doch zu zerstreuen und zu erhalten. Um ungehinderter reisen zu können und zugleich alles Vergangene gleichsam von sich abzustreifen, hatte sie Knabentracht anlegen müssen.
Mit Wohlgefallen ruhten Florios Blicke auf der lieblichen Gestalt.

Eine seltsame Verblendung hatte bisher seine Augen wie mit einem Zaubernebel umfangen. Nun erstaunte er ordentlich, wie schön sie war! Er sprach vielerlei gerührt und mit tiefer Innigkeit zu ihr. Da ritt sie, ganz überrascht von dem unerhofften Glück und in freudiger Demut, als verdiene sie solche Gnade nicht, mit niedergeschlagenen Augen schweigend neben ihm her. Nur manchmal blickte sie unter den langen schwarzen Augenwimpern nach ihm hinauf, die ganze klare Seele lag in dem Blick, als wollte sie bittend sagen: »Täusche mich nicht wieder!«

Sie waren unterdes auf einer luftigen Höhe angelangt, hinter ihnen versank die Stadt Lucca mit ihren dunkeln Türmen in dem schimmernden Duft. Da sagte Florio, zu Bianka gewendet: »Ich bin wie neugeboren, es ist mir, als würde noch alles gut werden, seit ich Euch wiedergefunden. Ich möchte niemals wieder scheiden, wenn Ihr es vergönnt.« –

Bianka blickte ihn, statt aller Antwort selber wie fragend, mit ungewisser, noch halb zurückgehaltener Freude an und sah recht wie ein heiteres Engelsbild auf dem tiefblauen Grunde des Morgenhimmels aus. Der Morgen schien ihnen, in langen, goldenen Strahlen über die Fläche schießend, gerade entgegen. Die Bäume standen hell angeglüht, unzählige Lerchen sangen schwirrend in der klaren Luft. Und so zogen die Glücklichen fröhlich durch die überglänzten Auen in das blühende Mailand hinunter.

JOHANN PETER HEBEL

Unverhofftes Wiedersehen

In Falun in Schweden küßte vor guten fünfzig Jahren und mehr ein junger Bergmann seine junge hübsche Braut und sagte zu ihr: »Auf Sankt Luciä wird unsere Liebe von des Priesters Hand gesegnet. Dann sind wir Mann und Frau und bauen uns ein eigenes Nestlein.« »Und Friede und Liebe soll darin wohnen«, sagte die schöne Frau mit holdem Lächeln, »denn du bist mein Einziges und Alles, und ohne dich möchte ich lieber im Grab sein als an einem anderen Ort.« Als sie aber vor Sankt Luciä der Pfarrer zum zweitenmal in der Kirche ausgerufen hatte: »So nun jemand Hindernis wüßte anzuzeigen, warum diese Personen nicht möchten ehelich zusammenkommen«, da meldete sich der Tod. Denn als der Jüngling den anderen Morgen in seiner schwarzen Bergmannskleidung an ihrem Haus vorbeiging, der Bergmann hat sein Totenkleid immer an, da klopfte er zwar noch einmal an ihrem Fenster und sagte ihr guten Morgen, aber keinen guten Abend mehr. Er kam nimmer aus dem Bergwerk zurück, und sie saumte vergeblich selbigen Morgen ein schwarzes Halstuch mit rotem Rand für ihn zum Hochzeitstag, sondern als er nimmer kam, legte sie es weg und weinte um ihn und vergaß ihn nie. Unterdessen wurde die Stadt Lissabon in Portugal durch ein Erdbeben zerstört, und der siebenjährige Krieg ging vorüber, und Kaiser Franz der Erste starb, und der Jesuiten-Orden wurde aufgehoben und Polen geteilt, und die Kaiserin Maria Theresia starb, und der Struensee wurde hingerichtet, Amerika wurde frei, und die vereinigte französische und spanische Macht konnte Gibraltar nicht erobern. Die Türken schlossen den General Stein in der Veteraner Höhle in Ungarn ein, und der Kaiser Joseph starb auch. Der König Gustav von Schweden eroberte russisch Finnland, und die französische Revolution und der lange Krieg fing an, und der Kaiser Leopold der Zweite ging auch ins Grab. Napoleon eroberte Preußen, und die Engländer bombardierten Kopenhagen, und die Ackerleute säeten und schnitten. Der Müller mahlte, und die Schmiede hämmerten, und die Bergleute gruben nach den Metalladern in ihrer unterirdischen Werkstatt. Als aber die Bergleute in Falun im Jahre 1809 etwas vor oder nach Johannis zwischen zwei Schachten eine Öffnung durchgraben wollten, gute dreihundert Ellen tief unter dem Boden, gruben sie aus dem Schutt und Vitriolwasser den Leichnam eines Jünglings heraus, der ganz mit Eisenvitriol durchdrungen, sonst aber unverwest und unverändert war; also daß man seine Gesichtszüge und sein Alter noch völlig erkennen konnte, als wenn er erst vor einer Stunde gestorben und ein wenig eingeschlafen wäre an der Arbeit. Als man ihn aber zu Tag ausgefördert hatte, Vater und Mutter, Gefreundete und Bekannte waren schon lange tot, kein Mensch wollte den schlafenden Jüngling kennen oder etwas von seinem Unglück wissen, bis die ehemalige Verlobte des Bergmannes kam, der eines Tages auf die Schicht gegangen war und nimmer zurückkehrte. Grau und zusammengeschrumpft kam sie an einer Krücke an den Platz und erkannte ihren Bräutigam; und mehr mit freudigem Entzücken als mit Schmerz sank sie auf die geliebte Leiche nieder, und erst als sie sich von einer langen heftigen Bewegung des Gemüts erholt hatte, »es ist mein Verlobter«, sagte sie endlich, »um den ich fünfzig Jahre lang getrauert hatte und den mich Gott noch einmal sehen läßt vor meinem Ende. Acht Tage vor der Hochzeit ist er auf die Grube gegangen und nimmer gekommen.« Da wurden die Gemüter aller Umstehenden von Wehmut und Tränen ergriffen, als sie sahen die ehemalige Braut jetzt in der Gestalt des hingewelkten kraftlosen Alters und den Bräutigam noch in seiner jugendlichen Schöne, und wie in ihrer Brust nach fünfzig Jahren die Flamme der jugendlichen Liebe noch einmal erwachte; aber er öffnete den Mund nimmer zum Lächeln oder die Augen zum Wiedererkennen; und wie sie ihn endlich von den Bergleuten in ihr Stüblein tragen ließ, als die einzige, die ihm angehöre und ein Recht an ihn habe, bis sein Grab gerüstet sei auf dem Kirchhofe. Den anderen Tag, als das Grab gerüstet war auf dem Kirchhof und ihn die Bergleute holten, schloß sie ein Kästlein auf, legte ihm das schwarzseidene Halstuch mit roten Streifen um und begleitete ihn in ihrem Sonntagsgewand, als wenn es ihr Hochzeitstag und nicht der Tag seiner Beerdigung wäre. Denn als man ihn auf dem Kirchhof ins Grab legte, sagte sie: »Schlafe nun wohl, noch einen Tag oder zehn im kühlen Hochzeitbett, und laß dir die Zeit nicht lang werden. Ich habe nur noch ein wenig zu tun und komme bald, und bald wird's wieder Tag.« – »Was die Erde einmal wiedergegeben hat, wird sie zum zweitenmal auch nicht behalten«, sagte sie, als sie fortging und noch einmal umschaute.

EDUARD MÖRIKE

Lucie Gelmeroth

Novelle

Ich wollte – so erzählt ein deutscher Gelehrter in seinen noch ungedruckten Denkwürdigkeiten – als Göttinger Student auf einer Ferienreise auch meine Geburtsstadt einmal wieder besuchen, die ich seit lange nicht gesehen hatte. Mein verstorbener Vater war Arzt daselbst gewesen. Tausend Erinnerungen, und immer gedrängter, je näher ich der Stadt nun kam, belebten sich vor meiner Seele. Die Postkutsche rollte endlich durchs Tor, mein Herz schlug heftiger, und mit taumligem Blick sah ich Häuser, Plätze und Alleen an mir vorübergleiten. Wir fuhren um die Mittagszeit beim Gasthofe an, ich speiste an der öffentlichen Tafel, wo mich, so wie zu hoffen war, kein Mensch erkannte.

Über dem Essen kamen nur Dinge zur Sprache, die mir ganz gleichgültig waren, und ich teilte daher in der Stille die Stunden des übrigen Tags für mich ein. Ich wollte nach Tische die nötigsten Besuche schnell abtun, dann aber möglichst unbeschrien und einsam die alten Pfade der Kindheit beschleichen.

Die Gesellschaft war schon im Begriff auseinander zu gehen, als ihre Unterhaltung noch einige Augenblicke bei einer Stadtbegebenheit verweilte, die das Publikum sehr zu beschäftigen schien und alsbald auch meine Aufmerksamkeit im höchsten Grad erregte. Ich hörte einen mir aus alter Zeit gar wohlbekannten Namen nennen; allein es war von einer Missetäterin die Rede, von einem Mädchen, das eines furchtbaren Verbrechens geständig sein sollte; unmöglich konnte es eine und dieselbe Person mit derjenigen sein, die mir im Sinne lag. Und doch, es hieß ja immer: Lucie Gelmeroth und wieder: Lucie Gelmeroth; es wurde zuletzt ein Umstand berührt, der mir keinen Zweifel mehr übrigließ; der Bissen stockte mir im Munde, ich saß wie gelähmt.

Dies Mädchen war die jüngere Tochter eines vordem sehr wohlhabenden Kaufmanns. Als Nachbarskinder spielten wir zusammen, und ihr liebliches Bild hat, in so vielen Jahren, niemals bei mir verwischt werden können. Das Geschäft ihres Vaters geriet, nachdem ich lange die Heimat verlassen, in tiefen Zerfall; bald starben beide Eltern. Vom Schicksal ihrer Hinterbliebenen hatte ich die ganze Zeit kaum mehr etwas gehört; ich hätte aber wohl, auch ohne auf eine so traurige Art, wie eben geschah, an die Familie erinnert zu werden, in keinem Fall versäumt, sie aufzusuchen. Ich ward, was des Mädchens Vergehen betrifft, aus dem Gespräch der Herren nicht klug, die sich nun überdies entfernten; da ich jedoch den Prediger S., einen Bekannten meines väterlichen Hauses, als Beichtiger der Inquisitin hatte nennen hören, so sollte ein Besuch bei ihm mein erster Ausgang sein, das Nähere der Sache zu vernehmen.

Herr S. empfing mich mit herzlicher Freude, und sobald es nur schicklich war, bracht ich mein Anliegen vor. Er zuckte die Achsel, seine freundliche Miene trübte sich plötzlich. »Das ist«, sagte er, »eine böse Geschichte und noch bis jetzt für jedermann ein Rätsel. Soviel ich selber davon weiß, erzähl ich Ihnen gerne.«

Was er mir sofort sagte, gebe ich hier, berichtigt und ergänzt durch anderweitige Eröffnungen, die mir erst in der Folge aus unmittelbarer Quelle geworden.

Die zwei verwaisten Töchter des alten Gelmeroth fanden ihr gemeinschaftliches Brot durch feine weibliche Handarbeit. Die jüngere, Lucie, hing an ihrer nur um wenig ältern Schwester Anna mit der zärtlichsten Liebe, und sie verlebten, in dem Hinterhause der vormaligen Wohnung ihrer Eltern, einen Tag wie den andern zufrieden und stille. Zu diesem Winkel des genügsamsten Glücks hatte Richard Lüneborg, ein junger subalterner Offizier von gutem Rufe, den Weg aufgefunden. Seine Neigung für Anna sprach sich aufs redlichste aus und verhieß eine sichere Versorgung. Seine regelmäßigen Besuche erheiterten das Leben der Mädchen, ohne daß es darum aus der gewohnten und beliebten Enge nur im mindesten herauszugehen brauchte. Offen vor jedermann lag das Verhältnis da, kein Mensch hatte mit Grund etwas dagegen einzuwenden. Das lustige Wesen Luciens stimmte neben der ruhigern Außenseite der gleichwohl innig liebenden Braut sehr gut mit Richards munterer Treuherzigkeit, und sie machten ein solches Kleeblatt zusammen, daß ein Fremder vielleicht hätte zweifeln mögen, welches von beiden Mädchen er denn eigentlich dem jungen Mann zuteilen solle. Hatte beim traulichen Abendgespräch die ältere seine Hand in der ihrigen ruhen, so durfte Lucie von der andern Seite sich auf seine brüderliche Schulter lehnen; kein Spaziergang wurde einseitig gemacht, nichts ohne Luciens Rat von Richard gutgeheißen. Dies konnte der Natur der Sache nach in die Länge so harmlos nicht bleiben. Anna fing an, in ihrer Schwester eine Nebenbuhlerin zu fürchten, zwar zuverlässig ohne Ursache, doch dergestalt, daß es den andern nicht entging. Ein Wink reichte hin, um beider Betragen zur Zufriedenheit der Braut zu mäßigen, und alles war ohne ein Wort ausgeglichen.

Um diese Zeit traf den Leutnant der unvermutete Befehl seiner Versetzung vom hiesigen Orte. Wie schwer sie auch allen aufs Herz fiel, so konnte man sich doch, insofern ein lange ersehntes Avancement und hiemit die Möglichkeit einer Heirat als die nächste Folge vorauszusehen war, so etwas immerhin gefallen lassen. Die Entfernung war beträchtlich, desto kürzer sollte die Trennung sein. Sie wars; doch schlug sie leider nicht zum Glück des Paares aus. – Daß Richard die erwartete Beförderung nicht erhielt, wäre das wenigste gewesen, allein er brachte sich selbst, er brachte das erste gute Herz – wenn er es je besaß – nicht mehr zurück. Es wird behauptet, Anna habe seit einiger Zeit abgenommen, aber nicht, daß irgend jemand sie weniger liebenswürdig gefunden hätte. Ihr Verlobter tat immer kostbarer mit seinen Besuchen, er zeigte sich gegen die Braut nicht selten rauh und schnöde, wozu er die Anlässe weit genug suchte. Die ganze Niedrigkeit seines Charakters bewies er endlich durch die Art, wie er die schwache Seite Annas, Neigung zur Eifersucht, benützte. Denn der Schwester, die ihn mit offenbarem Abscheu ansah, tat er nun schön auf alle Weise, als wollte er durch dies fühllose Spiel die andere an den Gedanken gewöhnen, daß er ihr weder treu sein wolle noch könne; er legte es recht darauf an, daß man ihn übersatt bekommen und je eher, je lieber fortschicken möge. Die Mädchen machten ihm den Abschied leicht. Lucie schrieb ihm im Namen ihrer Schwester. Diese hatte zuletzt unsäglich gelitten. Nun war ein unhaltbares Band auf einmal losgetrennt von ihrem Herzen, sie fühlte sich erleichtert und schien heiter; allein sie glich dem

Kranken, der nach einer gründlichen Kur seine Erschöpfung nicht merken lassen will und uns nur durch den freundlichen Schein der Genesung betrügt. Nicht ganz acht Monate mehr, so war sie eine Leiche. Man denke sich Luciens Schmerz. Das Liebste auf der Welt, ihre nächste und einzige Stütze, ja alles ist ihr mit Anna gestorben. Was aber diesem Gram einen unversöhnlichen Stachel verlieh, das war der unmächtige Haß gegen den ungestraften Treulosen, war der Gedanke an das grausame Schicksal, welchem die Gute vor der Zeit hatte unterliegen müssen.

Vier Wochen waren so vergangen, als eines Tags die schreckliche Nachricht erscholl, man habe den Leutnant Richard Lüneborg in einem einsam gelegenen Garten unweit der Stadt erstochen gefunden. Die meisten sahen die Tat sogleich als Folge eines Zweikampfs an, doch waren die Umstände zweifelhaft, und man vermutete bald dies, bald das. Ein Zufall führte die Gerichte gleich anfangs auf einen falschen Verdacht, von dem man nicht sobald zurückekam. Vom wahren Täter hatte man in monatlanger Untersuchung auch noch die leiseste Spur nicht erhalten. Allein wie erschrak, wie erstaunte die Welt, als – *Lucie Gelmeroth*, das unbescholtenste Mädchen, sich plötzlich vor den Richter stellte mit der freiwilligen Erklärung: *sie* habe den Leutnant getötet, den Mörder ihrer armen Schwester; sie wolle gerne sterben, sie verlange keine Gnade! – Sie sprach mit einer Festigkeit, welche Bewunderung erregte, mit einer feierlichen Ruhe, die etlichen verdächtig vorkommen wollte und gegen des Mädchens eigne schauderhafte Aussage zu streiten schien, wie denn die Sache überhaupt fast ganz unglaublich war. Umsonst drang man bei ihr auf eine genaue Angabe der sämtlichen Umstände, sie blieb bei ihrem ersten einfachen Bekenntnisse. Mit hinreißender Wahrheit schilderte sie die Tugend Annas, ihre Leiden, ihren Tod, sie schilderte die Tücke des Verlobten, und keiner der Anwesenden erwehrte sich der tiefsten Rührung. »Nicht wahr?« rief sie, »von solchen Dingen weiß euer Gesetzbuch nichts? Mit Straßenräubern habt ihr, mit Mördern und Dieben allein es zu tun! Der Bettler, der für Hungersterben sich an dem Eigentum des reichen Nachbars vergreift – o freilich ja, der ist euch verfallen; doch wenn ein Bösewicht in seinem Übermut ein edles himmlisches Gemüt, nachdem er es durch jeden Schwur an sich gefesselt, am Ende hintergeht, mit kaltem Blut mißhandelt und schmachvoll in den Boden tritt, das geht euch wenig, geht euch gar nichts an! Wohl denn! wenn niemand deine Seufzer hörte, du meine arme, arme Anne, so habe doch ich sie vernommen! An deinem Bett stand ich und nahm den letzten Hauch von der verwelkten Lippe; du kennst mein Herz, dir ist vielleicht schon offenbar, was ich vor Menschen auf ewig verschweige, – du kannst, du wirst der Hand nicht fluchen, die sich verleiten ließ, deine beleidigte Seele durch Blut versöhnen zu wollen. Aber leben darf ich nicht bleiben, das fühl ich wohl, das ist sehr billig, und« – dabei wandte sie sich mit flehender Gebärde aufs neue an die Richter – »und ist Barmherzigkeit bei euch, so darf ich hoffen, man werde mein Urteil nicht lange verzögern, man werde mich um nichts weiter befragen.«

Der Inquirent wußte nicht, was er hier denken sollte. Es war der seltsamste Fall, der ihm je vorgekommen war. Doch blickte schon so viel aus allem hervor, daß das Mädchen, wenn sie auch selbst nicht ohne alle Schuld sein könne, doch den ungleich wichtigern Anteil von Mitschuldigen ängstlich unterdrücke. Übrigens hieß es bald unter dem Volk: sie habe mit dem Leutnant öfters heimliche Zusammenkünfte am dritten Orte gepflogen, sie habe ihm Liebe und Wollust geheuchelt und ihn nach jenem Garten arglistig in den Tod gelockt.

Inzwischen sperrte man das sonderbare Mädchen ein und hoffte ihr auf diesem Weg in Bälde ein umfassendes Bekenntnis abzunötigen. Man irrte sehr; sie hüllte sich in hartnäckiges Schweigen, und weder List noch Bitten noch Drohung vermochten etwas. Da man bemerkte, wie ganz und einzig ihre Seele von dem Verlangen zu sterben erfüllt sei, so wollte man ihr hauptsächlich durch die wiederholte Vorstellung beikommen, daß sie auf diese Weise ihren Prozeß niemals beendigt sehen würde; allein man konnte sie dadurch zwar ängstigen und völlig außer sich bringen, doch ohne das geringste weiter von ihr zu erhalten.

Noch sagte mir Herr S., daß ein gewisser Hauptmann Ostenegg, ein Bekannter des Leutnants, sich unmittelbar auf Luciens Einsetzung entfernt und durch verschiedenes verdächtig gemacht haben solle; es sei sogleich nach ihm gefahndet worden, und gestern habe man ihn eingebracht. Es müsse sich bald zeigen, ob dies zu irgend etwas führe.

Als ich am Ende unseres Gesprächs den Wunsch blicken ließ, die Gefangene selber zu sprechen, indem der Anblick eines alten Freundes gewiß wohltätig auf sie wirken, wohl gar ein Geständnis beschleunigen könnte, schien zwar der Prediger an seinem Teile ganz geneigt, bezweifelte aber, ob er imstande sein werde, mir bei der weltlichen Behörde die Erlaubnis auszuwirken; ich sollte deshalb am folgenden Morgen zum Frühstück bei ihm vorsprechen und die Antwort einholen.

Den übrigen Abend zersplitterte ich wider Willen da und dort in Gesellschaft. Unruhig, wie ich war, und immer in Gedanken an die Unglückliche, welche zu sehn, zu beraten, zu trösten ich kaum erwarten konnte, sucht' ich beizeiten die Stille meines Nachtquartiers, wo ich doch lange weder Schlaf noch Ruhe finden konnte. Ich überließ mich mancherlei Erinnerungen aus meiner und Luciens Kindheit, und es ist billig, daß der Leser, eh er die Auflösung der wunderbaren Geschichte erfährt, die Ungeduld dieser Nacht ein wenig mit mir teile, indem ich ihm eine von diesen kleinen Geschichten erzähle.

In meinem väterlichen Hause lebte man auf gutem und reichlichem Fuße. Wir Kinder genossen einer vielleicht nur allzu liberalen Erziehung, und es gab keine Freude, kein fröhliches Fest, woran wir nicht teilnehmen durften. Besonders lebhaft tauchte jetzt wieder eine glänzende Festivität vor mir auf, welche zu Ehren der Herzogin von... veranstaltet wurde. Sie hatte eine Vorliebe für unsere Stadt, und da sie eine große Kinderfreundin war, so war in diesem Sinne ihr jährlicher kurzer Aufenthalt immer durch neue Wohltaten und Stiftungen gesegnet. Diesmal feierte sie ihr Geburtsfest in unsern Mauern. Ein Aufzug schön geputzter Knaben und Mädchen bewegte sich des Morgens nach dem Schlosse, wo die Huldigung durch Gesänge und eingelernte Glückwünsche nichts Außerordentliches darbot. Am Abend aber sollte durch eine Anzahl von Kindern, worunter Lucie und ich, vor Ihrer Königlichen Hoheit ein Schauspiel aufgeführt werden, und zwar auf einem kleinen natürlichen Theater, das, zu den Hofgärten gehörig, in einer düsteren Allee, dem sogenannten Salon, gelegen, nach allen seinen Teilen,

Kulissen, Seitengemächern und dergleichen, aus grünem Buschwerk und Rasen bestand und, obschon sorgfältig unterhalten, seit Jahren nicht mehr gebraucht worden war. Wir hatten unter der Leitung eines erfahrenen Mannes verschiedene Proben gehalten, und endlich schien zu einer anständigen Aufführung nichts mehr zu fehlen. Mein Vater hatte mir einen vollständigen türkischen Anzug machen lassen, meiner Rolle gemäß, welche überdies einen berittenen Mann verlangte, was durch die Gunst des königlichen Stallmeisters erreicht wurde, der eines der artigen gutgeschulten Zwergpferdchen abgab. Da sämtliche Mitspielende zur festgesetzten Abendstunde schon in vollem Kostüm und, nur etwa durch einen Überwurf gegen die Neugier und Zudringlichkeit der Gassenjugend geschützt, jedes einzeln von seinem Hause aus nach dem Salon gebracht wurden, so war es meiner Eitelkeit doch nicht zuwider, daß, als der Knecht den mir bestimmten kleinen Rappen in der Dämmerung vorführte, ein Haufe junger Pflastertreter mich aufsitzen und unter meinem langen Mantel den schönen krummen Säbel, den blauen Atlas der Pumphosen, die gelben Stiefelchen und silbernen Sporen hervorschimmern sah. Bald aber hatte ich sie hinter mir und wäre sehr gern auch den Reitknecht los gewesen, der seine Hand nicht von dem Zügel ließ und unter allerlei Späßen und Sprüngen durch die Stadt mit mir trabte.
Der Himmel war etwas bedeckt, die Luft sehr still und lau. Als aber nun der fürstliche Duft der Orangerie auf mich zugeweht kam und mir bereits die hundertfältigen Lichter aus den Kastanienschatten entgegenflimmerten, wie schwoll mir die Brust von bänglich stolzer Erwartung! Ich fand die grüne offene Szene, Orchester und Parterre aufs niedlichste beleuchtet, das junge Personal bereits beisammen; verwirrt und geblendet trat ich herzu. Indes die hohen Herrschaften noch in einem nahen Pavillon bei Tafel säumten, ließ auch die kleine Truppe sich es hier an seitwärts in der Garderobe angebrachten, lecker besetzten Tischen herrlich schmecken, sofern nicht etwa diesem oder jenem eine selige Ungeduld den Appetit benahm. Die lustigsten unter den Mädchen vertrieben sich die Zeit mit Tanzen auf dem glattgemähten, saubern Grasschauplatz. Lucie kam mir mit glänzenden Augen entgegen und rief: »Ists einem hier nicht wie im Traum? Ich wollte, das Stück ginge heut gar nicht los, und

wir dürften nur immer prassen und spaßen; mir wird kurios zumut, sobald mir einfällt, daß es Ernst werden soll.« Wir hörten einander noch einige Hauptpartien unserer Rollen ab. Sie kam nämlich als Christensklavin mit meiner sultanischen Großmut in vielfache Berührung und sollte zuletzt durch ihre Tugend, ihren hohen Glauben, welcher selbst dem Heiden Teilnahme und Bewunderung abzwang, der rettende Schutzengel einer braven Familie werden. Wir waren mitten im Probieren, da erschien ein Lakai: die Gesellschaft habe sich fertig zu halten, man werde sogleich kommen. Geschwind sprang alles hinter die Kulissen, die lachenden Gesichter verwandelten sich, die Musik fing an, und das vornehme Auditorium nahm seine Plätze. Mit dem letzten Posaunenton trat, ohne daß erst ein Vorhang aufzuziehen war, jene Sklavin heraus. Die zarten Arme mit Ketten belastet, erhob sie ihre rührende Klage. Auftritt um Auftritt folgte sofort ohne Anstoß rasch aufeinander, bis gegen das Ende des ersten Akts. Ich glaubte schon ein lobreiches Flüstern sich durch die Reihen verbreiten zu hören; doch leider galten diese Rumore ganz etwas andrem. Ein regnerischer Wind hatte sich erhoben, der in wenigen Minuten so stark wurde, daß die Lampen gleich zu Dutzenden verloschen und die Zuschauer, laut redend und lachend, aufbrachen, um eilig unter Dach zu kommen, bevor die Tropfen dichter fielen. Ein grauer Emir im Schauspiel deklamierte, ganz blind vor Eifer, noch eine Weile in den Sturm hinein, indes wir andern, wie vor die Köpfe geschlagen, bald da-, bald dorthin rannten. Einige lachten, andere weinten; unzählige Stimmen, mit Rufen und Fragen durcheinander, verhallten unverstanden im heftigsten Wind. Ein Hofbedienter kam herbeigesprungen und lud uns hinüber in den festlich erleuchteten Saal. Weil aber diese angenehme Botschaft nicht alsbald überall vernommen wurde und gleichzeitig verschiedene erwachsene Personen uns immer zuschrien: »Nach Hause, Kinder! macht, daß ihr fortkommt!« – so legt' ich schon die Hand an meinen kleinen Rappen, und nur ein Blick auf Lucien, die nah' bei mir in einer Ecke ein flackerndes Lämpchen mit vorgeschützten Händen hielt, machte mich zaudern. »Frisch! aufgesessen, Junker!« rief ein riesenhafter, schwarzbärtiger Gardist, warf mich mutwillig in den Sattel, faßte dann Lucien trotz ihres Sträubens und Schreiens und schwang sie hinter mich. Das

Mädchen saß kaum oben, mit beiden Armen mich umklammernd, so rannte das Tier, der doppelten Last ungewohnt, mit Blitzesschnelligkeit davon, dem nächsten offenen Baumgang zu, und so die Kreuz und Quer wie ein Pfeil durch die feuchte Nacht der mannigfaltigen Alleen. An ein Aufhalten, an ein Umkehren war gar nicht zu denken. Zum Glück blieb ich im Bügel fest und wankte nicht, nur daß mir Luciens Umarmung fast die Brust eindrückte. Von Natur mutig und resolut, ergab sie sich bald in ihre verzweifelte Lage, ja mitten im Jammer kam ihr die Sache komisch vor, wenn anders nicht ihr lautes Lachen krampfhaft war.

Der Regen hatte nachgelassen, es wurde etwas heller; aber das Tote, Geisterhafte dieser Einsamkeit in einem Labyrinth von ungeheuren, regelmäßig schnell aufeinanderfolgenden Bäumen, der Gedanke, daß man, dem tollen Mute dieser Bestie unwiderstehlich preisgegeben, mit jedem Augenblicke weiter von Stadt und Menschen fortgerissen werde, war schrecklich über alle Vorstellung.

Auf einmal zeigte sich von fern ein Licht – es war, wie ich richtig mutmaßte, in der Hofmeierei –, wir kamen ihm näher und riefen um Hülfe, was nur aus unsern Kehlen wollte – da prallte das Pferd vor der weißen Gestalt eines kleinen Obelisken zurück und schlug einen Seitenweg ein, wo es aber sehr bald bei einer Planke ohnmächtig auf die Vorderfüße niederstürzte und zugleich uns beide nicht unglücklich abwarf.

Nun zwar für unsere Person gerettet, befanden wir uns schon in einer neuen großen Not. Das Pferd lag wie am Tode keuchend und war mit allen guten Worten nicht zum Aufstehn zu bewegen; es schien an dem, daß es vor unsern Augen hier verenden würde. Ich gebärdete mich wie unsinnig darüber; meine Freundin jedoch, gescheiter als ich, verwies mir ein so kindisches Betragen, ergriff den Zaum, schlang ihn um die Planke und zog mich mit sich fort, jenem tröstlichen Lichtschein entgegen, um jemand herzuholen. Bald hatten wir die Meierei erreicht. Die Leute, soeben beim Essen versammelt, schauten natürlich groß auf, als das Pärchen in seiner fremdartigen Tracht außer Atem zur Stube hereintrat. Wir trugen unser Unglück vor, und derweil nun der Mann sich gemächlich anzog, standen wir Weibern und Kindern zur Schau, die uns durch übermäßiges Lamentieren über den Zustand unserer kostbaren Kleidung das Herz nur immer schwerer machten. Jetzt endlich wurde die Laterne angezündet, ein Knecht trug sie, und so ging man zu vieren nach dem unglücklichen Platz, wo wir das arme Tier noch in derselben Stellung fanden. Doch auf den ersten Ruck und Streich von einer Männerhand sprang es behend auf seine Füße, und der Meier in seinem mürrischen Ton versicherte sofort, der dummen Kröte fehle auch kein Haar. Ich hätte in der Freude meines Herzens gleich vor dem Menschen auf die Kniee fallen mögen: statt dessen fiel mir Lucie um den Hals, mehr ausgelassen als gerührt und zärtlich allerdings; doch wohler hatte mir im Leben nichts Ähnliches getan.

Nach einer Viertelstunde kamen wir unter Begleitung des Mannes nach Hause. Die Eltern, welche beiderseits in der tödlichsten Angst nach uns ausgeschickt hatten, dankten nur Gott, daß wir mit unzerbrochenen Gliedern davongekommen waren.

Am andern Tag verließ die Herzogin die Stadt. Wir spielten bald nachher in meinem Hause unser Stück vor Freunden und Bekannten zu allerseitiger Zufriedenheit. Aber auch an diese zweite Aufführung hing sich ein bedenklicher Zufall. Beim Aufräumen meiner Garderobe nämlich vermißte meine Mutter eine schöne Agraffe, die sie mir an den Turban befestigt hatte. Es schien, der Schmuck sei absichtlich herabgetrennt worden. Vergeblich war alles Nachforschen und Suchen; zuletzt wollte eine Gespielin den Raub bei Luciens kleinem Kram gesehen haben. Ich weiß nicht mehr genau, wie meine Mutter sich davon zu überzeugen suchte, nur kann ich mich erinnern, sehr wohl bemerkt zu haben, daß sie in einer ängstlichen Beratung mit einer Hausfreundin, wovon mir im Vorübergehen etwas zu Ohren kam, den Fehltritt des Kindes als ausgemacht annahm. Ich selbst war von dem Falle höchst sonderbar ergriffen. Ich vermied meine Freundin und begrüßte sie kaum, als sie in diesen Tagen wie gewöhnlich zu meiner Schwester kam. Merkwürdig, obwohl in Absicht auf das undurchdringliche Gewebe verkehrter Leidenschaft und feiner Sinnlichkeit, wie sie bereits in Kinderherzen wirkt, zu meiner Beschämung merkwürdig ist mir noch heute der reizende Widerstreit, welchen der Anblick der schönen Diebin in meinem Innern rege machte. Denn wie ich mich zwar vor ihr scheute und nicht mit ihr zu reden, viel weniger sie zu berühren wagte, so war ich gleichwohl mehr als jemals von ihr angezogen; sie war mir durch den neuen, unheimlichen Charakterzug interessanter geworden, und wenn ich sie so von der Seite verstohlen ansah, kam sie mir unglaublich schön und zauberhaft vor.

Die Sache klärte sich aber zum Glück auf eine unerwartete Art noch zeitig genug von selbst auf, wovon ich nur sage, daß Luciens Unschuld vollkommen gerechtfertigt wurde. Bestürzt, beschämt durch diese plötzliche Enttäuschung, sah ich den unnatürlichen Firnis, den meine Einbildung so verführerisch über die scheinbare Sünderin zog, doch keineswegs ungern verschwinden, indem sich eine lieblichere Glorie um sie zu verbreiten anfing.

Diese und ähnliche Szenen rief ich mir in jener unruhigen Nacht zurück und hatte mehr als *eine* bedeutsame vergleichende Betrachtung dabei anzustellen.

Am Morgen eilte ich bei Zeit zum Geistlichen, der mir mit der Nachricht entgegenkam, daß mein Besuch bei der Gefangenen keinen Anstand habe; er war nur über die Unbedenklichkeit verwundert, womit man die Bitte gewährte. – Wir säumten nicht, uns auf den Weg zu machen.

Mit Beklommenheit sah ich den Wärter die Türe zu Luciens einsamer Zelle aufschließen. Wir fanden sie vor einem Buche sitzen. Ich hätte sie freilich nicht wieder erkannt, so wenig, als sie mich. Sie sah sehr blaß und leidend aus; ihre angenehmen Züge belebten sich mit einem flüchtigen Rot in sichtbar freudiger Überraschung, als ich ihr vorgestellt wurde. Allein sie sprach wenig, sehr behutsam und nur im allgemeinen über ihre Lage, indem sie davon Anlaß nahm, auf ihre christliche Lektüre überzugehen, von welcher sie viel Gutes rühmte.

Der Prediger fühlte eine Spannung und entfernte sich bald. Wirklich wurde nun Lucie nach und nach freier, ich selber wurde wärmer, ihr Herz fing an, sich mir entgegen zu neigen. In einer Pause des Gesprächs, nachdem sie kurz zuvor dem eigentlichen Fragepunkt sehr nah gekommen war, sah sie mir freundlich, gleichsam lauschend in die Augen, ergriff meine Hand und sagte: »Ich brauche den Rat eines Freundes; Gott hat Sie mir gesandt, Sie sollen alles wissen! Was Sie dann sagen oder tun, will ich für gut annehmen.«

Wir setzten uns, und mit bewegter Stimme erzählte sie, was ich dem Leser hiemit nur im kürzesten Umriß und ohne eine Spur der schönen lebendigen Fülle ihrer eigenen Darstellung mitteilen kann.
Noch war Anna erst einige Wochen begraben, so erhielt Lucie eines Abends in der Dämmerung den unerwarteten Besuch eines früheren Jugendfreundes, Paul Wilkens, eines jungen Kaufmanns. Lange vor Richard hatte derselbe für die ältere Schwester eine stille Verehrung gehegt, doch niemals Leidenschaft, nie eine Absicht blicken lassen. Er hätte aber auch als offener Bewerber kaum seinen Zweck erreicht, da er bei aller Musterhaftigkeit seiner Person und Sitten durch eine gewisse stolze Trockenheit sich wider Willen gerade bei denen am meisten schadete, an deren Gunst ihm vor andern gelegen sein mußte. Die Krankheit und den Tod Annas erfuhr er nur zufällig bei seiner Rückkehr von einer längeren Reise. Es war ein trauriges Wiedersehn in Luciens verödetem Stübchen. Der sonst so verschlossene, wortkarge Mensch zerfloß in Tränen neben ihr. Sie erneuerten ihre Freundschaft, und mir ist nicht ganz unwahrscheinlich, obwohl es Lucie bestritt, daß Paul die Neigung zu der Toten im stillen schon auf die Lebende kehrte. Beim Abschiede nun, im Übermaß der Schmerzen, entschlüpften ihr, sie weiß nicht wie, die lebhaften Worte: »Räche die Schwester, wenn du ein Mann bist!« Sie dachte, wie ich gerne glauben mag, dabei an nichts Bestimmtes. Als aber sechs Tage darauf die Schreckenspost von ungefähr auch ihr zukam, war jenes Wort freilich ihr erster Gedanke. Ein Tag und eine Nacht verging ihr in furchtbarer Ungewißheit, unter den bängsten Ahnungen. Paul hatte sich seit jenem Abende nicht wieder bei ihr sehen lassen, er hatte ihr noch unter der Türe empfohlen, gegen niemand von seinem Besuche zu sprechen. Bei seiner eigenen Art und Weise fiel ihr dies nicht sogleich auf; jetzt mußte sie notwendig das Ärgste daraus schließen. Indes fand er Mittel und Wege, um heimliche Kunde von sich zu geben. Sein Billett ließ deutlich genug für Lucien erraten, daß der Leutnant durch ihn, aber im ehrlichen Zweikampf gefallen. Sie möge sich beruhigen und außer Gott, der mit der gerechten Sache gewesen, niemanden zum Vertrauten darin machen. Er werde unverzüglich verreisen, und es stehe dahin, ob er je wiederkehre; sie werde im glücklichen Fall von

ihm hören. – Es lag eine Summe in Gold beigeschlossen, die anzunehmen er auf eine zarte Weise bat.

Das Mädchen war in Verzweiflung. Sie sah sich einer Handlung teilhaftig, welche in ihren Augen um so mehr die Gestalt eines schweren Verbrechens annahm, je ängstlicher sie das Geheimnis bei sich verschließen mußte, je größer die Emsigkeit der Gerichte, der Aufruhr im Publikum war. Die Vorstellung, daß sie den ersten, entscheidenden Impuls zur Tat gegeben, wurde bald so mächtig in ihr, daß sie sich selbst als Mörderin im eigentlichen Sinn betrachtete. Dazu kam die Sorge um Paul, er könne verraten und gefangen werden, um seine Treue lebenslang im Kerker zu bereuen. Ihre lebhafte Einbildungskraft, mit dem Gewissen verschworen, bestürmte nun die arme Seele Tag und Nacht. Sie sah fast keinen Menschen, sie zitterte, so oft jemand der Türe nahekam. Und zwischen allen diesen Ängsten schlug alsdann der Schmerz um die verlorene Schwester auf ein neues mit verstärkter Heftigkeit hervor. Ihre Sehnsucht nach der Toten, durch die Einsamkeit gesteigert, ging bis zur Schwärmerei. Sie glaubte sich in eine Art von fühlbarem Verkehr durch stundenlange nächtliche Gespräche mit ihr zu setzen, ja mehr als einmal streifte sie vorübergehend schon an der Versuchung hin, die Scheidewand gewaltsam aufzuheben, ihrem unnützen, qualvollen Leben ein Ende zu machen.

An einem trüben Regentag, nachdem sie kurz vorher auf Annas Grabe nach Herzenslust sich ausgeweint, kam ihr mit eins und wie durch eine höhere Eingebung der ungeheure Gedanke: sie wolle, *müsse* sterben, die Gerechtigkeit selbst sollte ihr die Hand dazu leihen.

Es sei ihr da, bekannte sie mir, die Sünde des Selbstmords so eindrücklich und stark im Geiste vorgehalten worden, daß sie den größten Abscheu davor empfunden habe. Dann aber sei es wie ein Licht in ihrer Seele aufgegangen, als ihr dieselbe Stimme zugeflüstert habe: Gott wolle sie selbst ihres Lebens in Frieden entlassen, wofern sie es zur Sühnung der Blutschuld opfern würde.

In dieser seltsamen Suggestion lag, wie man sehr leicht sieht, ein großer Selbstbetrug versteckt. Sie wurde nicht einmal gewahr, daß der glühende Wunsch und die Aussicht zu sterben bei ihr die

Idee jener Buße oder doch die volle Empfindung davon, die eigentliche Reue, beinahe verschlang und aufhob.
Nach ihren weiblichen Begriffen konnte übrigens von seiten der Gerichte, nachdem sie sich einmal als schuldig angegeben hätte, ihrer Absicht weiter nichts entgegenstehn, und da sie, völlig unbekannt mit den Gesetzen des Duells, weder an Zeugen noch Mitwisser dachte, so fürchtete sie auch von dorther keinen Einspruch. Genug, sie tat den abenteuerlichen Schritt sofort mit aller Zuversicht, und länger als man denken sollte, erhielt sich das Gefühl des Mädchens in dieser phantastischen Höhe.
Aus ihrer ganzen Darstellung mir gegenüber ging jedoch hervor, daß sie inzwischen selbst schon angefangen hatte, das Unhaltbare und Verkehrte ihrer Handlung einzusehen. Und so konnte denn jetzt zwischen uns kaum die Frage mehr sein, was man zu tun habe. »Nichts anderes«, erklärte ich, »als ungesäumt die ganze, reine Wahrheit sagen!« – Einen Augenblick fühlte sich Lucie sichtlich bei diesem Gedanken erleichtert. Dann aber stand sie plötzlich wieder zweifelhaft, ihre Lippen zitterten, und jede Miene verriet den heftigen Kampf ihres Innern. Sie wurde ungeduldig, bitter bei allem, was ich sagen mochte. »Ach Gott!« rief sie zuletzt, »wohin bin ich geraten! Wer hilft aus diesem schrecklichen Gedränge! Mein teurer und einziger Freund, haben Sie Nachsicht mit einer Törin, die sich so tief in ihrem eigenen Netz verstrickte, daß sie nun nicht mehr weiß, was sie will oder soll – Sie dürfen mein Geheimnis nicht bewahren, das seh ich ein und konnte es denken, bevor ich zu reden anfing – Wars etwa besser, ich hätte geschwiegen? Nein, nein! Gott selber hat Sie mir geschickt und mir den Mund geöffnet – Nur bitte ich, beschwör ich Sie mit Tränen: nicht zu rasch! Machen Sie heute und morgen noch keinen Gebrauch von dem, was Sie hörten! Ich muß mich bedenken, ich muß mich erst fassen – Die Schande, die Schmach! Wie werd ichs überleben –«
Sie hatte noch nicht ausgeredet, als wir durch ein Geräusch erschreckt und unterbrochen wurden; es kam gegen die Türe. »Man wird mir ein Verhör ankündigen«, rief Lucie und faßte angstvoll meine Hände: »Um Gottes willen, schnell! wie verhalte ich mich? Wozu sind Sie entschlossen?« – »Bekennen Sie!« versetzt' ich mit Bestimmtheit und nahm mich zusammen. Drei Herren traten ein.

Ein Wink des Oberbeamten hieß mich abtreten; ich sah nur noch, wie Lucie seitwärts schwankte, ich sah den unaussprechlichen Blick, den sie mir auf die Schwelle nachsandte.
Auf der Straße bemerkte ich, daß mir von fern eine Wache nachfolgte; unbekümmert ging ich nach meinem Quartier und in die allgemeine Wirtsstube, wo ich mich unter dem Lärmen der Gäste auf den entferntesten Stuhl in eine Ecke warf.
Indem ich mir nun mit halber Besinnung die ganze Situation samt allen schlimmen Möglichkeiten, und wie ich mich in jedem Falle zu benehmen hätte, so gut es ging, vorhielt, trat eilig ein junger Mann zu mir und sagte: »Ich bin der Neffe des Predigers S., der mich zu Ihnen sendet. Er hat vor einer Stunde von guter Hand erfahren, daß das Gericht in Sachen Luciens Gelmeroth seit gestern schon auf sicherem Grunde sei, auch daß sich alles noch gar sehr zugunsten des Mädchens entwickeln dürfte. Wir haben überdies Ursache zu vermuten, es seien während Ihrer Unterredung mit dem Fräulein die Wände nicht ganz ohne Ohren gewesen; auf alle Fälle wird man Sie vernehmen; die Herren, merk ich, lieben die Vorsicht, wie uns die beiden Lümmel beweisen, die man in Absehn auf Ihre suspekte Person da draußen promenieren läßt. Glück zu, mein Herr! Der letzte Akt der Tragikomödie lichtet sich schon, und Luciens Freunde werden sich demnächst vergnügt die Hände schütteln können.«
So kam es denn auch. Es fand sich in der Tat, daß durch das Geständnis des Hauptmanns, der sich, durch mehrere Indizien überführt, mit noch einem andern als Beistand des Duells bekannte, die Sache schon erhoben war, noch eh man Luciens und meine Bestätigung einzuholen kam. Das Mädchen hatte, unmittelbar auf jene Unterredung mit mir, unweigerlich alles gestanden. In kurzem war sie losgesprochen.
Jetzt aber forderte der Zustand ihres Innern die liebevollste, zärteste Behandlung. Sie glaubte sich entehrt, vernichtet in den Augen der Welt, als Abenteurerin verlacht, als Wahnsinnige bemitleidet. Fühllos und resigniert tat sie den unfreiwilligen Schritt ins menschliche Leben zurück. Die Zukunft lag wie eine unendliche Wüste vor ihr, sie selbst erschien sich nur eine leere verächtliche Lüge; sie wußte nichts mehr mit sich anzufangen.

Nun bot zwar für die nächste Zeit der gute Prediger und dessen menschenfreundliche Gattin eine wünschenswerte Unterkunft an. Allein wie sollte ein so tief zerrissenes Gemüt da, wo es überall an seinen Verlust, an seine Verirrung gemahnt werden mußte, je zu sich selber kommen? Man mußte darauf denken, ein stilles Asyl in einer entfernteren Gegend ausfindig zu machen. Meine Versuche blieben nicht fruchtlos. Ein würdiger Dorfpfarrer, mein nächster Anverwandter, der in einem der freundlichsten Täler des Landes mit seiner liebenswürdigen Familie ein echtes Patriarchenleben führte, erlaubte mir, die arme Schutzbefohlene ihm zu bringen. Ich durfte dort im Kreise feingesinnter, natürlich heiterer Menschen neben ihr noch mehrere Wochen verweilen, die mir auf ewig unvergeßlich bleiben werden.

Und soll ich nun zum Ende kommen, so wird nach alle dem bisher Erzählten wohl niemand das Geständnis überraschen, daß Mitleid oder Pietät es nicht allein gewesen, was mir das Schicksal des Mädchens so nahegelegt. Ich liebte Lucien und konnte mich fortan getrost dem stillen Glauben überlassen, daß unser beiderseitiges Geschick für immer unzertrennlich sei. Mit welchen Gefühlen sah ich die Gegenwart oft im Spiegel der Vergangenheit! Wie ahnungsvoll war alles! Mein Kommen nach der Vaterstadt just im bedenklichsten Moment, wie bedeutend!

Noch aber fand ich es nicht an der Zeit, mich meiner Freundin zu erklären. Wir schieden wie Geschwister voneinander, sie ohne die geringste Ahnung meiner Absicht. Durch Briefe blieben wir in ununterbrochener Verbindung, und Lucie machte sichs zur Pflicht, in einer Art von Tagebuch mir von allem und jedem, was sie betraf, getreue Rechenschaft zu geben. Aus diesen Blättern ward mir denn bald klar, daß für das innere sittliche Leben des Mädchens infolge jener tief eingreifenden Erfahrung und durch die milde Einwirkung des Mannes, welcher sie in seine Pflege nahm, eine Epoche angebrochen war, von deren segensreicher, lieblicher Entwicklung viel zu sagen wäre.

Die Welt verfehlte nicht, mir ein hämisches Mitleid zu zollen, als ich nach kaum zwei Jahren Lucie Gelmeroth als meine Braut heimführte; und doch verdanke ich Gott in ihr das höchste Glück, das einem Menschen irgend durch einen andern werden kann.

Hier bricht die Handschrift des Erzählers ab. Wir haben vergeblich unter seinen Papieren gesucht, vom Schicksal jenes flüchtigen Kaufmanns noch etwas zu erfahren. Auch mit Erkundigungen anderwärts sind wir nicht glücklicher gewesen.

LUDWIG TIECK

Des Lebens Überfluß

In einem der härtesten Winter war gegen Ende des Februar ein sonderbarer Tumult gewesen, über dessen Entstehung, Fortgang und Beruhigung die seltsamsten und widersprechendsten Gerüchte in der Residenz umliefen. Es ist natürlich, daß, wenn alle Menschen sprechen und erzählen wollen, ohne den Gegenstand ihrer Darstellung zu kennen, auch das Gewöhnliche die Farbe der Fabel annimmt.

In der Vorstadt, die ziemlich bevölkert ist, hatte sich in einer der engsten Straßen das Abenteuer zugetragen. Bald hieß es, ein Verräter und Rebell sei entdeckt und von der Polizei aufgehoben worden, bald, ein Gottesleugner, der mit andern Atheisten verbrüdert das Christentum mit seiner Wurzel ausrotten wollen, habe sich nach hartnäckigem Widerstand den Behörden ergeben und sitze nun so lange fest, bis er in der Einsamkeit bessere Grundsätze und Überzeugungen finde. Er habe sich aber vorher noch in seiner Wohnung mit alten Doppelhaken, ja sogar mit einer Kanone verteidigt, und es sei, bevor er sich ergeben, Blut geflossen, so daß das Konsistorium wie das Kriminalgericht wohl auf seine Hinrichtung antragen werde. Ein politischer Schuhmacher wollte wissen, der Verhaftete sei ein Emissär, der als das Haupt vieler geheimen Gesellschaften mit allen Revolutionsmännern Europas in innigster Verbindung stehe; er habe alle Fäden in Paris, London und Spanien wie in den östlichen Provinzen gelenkt, und es sei nahe daran, daß im äußersten Indien eine ungeheure Empörung ausbrechen und sich dann gleich der Cholera nach Europa herüberwälzen werde, um allen Brennstoff in lichte Flammen zu setzen.

So viel war ausgemacht, in einem kleinen Hause hatte es Tumult gegeben, die Polizei war herbeigerufen worden, das Volk hatte gelärmt, angesehene Männer wurden bemerkt, die sich dareinmischten, und nach einiger Zeit war alles wieder ruhig, ohne daß man den Zusammenhang begriff. Im Hause selbst war eine gewisse Zerstörung nicht zu verkennen. Jeder legte sich die Sache aus, wie Laune oder Phantasie sie ihm erklären mochten. Die Zimmerleute und Tischler besserten nachher den Schaden aus.

Ein Mann hatte in diesem Hause gewohnt, den niemand in der Nachbarschaft kannte. War er ein Gelehrter? ein Politiker? ein Einheimischer? ein Fremder? Darüber wußte keiner, selbst der Klügste nicht, einen genügenden Bescheid zu geben.

So viel ist gewiß, dieser unbekannte Mann lebte sehr still und eingezogen, man sah ihn auf keinem Spaziergange, an keinem öffentlichen Orte. Er war noch nicht alt, wohlgebildet, und seine junge Frau, die sich mit ihm dieser Einsamkeit ergeben hatte, durfte man eine Schönheit nennen.

Um Weihnachten war es, als dieser jugendliche Mann in seinem Stübchen, dicht am Ofen sitzend, also zu seiner Frau redete: »Du weißt, liebste Klara, wie sehr ich den Siebenkäs unsers Jean Paul liebe und verehre; wie dieser sein Humorist sich aber helfen würde, wenn er in unsrer Lage wäre, bleibt mir doch ein Rätsel. Nicht wahr, Liebchen, jetzt sind, so scheint es, alle Mittel erschöpft?«

»Gewiß, Heinrich«, antwortete sie lächelnd und zugleich seufzend; »wenn du aber froh und heiter bleibst, liebster aller Menschen, so kann ich mich in deiner Nähe nicht unglücklich fühlen.«

»Unglück und Glück sind nur leere Worte«, antwortete Heinrich; »als du mir aus dem Hause deiner Eltern folgtest, als du so großmütig um meinetwillen alle Rücksichten fahren ließest: da war unser Schicksal auf unsre Lebenszeit bestimmt. Lieben und leben hieß nun unsre Losung; wie wir leben würden, durfte uns ganz gleichgültig sein. Und so möchte ich noch jetzt aus starkem Herzen fragen: Wer in ganz Europa ist wohl so glücklich, als ich mich mit vollem Recht und aus der ganzen Kraft meines Gefühles nennen darf?«

»Wir entbehren fast alles«, sagte sie, »nur uns selbst nicht, und ich wußte ja, als ich den Bund mit dir schloß, daß du nicht reich warst; dir war es nicht unbekannt, daß ich aus meinem väterlichen Hause nichts mit mir nehmen konnte. So ist die Armut mit unsrer Liebe eins geworden, und dieses Stübchen, unser Gespräch, unser Anblicken und Schauen in des Geliebten Auge ist unser Leben.«

»Richtig!« rief Heinrich aus und sprang auf in seiner Freude, um die

Schöne lebhaft zu umarmen; »wie gestört, ewig getrennt, einsam und zerstreut wären wir nun in jenem Schwarm der vornehmen Zirkel, wenn alles in seiner Ordnung vor sich gegangen wäre. Welch Blicken, Sprechen, Handgeben, Denken dort! Man könnte Tiere oder selbst Marionetten so abrichten und eindrechseln, daß sie eben die Komplimente machten und solche Redensarten von sich gäben. So sind wir, mein Schatz, wie Adam und Eva hier in unserm Paradiese, und kein Engel kommt auf den ganz überflüssigen Einfall, uns daraus zu vertreiben.«
»Nur«, sagte sie etwas kleinlaut, »fängt das Holz an, ganz einzugehen, und dieser Winter ist der härteste, den ich bis jetzt noch erlebt habe.«
Heinrich lachte. »Sieh«, rief er, »ich muß aus purer Bosheit lachen, aber es ist darum noch nicht das Lachen der Verzweiflung, sondern einer gewissen Verlegenheit, da ich durchaus nicht weiß, wo ich Geld hernehmen könnte. Aber finden müssen sich die Mittel; denn es ist undenkbar, daß wir erfrieren sollten bei so heißer Liebe, bei so warmem Blut! Pur unmöglich!«
Sie lachte ihn freundlich an und erwiderte: »Wenn ich nur so wie Lenette Kleider zum Verkaufe mitgebracht, oder überflüssige Messingkannen und Mörser oder kupferne Kessel in unsrer kleinen Wirtschaft umherständen, so wäre leicht Rat zu finden.«
»Jawohl«, sprach er mit übermütigem Ton, »wenn wir Millionärs wären, wie jener Siebenkäs, dann wäre es keine Kunst, Holz anzuschaffen und selbst bessere Nahrung.«
Sie sah im Ofen nach, in welchem Brot in Wasser kochte, um so das kärglichste Mittagsmahl herzustellen, welches dann mit einem Nachtisch von weniger Butter beschlossen werden sollte. »Während du«, sagte Heinrich, »die Aufsicht über unsre Küche führst und dem Koch die nötigen Befehle erteilst, werde ich mich zu meinen Studien niedersetzen. Wie gern schriebe ich wieder, wenn mir nicht Dinte, Papier und Feder völlig ausgegangen wären; ich möchte auch wieder einmal etwas lesen, was es auch sei, wenn ich nur noch ein Buch hätte.«
»Du mußt denken, Liebster«, sagte Klara und sah schalkhaft zu ihm hinüber; »die Gedanken sind dir hoffentlich noch nicht ausgegangen.«

»Liebste Ehefrau«, erwiderte er, »unsre Wirtschaft ist so weitläuftig und groß, daß sie wohl deine ganze Aufmerksamkeit in Anspruch nimmt; zerstreue dich ja nicht, damit nicht unsre ökonomischen Verhältnisse in Verwirrung geraten. Und da ich mich jetzt in meine Bibliothek begebe, so laß mich vor jetzt in Ruhe; denn ich muß meine Kenntnisse erweitern und meinem Geiste Nahrung gönnen.«

»Er ist einzig!« sagte die Frau zu sich selber und lachte fröhlich; »und wie schön er ist!«

»So lese ich denn wieder in meinem Tagebuche«, sprach Heinrich, »das ich ehemals anlegte, und es interessiert mich, rückwärts zu studieren, mit dem Ende anzufangen und mich so nach und nach zu dem Anfange vorzubereiten, damit ich diesen um so besser verstehe. Immer muß alles echte Wissen, alles Kunstwerk und gründliche Denken in einen Kreis zusammenschlagen und Anfang und Ende innigst vereinigen, wie die Schlange, die sich in den Schwanz beißt – ein Sinnbild der Ewigkeit, wie andre sagen; ein Symbol des Verstandes und alles Richtigen, wie ich behaupte.«

Er las auf der letzten Seite, aber nur halblaut: »Man hat ein Märchen, daß ein wütender Verbrecher, zum Hungertode verdammt, sich selber nach und nach aufspeiset; im Grunde ist das nur die Fabel des Lebens und eines jeden Menschen. Dort blieb am Ende nur der Magen und das Gebiß übrig, bei uns bleibt die Seele, wie sie das Unbegreifliche nennen. Ich aber habe auch, was das Äußerliche betrifft, in ähnlicher Weise mich abgestreift und abgelebt. Es war beinah lächerlich, daß ich noch einen Frack nebst Zubehör besaß, da ich niemals ausgehe. Am Geburtstage meiner Frau werde ich in Weste und Hemdärmeln vor ihr erscheinen, da es doch unschicklich wäre, bei hoffähigen Leuten in einem ziemlich abgetragenen Überrock Cour zu machen.«

»Hier geht die Seite und das Buch zu Ende«, sagte Heinrich. »Alle Welt sieht ein, daß unsre Fracks eine dumme und geschmacklose Kleidung sind, alle schelten diese Unform, aber keiner macht, so wie ich, Ernst damit, den Plunder ganz abzuschaffen. Ich erfahre nun nicht einmal aus den Zeitungen, ob andre Denkende meinem kühnen Beispiele und Vorgange folgen werden.«

Er schlug um und las die vorige Seite: »Man kann auch ohne Servietten leben. Wenn ich bedenke, wie unsre Lebensweise immer mehr und mehr in Surrogat, Stellvertretung und Lückenbüßerei übergegangen ist, so bekomme ich einen rechten Haß auf unser geiziges und knickerndes Jahrhundert und fasse, da ich es ja haben kann, den Entschluß, in der Weise unsrer viel freigebigern Altvordern zu leben. Diese elenden Servietten sind ja, was selbst die heutigen Engländer noch wissen und verachten, offenbar nur erfunden, um das Tischtuch zu schonen. Ist es also Großmut, das Tischtuch nicht zu achten, so gehe ich darin noch weiter, das Tafeltuch zusamt den Servietten für überflüssig zu erklären. Beides wird verkauft, um vom saubern Tische selbst zu essen, nach Weise der Patriarchen, nach Art der – nun? welcher Völker? Gleichviel! Essen doch viele Menschen selbst ohne Tisch. Und, wie gesagt, ich treibe dergleichen nicht aus zynischer Sparsamkeit, nach Art des Diogenes, aus dem Hause, sondern im Gegenteil im Gefühl meines Wohlstandes, um nur nicht, wie die jetzige Zeit, aus törichtem Sparen zum Verschwender zu werden.«

»Du hast es getroffen«, sagte die Gattin lächelnd; »aber damals lebten wir von dem Erlös dieser überflüssigen Sachen doch noch verschwenderisch. Oft sogar hatten wir zwei Schüsseln.«

Jetzt setzten sich die beiden Gatten zum dürftigsten Mahle nieder. Wer sie gesehen, hätte sie für beneidenswert halten müssen, so fröhlich, ja ausgelassen waren sie an der einfachen Tafel. Als die Brotsuppe verzehrt war, holte Klara mit schalkhafter Miene einen verdeckten Teller aus dem Ofen und setzte dem überraschten Gatten noch einige Kartoffeln vor. »Sieh!« rief dieser, »das heißt einem, wenn man sich an den vielen Büchern satt studiert hat, eine heimliche Freude machen! Dieser gute Erdapfel hat mit zu der großen Umwälzung von Europa beigetragen. Der Held Walter Raleigh soll leben!« – Sie stießen mit den Wassergläsern an, und Heinrich sah nach, ob der Enthusiasmus auch nicht einen Riß im Glase verursacht habe. »Um diese ungeheure Künstlichkeit«, sagte er dann, »um diese Einrichtung mit unsern alltäglichen Gläsern würden uns die reichsten Fürsten des Altertums beneidet haben. Es muß langweilig sein, aus einem goldenen Pokal zu trinken, vollends so schönes, klares, gesundes Wasser. Aber in unsern Gläsern schwebt die erfrischende Welle so heiter durchsichtig, so eins mit dem Becher, daß man wirklich versucht wird, zu glauben, man genieße den flüssig gewordenen Äther selbst. – Unsre Mahlzeit ist geschlossen; umarmen wir uns.«

»Wir können auch zur Abwechselung«, sagte sie, »unsre Stühle an das Fenster rücken.«

»Platz genug haben wir ja«, sagte der Mann, »eine wahre Rennbahn, wenn ich an die Käfige denke, die der elfte Ludwig für seine Verdächtigen bauen ließ. Es ist unglaublich, wieviel Glück schon darin liegt, daß man Arm und Fuß nach Gutdünken erheben kann. Zwar sind wir immer noch, wenn ich an die Wünsche denke, die unser Geist in manchen Stunden faßt, angekettet: die Psyche ist in die Leimrute, die uns klebend hält, und von der wir nicht losflattern können, weiß der Himmel wie, hineingesprungen, und wir und Rute sind nun so eins, daß wir zuweilen das Gefängnis für unser besseres Selbst halten.«

»Nicht so tiefsinnig«, sagte Klara und faßte seine schön geformte Hand mit ihren zarten und schlanken Fingern; »sieh lieber, mit wie sonderbaren Eisblumen der Frost unsre Fenster ausgeschmückt hat. Meine Tante wollte immer behaupten, durch diese mit dickem Eis überzogenen Gläser werde das Zimmer wärmer, als wenn die Scheiben frei wären.«

»Es ist nicht unmöglich«, sagte Heinrich; »doch möchte ich auf diesen Glauben hin das Heizen nicht unterlassen. Am Ende könnten die Fenster von Eisschollen so dick werden, daß sie uns die Stube verengten, und so wüchse uns um die Haut her jener berühmte Eispalast in Petersburg. Wir wollen aber lieber bürgerlich und nicht wie die Fürsten leben.«

»Wie wunderbar«, rief Klara, »sind doch diese Blumen gezeichnet, wie mannigfaltig! Man glaubt sie alle schon in der Wirklichkeit gesehen zu haben, sowenig man sie auch namhaft zu machen weiß. Und sieh nur, die eine verdeckt oft die andere, und die großartigen Blätter scheinen noch nachzuwachsen, indem wir darüber sprechen.«

»Ob wohl«, fragte Heinrich, »die Botaniker schon diese Flora beobachtet, abgezeichnet und in ihre gelehrten Bücher übertragen haben? Ob diese Blumen und Blätter nach gewissen Regeln wiederkehren oder sich phantastisch immer neu verwandeln? Dein

Hauch, dein süßer Atem hat diese Blumengeister oder Revenants einer erloschenen Vorzeit hervorgerufen, und so wie du süß und lieblich denkst und phantasierst, so zeichnet ein humoristischer Genius deine Einfälle und Fühlungen hier in Blumenphantomen und Gespenstern wie mit Leichenschrift in einem vergänglichen Stammbuche auf, und ich lese hier, wie du mir treu und ergeben bist, wie du an mich denkst, obgleich ich neben dir sitze.«
»Sehr galant, mein verehrter Herr!« versetzte sie sehr freundlich; »Sie könnten in der Weise diese Eisblumen lehr- und sinnreich erklären, wie wir zu Umrissen der Shakespeareschen Stücke zu gelehrte und elegante Erläuterungen besitzen.«
»Still, mein Herz!« erwiderte der Gatte, »kommen wir nicht in jene Gegend, und nenne mich auch nicht einmal im Scherze Sie. – Ich werde mein Tagebuch jetzt nach unserem Festmahl noch etwas rückwärts studieren. Diese Monologe belehren mich schon jetzt über mich selbst, wieviel mehr müssen sie es künftig in meinem Alter tun. Kann ein Tagebuch etwas andres als Monologe enthalten? Doch, ein recht großer Künstlergeist könnte ein solches dialogisch denken und schreiben. Wir vernehmen aber nur gar zu selten diese zweite Stimme in uns selbst. Natürlich! Gibt es unter Tausenden doch kaum *einen*, der in der Wirklichkeit den Verständigen und dessen Antworten vernimmt, wenn sie anders lauten, als der Sprechende sich die seinigen und seine Fragen angewöhnt hat.«
»Sehr wahr«, bemerkte Klara, »und darum ist in ihrer höchsten Weihe die Ehe erfunden. Das Weib hat in ihrer Liebe immer jene zweite, antwortende Stimme oder den richtigen Gegenruf des Geistes. Und glaube mir, was ihr so oft in euerm männlichen Übermut unsre Dummheit oder Kurzsichtigkeit benennt oder Mangel an Philosophie, Unfähigkeit, in die Wirklichkeit einzudringen, und dergleichen Phrasen mehr, das ist, wie oft, der echte Geisterdialog, die Ergänzung oder der harmonische Einklang in euer Seelengeheimnis. Aber freilich, die meisten Männer erfreuen sich nur eines nachhallenden Echos und nennen das Naturlaut, Seelenklang, was nur nachbetender oder nachbuchstabierter Schall unverstandener Floskeln ist. Oft ist das sogar ihr Ideal der Weiblichkeit, in welches sie sich sterblich verlieben.«
»Engel! Himmel!« rief in Begeisterung der junge Gatte; »ja, wir

verstehen uns, unsre Liebe ist die wahre Ehe, und du erhellst und ergänzest die Gegend in mir, wo sich der Mangel oder die Dunkelheit kundtut. Wenn es Orakel gibt, so darf es auch an Sinn und Gehör nicht fehlen, sie zu vernehmen und zu deuten.«

Eine lange Umarmung endigte und erläuterte dieses Gespräch. »Der Kuß«, sagte Heinrich, »ist auch ein solches Orakel. Sollte es wohl schon Menschen gegeben haben, die sich bei einem recht innigen Kusse etwas Verständiges haben denken können?«

Klara lachte laut, ward dann plötzlich ernsthaft und sagte etwas kleinlaut, ja selbst im Tone des Mitleids: »Ja, ja, so verfahren wir mit Domestiken und Haushältern, Reitknechten und Stallmeistern, denen wir doch oft soviel zu verdanken haben. Sind wir in geistiger oder gar in übermütiger Aufregung, so verachten und verlachen wir sie. Mein Vater sprang einmal mit seinem schwarzen Hengst über einen breiten Graben, und als alle Welt ihn bewunderte und die Damen in die Hände klatschten, stand ein alter Stallmeister in der Nähe, und nur er schüttelte bedenklich mit dem Kopfe. Der Mann war steif und linkisch, mit seinem langen Zopfe und der roten Nase komisch anzuschauen. ›Nun, Ihr?‹ fuhr ihn mein heftiger Vater an; ›gibt's wieder zu hofmeistern?‹ Der steilrechte Mann ließ sich aber nicht aus der Fassung bringen und sagte ruhig: ›Erstlich haben Exzellenz dem Pferde den Zügel nicht genug nachgelassen, weil Sie ängstlich waren; Sie konnten stürzen, denn der Sprung war nicht frei und weit genug; zweitens hat das Roß wenigstens ebensoviel Verdienst dabei als Sie, und wenn ich drittens nicht stunden- und tagelang das Tier geübt und verständig gemacht hätte, was nur geschehen kann, wenn man Langeweile nicht fürchtet und die Geduld übt, so hätten weder Ihr freier Mut noch der gute Wille des Hengstes etwas gefruchtet.‹ – ›Ihr habt recht, alter Mensch‹, sagte mein Vater und ließ ihm ein großes Geschenk verabreichen. – So wir. Wir dürfen nur phantasieren, uns dem Gefühl und der Ahndung überlassen, träumen und witzig sein, wenn jener trockne Verstand die Schule allen diesen Rossen beigebracht hat. Will Reiter oder Pferd, wenn sie nur Dilettanten geblieben sind, den kühnen Sprung versuchen, so werden sie zum Grauen oder Gelächter der Zuschauer stürzen und im Graben liegen bleiben.«

»Wahr«, bemerkte Heinrich, »die Geschichte unsrer Tage bestätigt das in so manchem Schwärmer oder auch Poeten. Es gibt jetzt Dichter, die sogar von der falschen Seite aufsteigen und doch ganz arglos jenen künstlichen Sprung versuchen wollen. O dein Vater!«

Klara sah ihn mit mitleidvollen Augen an, deren Blick er nicht zu widerstehen vermochte. »Jawohl Vater«, sagte er halb verdrossen, »mit dem einzigen Laut ist sehr viel gesagt. Und was will ich denn auch? Du warst ja doch imstande, ihn aufzugeben, so sehr du ihn liebtest.«

Beide waren ernsthaft geworden. »Ich will weiterstudieren«, sagte dann der junge Mann.

Er nahm das Tagebuch wieder vor und schlug ein Blatt zurück. Er las laut: »Heut verkaufte ich dem geizigen Buchhändler mein seltenes Exemplar des Chaucer, jene alte kostbare Ausgabe von Caxton. Mein Freund, der liebe, edle Andreas Vandelmeer, hatte sie mir zu meinem Geburtstage, den wir in der Jugend auf der Universität feierten, geschenkt. Er hatte sie eigens aus London verschrieben, sehr teuer bezahlt und sie dann nach seinem eigensinnigen Geschmack herrlich und reich mit vielen gotischen Verzierungen einbinden lassen. Der alte Geizhals, so wenig er mir auch gegeben hat, hat sie gewiß sogleich nach London geschickt, um mehr als das Zehnfache wiederzuerhalten. Hätte ich nur wenigstens das Blatt herausgeschnitten, auf welchem ich die Geschichte dieser Schenkung erzähle und zugleich diese unsre Wohnung verzeichnet hatte. Das geht nun mit nach London oder in die Bibliothek eines reichen Mannes. Ich bin darüber verdrüßlich. Und daß ich dies liebe Exemplar so weggegeben und unter dem Preise verkauft habe, sollte mich fast auf den Gedanken bringen, daß ich wirklich verarmt sei oder Not litte; denn ohne Zweifel war doch dieses Buch das teuerste Eigentum, was ich jemals besessen habe, und welches Angedenken von ihm, von meinem einzigen Freunde! O Andreas Vandelmeer! Lebst du noch? Wo weilest du? Gedenkst du noch mein?«

»Ich sah deinen Schmerz«, sagte Klara, »als du das Buch verkauftest, aber diesen deinen Jugendfreund hast du mir noch niemals näher bezeichnet.«

»Ein Jüngling«, sagte Heinrich, »mir ähnlich, aber etwas älter und viel gesetzter. Wir kannten uns schon auf der Schule, und ich mag wohl sagen, daß er mich mit seiner Liebe verfolgte und sie mir leidenschaftlich aufdrang. Er war reich und bei seinem großen Reichtum und seiner verweichlichten Erziehung doch sehr wohlwollend und allem Egoismus fern. Er klagte, daß ich seine Leidenschaft nicht erwidere, daß meine Freundschaft zu kühl und ihm ungenügend sei. Wir studierten miteinander und bewohnten dieselben Zimmer. Er verlangte, ich solle Opfer von ihm begehren; denn er hatte an allem Überfluß, und mein Vater konnte mich nur mäßig unterhalten. Als wir in die Residenz zurückkehrten, faßte er den Plan, nach Ostindien zu gehen; denn er war ganz unabhängig. Nach jenen Ländern der Wunder zog ihn sein Herz; dort wollte er lernen, schauen und seinen heißen Durst nach Kenntnissen und der Ferne sättigen. Nun ein unablässiges Zureden, Bitten und Flehen, daß ich ihn begleiten solle; er versicherte, daß ich dort mein Glück machen werde und müsse, wobei er mich unterstützen wolle; denn dort hatte er von seinen Vorfahren große Besitzungen ererbt. Aber meine Mutter starb, der ich noch in ihren letzten Tagen ihre Liebe etwas vergelten konnte, mein Vater war krank, und ich konnte die Leidenschaft meines Freundes nicht teilen; auch hatte ich alle jene Kenntnisse nicht gesammelt, die Sprachen nicht gelernt, was ihm alles aus Liebe zum Orient geläufig war. Es lebten selbst noch Verwandte von ihm, die er dort aufsuchen wollte. Durch Freunde und Beschützer ward mir, wie es immer mein Wunsch war, eine Stelle beim diplomatischen Korps. Mit dem Vermögen meiner Mutter war ich imstande, mich zu meinem Beruf geziemlich einzurichten, und ich verließ meinen Vater, für dessen Genesung nur wenig Hoffnung war. Mein Freund verlangte durchaus, daß ich einen Teil meines Kapitals ihm mitgeben solle, er wolle dort damit spekulieren und mir dann den Gewinn in Zukunft berechnen. Ich mußte glauben, daß dies ein Vorwand sei, mir mit Anstand einmal ein ansehnliches Geschenk machen zu können. So kam ich mit meinem Gesandten in deine Vaterstadt, wo sich nachher mein Schicksal auf die Art, wie du es weißt, entwickelte.«

»Und du hast niemals von diesem herrlichen Andreas wieder etwas erfahren?« fragte Klara.

»Zwei Briefe erhielt ich von ihm aus jenem fernen Weltteile«, antwortete Heinrich; »nachher erfuhr ich von einem unverbürgten

Gerücht, er sei daselbst an der Cholera gestorben. So war er mir entrückt, mein Vater war nicht mehr, ich war gänzlich, auch in Ansehung meines Vermögens, auf mich selbst angewiesen. Doch genoß ich die Gunst meines Gesandten, bei meinem Hofe war ich nicht unbeliebt, ich durfte auf mächtige Beschützer rechnen – und alles das ist verschwunden.«

»Jawohl«, sagte Klara, »du hast mir alles aufgeopfert, und ich bin ebenfalls von den Meinigen auf immer ausgestoßen.«

»Um so mehr muß uns die Liebe alles ersetzen«, sagte der Gatte, »und so ist es auch; denn unsre Flitterwochen, wie die prosaischen Menschen sie nennen, haben sich doch nun schon weit über ein Jahr hinaus erstreckt.«

»Aber dein schönes Buch«, sagte Klara, »deine herrliche Dichtung! Hätten wir nur wenigstens eine Abschrift davon behalten können. Wie möchten wir uns daran ergötzen in diesen langen Winterabenden! – Ja freilich«, setzte sie seufzend hinzu, »müßten uns dann auch Lichter zu Gebote stehen.«

»Laß gut sein, Klärchen«, tröstete der Mann; »wir schwatzen, und das ist noch besser; ich höre den Ton deiner Stimme, du singst mir ein Lied, oder du schlägst gar ein himmlisches Gelächter auf. Diese Lachtöne habe ich noch niemals im Leben als nur von dir vernommen. Es ist ein so reiner Jubel, ein so überirdisches Jauchzen und dabei ein so feines und innig rührendes Gefühl in diesem Klange des Ergötzens und Übermutes, daß ich entzückt zuhöre und zugleich darüber denke und grüble. Denn, mein zarter Engel, es gibt Fälle und Stimmungen, wo man über einen Menschen, den man schon lange, lange kennt, erschrickt, sich zuweilen entsetzt, wenn er ein Lachen aufschlägt, das ihm recht von Herzen geht, und das wir bis dahin noch nicht von ihm vernommen haben. Selbst bei zarten Mädchen, und die mir bis dahin gefielen, ist mir dergleichen wohl begegnet. Wie in manchem Herzen unerkannt ein süßer Engel schlummert, der nur auf den Genius wartet, der ihn erwecken soll, so schläft oft in graziösen und liebenswerten Menschen doch im tiefen Hintergrund ein ganz gemeiner Sinn, der dann aus seinen Träumen auffährt, wenn ihm einmal das Komische mit voller Kraft in des Gemütes verborgenstes Gemach dringt. Unser Instinkt fühlt dann, daß in diesem Wesen etwas liege, wovor wir uns hüten müssen. O wie bedeutungsvoll, wie charakteristisch ist das Lachen der Menschen! Das deinige, mein Herz, möchte ich einmal poetisch beschreiben können.«

»Hüten wir uns aber«, erinnerte sie, »nicht unbillig zu werden. Das allzu genaue Beobachten der Menschen kann leicht zur Menschenfeindschaft führen.«

»Daß jener junge, leichtsinnige Buchhändler«, fuhr Heinrich fort, »Bankrott gemacht hat und mit meinem herrlichen Manuskript in alle Welt gelaufen ist, dient gewiß auch zu unserm Glück. Wie leicht, daß der Umgang mit ihm, das gedruckte Buch, das Schwatzen darüber in der Stadt die Aufmerksamkeit der Neugierigen auf uns hieher gelenkt hätte. Noch hat die Verfolgung deines Vaters und deiner Familie gewiß nicht nachgelassen; man hätte wohl meine Pässe von neuem und schärfer untersucht, man wäre auf den Argwohn geraten, daß mein Name nur ein falscher und angenommener sei, und so hätte man uns bei meiner Hülflosigkeit, und da ich mir durch meine Flucht den Zorn meiner Regierung zugezogen habe, wohl gar getrennt, dich deinen Angehörigen zurückgesendet und mich in einen schwierigen Prozeß verwickelt. So, mein Engel, sind wir ja in unsrer Verborgenheit glücklich und überglücklich.«

Da es schon dunkel geworden und das Feuer im Ofen ausgebrannt war, so begaben sich die beiden glücklichen Menschen in die enge, kleine Kammer auf ihr gemeinschaftliches Lager. Hier fühlten sie nichts von dem zunehmenden, erstarrenden Frost, von dem Schneegestöber, das an ihre kleinen Fenster schlug. Heitre Träume umgaukelten sie, Glück, Wohlstand und Freude umgaben sie in einer schönen Natur, und als sie aus der anmutigen Täuschung erwachten, erfreute sie die Wirklichkeit doch inniger. Sie plauderten im Dunkeln noch fort und verzögerten es, aufzustehen und sich anzukleiden, weil der Frost sie draußen und Mühsal erwartete. Indessen schimmerte schon der Tag, und Klara eilte in das beschränkte Zimmer, um aus der Asche den Funken zu wecken und das kleine Feuer im Ofen anzuzünden. Heinrich half ihr, und sie lachten wie die Kinder, als ihr Werk immer noch nicht gelingen wollte. Endlich, nach vieler Anstrengung von Hauchen und Blasen, so daß beide rote Gesichter bekommen hatten, entzündete sich der Span, und das wenige, fein geschnittene Holz wurde künstlich gelegt, um ohne Verschwendung den Ofen und das kleine Zimmer zu erwärmen. »Du siehst, lieber Mann«, sagte die Frau, »daß wir etwa nur auf morgen Vorrat haben: wie dann?« –

»Es muß sich ja etwas finden«, erwiderte Heinrich mit einem Blicke, als wenn sie etwas ganz Überflüssiges gesprochen hätte.

Es war ganz hell geworden, die Wassersuppe war ihnen das köstlichste Frühstück, von Kuß und Gespräch gewürzt, und Heinrich setzte der Gattin auseinander, wie falsch jenes lateinische Sprüchwort sei: *Sine Baccho et Cerere friget Venus.* So vergingen ihnen die Stunden.

»Ich freue mich schon darauf«, sagte Heinrich, »wenn ich in meinem Tagebuche an die Stelle kommen werde, wie ich dich, Geliebte, plötzlich entführen mußte.«

»O Himmel!« rief sie, »wie uns damals jener wunderbare Augenblick so seltsam und unerwartet überraschte! Schon seit einigen Tagen hatte ich an meinem Vater eine gewisse Verstimmung bemerkt; er sprach in einem andern Tone zu mir als gewöhnlich. Er hatte sich früher über deine häufigen Besuche gewundert; jetzt nannte er dich nicht, sprach aber von Bürgerlichen, die ihre Stellung so oft verkennen und sich den Besten unbedingt gleichstellen wollten. Da ich nicht antwortete, wurde er böse, und da ich endlich sprach, artete seine Laune in heftigen Zorn aus. Ich fühlte, wie er Zank mit mir suchte, und nachher, wie er mich bewachte und von andern beobachten ließ. Nach acht Tagen, als ich eben einen Besuch machen wollte, rannte meine getreue Kammerfrau mir auf der Treppe nach, der Bediente war schon voraus, und unter dem Vorwande, mir am Kleide etwas zu ordnen, sagte sie mir heimlich, wie alles entdeckt sei; man habe meinen Schrank gewaltsam geöffnet und alle deine Briefe gefunden, ich werde nach wenigen Stunden zu einer Tante fern in eine traurige Landschaft hinein verschickt werden. Wie schnell war mein Entschluß gefaßt! Ich stieg, um zu kaufen, an einem Galanterieladen ab, schickte Kutscher und Diener fort, um mich nach einer Stunde wieder abzuholen.« –

»Und wie erstaunte, erschrak ich, war ich entzückt«, rief der Gatte aus, »als du so plötzlich in mein Zimmer tratst. Ich kam von meinem Gesandten, ich war angekleidet; er hatte seltsame Reden geführt, in einem ganz andern Tone als gewöhnlich, halb bedrohend, warnend, aber immer noch freundlich. Ich hatte zum Glück verschiedene Pässe bei mir, und so bestiegen wir schnell ohne Vorkehrungen einen Mietwagen, dann auf dem Dorfe ein Fuhrwerk und kamen so über die Grenze, wurden getraut und glücklich.«

»Aber«, fuhr sie fort, »die tausend Verlegenheiten unterwegs, in schlechten Gasthöfen, der Mangel an Kleidern und Bedienung, die vielfachen Bequemlichkeiten, die wir gewohnt waren, und die wir nun entbehren mußten – und der Schreck, als wir von ungefähr durch einen Reisenden erfuhren, wie man uns nachsetze, wie öffentlich alles geworden sei, wie man so gar keine Rücksicht gegen uns beobachten wolle.«

»Ja, ja, Liebchen«, erwiderte Heinrich, »das war auf der ganzen Reise unser schlimmster Tag. Denkst du denn auch noch daran, wie wir, um nicht Argwohn zu erregen, mit jenem schwatzenden Fremden lachen mußten, als er sich in der Schilderung des Entführers erging, der nach seiner Meinung das Muster eines elenden Diplomaten sei, da er gar keine klugen Anstalten und sichere Vorkehrungen getroffen habe; wie er nun deinen Geliebten wiederholend einen dummen Teufel, einen Einfaltspinsel nannte, wie du in Zorn ausbrechen wolltest und auf meinen Wink dich doch wieder zum Lachen zwangst, ja zum Überfluß nun selber zu schelten begannst, mich und dich als Leichtsinnige, Unverständige schildertest, und endlich, als sich der Schwätzer, dem wir aber eigentlich seiner Warnung halber dankbar sein mußten, entfernt hatte, du in ein lautes Weinen ausbrachst –«

»Ja«, rief sie aus, »ja, Heinrich, das war ein ebenso lustiger als betrübter Tag. Unsre Ringe, so manches Wertvolle, das wir zufällig an uns trugen, half uns nun fort. Aber daß wir deine Briefe nicht haben retten können, ist ein unersetzlicher Verlust. Und heiß überläuft mich die Angst, sooft es mir einfällt, daß andre Augen als die meinigen diese deine himmlischen Worte, alle diese glühenden Töne der Liebe gelesen haben und an diesen Lauten, die meine Seligkeit waren, nur ein Ärgernis genommen.«

»Und noch schlimmer«, fuhr der Gatte fort, »daß meine Dummheit und Übereilung auch alle die Blätter zurückgelassen hat, die du mir in so mancherlei Stimmungen schicktest oder heimlich in die Hand drücktest. In allen Prozessen, nicht bloß denen der Liebe, ist immer das Schwarz auf Weiß, welches das Geheimnis entdeckt oder den Kasus verschlimmert. Und doch kann man es nicht lassen, mit Feder und Dinte diese Züge zu malen, welche die Seele bedeuten sollen. O, meine Geliebte, es waren oft Worte in diesen Briefen, bei denen mein Herz, von deiner Geisterhand, von diesem Lufthauch berührt, so gewaltig aus seiner Knospe ging, daß es mir, wie im zu raschen Auseinanderblühen aller Blätter, zu zerspringen schien.«

Sie umarmten sich, und es entstand eine fast feierliche Pause. »Liebchen«, sagte Heinrich dann, »welche Bibliothek neben meinem Tagebuch, wenn deine und meine Briefe aus dieser Omarschen Verfolgung noch wären gerettet worden.« Er nahm das Tagebuch und las, indem er nach rückwärts das Blatt umschlug:

»*Treue!* – Diese wundersame Erscheinung, die der Mensch so oft am Hunde bewundern will, wird in der Regel am eignen Menschengeschlecht viel zuwenig beachtet. Es ist unglaublich und kommt doch täglich vor, welchen sonderbaren, oft ganz verwirrten Begriff sich so viele von den sogenannten Pflichten machen. Wenn ein Dienstbote das Unmögliche tut, so hat er nur seine Pflicht getan, und an dieser Pflicht künsteln die höhern Stände so herum und herab, daß sie diese Pflichten, soviel sie nur können, nach ihrer Bequemlichkeit beugen oder zu ihrem Egoismus erziehen. Wäre die unerbittliche Galeerenarbeit, der eiserne Zwang der Papier- und Aktenverhältnisse nicht, so würden wir vermutlich die seltsamsten Erscheinungen beobachten können. Es ist unleugbar, daß diese Sklavenarbeit der endlosen Schreiberei in unserm Jahrhundert großenteils unnütz, nicht selten sogar schädlich ist. – Aber man denke nur einmal dieses große Rad der Hemmung in dieser egoistischen Zeit, bei dieser sinnlichen Generation plötzlich ausgehoben, – was könnte da entstehen, was sich alles zerstörend verwirren?

Pflichtlos sein ist eigentlich der Zustand, zu welchem die sogenannten Gebildeten in allen Richtungen stürzen wollen; sie nennen es Unabhängigkeit, Selbständigkeit, Freiheit. Sie bedenken nicht, daß, sowie sie sich diesem Ziele nähern wollen, die Pflichten wachsen, die bis dahin der Staat oder die große, unsäglich komplizierte, ungeheure Maschine der geselligen Verfassung in ihrem Namen, wenn auch oft blindlings, übernahm. Alles schilt die Tyrannei, und jeder strebt, Tyrann zu werden. Der Reiche will keine Pflichten gegen den Armen, der Gutsbesitzer gegen den Untertan, der Fürst gegen das Volk haben, und jeder von ihnen zürnt, wenn jene Untergebenen die Pflichten gegen sie verletzen. Darum nennen auch die Niederen diese Forderung eine altertümliche, der Zeit nicht mehr anpassende und möchten nun mit Redekunst und Sophisterei alle jene Bande ableugnen und vernichten, durch welche die Staaten und die Ausbildung der Menschheit nur möglich sind.

Aber Treue, echte Treue, – wie so ganz anders ist sie, wie ein viel Höheres als ein anerkannter Kontrakt, ein eingegangenes Verhältnis von Verpflichtungen. Und wie schön erscheint diese Treue in alten Dienern und ihrer Aufopferung, wenn sie in ungefälschter Liebe, wie in alten poetischen Zeiten, einzig und allein ihren Herren leben.

Ich kann es mir freilich als ein sehr großes Glück denken, wenn der Dienstmann nichts Höheres kennt, nichts Edleres denken mag als seinen Gebieter. Ihm ist aller Zweifel, alle Grübelei, alles Schwanken und Hin- und Hersinnen auf ewig erloschen. Wie Tag und Nacht, Sommer und Winter, wie unabänderliches Naturwalten ist sein Verhältnis; in der Liebe zum Herrn liegt ihm jedes Verständnis.

Und gegen solche Diener hätte die Herrschaft keine Pflichten? Sie hat sie gegen alle ihre Diener, über den bedingten Lohn hinaus, aber gegen solche schuldet sie weit mehr und ganz etwas Anderes und Höheres, nämlich eine wahre Liebe, eine echte, die dieser unbedingten Hingebung entgegenkommt.

Und womit sollen wir das je gutmachen, erwidern (denn vom Vergelten ist die Rede gar nicht), was unsre alte Christine an uns tut? Sie ist die Amme meiner Frau; wir trafen sie auf der ersten Station, und sie zwang uns beinah mit Gewalt, sie auf unsrer Reise mitzunehmen. Ihr durften wir alles sagen; denn sie ist die Verschwiegenheit selbst; sie fand sich auch gleich in die Rolle, die sie unterwegs und hier zu spielen hatte. Und wie ist sie uns, vorzüglich meiner Klara, ergeben! – Sie bewohnt unten ein ganz kleines, finsteres Kämmerchen und nährt sich eigentlich davon, daß sie in etlichen Nachbarhäusern noch gelegentliche Dienste tut. Wir begriffen es nicht, wie sie uns für so weniges unsere Wäsche unterhielt, immer wohlfeil einkaufte, bis wir endlich dahinterkamen, daß sie alles nur irgend Entbehrliche uns

aufgeopfert hat. Jetzt arbeitet sie viel auswärts, um uns bedienen, um nur bei uns bleiben zu können.
So werde ich also nun doch meinen Chaucer, von Caxton gedruckt, verstoßen und das schimpfliche Gebot des knausernden Buchhändlers annehmen müssen. Das Wort ›verstoßen‹ hat mich immer besonders gerührt, wenn geringere Frauen es brauchten, indem sie in der Not gute oder geliebte Kleider versetzen oder verkaufen mußten. Es klingt fast wie von Kindern. – Verstoßen! – Wie Lear Cordelien, so ich meinen Chaucer. – Hat aber Klara nicht ihr einziges gutes Kleid, noch jenes von der Flucht her, längst verkauft? Schon unterwegs! – Ja, Christine ist doch mehr wert als der Chaucer, und sie muß auch vom Ertrage etwas erhalten. Nur wird sie es nicht nehmen wollen.
Kaliban, der den trunkenen Stefano, noch mehr aber dessen wohlschmeckenden Wein bewundert, kniet vor den Trunkenbold hin, sagt flehend und mit aufgehobenen Händen: ›Bitte, sei mein Gott!‹
Darüber lachen wir; und viele Beamte, viele Besternte und Vornehme lachen mit, die zum elenden Minister oder zum trunkenen Fürsten oder zur widerwärtigen Mätresse ebenso flehend sagen: ›Bitte, sei mein Gott! – Ich weiß meine Verehrung, meinen Glauben, das Bedürfnis, etwas anzubeten, nirgend anzubringen: mir fehlt ein Gott, an den ich glauben könnte, dem ich dienen, dem ich mein Herz widmen möchte, völlig; sei du es, denn – du hast guten Wein, und der wird hoffentlich vorhalten.‹
Wir lachen über den Kaliban und seinen Sklavensinn, weil hier, wie beim Shakespeare immer, im Komischen verhüllt eine unendliche, eine schlagende Wahrheit ausgesprochen wird; weil wir diese, durch welche Tausende vor unsrer Phantasie in Kalibans verwandelt worden, sogleich fühlen, darum lachen wir über diese bedeutsamen Worte.
›Bitte sei mein Gott!‹ hat auch die alte Christine in ihrem stillen, ehrlichen Herzen, ohne es auszusprechen, zu Klara gesagt; aber nicht wie Kaliban oder jene Weltmenschen, um Wein und Würden zu erhalten: – sondern, damit Klara ihr die Erlaubnis gebe, zu entbehren, zu hungern und zu dürsten und bis in die Nacht hinein für sie zu arbeiten.

Es braucht wohl für einen Leser, wie ich einer bin, nicht gesagt zu werden, daß hier einiger Unterschied stattfindet.«

Eine Rührung hatte an diesem Tage die Lesung unterbrochen, eine Rührung, die um so gewaltiger wurde, als jetzt die alte, runzelvolle, halbkranke, von elenden Kleidern bedeckte Amme hereintrat, um zu melden, daß sie in dieser Nacht nicht im Kämmerchen unten schlafen, daß sie aber morgen früh dennoch den dürftigen Einkauf besorgen werde. Klara begleitete sie hinaus und sprach noch draußen mit ihr, und Heinrich schlug mit der Hand auf den Tisch und rief in Tränen: »Warum arbeite ich denn nicht auch als Tagelöhner? Ich bin ja bis jetzt noch gesund und kräftig. Aber nein, ich darf es nicht; denn dadurch erst würde sie sich elend fühlen; auch sie würde erwerben wollen, sich abquälen, allenthalben Hülfe suchen, und wir hätten uns beide für unglücklich erklärt. Auch würde man uns dann gewiß entdecken. Und leben wir doch, sind wir doch glücklich!«
Klara kam ganz heiter zurück, und das schlechte Mittagsmahl wurde von den Zufriedenen wieder als ein köstliches verzehrt. »Nun fühlten wir doch«, sagte Klara nach Tische, »gar keine Not, wenn unser Holzvorrat nicht völlig zu Ende wäre, und Christine weiß auch keinen Rat zu schaffen.«
»Liebe Frau«, sagte Heinrich ganz ernsthaft, »wir leben in einem zivilisierten Jahrhundert, in einem wohlregierten Lande, nicht unter Heiden und Menschenfressern; es muß ja doch Mittel und Wege geben. Befänden wir uns in einer Wildnis, so würde ich natürlich, wie Robinson Crusoe, einige Bäume fällen. Wer weiß, ob sich nicht Wald da findet, wo man ihn am wenigsten vermutet; kam doch auch zum Macbeth Birnams Wald hin, freilich um ihn zu verderben. Indessen sind ja auch zuweilen Inseln plötzlich aus dem Meere aufgetaucht; mitten unter Klüften und wilden Steinen wächst auch wohl ein Palmbaum, der Dornstrauch rauft Schafen und Lämmern die Wolle aus, wenn sie ihm zu nahe kommen, der Hänfling aber trägt diese Flocken zu Nest, um seinen zarten Jungen ein warmes Bett daraus zu machen.«
Klara schlief diesmal länger als gewöhnlich, und als sie erwachte, verwunderte sie sich darüber, daß es schon heller Tag war, und

noch mehr, daß sie den Gemahl nicht an ihrer Seite fand. Wie aber erstaunte sie erst, als sie ein lautes, kreischendes Geräusch vernahm, das so klang, wie wenn eine Säge hartes, widerspenstiges Holz zerschneidet. Schnell kleidete sie sich an, um dem sonderbaren Ereignis auf den Grund zu kommen. »Mein Heinrich«, rief sie eintretend, »was machst du da?« – »Ich zersäge das Holz für unsern Ofen«, versetzte er keuchend, indem er von der Arbeit aufsah und der Frau ein ganz rotes Gesicht entgegenhielt.

»Erst sage mir nur, wie in aller Welt du zu der Säge kommst, und gar zu dem ungeheuern Block dieses schönen Holzes?«

»Du weißt«, sagte Heinrich, »wie vier, fünf Stufen zu einem kleinen Boden von hier führen, der leer steht. Nun, in einem Verschlage sah ich neulich, durch das Schlüsselloch guckend, eine Holzsäge und ein Beil, die wohl dem alten Hauswirt oder wer weiß wem sonst gehören mögen. Man achtet auf den Gang der Weltgeschichte, und so merkte ich mir diese Utensilien. Heut morgen nun, als du noch so angenehm schliefst, ging ich in stockdichter Finsternis dort hinauf, sprengte die dünne, elende Tür, die kaum mit einem kleinen, jämmerlichen Riegel versperrt war, und holte mir diese beiden Mordinstrumente herunter. Nun aber, da ich die Gelegenheit unsers Hauses ganz genau kenne, hob ich dieses lange, dicke, gewichtige Geländer unsrer Treppe, nicht ohne Mühe und Anstrengung und mit Hülfe des Beiles, aus seinen Fugen und brachte den langen und schweren Balken, der unsre ganze Stube ausfüllt, hieher. Sieh nur, geliebte Klara, welche soliden trefflichen Menschen unsre Vorfahren waren. Betrachte diese eichene Masse vom allerschönsten und kernigsten Holze, so glatt poliert und gefirnißt. Das wird uns ein ganz andres Feuer geben als unser bisheriges elendes Kiefern- und Weidengeflecht.«

»Aber Heinrich«, rief Klara und schlug die Hände zusammen, »das Haus verderben!«

»Kein Mensch kommt zu uns«, sagte Heinrich, »wir kennen unsre Treppe und gehen selber nicht einmal auf und ab, also ist sie höchstens für unsre alte Christine da, die sich doch unendlich verwundern würde, wenn man zu ihr sagen wollte: ›Sieh, altes Kind, es soll einer der schönsten Eichenstämme im ganzen Forst, mannsdick, gefällt werden, vom Zimmermann und nachher vom Tischler kunstreich bearbeitet, damit du, Alte, die Stufen hinaufgehend, dich auf diesen herrlichen Eichenstamm stützen kannst.‹ Sie müßte ja laut auflachen, die Christine. Nein, ein solches Treppengeländer ist wieder eine von des Lebens ganz unnützen Überflüssigkeiten; der Wald ist zu uns gekommen, da er gemerkt hat, daß wir ihn so höchst notwendig brauchten. Ich bin ein Zauberer; nur einige Hiebe mit diesem magischen Beil, und es ergab sich dieser herrliche Stamm in meine Macht. Das kommt alles von der Zivilisation; hätte man hier immer, wie in vielen alten Hütten, an einem Strick oder an einem Stück Eisen, wie in Palästen, sich hinaufhelfen müssen, so konnte diese meine Spekulation nicht eintreten, und ich hätte andre Hülfsmittel suchen und erfinden müssen.«

Als Klara ihr Erstaunen überwunden hatte, mußte sie laut und heftig lachen; dann sagte sie: »Da es aber einmal geschehen ist, so will ich dir wenigstens bei deiner Holzhauerarbeit helfen, so wie ich es ehemals oft auf den Straßen gesehen habe.«

Man legte den Baum auf zwei Stühle, die an den Enden des Zimmers standen, weil es seine Länge so erforderte. Nun sägten beide, um den Zwischenraum zu vermindern, den Block in der Mitte durch. Es war mühsam, da beide des Handwerks nicht gewohnt waren, und das harte Holz den Zähnen der Säge widerstand. Lachend und Schweiß vergießend konnten die beiden nur langsam in dem Geschäft vorschreiten. Endlich brach der Balken unter den letzten Schnitten. Nun ruhte man und trocknete den Schweiß. »Das hat noch den Vorteil«, sagte Klara dann, »daß wir nun fürs erste nicht einzuheizen brauchen.« Sie vergaßen, sich das Frühstück zu bereiten, und arbeiteten so den ganzen Vormittag, bis sie den Baum in so viele Teile zerlegt hatten, als nötig war, um diese spalten zu können.

»Welch ein Künstleratelier ist plötzlich aus unserm einsamen Zimmer geworden«, sagte Heinrich in einer Pause. »Jener ungeschlachte Baum, dort in der Finsternis liegend, von keinem Auge bemerkt, ist nun bereits in diese zierlichen Kubusklötze verwandelt, die jetzt nach einiger Überredung und Kunstgeschliffenheit vermöge dieses Beiles feuerfähig gemacht und in den Stand gebracht werden, die Flammen der Begeisterung zu ertragen.«

Er nahm das erste Viereck zur Hand, und die Arbeit, dieses in kleinere Klötze und schmale Stücke zu spalten, war natürlich noch mühsamer als das Zersägen. Klara ruhte indessen aus und sah dem Manne mit Verwunderung und Freude zu, der nach einiger Übung und vergeblichen Versuchen bald die Handgriffe fand und selbst in dieser niedrigen Beschäftigung seiner Gattin als ein schöner Mann erschien. –

Es traf sich glücklich, daß bei diesen Arbeiten, von denen die Wände erdröhnten, der Herr des kleinen Hauses, der sonst das untere Zimmer bewohnte, abwesend war. So kam es, daß das verursachte Geräusch von niemand im Hause bemerkt werden konnte. Die Nachbarn hörten nicht sehr darauf, weil viele geräuschvolle Gewerbe sich in der Vorstadt und namentlich in dieser Gasse niedergelassen hatten.

Endlich war ein Vorrat des kleinen Holzes zustande gekommen, und man versuchte nun, den Ofen damit zu heizen. An diesem merkwürdigen Tage waren Mittagsmahl und Frühstück zusammengeflossen. Der Mittagstisch war heute viel anders als gestern und vorgestern.

»Du mußt nicht wunderlich sein, lieber Mann«, sagte Klara, bevor sie ein kleines Tuch auflegte; »unsre Christine hat von ihrem großen Waschfest diese Nacht allerhand nach Hause gebracht, und sie ist glücklich darin, es mit uns teilen zu können. Ich habe nicht den Mut gehabt, die Gabe zu verschmähen, und du wirst sie ebenfalls freundlich aufnehmen.«

Heinrich lächelte und sagte: »Die Alte ist ja schon seit lange unsere Wohltäterin, sie arbeitet in der Nacht, um uns zu helfen, sie bricht sich jetzt vom Munde ab, um uns zu speisen. Schwelgen wir also, um ihr Spaß zu machen, und stirbt sie, bevor wir uns in Tat dankbar erzeigen können, oder bleibt es uns für immer unmöglich, nun, so wollen wir mindestens in Liebe erkenntlich sein.«

Das Mahl war in der Tat schwelgerisch. Die Alte hatte einige Eier eingeliefert, etwas Gemüse mit Fleisch und selbst in einem Kännchen Kaffee zugerichtet. Beim Essen erzählte Klara, wie eine solche Wäsche in der Nacht diesen Leuten ein wahres hohes Fest sei, bei welchem sie erzählten und witzig und lustig wären, so daß sich zu dieser Arbeit immer viele drängten und diese nächtlichen Stunden feierlich begingen. »Welch ein Glück«, fuhr sie fort, »daß diesen

Menschen sich so vieles in Genuß verwandelt, was uns wie harte sklavische Arbeit und Qual erscheint. So gleicht sich im Leben vieles glücklich aus, was ohne diese sanfte Einigung höchst widerwärtig, selbst schrecklich werden könnte. Und haben wir es nicht selbst erlebt, daß auch die Armut ihrer Reize hat?«

»Jawohl«, fiel Heinrich ein, indem er sich am Genuß des Fleisches erquickte, das er schon seit lange hatte entbehren müssen: »wüßten die Schlemmer und stets Übersatten, welch ein Wohlgeschmack, welche sanfte Würze auch dem Bissen des trocknen Brotes innewohnt, wie ihn nur der Arme, Hungernde zu würdigen weiß, sie würden ihn vielleicht beneiden und auf künstliche Mittel sinnen, um ebenfalls dieses Genusses teilhaft zu werden. Aber wie gut und glücklich trifft es sich, daß uns nach unsrer harten Tagesarbeit ein solches Sardanapalisches Mahl zuteil geworden ist; so ergänzen sich unsre Kräfte wieder zu neuen Anstrengungen. Aber laß uns einmal recht übermütig sein und singe mir einige jener süßen Lieder, die mich immer so bezaubert haben.«

Sie tat gern, was er verlangte, und indem sie so, Hand in Hand und Auge in Auge, in der Nähe des Fensters saßen, bemerkten sie, wie die Eisblumen an den Scheiben aufzutauen begannen, sei es nun, daß die strenge Kälte etwas nachließ, oder daß die Wärme, welche das harte Eichenholz verbreitete, mehr Gewalt auf jene Frostgewächse ausübte. »Sieh, meine Geliebte«, rief Heinrich aus, »wie das kalte, eisige Fenster in Rührung weint, vor deiner schönen Stimme zerschmelzend. Immer kehrt die alte Wundergeschichte vom Orpheus wieder.« –

Es war ein heller Tag, und sie erblickten einmal den blauen Himmel wieder; zwar nur einen sehr kleinen Teil, aber sie freuten sich des durchsichtigen Kristalls, und wie ganz dünne, feine, schneeweiße Wölkchen zerfließend durch das azurblaue Meer segelten und gleichsam mit Geisterarmen um sich griffen, als wenn sie sich behaglich und erfreut dort fühlen könnten.

Die uralte Hütte oder das kleine Haus war in dieser menschengedrängten Straße ein sehr sonderbares. Die Stube mit zwei Fenstern und die Kammer, die ein Fenster hatte, war der ganze Raum des Hauses. Unten wohnte sonst der alte, grämelnde Wirt, der aber, weil er Vermögen besaß, sich für den Winter nach einer andern

Stadt gewendet und dort einem befreundeten Arzte in die Kur gegeben hatte, weil er am Podagra litt. Der Erbauer dieser Hütte mußte von seltsamer, fast unbegreiflicher Laune gewesen sein; denn unter den Fenstern des zweiten Stocks welchen die Freunde bewohnten, zog sich ein ziemlich breites Ziegeldach hervor, so daß es ihnen völlig unmöglich war, auf die Straße hinabzusehen. Waren sie auf diese Weise, auch wenn sie zur Sommerszeit die Fenster öffneten, völlig von allem Verkehr mit den Menschen abgeschnitten, so waren sie es auch durch das noch kleinere Haus, welches ihnen gegenüberstand. Dieses hatte nämlich nur Wohnungen zu ebner Erde; darum sahen sie dort niemals Fenster und Gestalten an diesen, sondern immer nur das ganz nahe, sich weit nach hinten strekkende, schwarz geräucherte Dach und rechts und links die steilen, nackten Feuermauern von zwei höhern Häusern, die jene niedrige Hütte von beiden Seiten einfaßten. In den ersten Tagen des Sommers, als sie hier eben erst eingezogen waren, rissen sie, wie es den Menschen natürlich ist, wenn sich in der ganz engen Gasse Geschrei oder Zank vernehmen ließ, schnell die Fenster auf und sahen dann nichts als ihr Ziegeldach vor sich und das der Hütte gegenüber. Sie lachten jedesmal, und Heinrich sagte wohl: wenn das Wesen des Epigramms (nach einer alten Theorie) in getäuschter Erwartung bestehe, so hätten sie wieder ein Epigramm genossen.

Nicht leicht ist es Menschen möglich gewesen, in einer so völlig abgeschlossenen Einsamkeit zu leben, als es diesen beiden hier gelang, am getümmelvollen Saum einer stets bewegten Residenz. So abgeschieden von aller Welt waren sie, daß es eine Begebenheit schien, wenn ein Kater einmal behutsam über das fremde Dach spazierte und jenseit, den spitzen Kamm der Ziegel sich hinüberfühlend, eine Bodenluke und dort einen Gevatter oder eine Gevatterin aufsuchte. Wie im Sommer die Schwalben aus dem angeklebten Neste in die Lücke der Feuermauer flogen und zwitschernd wiederkehrten, wie sie mit ihrer jungen Brut plauderten, war den Zuschauenden an ihrem Fenster eine wichtige Geschichte. Sie erschraken fast über das höchst bedeutsame Ereignis, als ein Knabe, ein Schornsteinfeger, sich einmal aus seinem engen, viereckigen Zwinger mit seinem Besen gegenüber erhob und einige Töne von sich gab, die ein Lied bedeuten sollten.

Diese Einsamkeit war den Liebenden aber doch erwünscht; denn so konnten sie am Fenster stehen, sich umarmend und küssend, ohne Furcht, daß irgendein neugieriger Nachbar sie beobachten möchte. So phantasierten sie denn oft, daß jene trübseligen Feuermauern Felsen seien einer wunderbaren Klippengegend der Schweiz, und nun betrachteten sie schwärmend die Wirkungen der Abendsonne, deren roter Schimmer an den Rissen zitterte, welche sich in dem Kalk oder rohen Stein gebildet hatten. Mit Sehnsucht konnten sie an solche Abende zurückdenken und sich dann aller der Gespräche erinnern, die sie geführt, der Gefühle, die sie gehabt, aller Scherze, die sie gewechselt hatten.

So war nun jetzt vorerst eine Waffe gegen den harten Frost gefunden, wenn er noch dauern oder gar zunehmen sollte. Da es dem Gatten nicht an Zeit fehlte, so erleichterte er sich sein Geschäft des Holzspaltens dadurch, daß er kleine Keile schnitt, die er in den Stamm trieb, und auf diese Weise den Kloben zwang, schneller und leichter nachzugeben.

Nach einigen Tagen fragte die Frau, indem sie seinem Keilschnitzen aufmerksam zusah: »Heinrich, wenn diese Holzmasse, die du hier aufgetürmt hast, nun auch verbraucht ist, – wie dann?«

»Mein Herz«, erwiderte er, »der gute Horaz (wenn ich nicht irre) sagt unter andern seiner weisen Lehren einmal sehr kurz und bündig: ›*Carpe diem!*‹ Genieße den Tag, den du gerade vor dir hast, gib dich ihm ganz hin, bemächtige dich seiner als eines, der niemals wiederkehrt: das kannst du aber gar nicht vollständig, wenn du auch nur an ein mögliches Morgen denkst; geschieht dies gar mit Sorgen und Zweifeln, so ist dir ja der gegenwärtige Tag, diese Stunde, der du dich erfreust, schon verloren, indem du sie durch ängstliche Fragen dir verkümmerst. Wir kommen nur zum Bewußtsein der Gegenwart, wir können nur leben und glücklich sein, wenn wir uns ganz in diese stürzen. Sieh! so viel liegt in den zwei Worten dieser lateinischen Sprache, die darum wohl mit Recht eine bündige und energische genannt wird, weil sie mit so kleinen Lauten so vielerlei ausdrücken kann. Und kennst du nicht die Liederzeilen:

Alle Sorgen
Nur auf morgen;
Sorgen sind für morgen gut.«

»Richtig!« erwiderte sie, »haben wir uns doch seit einem Jahre diese Philosophie zu eigen gemacht und befinden uns wohl dabei.«

So gingen die Tage hin, und diese jungen Eheleute entbehrten nichts im Gefühle ihres Glücks, obgleich sie wie die Bettler lebten. An einem Morgen sagte der Gatte: »Ich hatte in dieser Nacht einen wunderlichen Traum.«
»Erzähle ihn mir, Liebchen«, rief Klara; »wir geben auf unsere Träume viel zuwenig, die doch einen so wichtigen Teil von unserm Leben ausmachen. Ich bin überzeugt, wenn viele Menschen diese Erlebnisse der Nacht mehr in ihr Tagesleben hineinzögen, so würde ihnen auch ihr sogenanntes wirkliches Leben weniger traumartig und schlafbefangen sein. Außerdem gehören aber deine Träume mir; denn sie sind Ergüsse deines Herzens und deiner Phantasie, und ich könnte eifersüchtig auf sie werden, wenn ich denke, daß mancher Traum dich von mir trennt, daß du, in ihm verstrickt, mich auf Stunden vergessen kannst, oder daß du dich wohl gar, wenn auch nur in Phantasie, in ein andres Wesen verliebst. Ist dergleichen nicht schon eine wirkliche Untreue, wenn Gemüt und Einbildung auf dergleichen nur verfallen können?«
»Es kommt nur darauf an«, erwiderte Heinrich, »ob und inwiefern unsre Träume uns gehören. Wer kann sagen, wieweit sie die geheime Gestaltung unseres Innern enthüllen? Wir sind oft grausam, lügenhaft, feige im Traum, ja ausgemacht niederträchtig, wir morden ein unschuldiges Kind mit Freuden und sind doch überzeugt, daß alles dies unsrer wahren Natur fremd und widerwärtig sei. Die Träume sind auch sehr verschiedener Art. Wenn manche lichte an Offenbarung grenzen mögen, so erzeugen sich wohl andre aus Verstimmung des Magens oder andrer Organe. Denn diese wundersam komplizierte Mischung unsers Wesens von Materie und Geist, von Tier und Engel läßt in allen Funktionen so unendlich verschiedene Nuancen zu, daß über dergleichen sich am wenigsten etwas Allgemeines sagen läßt.«

»O, das Allgemeine!« rief sie aus, »die Maximen, die Grundregeln, und wie das Zeug alles heißt: ich kann nicht aussprechen, wie alles der Art mir immer zuwider und unverständlich gewesen ist. In der Liebe wird uns jene Ahndung recht deutlich, die schon unsre Kindheit erleuchtet, daß das Individuelle, das Einzige, das Wesen, das Rechte, das Poetische und Wahre sei. Der alles allgemein machende Philosoph kann für alles eine Regel finden, er kann alles seinem sogenannten System einfügen, er zweifelt niemals, und seine Unfähigkeit, irgend etwas wahrhaft zu erleben, das ist eben jene Sicherheit, auf welche er pocht, jene Zweifelsunfähigkeit, die ihn so stolz macht. Der rechte Gedanke muß auch ein erlebter sein, die wahre Idee sich lebendig aus vielen Gedanken entwickeln und, plötzlich ins Sein getreten, rückstrahlend wieder tausend halbgeborne Gedanken erleuchten und beseelen. – Aber ich erzähle dir da meine Träume, und doch solltest du mir lieber den deinigen vortragen, der besser und poetischer sein wird.«
»Du beschämst mich in der Tat«, sagte Heinrich errötend, »weil du diesmal mein Traumtalent viel zu hoch anschlägst. Überzeuge dich selbst.
Ich war noch bei meinem ehemaligen Gesandten dort in der großen Stadt und in der vornehmen Umgebung. Man sprach bei Tische von einer Auktion, die nächstens stattfinden werde. Sooft das Wort Auktion bei Tische nur genannt wurde, befiel mich eine unbeschreibliche Angst, und doch begriff ich nicht warum. In meiner frühen Jugend war es meine Leidenschaft gewesen, bei Bücherauktionen zugegen zu sein, und wenn es mir auch fast immer unmöglich fiel, jene Werke, die ich liebte, zu erstehen, so hatte ich doch meine Freude daran, sie ausgeboten zu hören und mir die Möglichkeit zu denken, daß sie in meinen Besitz gelangen könnten. Die Kataloge der Auktionen konnte ich wie meine Lieblingsdichter lesen, und diese Torheit und Schwärmerei war nur eine von den vielen, an welchen meine Jugend litt; denn ich war weit von dem entfernt, was man einen soliden, verständigen Jüngling nennt, und ich zweifelte in einsamen Stunden oft, ob aus mir je ein sogenannter vernünftiger und brauchbarer Mann werden würde.«
Klara lachte laut auf, umarmte ihn dann und küßte ihn heftig. »Nein«, rief sie, »bis jetzt ist davon, dem Himmel sei Dank, noch

nichts eingetroffen. Ich denke dich auch so in der Zucht zu halten, daß du nie auf dergleichen Laster geraten sollst. Nun aber weiter in deinem Traum!«

»Ich hatte mich denn auch«, fuhr Heinrich fort, »nicht ohne Not vor dieser Auktion geängstigt, denn wie es im Traum zu gehen pflegt, war ich plötzlich in dem Saal der Versteigerung, und wie ich zu meinem Erschrecken sah, gehörte ich zu den Sachen, die öffentlich ausgeboten werden sollten.«

Klara lachte wieder. »O, das ist hübsch«, rief sie aus. »Das wäre ein ganz neues Mittel, unter die Leute zu kommen.«

»Ich fand es gar nicht erfreulich«, antwortete der Mann. »Es lagen und standen da allerhand alte Sachen und Möbeln umher, dazwischen saßen alte Weiber, Tagediebe, elende Schriftsteller, Libellisten, verdorbene Studenten und Komödianten: alles dies sollte nun heut dem Meistbietenden zugeschlagen werden, und ich war mitten unter diesen verstäubten Altertümlichkeiten. Im Saale saßen manche von meinen Bekannten, und einige von diesen betrachteten die ausgestellten Sachen und Menschen mit Kennerblicken. Ich war unendlich beschämt. Endlich kam der Auktionator, und ich erschrak, als wenn ich zur Hinrichtung geführt würde.

Der ernsthafte Mann setzte sich, räusperte und begann sein Amt damit, daß er zuerst nach mir griff, um mich auszubieten. Er stellte mich vor sich hin und sagte: ›Sehn meine Herrschaften hier einen noch ziemlich gut konservierten Diplomaten, etwas eingeschrumpft und abgerissen, von Würmern und Motten hier und da zernagt, aber doch noch brauchbar als Kaminschirm, um gegen zu große Flamme und Hitze zu schützen und abzukühlen, oder um ihn als Karyatide zu nutzen und ihm etwa eine Uhr auf den Kopf zu stellen. Auch kann man ihn vor das Fenster hängen, daß er die Witterung anzeigt. Es ist ihm selbst noch ein klein wenig Verstand geblieben, so daß er auf alltägliche Dinge, wenn die Frage nicht zu tief geht, ganz leidlich antworten und darüber sprechen kann. Wie hoch wollen Sie auf ihn bieten?‹

Keine Antwort im Saal. Der Auktionator rief: ›Nun, meine Herren und Damen? Er kann ja in einem Gesandtschaftslokal noch Türsteher werden; er könnte ja als Kronleuchter in der Entree angehangen werden und die Kerzen mit Armen, Beinen und auf dem Kopfe tragen. Es ist ja ein lieber, anstelliger Mensch. Wenn eine Herrschaft eine Hausorgel besitzen sollte, kann er auch die Balgen treten; seine Beine, wie Sie sehen, sind ja noch von leidlicher Beschaffenheit.‹ – Aber immer keine Antwort. – Ich fühlte mich im Zustand der tiefsten Erniedrigung, und meine Beschämung war ohne Grenzen; denn manche meiner Bekannten sahen grinsend und schadenfroh nach mir, manche lachten, andre zuckten die Schultern wie in tief verachtendem Mitleid. Mein Bedienter kam jetzt zur Tür herein, und ich trat einen Schritt vor, um ihm einen Auftrag zu geben, aber der Auktionator stieß mich heftig mit den Worten zurück: ›Still, altes Möbel! Kennt Er die Pflichten seines Standes so wenig? Hier ist seine Bestimmung, sich ruhig zu halten. Das wäre mir, wenn die Auktionsstücke selbständig werden wollten!‹ – Wieder auf eine neue Anfrage antwortete niemand. – ›Der Lump ist nichts wert‹, hörte man aus einem Winkel; ›wer wird auf den Taugenichts etwas bieten?‹ sagte ein andrer. Mir trat der Angstschweiß auf die Stirn. Ich winkte meinem Bedienten mit den Augen, daß er eine Kleinigkeit bieten möchte; denn, so dachte ich ganz vernünftig, hat mich der Mensch nur erst erstanden, und ich bin aus dem verfluchten Saal, so werde ich mich draußen schon mit meinem Diener abfinden, da wir uns kennen; ich will ihm seine Auslage wiedererstatten und ein Trinkgeld noch obendrein verabreichen. Der mochte aber kein Geld bei sich haben oder mein Winken nicht verstehen, vielleicht, daß ihm diese ganze Anstalt unbekannt und unbegreiflich war; genug, er rührte sich nicht von seinem Platze. Der Auktionator war verdrüßlich, er winkte seinem Gehülfen und sagte zu diesem: ›Holt mir Nummer 2, 3 und 4 aus der Kammer.‹ Der starke Mensch brachte drei zerlumpte Kerle, und der Ausrufer sprach: ›Da man auf diesen Diplomaten gar nichts bieten will, so vereinigen wir ihn mit diesen drei Tagesschriftstellern, einem abgestandenen Redakteur eines Wochenblatts, einem, der Korrespondenzartikel schrieb, und diesem Theaterkritiker – was wird nun für diese Bande zusammengenommen geboten?‹

Ein alter Trödler rief, nachdem er eine Weile die Hand an die Stirn gelegt hatte: ›Einen Groschen!‹ Der Auktionator fragte: ›Einen Groschen also? Niemand mehr? Einen Groschen zum ersten –‹, er erhob den Hammer. Da rief ein kleiner schmutziger Judenjunge:

›Einen Groschen sechs Pfennige.‹ Der Auktionator wiederholte das Gebot zum ersten-, zum zweitenmal, schon wollte das dritte Wort mit dem Hammer mich zusamt jenen Gesellen dem kleinen Israeliten zuschlagen, als sich die Tür öffnete und du, Klara, in voller Herrlichkeit mit einem großen Gefolge von vornehmen Damen hereintratest, indem du gebieterisch mit stolzer Miene und Stellung: Halt! riefest. Alle erschraken und verwunderten sich, und mein Herz war in Freude bewegt. ›Meinen eignen Mann verauktionieren?‹ sagtest du mit Unwillen; ›wieviel ist bis jetzt geboten?‹ Der alte Ausrufer verbeugte sich sehr tief, setzte einen Stuhl für dich hin und sagte hochrot vor Verlegenheit: ›Bis jetzt haben wir einen und einen halben Groschen im Angebot auf Dero Herrn Gemahl.‹
Du sagtest: ›Ich biete aber nur allein auf meinen Mann und begehre, daß jene Personen wieder entfernt werden. Achtzehn Pfennige für den unvergleichlichen Mann! Unerhört! Ich setze gleich zum Anfang tausend Taler.‹ – Ich war erfreut, aber auch erschrocken; denn ich begriff nicht, woher du die Summe nehmen wolltest. Indessen wurde ich von dieser Angst bald befreit, da eine andere hübsche Dame gleich zweitausend bot. Nun entstand unter den reichen und vornehmen Weibern ein Wettstreit und Eifer, mich zu besitzen. Die Gebote folgten immer schneller, bald war ich auf zehn- und nicht lange nachher auf zwanzigtausend gestiegen. Mit jedem Tausend erhob ich mich mehr, stand stolz und gerade und ging dann mit großen Schritten hinter dem Tische und meinem Auktionator auf und ab, der es nun nicht mehr wagte, mich zur Ruhe zu verweisen. Verachtende Blicke schoß ich nun auf jene Bekannten, die vorher von Lump und Taugenichts gemurmelt hatten. Alle sahen jetzt mit Verehrung nach mir hin, besonders weil der enthusiastische Wettstreit der Damen zunahm, statt sich zu mäßigen. Eine alte, häßliche Frau schien es darauf angelegt zu haben, mich nicht zu lassen; ihre rote Nase wurde immer glühender, und sie war es, die mich nun schon bis hunderttausend Taler hinaufgetrieben hatte. Es herrschte eine Totenstille, eine feierliche Stimme ließ sich vernehmen: ›So hoch ist in unserm Jahrhundert noch niemals ein Mann geschätzt worden! Ich sehe jetzt ein, daß er für mich zu kostbar ist.‹ Als ich mich umsah, wurde ich gewahr, daß dieses Urteil von meinem Gesandten herrührte. Ich begrüßte ihn mit einer gnädigen Miene. Um

es kurz zu machen, mein Wert erhob sich bis zu zweimal hunderttausend Talern und etlichen darüber, und für diesen Preis wurde ich endlich jener rotnasigen, alten, häßlichen Dame zugeschlagen.
Als die Sache endlich entschieden war, erhob sich ein großer Tumult, weil jeder das ausbündige Stück in der Nähe betrachten wollte. Wie es kam, ist nicht zu sagen, aber die große Summe, für die ich erstanden war, wurde mir, gegen alle Gesetze der Auktion, eingehändigt.
Als ich nun aber fortgeschleppt werden sollte, da tratest du hervor und riefst: ›Noch nicht! Da man meinen Gemahl so gegen alle christliche Sitte öffentlich verauktioniert und verkauft hat, so will ich mich auch demselben harten Schicksal unterwerfen. Ich stelle mich also hiemit freiwillig unter den Hammer des Herrn Auktionators.‹ Der Alte beugte und krümmte sich, du begabst dich hinter den langen Tisch, und alle Menschen betrachteten deine Schönheit mit Bewunderung. Das Bieten fing an, und die jungen Herren trieben dich gleich hoch hinauf. Ich hielt mich anfangs zurück, teils vor Erstaunen, teils aus Neugier. Als die Summen schon in die Tausende hineingestiegen waren, ließ sich auch meine Stimme vernehmen. Wir kamen immer höher hinauf, und mein Gesandter geriet so in Eifer, daß ich beinahe die Fassung verloren hätte; denn es erschien mir schändlich, daß dieser ältliche Mann mir auf diese Weise meine angetraute Gattin rauben wollte. Er bemerkte auch meinen Mißmut; denn er sah mich immer scheel von der Seite und mit einem boshaften Lächeln an. Es drangen immer mehr reiche Kavaliere herein, und hätte ich nicht die ganz ungeheure Summe in meinen Taschen gehabt, so mußte ich dich verloren geben. Es kitzelte mich nicht wenig, daß ich dir meine Liebe in größerem Maße zeigen konnte, als du mir bewiesen, denn bald nach deinem Angebot von tausend Talern hattest du mich schweigend dem Glück der Auktion und jener rotnasigen Dame überlassen, die jetzt verschwunden schien, denn ich sah sie nirgend mehr. Nun waren wir schon weit über hunderttausend Taler, du nicktest mir immer freundlich über den Tisch zu, und da ich mich im Besitz des mächtigen Kapitals befand, brachte ich durch Hinauftreiben alle meine Nebenbuhler zur Verzweiflung. So setzte ich es hohnlachend und mit Übermut durch. Alle verstummten endlich in Verdruß, und du

wurdest mir zugeschlagen. Ich triumphierte. Ich zahlte die Summe hin – aber – o weh! ich hatte im Taumel nicht beachtet, wieviel ich für mich selbst gewonnen hatte, und jetzt fehlten beim Auszahlen noch viele Tausende. Meine Verzweiflung diente den andern nur zum Spott. Du rangst die Hände. So wurden wir in ein dunkles Gefängnis geschleppt und mit schweren Ketten belastet. Wir erhielten zur Nahrung nur Wasser und Brot, und ich mußte darüber lachen, daß das eine Strafe vorstellen sollte, da wir schon ziemlich lange hier oben nicht mehr genossen hatten und diese Speisung für ein Festmahl hielten. So verwirrt sich im Traume alles durcheinander, frühere Zeit und gegenwärtige, Nähe und Ferne. Der Kerkermeister erzählte uns, daß die Richter uns zum Tode verdammt; denn wir hätten hinterlistig das königliche Ärar und die öffentlichen Einkünfte defraudiert, das Vertrauen des Publikums betrogen und den Kredit des Staates untergraben. Es sei ein furchtbarer Betrug, sich so teuer auszubieten und sich mit solchen großen Summen bezahlen zu lassen, die dadurch der Konkurrenz und dem allgemeinen Nutzen entzogen würden. Dem Patriotismus, wo jedes Individuum sich unbedingt dem Ganzen opfern müsse, laufe es geradezu entgegen, und unser Attentat sei also als offenbarer Hochverrat zu betrachten. Der alte Auktionator werde mit uns zugleich hingerichtet werden, denn er sei mit im Komplott und habe auch dazu beigetragen, die Summen der Bietenden so hoch hinaufzutreiben, weil er uns beide übermäßig und ganz der Wahrheit entgegen den Kauflustigen als Wunderwerke der Schöpfung herausgestrichen habe. Es sei nun alles entdeckt, daß wir, mit den auswärtigen Mächten und den Feinden des Landes verbunden, einen allgemeinen Staatsbankerott hätten herbeiführen wollen. Denn es sei augenscheinlich, wenn auf den einzelnen, der obendrein keine Verdienste besitze, so ungeheure Summen verwendet werden sollten, so bleibe nichts für das Ministerium, die Schulen und Universitäten und selbst für Zucht- und Armenhäuser übrig. Gleich nachdem wir fortgegangen, hätten sich zehn Edelleute und funfzehn angesehene Fräulein verauktionieren lassen, und die Gelder seien ebenfalls dem Staatsschatz und den Einkünften entzogen worden. Aller moralische Wert ginge bei so bösen, verderblichen Beispielen unter, und die Schätzung der Tugend verschwinde, wenn Individuen so

taxiert und übermäßig hoch geschätzt würden. Das alles kam mir ganz vernünftig vor, und ich bereute es jetzt, daß durch mein Verschulden diese Verwirrung habe entstehen können.
Als wir zur Hinrichtung hinausgeführt wurden – erwachte ich und fand mich in deinen Armen.« –
»Nachdenklich ist die Geschichte in der Tat«, antwortete Klara; »sie ist, nur in ein etwas grelles Licht gestellt, die Geschichte vieler Menschen, die sich alle so teuer wie möglich verkaufen. Diese wunderliche Auktion geht freilich durch die Einrichtung aller Staaten.«
»Nachdenklich ist dieser dumme Traum auch mir«, erwiderte Heinrich; »denn die Welt hat mich und ich habe die Welt in dem Grade verlassen, daß kein Mensch meinen Wert mit irgendeiner namhaften Summe würde taxieren wollen. Mein Kredit in dieser ganzen großen Stadt erstreckt sich nicht auf einen Groschen; ich bin ganz ausdrücklich das, was die Welt einen Lumpen nennt. Und doch liebst du mich, du kostbares, herrliches Wesen! Und wenn ich wieder bedenke, wie die teuerste und künstlichste Spinnmaschine nur grob und roh eingerichtet ist gegen das Wunder meines Blutumlaufes, der Nerven, des Gehirnes, und wie dieser Schädel, der, wie die meisten glauben, seinen Unterhalt nicht wert ist, große, edle Gedanken fassen kann, vielleicht auf eine neue Erfindung stößt, so möchte ich darüber lachen, daß Millionen diese Organisation nicht aufwägen, die auch der Klügste und Stolzeste nicht hervorzubringen imstande ist. Wenn unsre Köpfe aneinanderrücken, die Schädel sich berühren und die Lippen sich aufeinanderpressen, um einen Kuß entstehen zu lassen, so ist es fast unbegreiflich, welche künstlich verflochtene Mechanik dazu gehört, welche Überwindung von Schwierigkeiten, und wie nun diese Verbindung von Gebein und Fleisch, von Häuten und Lymphen, von Blut und Feuchtigkeit sich gegenseitig in Tätigkeit setzt, um dem Spiel der Nerven, dem feinen Sinn und noch unbegreiflicheren Geiste diesen Genuß des Kusses zuzuführen. Wenn man der Anatomie des Auges folgen will, auf wie Seltsames, Wunderliches, Widriges stößt die Beobachtung, um aus diesem glänzenden Schleime und milchigen Gerinne die Göttlichkeit des Blicks herauszufinden.«
»O laß das«, sagte sie, »das alles sind gottlose Reden.«

»Gottlose?« fragte Heinrich verwundert.

»Ja, ich weiß sie nicht anders zu nennen. Mag es die Pflicht des Arztes sein, sich seiner Wissenschaft zulieb aus dieser Täuschung herauszureißen, die uns die Erscheinung und das verhüllte Innere bietet. Auch der Forscher wird aus der Täuschung der Schönheit nur in eine andre Täuschung geraten, die er vielleicht Wissen, Erkennen, Natur betitelt. Zerstört aber bloßer Vorwitz, freche Neugier oder höhnender Spott alle diese Netze und körperlichen Träume, in welchen Schönheit und Anmut gefangen liegen, so nenne ich das einen gottlosen Witz, wenn es überall einen solchen geben kann.«

Heinrich war still und in sich gekehrt. »Du magst wohl recht haben«, sagte er nach einer Pause. »Alles, was unser Leben schön machen soll, beruht auf einer Schonung, daß wir die liebliche Dämmerung, vermöge welcher alles Edle in sanfter Befriedigung schwebt, nicht zu grell erleuchten. Tod und Verwesung, Vernichtung und Vergehen sind nicht wahrer als das geistdurchdrungene, rätselhafte Leben. Zerquetsche die leuchtende, süßduftende Blume, und der Schleim in deiner Hand ist weder Blume noch Natur. Aus der göttlichen Schlafbetäubung, in welche Natur und Dasein uns einwiegen, aus diesem Poesieschlummer sollen wir nicht erwachen wollen, im Wahn, jenseit die Wahrheit zu finden.«

»Fällt dir das schöne Wort nicht ein?« sagte sie:

»Und wie der Mensch nur sagen kann: ›Hier bin ich‹,
Daß *Freunde* seiner *schonend* sich erfreun!«

»Sehr wahr!« rief Heinrich. »Selbst der vertraute Freund, der Liebende, muß den geliebten Freund *schonend* lieben, *schonend* das Geheimnis des Lebens mit ihm träumen, und in gegenseitiger inniger Liebe die Täuschung der Erscheinung nicht zerstören wollen. Es gibt aber so plumpe Gesellen, die unter dem Vorwande, der Wahrheit zu leben und einzig ihr zu huldigen, nur Freunde haben wollen, um etwas zu besitzen, was sie *nicht* zu schonen brauchen. Nicht bloß, daß diese Gesellen immerdar mit schlechtem Witz und Schraubereien in den sogenannten Freund hineinbohren: auch dessen Schwächen, Menschlichkeiten, Widersprüche sind der Gegenstand ihrer lauernden Beobachtung. Die Grundlage des menschlichen Daseins, die Bedingungen unsrer Existenz sind aber nun so feine und leise Schwingungen, daß grade diese von jenen hartfäustigen Kameraden in plumper Berührung nur Schwächen genannt werden. Es muß sich nun bald ergeben, daß alle Tugenden und Talente, wegen welcher man anfangs diesen Freund verehrte und aufsuchte, sich in Schwächen, Fehler und Torheiten verwandeln, und widersetzt sich endlich der edlere Geist und will die Mißhandlung nicht länger erdulden, so ist er nach dem Ausspruch der Rohen eitel, eigensinnig, rechthaberisch; er ist einer, der zu kleinlich fühlt, um die Wahrheit ertragen zu können; und die Gemeinsamkeit wird endlich aufgelöst, die sich niemals hätte zusammenfinden sollen. Wenn es sich aber mit Natur, Menschen, Liebe und Freundschaft so verhält, wird es wohl auch mit jenen mystischen Gegenständen, dem Staate, der Religion und der Offenbarung nicht anders sein. Die Einsicht, daß einzelne Mißbräuche da sind, die der Verbesserung bedürfen, gibt noch kein Recht, das Geheimnis des Staates selbst anzurühren. Will man die religiöse Ehrfurcht vor dieser mächtigen, übermenschlichen Zusammensetzung und Aufgabe, durch welche der Mensch in vielfach geordneter Gesellschaft nur zum echten Menschen werden kann, will man jene heilige Scheu vor Gesetz und Obrigkeit, vor König und Majestät, zu nahe an das Licht einer vorschnellen, oft nur anmaßlichen Vernunft ziehen, so zerstäubt die geheimnisvolle Offenbarung des Staates in ein Nichts, in Willkür. Ist es mit der Kirche, der Religion, der Offenbarung und diesen heiligen Geheimnissen anders beschaffen? Auch hier muß eine stille Dämmerung, ein zartes Gefühl der Schonung das Heiligtum umschweben. Weil es heilig und göttlicher Natur ist, ist auch nichts so wohlfeil, als mit frechem Witz der Verleugnung hineinzuleuchten; um dem Sinn des Unbegabten, der keine Glaubensfähigkeit besitzt, das fromme Gewebe als nüchternen Trug hinzustellen, oder den Schwachen in seinen besten Gefühlen irrezumachen. Es könnte unbegreiflich scheinen, wie allenthalben in unsern Tagen der Sinn für ein großes Ganze, für das Unteilbare, welches nur durch göttlichen Einfluß entstehen konnte, sich verloren hat. Immer wird, wie in Gedichten, Kunstwerken, Geschichte, Natur und Offenbarung, nur dies und jenes, nur das einzelne bewundert und gelobt; schärfer noch das einzelne getadelt, was im großen Ganzen, wenn es ein Kunstwerk ist, doch nur so sein kann, wie es ist, wenn jenes Gelobte möglich sein soll. Sucht und Kraft zu vernichten ist aber geradezu der Gegensatz alles Talentes und wird endlich zur Unfähigkeit, irgend die Erscheinung in ihrer Fülle zu verstehen. Immer ›Nein‹ sprechen, ist gar nicht sprechen.«

So vergingen den Vereinsamten, Verarmten und doch Glücklichen Tage und Wochen. Die dürftigste Nahrung fristete ihr Leben, aber im Bewußtsein ihrer Liebe war keine Entbehrung, auch der drükkendste Mangel nicht fähig, ihre Zufriedenheit zu stören. Um in diesem Zustande fortzuleben, war aber der sonderbare Leichtsinn dieser beiden Menschen notwendig, die alles über der Gegenwart und dem Augenblick vergessen konnten. Der Mann stand jetzt immer früher auf als Klara; dann hörte sie ihn hämmern und sägen und fand die Stücke Holz vor dem Ofen zurechtgelegt, welche sie zum Einheizen brauchte. Sie verwunderte sich, daß dieses gespellte Holz seit einiger Zeit eine ganz andre Form, Farbe und andres Wesen hatte, als sie es bis dahin gewohnt war. Da sie indessen immer Vorrat fand, so unterließ sie jede Betrachtung, indem die Gespräche, Scherze und Erzählungen beim sogenannten Frühstück ihr viel wichtiger waren.

»Die Tage werden schon länger«, fing er an; »bald wird nun die Frühlingssonne auf das Dach da drüben scheinen.«

»Jawohl«, sagte sie, »und die Zeit wird nicht mehr fern sein, wo wir das Fenster wieder aufmachen, uns daran setzen und die frische Luft einatmen. Das war im vorigen Sommer gar so schön, als wir vom Park draußen sogar hier den Duft der Lindenblüte spürten.«

Sie holte zwei kleine Töpfchen herbei, die mit Erde gefüllt waren, und in welchen sie Blumen aufzog. »Sieh!« fuhr sie fort, »diese Hyazinthe und diese Tulpe kommen nun doch heraus, die wir schon verloren gaben. Wenn sie gedeihen, so will ich es als ein Orakel ansehen, daß sich auch unser Schicksal bald wiederum zum Bessern kehren wird.«

»Aber, Liebchen«, sagte er etwas empfindlich, »was geht uns denn ab? Haben wir nicht bis jetzt noch Überfluß an Feuer, Brot und Wasser? Das Wetter wird augenscheinlich milder, wir werden des

Holzes weniger bedürfen, nachher kommt die Sommerwärme. Zu verkaufen haben wir freilich nichts mehr, aber es wird, es muß sich irgendein Weg auftun, auf welchem ich etwas verdienen kann. Bedenke nur unser Glück, daß keines von uns krank geworden ist, auch die alte Christine nicht.«

»Wer steht uns aber für die getreuste Dienerin?« antwortete Klara; »ich habe sie nun seit solange nicht gesehen; du fertigst sie jetzt immer des Morgens schon früh ab, wenn ich noch schlafe; du nimmst dann von ihr das eingekaufte Brot sowie den Wasserkrug. Ich weiß, daß sie oft für andre Familien arbeitet; alt ist sie, ihre Nahrung nur eine dürftige, wenn also ihre Schwäche zunimmt, so kann sie leicht erkranken. Warum ist sie nicht schon längst wieder einmal zu uns heraufgekommen?«

»Je nun«, sagte Heinrich nicht ohne einige Verlegenheit, welche Klara auch bemerkte, und die ihr auffallen mußte, »es wird sich wohl bald wieder eine Gelegenheit finden, warte nur noch einige Zeit.«

»Nein, Liebster!« rief sie mit ihrer Lebhaftigkeit aus, »du willst mir etwas verbergen, es muß etwas vorgefallen sein. Du sollst mich nicht abhalten, ich will gleich selbst hinuntergehen, ob sie etwa in ihrem Kämmerchen ist, ob sie leidet, ob sie unzufrieden mit uns sein mag.«

»Du hast diese fatale Treppe schon seit solange nicht betreten«, sagte Heinrich; »es ist finster draußen, du könntest fallen.«

»Nein«, rief sie, »du sollst mich nicht zurückhalten; die Treppe kenne ich; ich werde mich in der Finsternis schon zurechtfinden.«

»Da wir aber das Geländer verbraucht haben«, sagte Heinrich, »welches mir damals als ein Überfluß erschien, so fürchte ich jetzt, da du dich nicht anhalten kannst, daß du stolpern und stürzen könntest.«

»Die Stufen«, erwiderte sie, »sind mir bekannt genug, sie sind bequem, und ich werde sie noch oft betreten.«

»Diese Stufen«, sagte er mit einiger Feierlichkeit, »wirst du niemals wieder betreten!«

»Mann!« rief sie aus und stellte sich gerade vor ihn hin, um ihm in die Augen zu sehen, – »es ist nicht richtig hier im Hause; du magst reden, was du willst, ich laufe schnell hinab, um selber nach Christine zu sehen.«

So wandte sie sich um, die Tür zu öffnen, er aber stand eilig auf und umschlang sie, indem er ausrief: »Kind, willst du mutwillig den Hals brechen?«

Da es nicht mehr zu verschweigen war, öffnete er selber die Tür; sie traten auf den Vorplatz, und indem sie weitergingen und der Gatte die Frau noch immer umfaßt hielt, sah diese, daß keine Treppe mehr da war, die hinabführen sollte. Sie schlug verwundert in die Hände, bog sich hinüber und schaute hinab; dann kehrte sie um, und als sie wieder in der verschlossenen Stube waren, setzte sie sich nieder, um den Mann genau zu betrachten. Dieser hielt ihrem forschenden Auge ein so komisches Gesicht entgegen, daß sie in ein lautes Gelächter ausbrach. Hierauf ging sie nach dem Ofen, nahm eins der Hölzer in die Hände, betrachtete es genau von allen Seiten und sagte dann: »Ja, nun begreife ich freilich, warum die Heizstücke so ganz andre Statur hatten als die vorigen. Also die Treppe haben wir nun auch verbrannt!«

»Jawohl«, antwortete Heinrich jetzt ruhig und gefaßt; »da du es nun einmal weißt, wirst du es ganz vernünftig finden. Ich begreife auch nicht, warum ich es dir bisher verschwiegen habe. Sei man auch noch so sehr alle Vorurteile los, so bleibt irgendwo doch noch ein Stückchen hangen und eine falsche Scham, die im Grunde kindisch ist! Denn erstlich warst du das Wesen in der Welt, das mir am vertrautesten ist; zweitens das einzige, denn mein Sechzehntel-Umgang mit der alten Christine ist nicht zu rechnen; drittens war der Winter immer noch hart und kein andres Holz aufzutreiben; viertens war die Schonung fast lächerlich, da das allerbeste, härteste, ausgetrocknete, brauchbarste dicht vor unsern Füßen lag; fünftens brauchten wir die Treppe gar nicht, und sechstens ist sie schon, bis auf wenige Reliquien, ganz verbrannt. Du glaubst aber nicht, wie schlecht sich diese alten, ausgebogenen, widerspenstigen Stufen sägen und zersplittern ließen. Sie haben mich so warm gemacht, daß mir die Stube oft nachher zu heiß dünkte.«

»Aber Christine?« fragte sie.

»O die ist ganz gesund«, antwortete der Mann. »Alle Morgen lasse ich ihr einen Strick hinunter, woran sie dann ihr Körbchen bindet;

das zieh' ich herauf und nachher den Wasserkrug, und so geht unsre Haushaltung ganz ordentlich und friedlich. – Als unser schönes Treppengeländer sich zum Ende neigte und immer noch keine warme Luft eintreten wollte, sann ich nach, und es fiel mir ein, daß unsre Treppe recht gut die Hälfte ihrer Stufen hergeben könnte; denn es war doch nur ein Luxus, ein Überfluß, so gut wie die dicke Lehne, daß der Stufen bloß der Bequemlichkeit wegen so viele waren. Schritt man höher aus, wie man in manchen Häusern muß, so konnte der Treppenmaschinist mit der Hälfte ausreichen. Mit Christinens Hülfe, die mit ihrem philosophischen Geiste sogleich die Richtigkeit meiner Behauptung einsah, brach ich nun die unterste Stufe los, dann, indem sie mir nachschritt, die dritte, fünfte und so fort. Unser Grabstichel nahm sich, als wir diese Filigranarbeit geendigt hatten, recht gut aus. Ich sägte, zerschnitt, und du heiztest in deiner Arglosigkeit mit den Stufen ebenso geschickt und wirksam, als du es vordem mit dem Geländer getan hattest. Aber unserer durchbrochenen Arbeit drohte von der unermüdlichen Winterkälte ein neuer Angriff. Was war diese ehemalige Treppe überhaupt noch als eine Art von Kohlenbergwerk, eine Grube, die ihre Steinkohlen jetzt lieber ganz und auf einmal zutage fördern konnte? Ich stieg demnach in den Schacht hinab und rief die alte, verständige Christine. Ohne nur zu fragen, teilte sie gleich meine Ansicht; sie stand unten, ich brach mit großer Anstrengung, da sie mir nicht helfen konnte, die zweite Stufe los. Als ich diese der vierten anvertraut hatte, reichte ich der guten Alten den Abgrund hinunter die Hand zum ewigen Abschied; denn diese ehemalige Treppe sollte uns nun niemals wieder verknüpfen oder zueinander führen. So zerstörte ich sie denn nicht ohne Mühsal am Ende völlig, immer die geretteten Tritte oder Stufen nach den übrigen noch vorhandenen obern Stufen hinaufführend. Jetzt hast du das vollendete Werk angestaunt, mein herziges Kind, und siehst nun wohl ein, daß wir uns zur Zeit noch mehr als sonst selbst genügen müssen. Denn wie möchte es doch eine Kaffeegesellschaft anfangen, mit ihren Nachrichten hier zu dir hinaufzudringen? Nein, ich bin dir, du bist mir genug; der Frühling kommt, du stellst deine Tulpe und Hyazinthe an das Fenster, und wir sitzen hier,

Wo uns die Gärten der Semiramis
Auf zu den Wolken steigenden Terrassen
In bunter Sommerpracht entgegenlachen
Mit dem Geplätscher ihrer spielenden Brunnen!
Den langen Sommer durch soll dort auf uns
Ein paradiesisch Liebesleben taun!
Dort auf der höchsten der Terrassen will ich,
Von dunkel glühnden Rosen überlaubt,
An deiner Seite sitzen, uns zu Füßen
Die heißbesonnten Dächer Babylons. –

Ich glaube, unser Freund Üchtritz hat das ganz eigen auf unsern Zustand hier gedichtet. Denn, sieh nur, dort sind die heißbesonnten Dächer, wenn nämlich erst die Sonne im Julius wieder scheinen wird, wie wir doch hoffen dürfen. Ist nun erst deine Tulpe und Hyazinthe in Blüte geraten, so haben wir hier wirklich und anschaulich die fabelhaften hängenden Gärten der Semiramis, und noch viel wunderbarer als jene; denn wer nicht Flügel hat, kann gar nicht hieher zu ihnen gelangen, wenn wir ihm nicht hülfreiche Hand bieten und etwa eine Strickleiter präparieren.«

»Wir leben eigentlich«, erwiderte sie, »ein Märchen, leben so wunderlich, wie es nur in der Tausendundeinen Nacht geschildert werden kann. Aber wie soll das in der Zukunft werden; denn diese sogenannte Zukunft rückt doch irgendeinmal in unsre Gegenwart hinein.«

»Sieh, herzlichstes Herz«, sagte der Mann, »wie du nun wieder von uns beiden die prosaische bist. Um Michaelis reisete unser alter grämlicher Hauswirt nach jener entfernten Stadt, um bei seinem Doktorfreunde Hülfe oder Erleichterung für sein Podagra zu suchen. Wie waren damals so unermeßlich reich, daß wir ihm nicht nur die vierteljährliche Miete, sondern sogar die Vorausbezahlung bis Ostern geben konnten, was er mit schmunzelndem Danke annahm. Von ihm haben wir also bis nach Ostern wenigstens nichts zu besorgen. Der eigentliche strenge Winter ist bereits vorüber, Holz werden wir nicht mehr viel brauchen, und im äußersten Fall sind uns immer noch die vier Stufen zum Boden hinauf übrig, und unsre Zukunft schläft dort noch sicher in mancher alten Tür, den

Brettern des Fußbodens, den Bodenluken und manchen Utensilien. Darum getrost, meine Liebe, und laß uns recht heiter des Glückes genießen, daß wir hier von aller Welt so völlig abgetrennt sind, von keinem Menschen abhängig und keines Menschen bedürftig. So ganz eine Lage, wie der weise Mann sie sich immer gewünscht hat, und wie nur wenige und seltene glücklich genug sind, sich aneignen zu können.« – –

Aber es kam dennoch anders, als er vorausgesetzt hatte. Als sie am nämlichen Tage kaum ihre dürftige Mahlzeit beschlossen hatten, fuhr ein Wagen vor das kleine Haus. Man hörte das Rasseln der Räder, das Anhalten des Fuhrwerks, das Aussteigen von Personen. Das seltsam vorgebaute Dach hinderte freilich die beiden Eheleute, zu erfahren, wer oder was die Ankommenden sein möchten. Es wurde abgepackt, so viel konnten sie vernehmen, und den Gatten überschlich jetzt die bängliche Vermutung, daß es denn doch wohl der grämliche Hausherr sein könne, der früher, als man berechnet, den Anfall des Podagra möchte überstanden haben.

Es war deutlich zu hören, der Angekommene richtete sich unten ein, und so konnte kein Zweifel bleiben, wer er sei. Koffer wurden abgepackt und in das Haus geschafft, verschiedene Stimmen redeten durcheinander, man begrüßte sich mit den Nachbarn. Es war ausgemacht, Heinrich würde noch heut einen Kampf zu bestehen haben. Er horchte mißtrauisch hinunter und blieb an der nur angelehnten Tür stehen. Klara sah ihn mit einem fragenden Blick an; er aber schüttelte lächelnd mit dem Kopfe und blieb stumm. Unten wurde alles ganz still; der Alte hatte sich in sein Zimmer zurückgezogen.

Heinrich setzte sich zu Klara hin und sagte mit etwas unterdrückter Stimme: »Es ist in der Tat verdrüßlich, daß nur sehr wenige Menschen so viel Phantasie wie der große Don Quijote besitzen. Als man diesem sein Bücherzimmer vermauert hatte und ihm erklärte, ein Zauberer habe ihm nicht nur seine Bibliothek, sondern auch die ganze Stube zugleich hinweggeführt, so begriff er sogleich, ohne nur zu zweifeln, die ganze Sache. Er war nicht so prosaisch, sich zu erkundigen, wo denn ein so ganz abstraktes Ding wie der Raum hingekommen sei. Was ist Raum? Ein Unbedingtes, ein Nichts, eine Form der Anschauung. Was ist eine Treppe? Ein Bedingtes, aber nichts weniger als ein selbständiges Wesen, eine Vermittelung, eine Veranlassung, von unten nach oben zu gelangen, und wie relativ sind selbst diese Begriffe von oben und unten. Der Alte wird es sich nimmermehr ausreden lassen, daß dort, wo jetzt nur eine Lücke ist, ehemals eine Treppe gestanden habe; er ist gewiß zu empirisch und rationalistisch, um einzusehen, daß der wahre Mensch und die tiefere Intuition der gewöhnlichen Übergänge jener armseligen, prosaischen Approximation einer so gemeinen Stufenleiter der Begriffe nicht bedarf. Wie soll ich ihm das alles von meinem höhern Standpunkte auf seinem niedern da unten deutlich machen? Er will sich auf die alte Erfahrung des Geländers stützen und zugleich gemächlich eine Staffel nach der andern zur Höhe des Verständnisses abschreiten, und er wird unsrer unmittelbaren Anschauung niemals folgen können, die wir unter uns alle diese trivialen Erfahrungs- oder Ergehungssätze abgebrochen und dem reinsten Erkennen nach alter Parsenlehre durch die reinigende und erwärmende Flamme geopfert haben.«

»Ja, ja«, sagte Klara lächelnd, »phantasiere und witzle nur; das ist der wahre Humor der Ängstlichkeit.«

»Niemals«, fuhr er fort, »will das Ideal unsrer Anschauung mit der trüben Wirklichkeit ganz aufgehen. Die gemeine Ansicht, das Irdische will immerdar das Geistige unterjochen und beherrschen.«

»Still!« sagte Klara, »unten rührt es sich wieder.«

Heinrich stellte sich wieder an seine Tür und öffnete sie ein wenig. »Ich muß doch einmal meine lieben Mietsleute besuchen«, sagte man unten ganz deutlich; »ich hoffe, die Frau ist noch ebenso hübsch, und die beiden Leutchen sind noch so gesund und heiter wie sonst.« – »Jetzt wird er«, sagte Heinrich leise, »an das Problem geraten.«

Eine Pause. Der Alte tappte unten in der Dämmerung umher. »Was ist denn das?« hörte man ihn sagen; »wie bin ich denn in meinem eignen Hause so fremd geworden? Hier nicht – da nicht – was ist denn das? – Ulrich! Ulrich, hilf mir doch einmal zurecht.«

Der alte Diener, der in seiner kleinen Wirtschaft alles in allem war, kam aus der Kammer herbei. »Hilf mir doch einmal die Treppe

hinauf«, sagte der Hauswirt, »ich bin ja wie verhext und verblindet, ich kann die großen, breiten Stufen nicht finden. Was ist denn das?«
»Nun, kommen Sie nur, Herr Emmerich«, sagte der mürrische Hausknecht, »Sie sind noch vom Fahren etwas duselig.«
»Der da«, bemerkte Heinrich oben, »gerät auf eine Hypothese, die ihm nicht standhalten wird.«
»Schwerenot!« schrie Ulrich, »ich habe mir hier den Kopf zerstoßen; ich bin ja auch wie verdummt; es ist fast, als wenn uns das Haus nicht leiden wollte.«
»Er will es sich«, sagte Heinrich, »durch das Wunderbare erklären; so tief liegt in uns der Hang zum Aberglauben.«
»Ich fasse rechts, ich fasse links«, sagte der Hausbesitzer, »ich greife nach oben – ich glaube beinah, der Teufel hat die ganze Treppe geholt.«
»Fast«, sagte Heinrich, »die Wiederholung aus dem Don Quijote; sein Untersuchungsgeist wird sich aber damit nicht zufrieden geben; es ist im Grunde auch falsche Hypothese, und der sogenannte Teufel wird oft nur eingeschoben, weil wir eine Sache nicht begreifen, oder was wir begreifen, uns in Zorn versetzt.«
Man hörte unten nur murmeln, leise fluchen, und der verständige Ulrich war still fortgegangen, um ein brennendes Licht zu holen. Dieses hielt er jetzt mit starker Faust empor und leuchtete in den leeren Raum hinein. Emmerich blickte verwundernd hinauf, stand eine Weile mit aufgesperrtem Munde, starr vor Schrecken und Erstaunen, und schrie dann mit den lautesten Tönen, deren seine Lunge fähig war: »Donnerwetter noch einmal! Das ist mir ja eine verfluchte Bescherung! Herr Brand! Herr Brand da oben!«
Jetzt half kein Verleugnen mehr, Heinrich ging hinaus, beugte sich über den Abgrund und sah beim ungewissen Schein des flackernden Lichtes die beiden dämonischen Gestalten in der Dämmerung des Hausflurs. »Ach! wertgeschätzter Herr Emmerich«, rief er freundlich hinab, »sein Sie uns willkommen; es ist ein schönes Zeichen Ihres Wohlseins, daß Sie früher ankommen, als Sie es sich vorgesetzt hatten. Es freut mich, Sie so gesund zu sehen.«
»Gehorsamer Diener!« antwortete jener, – »aber davon ist hier die Rede nicht. Herr! wo ist meine Treppe geblieben?«

»Ihre Treppe, verehrter Herr?« erwiderte Heinrich; »was gehn mich denn Ihre Sachen an. Haben Sie sie mir bei Ihrer Abreise aufzuheben gegeben?«
»Stellen Sie sich nicht so dumm«, schrie jener, – »wo ist die Treppe hier geblieben? meine große, schöne, solide Treppe?«
»War hier eine Treppe?« fragte Heinrich; »ja, mein Freund, ich komme so wenig oder vielmehr gar nicht aus, daß ich von allem, was nicht in meinem Zimmer vorgeht, gar keine Notiz nehme. Ich studiere und arbeite und kümmre mich um alles andre gar nicht.« –
»Wir sprechen uns, Herr Brand«, rief jener, »die Bosheit erstickt mir die Zunge und Rede; aber wir sprechen uns noch ganz anders! Sie sind der einzige Hausbewohner, vor Gericht werden Sie mir schon melden müssen, was dieser Handel zu bedeuten hat.«
»Sein Sie nicht so böse«, sagte Heinrich jetzt; »wenn Ihnen an der Geschichtserzählung etwas liegt, so kann ich Ihnen auch schon jetzt damit dienen; denn allerdings erinnre ich mich jetzt, daß vormals hier eine Treppe war, auch bin ich nun eingeständig, daß ich sie verbraucht habe.«
»Verbraucht?« schrie der Alte und stampfte mit den Füßen; »meine Treppe? Sie reißen mir mein Haus ein?«
»Bewahre«, sagte Heinrich, »Sie übertreiben in der Leidenschaft; Ihr Zimmer unten ist unbeschädigt, so steht das unsre hier oben blank und unberührt, nur diese arme Leiter für Emporkömmlinge, diese Unterstützungsanstalt für schwache Beine, dieses Hülfsmittel und diese Eselsbrücke für langweilige Besuche und schlechte Menschen, diese Verbindung für lästige Eindringlinge, diese ist durch meine Anstalt und Bemühung, ja schwere Anstrengung allerdings verschwunden.«
»Aber diese Treppe«, schrie Emmerich hinauf, »mit ihrer kostbaren, unverwüstlichen Lehne, mit diesem eichenen Geländer, diese zweiundzwanzig breiten, starken, eichenen Stufen waren ja ein integrierender Teil meines Hauses. Habe ich noch, so alt ich bin, von einem Mietsmann gehört, der die Treppen im Hause verbraucht, als wenn es Hobelspäne oder Fidibus wären?«
»Ich wollte, Sie setzten sich«, sagte Heinrich, »und hörten mich ruhig an. Diese Ihre zweiundzwanzig Stufen lief oft ein heilloser Mensch herauf, der mir ein kostbares Manuskript abschwatzte, es

drucken wollte, sich dann für bankrott erklärte und auf und davon ging. Ein andrer Buchhändler stieg unermüdet diese Ihre eichenen Stufen hinauf und stützte sich dabei immer auf jenes starke Geländer, um sich den Gang bequemer zu machen; er ging und kam und kam und ging, bis er, meine Verlegenheit grausam benutzend, mir die erste kostbare Edition meines Chaucer abdrang, die er für mehr als einen Spottpreis, für einen wahren Schandpreis in seinen Armen davontrug. O, mein Herr, wenn man solche bittre Erfahrungen macht, so kann man wahrlich eine Treppe nicht liebgewinnen, die es solchen Gesellen so übermäßig erleichtert, in die obern Etagen zu dringen.«

»Das sind ja verfluchte Gesinnungen«, schrie Emmerich.

»Bleiben Sie gelassen«, sprach Heinrich etwas lauter hinunter. »Sie wollten ja den Zusammenhang der Sache erfahren. Ich war betrogen und hintergangen; so groß unser Europa ist, Asien und Amerika nicht einmal zu rechnen, so erhielt ich doch von nirgend her Rimessen, es war, als wenn alle Kredite sich erschöpft hätten und alle Banken leer geworden wären. Der überharte, unbarmherzige Winter forderte Holz zum Einheizen; ich hatte aber kein Geld, um es auf dem gewöhnlichen Wege einzukaufen. So verfiel ich denn auf diese Anleihe, die man nicht einmal eine gezwungene nennen kann. Dabei glaubte ich nicht, daß Sie, geehrter Herr, vor den warmen Sommertagen wiederkommen würden.«

»Unsinn!« sagte jener, »glaubten Sie denn, Armseliger, daß meine Treppe bei der Wärme wie der Spargel von selbst wieder herauswachsen würde?«

»Ich kenne die Natur eines Treppengewächses zu wenig, wie ich auch von Tropenpflanzen nur geringe Kenntnisse habe, um das behaupten zu mögen«, antwortete Heinrich. »Ich brauchte indes das Holz höchst nötig, und da ich gar nicht ausging, meine Frau ebensowenig, auch kein Mensch zu mir kam, weil bei mir nichts mehr zu gewinnen war, so gehörte diese Treppe durchaus zu den Überflüssigkeiten des Lebens, zum leeren Luxus, zu den unnützen Erfindungen. Ist es, wie so viele Weltweise behaupten, edel, seine Bedürfnisse einzuschränken, sich selbst zu genügen, so hat dieser für mich völlig unnütze Anbau mich vor dem Erfrieren gerettet. Haben Sie niemals gelesen, wie Diogenes seinen hölzernen Becher wegwarf, als er gesehen, wie ein Bauer Wasser mit der hohlen Hand schöpfte und so trank?« –

»Sie führen aberwitzige Reden, Mann«, erwiderte Emmerich; »ich sah einen Kerl, der hielt die Schnauze gleich an das Rohr und trank so Wasser; somit hätte sich Ihr Mosje Diogenes auch noch die Hand abhauen können. – Aber, Ulrich, lauf mal gleich zur Polizei; das Ding muß einen andern Haken kriegen.« –

»Übereilen Sie sich nicht«, rief Heinrich, »Sie müssen einsehen, daß ich Ihr Haus durch diese Hinwegnahme wesentlich verbessert habe.«

Emmerich, der schon nach der Haustür ging, kehrte wieder um. »Verbessert?« schrie er in höchster Bosheit; »nun, das wäre mir denn doch etwas ganz Neues!«

»Die Sache ist jedoch ganz einfach«, erwiderte ihm Heinrich, »und jeder kann sie einsehen. Nicht wahr, Ihr Haus steht nicht in der Feuerkasse? Nun hatte ich zeither böse Träume von Brandunglück, auch fielen Häuserbrände hier in der Nachbarschaft vor; ich hatte eine ganz bestimmte Ahndung, ja ich möchte es ein Vorauswissen nennen, daß unser Haus hier dasselbe Unglück betreffen würde. Gibt es nun wohl (das frage ich jeden Bauverständigen) etwas Ungeschickteres als eine hölzerne Treppe? Die Polizei sollte dergleichen gefährliches Bauwerk gradezu verbieten. Sooft ein Feuer auskommt, so ist in allen Städten, wo dieser Mißbrauch noch stattfindet, immer die hölzerne Treppe das allergrößte Unheil. Sie leitet das Feuer nicht nur in alle Stockwerke, sondern macht auch oft die Rettung der Menschen unmöglich. Da ich nun gewiß wußte, daß binnen kurzem hier oder in der Nachbarschaft Feuer auskommen würde, so habe ich mit vieler Mühe und saurem Schweiß diese elende, verderbliche Treppe mit eignen Händen weggebrochen, um das Unglück und den Schaden soviel als möglich zu mildern. Und darum hatte ich sogar auf Ihren Dank gerechnet.«

»So?« rief Emmerich hinauf; »wäre ich länger ausgeblieben, so hätte mir der saubre Herr wohl aus ebenden spitzigen Gründen mein ganzes Haus verbraucht. Verbraucht! Als wenn man Häuser so verbrauchen dürfte! Aber wart', Patron! – Ist die Polizei da?« fragte er den wiederkehrenden Ulrich.

»Wir legen«, rief Heinrich hinab, »eine große, steinerne Treppe, und Ihr Palais, geehrter Mann, gewinnt dadurch ebensosehr wie die Stadt und der Staat.«

»Mit der Windbeutelei soll es bald zu Ende sein«, antwortete Emmerich und wendete sich sogleich an den Führer, der mit verschiedenen Gehülfen der Polizei herbeigekommen war.

»Mein Herr Inspektor«, sagte er, sich zu diesem wendend, »haben Sie je von dergleichen Attentat gehört? Mir aus meinem Hause die große, schöne Treppe wegzubrechen und sie als Klafterholz im Ofen während meiner Abwesenheit zu verbrennen!«

»Das wird in die Stadtchronik kommen«, erwiderte der Anführer trotzig, »und der saubere Patron, der Treppenräuber, in das Zuchthaus oder auf die Festung. Das ist schlimmer als Einbruch! Den Schaden muß er außerdem noch ersetzen. Kommen Sie nur herunter, Herr Missetäter!«

»Niemals«, sagte Heinrich; »wohl hat der Engländer ein Recht, sein Haus ein Kastell zu nennen, und meines hier ist ganz unzugänglich und unüberwindlich; denn ich habe die Zugbrücke aufgezogen.«

»Dem läßt sich abhelfen!« rief der Anführer. »Leute, schafft mal eine große Feuerleiter herbei; so steigt ihr dann hinauf und schleppt, wenn er sich wehren sollte, den Verbrecher mit Stricken gebunden herunter, um ihn seiner Strafe zu überliefern.«

Jetzt hatte sich das Haus unten schon mit Leuten aus der Nachbarschaft gefüllt; Männer, Weiber und Kinder hatte der Tumult herbeigelockt, und viele Neugierige standen auf der Gasse, um zu erforschen, was hier vorgehe, und zu sehen, was aus dem Handel sich ergeben werde. Klara hatte sich an das Fenster gesetzt und war verlegen, doch hatte sie ihre Fassung behalten, da sie sah, daß ihr Gatte so heiter blieb und sich die Sache nur wenig anfechten ließ. Doch begriff sie nicht, wie es endigen werde. Heinrich aber kam jetzt einen Augenblick zu ihr herein, um sie zu trösten und etwas aus der Stube zu holen. Er sagte: »Klara, schau, wir sind jetzt ebenso eingeschlossen wie unser Götz in seinem Jaxthausen; der widerwärtige Trompeter hat mich auch schon aufgefordert, mich auf Gnade und Ungnade zu ergeben, und ich werde ihm jetzt Antwort sagen, aber bescheidentlich, nicht wie mein großes Vorbild von damals.« Klara lächelte ihm freundlich zu und sagte nur die wenigen Worte:

»Dein Schicksal ist das meinige; ich glaube aber doch, daß, wenn mein Vater mich jetzt sähe, er mir verzeihen würde.«

Heinrich ging wieder hinaus, und als er sah, daß man wirklich eine Leiter herbeischleppen wollte, sagte er mit feierlichem Ton: »Meine Herren, bedenken Sie, was Sie tun, ich bin seit Wochen schon auf alles, auf das Äußerste gefaßt, ich werde mich nicht gefangen geben, sondern mich bis auf den letzten Blutstropfen verteidigen. Hier bringe ich zwei Doppelflinten, beide scharf geladen, und noch mehr, diese alte Kanone, ein gefährliches Feldstück voller Kartätschen und gehacktem Blei, zerstoßenem Glas und derlei Ingredienzen. Pulver, Kugeln, Kartätschen, Blei, alles Nötige ist im Zimmer aufgehäuft; während ich schieße, ladet meine tapfere Frau, die als Jägerin wohl damit umzugehen weiß, die Stücke aufs neue, und so rücken Sie denn an, wenn Sie Blut vergießen wollen.«

»Das ist ja ein Erzsakermenter«, sagte der Polizeianführer, »ein solcher resoluter Verbrecher ist mir seit lange nicht vor die Augen gekommen. Wie mag er nur aussehen; denn man kann in diesem dunkeln Neste keinen Stich sehen.«

Heinrich hatte zwei Stäbe und einen alten Stiefel auf den Boden niedergelegt, die ihm für Kanone und Doppelflinten gelten mußten. Der Polizeimann winkte, daß sich die Leiter wieder entfernen solle; »hier ist wohl der beste Rat, Herr Emmerich«, setzte er dann hinzu, »daß wir den ungeratenen Abällino aushungern; so muß er sich uns ergeben.«

»Weit gefehlt!« rief Heinrich mit heiterer Stimme hinab; »auf Monate sind wir mit getrocknetem Obst, Pflaumen, Birnen, Äpfeln und Schiffszwieback versehen; der Winter ist ziemlich vorüber, und sollte es uns an Holz gebrechen, so ist oben noch die Bodenkammer; da finden sich alte Türen, überflüssige Dielen, selbst vom Dachstuhle kann gewiß manches als entbehrlich losgebrochen werden.«

»Hören Sie den Heidenkerl!« rief Emmerich; »erst reißt er mir unten mein Haus ein, nun will er sich auch noch oben an das Dach machen.«

»Es ist über die Beispiele«, sagte der Polizeiwächter. Viele von den Neugierigen freuten sich über Heinrichs Entschlossenheit, weil sie dem geizigen Hausbesitzer dieses Ärgernis gönnten. »Sollen wir das Militär kommen lassen, auch mit geladenen Flinten?«

»Nein, Herr Inspektor! um des Himmels willen nicht; darüber würde mir am Ende mein Häuschen in Grund und Boden geschossen, und ich hätte das leere Nachsehen, wenn wir den Rebellen auch endlich bezwungen hätten.«

»Richtig«, sagte Heinrich, »und haben Sie nebenher vergessen, was seit vielen Jahren in allen Zeitungen steht? Der erste Kanonenschuß, er falle, wo er wolle, wird ganz Europa in Aufruhr setzen. Wollen Sie nun, Herr Polizeimann, die ungeheure Verantwortung auf sich nehmen, daß aus dieser Hütte, der engsten und finstersten Gasse der kleinen Vorstadt, die ungeheure europäische Revolution sich herauswickeln soll? Was würde die Nachwelt von Ihnen denken? Wie könnten Sie diesen Leichtsinn vor Gott und Ihrem Könige verantworten? Und doch sehen Sie hier schon die geladene Kanone liegen, welche die Umwandlung des ganzen Jahrhunderts herbeiführen kann.«

»Er ist ein Demagog und Karbonari«, sagte der Polizeianführer, »das hört man nun wohl an seinen Reden. Er steckt in den verbotenen Gesellschaften und rechnet in seiner Frechheit auf auswärtige Hülfe. Möglich, daß unter diesem lärmenden und gaffenden Haufen schon viele seiner Gesellen verkleidet lauern, die nur auf unsern Angriff warten, um uns dann mit ihrem Mordgewehr in den Rükken zu fallen.«

Als diese Müßiggänger erlauschten, daß die Polizei sich vor ihnen fürchte, erhoben sie in ihrer Schadenfreude ein lautes Geschrei, die Verwirrung vermehrte sich, und Heinrich rief seiner Gattin zu: »Bleibe heiter, wir gewinnen Zeit und können gewiß kapitulieren, wenn nicht vielleicht gar ein *Sickingen* kommt, uns zu erlösen.«

»Der König, der König!« hörte man jetzt von der Straße her das laute Geschrei. Alles sprang zurück und durcheinander; denn eine glänzende Equipage suchte sich in der engen Gasse Bahn zu machen. Livreebedienten in betreßten Kleidern standen hinten auf, ein glänzender, geschickter Kutscher lenkte die Rosse, und aus dem Wagen stieg ein prächtig gekleideter Herr mit Orden und Stern.

»Wohnt hier nicht ein Herr Brand?« fragte der vornehme Mann; »und was hat dieser Auflauf zu bedeuten?«

»Sie wollen da drin, Ew. Durchlaucht«, sagte ein kleiner Krämer, »eine neue Revolution anfangen, und die Polizei ist dahintergekommen; es wird auch gleich ein Regiment von der Garde einrükken, weil sich die Rebellen nicht ergeben wollen.«

»Es ist halt eine Sekte, Exzellenz«, rief ein Obsthöker; »sie wollen als gottlos und überflüssig alle Treppen abschaffen.«

»Nein, nein!« schrie eine Frau dazwischen, »er soll vom heiligen Sänkt Simon abstammen, der Empörer; alles Holz, sagt er, und alles Eigentum soll gemeinschaftlich sein, und die Feuerleiter haben sie schon geholt, um ihn gefangenzunehmen.«

Es war dem Fremden schwer, in die Tür des Hauses zu gelangen, obgleich ihm alles Platz machen wollte. Der alte Emmerich trat ihm entgegen und berichtete auf Nachfrage mit vieler Höflichkeit die Lage der Dinge, und wie man noch nicht einig sei, auf welche Weise man des großen Verbrechers habhaft werden könne. Der Fremde schritt jetzt tiefer in den dunkeln Hausflur hinein und rief mit lauter Stimme: »Wohnt denn hier wirklich ein Herr Brand?«

»Jawohl«, sagte Heinrich; »wer ist da unten Neues, der nach mir fragt?«

»Die Leiter her!« sagte der Fremde, »daß ich hinaufsteigen kann.«

»Das werde ich jedem unmöglich machen«, rief Heinrich; »es hat kein Fremder hier oben bei mir etwas zu suchen, und keiner soll mich molestieren.«

»Wenn ich aber den Chaucer wiederbringe?« rief der Fremde, »die Ausgabe von Caxton, mit dem beschriebenen Blatt des Herrn Brand?«

»Himmel!« rief dieser, »ich mache Platz, der gute Engel, der Fremde, mag heraufkommen. – Klara!« rief er seiner Frau fröhlich, aber mit einer Träne entgegen, »unser Sickingen ist wirklich angelangt!«

Der Fremde sprach mit dem Wirt und beruhigte ihn völlig, die Polizei ward entlassen und belohnt, am schwersten aber war es, das aufgeregte Volk zu entfernen; doch als endlich auch dies gelungen war, schleppte Ulrich die große Leiter herbei, und der vornehme Unbekannte stieg allein zur Wohnung des Freundes hinauf.

Lächelnd sah sich der Fremde im kleinen Zimmer um, begrüßte

höflich die Frau und stürzte dann dem seltsam bewegten Heinrich in die Arme. Dieser konnte nur das eine Wort: »Mein Andreas!« hervorbringen. Klara sah nun ein, daß dieser rettende Engel jener Jugendfreund, der vielbesprochene Vandelmeer sei.

Sie erholten sich von der Freude, von der Überraschung. Das Geschick Heinrichs rührte Andreas tief; dann mußte er über die seltsame Verlegenheit und die Aushülfe lachen, dann bewunderte er wieder die Schönheit Klaras, und beide Freunde konnten es nicht müde werden, die Erinnerung jugendlicher Szenen wieder zu beleben und in diesen Gefühlen und Rührungen zu schwelgen.

»Aber nun laß uns auch vernünftig sprechen«, sagte Andreas. »Dein Kapital, welches du mir damals bei meiner Abreise anvertrautest, hat in Indien so gewuchert, daß du dich jetzt einen reichen Mann nennen kannst; du kannst also jetzt unabhängig leben, wie und wo du willst. In der Freude, dich bald wiederzusehen, stieg ich in London ans Land, weil ich dort einige Geldgeschäfte zu berichtigen hatte. Ich verfüge mich wieder zu meinem Bücherantiquar, um für deine Liebhaberei an Altertümern ein artiges Geschenk auszusuchen. Sieh da, sage ich zu mir selber, da hat ja jemand den Chaucer in demselben eigensinnigen Geschmack binden lassen, wie ich die Art damals für *dich* ersann. Ich nehme das Buch in die Hand und erschrecke, denn es ist das deinige. Nun wußte ich schon genug und zuviel von dir; denn nur Not hatte dich bewegen können, es wegzugeben, wenn es dir nicht gestohlen war. Zugleich fand ich, und zu unser beider Glück, ein Blatt von deiner Hand vorn beschrieben, in welchem du dich unglücklich und elend nanntest, mit dem Namen Brand unterzeichnetest und Stadt, Gasse und Wohnung anzeigtest. Wie hätte ich, bei deinem veränderten Namen, bei deiner Verdunklung, dich jemals auffinden können, wenn dieses liebe, teure Buch dich mir nicht verraten hätte. So empfange es denn zurück zum zweiten Male und halte es in Ehren, denn dies Buch ist wunderbarerweise die Treppe, die uns wieder zueinander geführt hat. – Ich kürze in London meinen Aufenthalt ab, ich eile hieher – und erfahre vom Gesandten, der seit acht Wochen schon von seinem Monarchen hieher geschickt ist, daß du seine Tochter entführt hast.«

»Mein Vater hier?« rief Klara erblassend.

»Ja, meine gnädige Frau«, fuhr Vandelmeer fort, »aber erschrecken Sie nicht; noch weiß er es nicht, daß Sie sich in dieser Stadt befinden. – Der alte Mann bereut jetzt seine Härte, er klagt sich selber an und ist untröstlich, daß er jede Spur von seiner Tochter verloren hat. Längst hat er ihr verziehen, und mit Rührung erzählte er mir, daß du völlig verschollen seist, daß er trotz aller eifrigen Nachforschung nirgend eine Spur von dir habe entdecken können. – Es ist nur begreiflich, Freund, wenn man sieht, wie du, fast wie ein thebaischer Einsiedler oder wie jener Simeon Stylites, zurückgezogen gelebt hast, daß keine Nachricht, keine Zeitung zu dir gedrungen ist, um dir zu sagen, daß dein Schwiegervater dir ganz nahe lebt, und wie froh bin ich, daß ich hinzusetzen kann, dir versöhnt. Ich komme eben von ihm her, aber ohne ihm gesagt zu haben, daß ich die fast gewisse Hoffnung hegte, dich heut noch zu sehn. Er wünscht, wenn du dich mit der Tochter wiederfindest, daß du auf seinen Gütern lebst, da du gewiß selbst nicht in deine frühere Karriere zurücktreten möchtest.«

Alles war Freude. Den beiden Eheleuten war die Aussicht, wieder anständig und in behaglicher Wohlhabenheit zu leben, wie dem Kinde die Weihnachtbescherung. Gern ließen sie die notgedrungene Philosophie der Armut fahren, deren Trost und Bitterkeit sie bis auf den letzten Tropfen ausgekostet hatten.

Vandelmeer führte sie in der Kutsche erst nach seiner Wohnung, wo man sogleich für anständige Kleider sorgte, um sich in diesen dem versöhnten Vater vorzustellen. Daß die alte getreue Christine nicht vergessen wurde, bedarf wohl keiner Erinnerung. Sie war in ihrer Art ebenso glücklich wie ihre Herrschaft.

Nun sah man in der kleinen Gasse Maurer, Zimmerleute und Tischler tätig. Lachend führte der alte Emmerich die Aufsicht über diese Wiederherstellung und den Bau seiner neuen Treppe, die, ungeachtet der Anmahnungen Heinrichs, doch wieder eine hölzerne war. Sein Verlust war ihm so reichlich und großmütig vergütet worden, daß der alte Geldsammler sich oft fröhlich die Hände rieb und gern wieder einen abenteuerlichen Mietsmann ähnlicher Gesinnung in seine Wohnung genommen hätte. – –

Nach drei Jahren empfing der alte Zusammengekrümmte mit vie-

len verlegnen Scharrfüßen und übertriebenen Verbeugungen eine vornehme Herrschaft, die in einer reichen Equipage ankam, und die er selber die neue Treppe in das kleine Quartier hinaufführte, das jetzt ein armer Buchbinder bewohnte. Klaras Vater war gestorben, sie war mit ihrem Gatten von den fernen Gütern hereingekommen, um den Verscheidenden noch einmal zu sehen und seinen Segen zu empfangen. Arm in Arm standen sie jetzt am kleinen Fenster, sahen wieder nach dem roten und braunen Dache hinüber und beobachteten wieder jene traurigen Feuermauern, in denen der Sonnenschein wie damals spielte. Diese Szene ihres vormaligen Elends und zugleich unendlichen Glücks rührte sie innigst. – Der Buchbinder war eben beschäftigt, die zweite Auflage jenes Werkes, was dem Verarmten gewissenlos war geraubt worden, für eine Lesebibliothek einzubinden. »Das ist ein sehr beliebtes Buch«, äußerte er bei seiner Arbeit, »und wird noch mehr Editionen erleben.«
»Unser Freund Vandelmeer erwartet uns«, sagte Heinrich, und bestieg, nachdem er den Handwerker beschenkt hatte, mit der Gattin den Wagen. Beide sannen nach über den Inhalt des menschlichen Lebens, dessen Bedürfnis, Überfluß und Geheimnis.

Bibliographische Angaben

Die bibliographischen Angaben nennen an erster Stelle jeweils die Ausgabe, die als Druckvorlage gedient hat. Des weiteren sind zur Information des Lesers Hinweise auf die Erstveröffentlichung und die erste Buchausgabe aufgenommen worden. Wenn der Titel einer Erzählung in den bibliographischen Angaben *kursiv* erscheint, dann stammt er vom Herausgeber.

ARNIM, LUDWIG ACHIM VON (Berlin 26. 1. 1781 – Wiepersdorf i. d. Mark 21. 1. 1831).
Der tolle Invalide auf dem Fort Ratonneau.
Achim von Arnim, Sämtliche Romane und Erzählungen. Hrsg. von Walther Migge, Bd. II. München: Hanser 1963. S. 733–755.
Erstdruck: Gaben der Milde. Hrsg. von F. W. Gubitz, Bd. IV. Berlin 1818.
Erste Buchausgabe: Sechs Erzählungen. Berlin 1835.

BRENTANO, CLEMENS (Ehrenbreitstein 8. 9. 1778 – Aschaffenburg 28. 7. 1842).
Das Märchen von dem Myrtenfräulein.
Clemens Brentano, Werke. Hrsg. von Friedhelm Kemp. Bd. III. München: Hanser 1965. S. 315–326.
Erstdruck: Iris, Unterhaltungsblatt für Freunde des Schönen und Nützlichen. 1827, Nr. 12–14.
Erste Buchausgabe: Die Märchen des Clemens Brentano. Hrsg. von Guido Görres. Bd. II. Stuttgart und Tübingen 1847.

CHAMISSO, ADALBERT VON (Schloß Boncourt/Champagne 27. 1. 1781 – Berlin 21. 8. 1838).
Peter Schlemihls wundersame Geschichte.
Chamisso, Werke. Hrsg. von Heinrich Kurz. Leipzig: Bibliographisches Institut [1873]. Bd. I. S. 413–461.
Erstdruck: Peter Schlemihls wundersame Geschichte. Hrsg. von Friedrich Baron de la Motte Fouqué. Nürnberg 1814 (auch erste Buchausgabe).

EICHENDORFF, JOSEPH FREIHERR VON (Schloß Lubowitz/Oberschlesien 10. 3. 1788 – Neiße 26. 11. 1857).
Das Marmorbild.
Eichendorff, Werke, Stuttgart: Cotta 1953. Bd. I. S. 305–346.
Erstdruck: Frauentaschenbuch für das Jahr 1819. Nürnberg [1818].
Erste Buchausgabe: Aus dem Leben eines Taugenichts und Das Marmorbild. Zwei Novellen. Berlin 1826.

GOETHE, JOHANN WOLFGANG VON (Frankfurt a. M. 28. 8. 1749 – Weimar 22. 3. 1832).

Die neue Melusine. Aus: Wilhelm Meisters Wanderjahre. 6. Kapitel des 3. Buches.

Goethes Werke. Hamburger Ausgabe in 14 Bänden. Hrsg. von Erich Trunz. Bd. VIII. 4. Aufl. Hamburg: Wegner 1959. S. 352–376.

Erstdruck: Taschenbuch für Damen auf das Jahr 1817 und auf das Jahr 1819. Tübingen [1816 u. 1818].

HEBEL, JOHANN PETER (Basel 10. 5. 1760 – Schwetzingen 29. 9. 1826).

Unverhofftes Wiedersehen.

Johann Peter Hebel, Werke. Ausgew. und mit einem Nachw. versehen von Paul Alverdes. München: Hanser 1960, S. 136–138.

Erstdruck: Der rheinländische Hausfreund auf das Jahr 1811. Karlsruhe [1810].

Erste Buchausgabe: Schatzkästlein des Rheinländischen Hausfreundes. Tübingen 1811.

HOFFMANN, ERNST THEODOR AMADEUS (eigentlich: Ernst Theodor Wilhelm; Königsberg 24. 1. 1776 – Berlin 25. 6. 1822).

Rat Krespel. Aus: Die Serapionsbrüder.

E. T. A. Hoffmann. Die Serapions-Brüder. [Sämtliche Werke in fünf Einzelbänden. Bd. III.] München: Winkler 1963. S. 31–51.

Erstdruck: Frauentaschenbuch für das Jahr 1818. Nürnberg [1817] (unter dem Titel ›Antonie‹).

Erste Buchausgabe: Die Serapionsbrüder. 1. Teil. Berlin 1819.

JEAN PAUL (eigentlich: Johann Paul Friedrich Richter; Wunsiedel 21. 3. 1763 – Bayreuth 14. 11. 1825).

Das Testament. Aus: Flegeljahre. 1. Kapitel.

Jean Paul, Werke. Hrsg. von Norbert Miller. Bd. II. bes. von Gustav Lohmann. München: Hanser 1959. S. 569–582.

Erstdruck: Flegeljahre. Eine Biographie. Bd. I. Tübingen 1804.

KLEIST, HEINRICH VON (Frankfurt a. d. Oder 18. 10. 1777 – Potsdam 21. 11. 1811).

Die Heilige Cäcilie oder Die Gewalt der Musik. Eine Legende.

Heinrich von Kleist, Sämtliche Werke und Briefe. Hrsg. von Helmut Sembdner. 3. Aufl. München: Hanser 1964. Bd. II. S. 216–228.

Erstdruck: Berliner Abendblätter 1810, Bl. 40–42.

Erste Buchausgabe: Erzählungen, 2. Teil, Berlin 1811.

MÖRIKE, EDUARD (Ludwigsburg 8. 9. 1804 – Stuttgart 4. 6. 1875).

Lucie Gelmeroth. Novelle.

Eduard Mörike, Sämtl. Werke. Hrsg. von Herbert G. Göpfert. 3. revid. u. erw. Ausgabe. München: Hanser 1964. S. 827–842.

Erstdruck: Urania auf das Jahr 1834. Leipzig [1833] (unter dem Titel ›Miß Jenny Harrower‹).

Erste Buchausgabe: Iris. Eine Sammlung erzählender und dramatischer Dichtungen von Eduard Mörike. Stuttgart 1839.

MUSÄUS, JOHANN KARL AUGUST (Jena 29. 3. 1735 – Weimar 28. 10. 1787).
Die Entführung. Eine Anekdote.
J. K. A. Musäus, Volksmärchen der Deutschen. Hrsg. von Paul Zaunert. Jena: Diederichs 1912. Bd. II. S. 41–61.
Erstdruck: Volksmärchen der Deutschen. Bd. V. Gotha 1787 (auch erste Buchausgabe).

NOVALIS (eigentlich: Friedrich Leopold Freiherr von Hardenberg: Oberwiederstedt 2. 5. 1772 – Weißenfels 25. 3. 1801).
Klingsohrs Märchen. Aus: Heinrich von Ofterdingen. 9. Kapitel.
Novalis, Schriften. Hrsg. von Paul Kluckhohn und Richard Samuel. 2. Aufl. Bd. I. Stuttgart: Kohlhammer 1960. S. 290–315.
Erstdruck: Schriften. Hrsg. von Friedrich Schlegel und Ludwig Tieck. 1. Teil. Berlin 1802 (auch erste Buchausgabe).

SCHILLER, FRIEDRICH VON (Marbach 10. 11. 1759 – Weimar 9. 5. 1805).
Der Verbrecher aus verlorener Ehre. Eine wahre Geschichte.
Schillers sämtliche Werke. Säkularausgabe. Hrsg. von Eduard v. d. Hellen. Stuttgart: Cotta [1905]. Bd. II. S. 191–216.
Erstdruck: Thalia. 2. Heft. Leipzig 1786.
Erste Buchausgabe: Kleinere prosaische Schriften. 1. Teil. Leipzig 1792.

TIECK, LUDWIG (Berlin 31. 5. 1773 – Berlin 28. 4. 1853).
Des Lebens Überfluß.
Tiecks Werke. Auswahl in sechs Teilen. Hrsg. von Eduard Berend. Berlin – Leipzig – Wien – Stuttgart: Bong [1908]. 4. Teil. S. 200–246.
Erstdruck: Urania auf das Jahr 1839. Leipzig [1838].
Erste Buchausgabe: Gesammelte Novellen. Bd. XI. Breslau 1842.

WACKENRODER, WILHELM HEINRICH (Berlin 13. 7. 1773 – Berlin 13. 2. 1798).
Das merkwürdige musikalische Leben des Tonkünstlers Joseph Berglinger. Aus: Herzensergießungen eines kunstliebenden Klosterbruders.
Wackenroder, Werke und Briefe. Berlin: L. Schneider [1938]. S. 111–131.
Erstdruck: Herzensergießungen eines kunstliebenden Klosterbruders. Berlin 1797 (auch erste Buchausgabe).